종교개혁의 빛과 그림자

부산장신대 기독교사회문화연구소 학술총서 02
종교개혁의 빛과 그림자

2021년 12월 05일 초판 1쇄 발행
2022년 10월 15일 초판 2쇄 발행

지은이 박종균
펴낸이 이찬규
펴낸곳 북코리아
등록번호 제03-01240호
전화 02-704-7840
팩스 02-704-7848
이메일 ibookorea@naver.com
홈페이지 www.북코리아.kr
주소 13209 경기도 성남시 중원구 사기막골로 45번길 14
우림2차 A동 1007호
ISBN 978-89-6324-826-4 (93200)

값 25,000원

부산장신대 기독교사회문화연구소 학술총서 02

종교개혁의 빛과 그림자

박종균 지음

북코리아

프롤로그

중세 그리스도교에서 인간은 신의 피조물이자 종으로서 철저하게 겸손해야 했다. 그러나 신 앞에서의 위치가 오히려 존재론적으로는 신과 천사 다음으로 인간 이외의 피조물에 대해 권력을 행사할 수 있는 지위를 부여받았다. 이는 인간 구원을 담보하는 신적 제도인 교회에서도 유사한 위계적 구조를 갖는다. 신이 기름 부은 성직자들이 신과 인간 사이에서 성서 해석권을 독점하고 군림할 수 있었던 것이다. 이러한 구조는 종교 재판이나 마녀사냥, 성직자의 부패, 교회와 교황청의 치부 등에서 보듯 종교적 권력과 사실상 정치적 권력까지 거머쥔 교회가 어느 정도 타락할 수 있는지를 극명하게 보여준다 하겠다.

교회의 타락이 극을 치닫고 있을 무렵 서구사회에 일련의 큰 변화의 움직임이 꿈틀거렸는데 그것이 바로 르네상스 운동과 종교개혁 운동이라 할 수 있을 것이다. 교리 상 우상숭배를 금지함에도 불구하고 끊임없이 만들어졌던 성상과 성화들은 보이지 않는 것에 만족하지 않고 감각할 수 있는 것에 대한 인간적인 욕구는 결코 억제할 수 없다는 사실을 보여준다. 인간적인 것을 가장 사실적으로 아름답게 표현한 것이 그리스 로마의 미술이라는 것은 부인할 수 없다. 그리스 로마의 미술과 르네상스, 교회 교리의 무자비한 억압에서의 해방과 인간적 욕구의 자유로운 표현은 서로 밀접하게 맞물려 작동되고 있었던 것이다. 르네상스를 기점으로 서구 사회는 점차 전제군주적인 신에 대한 신앙을 일방적으로 강요하던 종교의 틀에서 점차 벗어나기 시작했고, 중세 시대에는 상상도 할 수 없었던 파격적인 표현이 그리스 로마 문화의 인물은 물론 성서의 인물에서도 사용되었다. 물론 이러한 문화현상을 두고 탈 그리스도교화의 시작이라 간주하는 것은 무리다. 하지만 르네상스의 천재적인 작가 레오나르도 다빈치나 미켈란젤로의 중세의 상징인 아우라들을 제거한 적나라한 누드가 교회의 벽과 천장을 장식하게 되었다는 것은, 기나긴 중세의 밤을 끝내고 새로운 시대의 미명이 밝아오는 하나의 징후로 보는 것은 가능할 것이다. 이러한 이탈리아 반도에서 싹튼 변화의 바람이 유럽 사회에 직간접적인 영향을 미치는 가운데 그리스도교 세계의 질서에 보다 직접적으로 균열을 일으킨 사건이 발생한 것이다. 여담이지만 북부 이탈리아의 르네상스는 피렌체와 그 뒤를 이은 베네치아, 제노바의 권력자들의 후원이 없었다면 성공하기 힘들었을 것인데, 이와 아울러 교황청의 후원도 상당한 비중을 간과할 수 없다. 우리는 루터의 종교개혁 방아쇠를 당기게 한 원인이 교황의 면죄부가 독일에서 지나치게 강매된 것이라는 것과 그것의 제1 원인은 교황 레오 10세가 베드로 대성당의 건축 기금을 마련하기 위한 것이라 알고 있다. 그러나 사실은 베드로 성당은 전임 교황이었던 율리우스 2세가 계획한 것이었고 르네상스의 거장 브라만테(본명은 Donato d'Angelo Lazzari)가 교회의 설계를 맡았다. 그런 점에서 본다면 이탈리아의 르네상스가 독일 종교개혁의 방아쇠를 당겼다고도 말할 수 있겠다.

16세기 서구 유럽 역사의 흐름을 바꾼 종교개혁운동은 통상, 세 가지의 큰 갈래로 분류한다. 첫째는 루터가 주도했던 독일의 종교개혁운동, 둘째 칼뱅을 중심으로 한 스위스-프랑스의 종교개혁운동, 셋째 세속권력과의 유착을 거부하고 급진적인 소종파적 성격을 띠었던 재세례파 종교개혁운동이 그것이다. 물론 이 책에서 재세례파 종교개혁 운동은 루터나 칼뱅의 운동처럼 하나의 흐름으로 엮으려는 시도는 주류 종교개혁운동 진영에서의 오해와 편견에 기인한 것이라는 점을 드러낼 것이지만, 아주 거칠게 말해 세 갈래의 종교개혁운동을 중심으로 논의가 전개

될 것이다.

종교개혁운동이 발생한 시기는 한편으로 에스파니아와 포르투갈이 대항해 시대의 열매를 수확하는 데 한창 열을 올리고 북부 이탈리아에서 시작된 문예부흥운동이 알프스를 넘어 플랑드르 지방에서 그 절정에 달해 있을 시기와 정확하게 겹친다. 다른 한편으로는 중세 사회에 통일성을 부여해 온 로마 교회의 권력 붕괴가 가속됨과 아울러 교회의 부패가 극한으로 향하고 있을 시기와 겹치고 있다. 교황청이 70년간의 아비뇽 유수를 마치고 복귀했으나 이후에도 한동안 교황청은 아비뇽과 로마로 분열되어 있었고 각국은 자신들의 필요에 따라 아비뇽과 로마의 교황청을 주물렀다. 이제 세속 권력이 교회 권력을 마음대로 요리할 수 있는 사태가 도래하게 된 것이다. 1417년 교황 마르티누스 5세가 교황청의 분열을 봉합했으나 과거 누렸던 교회의 힘을 회복하는 것은 더 이상 가능하지 않았다. 교회가 위기에 처할 때마다 하나의 돌파구가 되었던 수도원 운동도 도덕적 힘을 발휘하지 못할 정도로 수도원 자체도 교회처럼 타부패의 온상이 되고 말았던 것이다.

이미 14세기에 로마 교회의 영향에서 자유로웠던 영국에서 위클리프(John Wycliffe)가 교회 비판의 포문을 열었다. 그는 영적 권위를 가졌다는 교회가 세속 권력과 재산에 탐닉하는 로마교회의 이중성에 대해 맹렬하게 비판했으며, 신앙의 근거를 제도적인 교회가 아니라 성서에 기초해야 함을 역설했다. 교황은 즉각 위클리프를 이단으로 정죄하려 했으나 위클리프는 오히려 교황에 대해 '적 그리스도'라 정죄했다. 물론 왕권 강화와 교회 재산을 노리던 왕과 귀족들의 정치적 지원 덕분에 화를 면할 수 있었음은 물론이다.

위클리프의 사상은 보헤미아의 후스(Jan Hus)에게 충실하게 계승되었다. 영국과 달리 보헤미아는 교황의 안방이나 크게 다를 바가 없었고, 후스가 교회의 강력한 주 수입원인 면죄부에 대해 비판하자 가차 없는 보복을 가했다. 교황의 파문에 대해 프라하 민중이 합세하여 반발하자 교황은 프라하 시 자체를 파문해 버렸다. 콘스탄츠 공의회를 통해 후스는 파문되고 화형되었으나 프라라 시민들은 1419년 교회의 잔혹한 처사에 반발해 대규모 시위를 벌였는데, 여기에 보헤미아 농민들이 가세해 시위는 봉기로 확산되었다. 그러자 교황과 신성로마제국 황제는 십자군 기사단을 보내어 그들을 처단하고자 하였으나 분노한 농민들은 십자군을 물리치고 봉기의 기운을 독일 동부 지역에까지 미치게 하자 놀란 교황은 화해의 제스처를 통해 간신히 사태를 무마시킬 수 있었다.

스페인의 보르자 가문의 교황 알렉산더 6세가 수도자의 독신 계율에도 불구하고 여러 명의 첩과 자식들을 두었을 뿐 아니라 뇌물로 1492년 교황으로 등극하게 되었다는 사실로 비추어보아도 당시의 로마가톨릭교회가 얼마나 부패했고 도덕적으로 타락했는지를 여실히 보여준다 하겠다. 당대의 양심적인 지성의 눈에는 교회는 온갖 부패와 타락의 온상으로 여겨졌고 순수한 교회 회복에 대한 간절한 열망은 오히려 자연스러운 것이었다. 그리고 세속 권력이 교회의 권력을 압도하고 교황의 위상이 추락했다는 것은 유럽에서 근대 민족국가의 서막을 알리는 신호탄이 되었다는 것을 의미한다.

종교개혁운동이 유럽 대륙을 들불처럼 번질 수 있었던 원인은 교황의 권력이 그만큼 약화되었다는 것과 다른 한편 교황에 반하는 세속 권력의 힘을 빌릴 수 있는 정치적 상황 변화에서 찾을 수 있다. 아울러 로마교회에서 파송된 수도사들이 독일에서 벌인 악행은 하늘을 찔러 국가의 기반이 흔들릴 정도였다. 가톨릭교회가 해마다 독일에서 수탈한 재물은 신성로마제국 황제가 거두어들이는 세금보다 20배를 상회했다. 독일은 로마 가톨릭교회에게는 황금알을 낳는 거위였던 것이다. 성직자들은 천사의 깃털, 아기 예수의 말구유에 있던 지푸라기 등등의 성물로 백성들에게 갖은 방법을 다해 사기를 치고 축재하는 일에 몰두할 정도로 도덕적 해이가 극에 달해 있었다. 가톨릭교회의 타락상에 격분했던 평범한 수도사 출신의 루터의 비판이 삽시간에 지배 엘리트와 대중들의 지지를 한 몸에 받으며 과격한 반성직주의운동과 반교황주의를 내세우는 종교적이고 정치적인 운동으로 급진전될 수 있었던 것은 그러한 유럽의 정치 상황과 독일에서의 가톨릭교회와 성직자들의 부패를 배경으로 한다.

루터는 가톨릭교회가 구원의 조건으로 내세우던 각종 성례를 미신으로 배격하고 대신 성서(로마서 1장 17절)에 근거하여 오직 신앙에 의한 칭의론(justification)을 성서적인 복음으로 제시했다. 우리의 구원은 신의 의로움에서 비롯되는 것이지 인간인 우리의 의에서 비롯될 수 없다는 선언이었다. 따라서 인간은 신의 의로움을 단순하게 믿음으로 수용하는 것만 필요할 뿐 교회에서 구원의 방편으로 제시하는 것을 수행하는 것은 불필요하며 나아가 그것은 불신앙에 다름 아니라는 혁명적인 교의를 제시하였다. 하지만 이러한 반교회주의적인 사고가 루터에게서 비롯된 것은 아니었다. 이러한 개혁정신의 원천을 상당 부분 르네상스 사상가에게 빚지고 있다는 점에서 종교개혁가들은 르네상스의 후계자들이라 불러도 무방하다.

르네상스의 인문주의적이고 인간주의적인 사고가 그리스도교적 신앙과 겨리가 멀다고 생각하는 것은 오해다. 대부분의 르네상스의 사상가들은 매우 경건한 그리스도인들이었기에, 타락한 교회를 갱신하고 참다운 교회 회복에 대한 강한 열망을 가진 자들이었다. 그들이 성서의 원전 연구에 대한 관심은 그러한 열망의 일환이었다. 성서에 나타난 타락 이전의 순수한 교회의 모습을 다시 복원하려는 비전을 성서 연구나 초대 교부들의 가르침에서 복기해내었던 것이다. 이러한 정신은 종교개혁사상가들에게 그대로 전수되어 거대한 행동과 운동을 통해 표출된 셈이다. 그러한 과감한 결단과 용기의 원동력은 성서에 대한 원전 연구를 통해 르네상스 사상가들이 열어놓은 새로운 성서해석의 길에서 비롯되었다는 것은 아무리 강조해도 지나치지 않다. 일단 직접적인 원전 연구를 통해 그간 가톨릭교회의 해석의 오류를 비판하면서 구원에 관한 한 교회의 절대적 권위를 의심하는 사태에 이르게 됨으로써 점차적으로 교회 권력에 대한 반항의 수위가 높아질 것이라는 것은 이미 예고된 것이라 할 수 있다.

종교개혁운동에 가장 큰 영향을 미친 르네상스 사상가는 에라스뮈스라 할 수 있다. 헬라어 원전을 번역함으로 통해 장구한 세월 교회에서 절대적 권위를 가지고 있었던 불가타 성서의 번역상의 오류를 비판하는 파격성을 보였다. 교회가 구원의 필수적인 조건으로 고해성사의 근거가 되는 본문 "회개하라 천국이 가까워 왔느니라"(막4장 17절)를 7성사 중에 하나인 고해성사로 해석하는 것은 오류이고 말 그대로 메타노아(돌이킴)로 해석해야 함을 주장했다. 그리고 성모 숭배 신앙의 근거가 되는 천사 가브리엘이 마리아에게 한 인사말 '은혜 가득한 자'의 불가타 번역은 틀린 번역이고 헬라어적으로는 '은혜를 받은 자'로 번역하는 것이 옳다고 지적했다. 에라스뮈스에 의하면 성서번역의 오류가 인간 마리아를 신으로 숭배하는 우상숭배의 크나큰 오류를 범한 결과를 초래한 것이 되는 것이다. 특히 그의 대표작 중에 하나인 『그리스도인 군사를 위한 소책자』(*Enchiridion militis christiani*)를 통해 부패한 교회는 성서와 교부들의 저술로 돌아가야만 개혁될 수 있다고 주장했다. 올바른 성서읽기만이 그리스도인들은 경건에 이르게 할 수 있으며, 충실한 성서읽기야 말로 신앙의 기본이요 교회 개혁의 초석이 될 수 있다는 사고는 종교개혁운동을 촉발시킨 핵심적이고도 위대한 신앙이자 이념이 아닐 수 없다. 소책자를 통해 에라스뮈스가 호소한 것은, 교회의 참다운 개혁을 위해 평신도의 역할이 중요하다는 것이었다. 교회의 생명력은 평신도가 무지를 떨치고 성직자의 수준에 도달하는 데서 확보될 수 있다는 주장은 인문주의적이면서도 종교개혁사상을 선구한 사고라 할 수 있을 것이다. 또한 그는 소책자를 통해 신앙의 본질을 재정리했다. 가톨릭교회의 사제와 성례중심의 신앙을 비판하고 신자들의 내면에서 역사하는 신의 사랑에 역동적으로 응답하는 것이 신앙이며, 죄사함 역시 사제의 매개 없이

도 신자가 신에게 직접적 관계에서 이루어지는 것이라 주장했다. 루터와 칼뱅사상에서 매우 중요한 소명사상의 신학적 근거를 에라스뮈스가 마련했다는 점도 주목할 필요가 있다. 수도사적인 영성적 삶만이 그리스도인의 삶에서 이상적인 모습이 아니라 신이 인간에게 부여한 각자의 소명에 충실한 삶 역시 그에 못지않게 영적이라는 주장이다. 바로 이러한 점에서 종교개혁가들은 에라스뮈스에게 사상적 신세를 진 셈이다.

그러나 종교개혁운동이 의도된 방향으로만 전개된 것은 아니었다. 종교개혁이 강조한 '오직 믿음만으로'는 전통적으로 수용되던 그리스도교 방식에 저항하는 '오직 성서만으로'로 귀착되었고, 이것은 성서에 대한 자유로운 해석의 가능성을 열어놓음으로써 마침내 가톨릭과 종교개혁 진영 간의 대립과 갈등, 그리고 나아가 종교개혁운동 진영 내에서도 대립과 갈등의 상태로 내몰리게 되었다. 가톨릭과 종교개혁의 프로테스탄트, 그리고 프로테스탄트 진영 내에서의 교리적 차이는 서로에 대해 진리를 위한 전투로 인식되었기에, 한 치의 양보도 용납되지 않는 필사적인 싸움을 필연적으로 수반했다. 그리고 교리의 해석은 순수한 종교의 문제를 넘어 다양한 현실적 이해관계와 정치적 권력관계까지 얽혀 있었기 때문에 그 투쟁은 더 치열할 수밖에 없었다. 그렇기에 단순한 토론이나 논쟁이 아니라 그 과정에서 드러난 신과 세계의 관계 및 신의 본성에 대한 해석의 차이는 가차 없이 처벌 가능한 이단자와 무신론자들을 양산하는 편리한 구실을 마련해 주었다. 고대 유대의 선민신앙과 같은 편협한 민족주의적인 신앙에서 해방되지 못한 그리스도교는 가톨릭이든 프로테스탄트든 교리논쟁은 만인의 만인에 대한 투쟁과 같은 전쟁상태로 귀결될 수밖에 없었다. 종교적 진리의 문제를 명분으로 내세운 전쟁이 인류사에서 가장 참혹한 전쟁이었음은 이미 인간 역사가 증명해주는 바이다.

종교개혁운동 내부에서도 주장하고 믿는 교의에 따라 분열되고, 세속권력을 활용할 수 있는 위치를 점한 진영이 그렇지 못한 진영을 박해하는 불행을 초래하였던 것은 종교개혁의 어두운 그림자에 해당한다. 종교적 진리의 절대성을 위한 고집에 타협이나 관용의 정신은 자리할 수 없었다는 것이 종교개혁운동이 낳은 부정적인 유산이자, 결국 이러한 종교성이 갖는 극도의 불관용과 폭력의 결과에 대한 염증과 혐오 그리고 허무감이 결국 유럽의 그리스도교세계가 붕괴되고 세속화되고 인간화되는 근대사회로의 전환을 마련했다는 것은 역사의 아이러니라 하겠다.

이 책은 루터 종교개혁 500주년 기념행사를 어간으로 필자가 종교개혁사상에 관심을 갖고 틈틈이 연구하던 것을 종합하였다. 기독교사회윤리학을 연구하고 가르치는 필자는 사회윤리학적인 관점에서 종교개혁사상의 마디들을 조명하고자 하였다. 그 마디들은 종교개혁사상의 일반적인 논의에서는 전통적으로 평가절하 되거나, 종교개혁사상의 그림을 거리를 두고 크게 바라보려는 논자들에게는 주목받을 가치가 없었던 사소한 주제일 수도 있다. 이른바 관헌적 종교개혁가들이라 할 수 있는 성공한 주류의 종교개혁가들의 빛에 가려서 크게 주목되지 못한 사상적 마디들에 주목하고자 한다. 그래서 이 책은 에라스뮈스, 카스텔리옹, 메노와 같은 사상가들을 의미 있게 다루고 있다. 위대한 관헌적 종교개혁가들의 업적과 성과에도 불구하고 그들이 신조에 대한 합의와 지엽적인 문제에 대해 사생결단의 배타적 태도를 보인 것과 상반되게 대립과 갈등의 종식을 호소하는 평화적 방법에 호소함으로써 종교개혁의 빈자리를 메우려했던 노력은 오히려 오늘날 더 높게 평가되어야 할 부분이 있다는 생각에서이다. 21세기 종교적, 도덕적, 정치적, 문화적 위기에 직면한 개신교가 철저한 자기 성찰의 혜안을 종교개혁운동의 비주류에서 얻는 것도 상당히 유의미하리라.

이 책은 총 아홉 개의 장으로 구성되어있다.

제1장에서는 루터의 종교개혁사상이 함의하는 혁명성을 조명한다. 물론 어떤 관점에서 루터의 정치사상을 보는가에 따라 그것의 위치

는 좌우 변동이 있을 수밖에 없을 것이다. 그러나 흥미로운 것은 마르크스와 엥겔스가 루터에 대한 논의를 단초로 해서 그의 사상이 갖는 16세기의 정치적 의미를 논의하고자 한다. 상식적으로 마르크스와 엥겔스의 종교론 연구에서 가장 무시되는 것이 지배계급의 이익을 대변했던 루터라고 생각할 것이다. 신학 영역에서는 물론 사회과학 영역에서조차 루터와 좌파적 연관성에 대해선 커다란 주목을 받고 있지 못했던 것이 사실이다. 그러나 필자는 그러한 통념과 달리 마르크스와 엥겔스가 루터를 주목했다는 것이며, 주목한 이유에 대해 검토하고자 한다. "독일의 혁명적인 과거는 이론적이었고, 그것은 종교개혁일 것이다"는 마르크스의 진술의 진의를 파악해 보는 것이다. 이 장에서는 세 단계에 걸쳐 논의가 이루어진다. 먼저 루터와 마르크스 · 엥겔스의 반성직주의(anti-clericalism)의 태도를 이해하고 그것이 갖는 혁명적 의미를 고찰한다. 반성직자주의는 루터와 같은 주류의 우파 종교개혁 진영뿐 아니라 뮌처와 같은 좌파 종교개혁 진영에서도 핵심 사안으로 다룬 실천이다. 스스로 부패했을 뿐 아니라 부패한 세력과 결탁된 교회와 성직자의 악을 폭로하고 그에 항거하는 것이 혁명의 시발점이었다는 점이었고, 19세기의 급진적 공화주의자들, 마르크스와 엥겔스 역시 그 선례를 충실히 따랐다 하겠다. 둘째, 엥겔스가 『독일농민전쟁』(*The Peasant War in Germany*)에서 루터를 어떻게 이해하고 있는지 논의한다. 엥겔스가 루터를 당시 신흥 부르주아지 이데올로기의 든든한 옹호자로 기꺼이 자리매김하는 것은 분명하나 그럼에도 루터가 뮌처의 혁명적 행위와 특히 1525년 농민전쟁에 심대한 영향을 준 것을 인정하고 있다는 사실에 주목한다. 끝으로, 마르크스가 루터를 독일혁명의 전개 국면에서 첫 단계를 달성한 자로 긍정적으로 평가한 점에서 마르크스와 루터의 혁명적 연관성을 논구한다. 이를 통해 루터의 종교개혁운동을 종파적이거나 정치적 선입견을 전제로 평가해 온 그간의 흐름에서 탈피함으로써 종교개혁운동에 대한 이해의 지평을 넓히는 데 기여하길 희망한다.

제2장에서는 루터와 뮌처의 정치사상을 비교할 것이다. 근대와 달리 종교와 정치의 구분이 모호했던 16세기의 서구를 고려하면, 종교개혁운동은 신앙갱신운동만이 아니라 정치운동이라 해도 무방하다. 그렇다고 한다면 종교개혁운동의 전개 과정에서 발생한 독일농민전쟁은 종교와 정치의 상호관계성을 여실히 드러내는 예라 할 것이다. 이러한 관점에서 이 장은 종교개혁에서 운동의 큰 동인이었던 종말론 사상이 종교개혁이나 혁명적이었던 독일농민전쟁에 어떤 영향을 미쳤는지를 논구하고자 한다. 필자는 루터는 순수한 종교개혁의 길을 선택했고, 뮌처는 혁명이라는 정치적 운동의 길을 갔다는 사고에 동의하지 않는다. 루터는 루터방식의 종교개혁과 정치적 노선을 밟았고 뮌처 역시 자신의 방식대로 종교개혁운동과 정치적 행동을 전개해 나아간 것이라 본다. 종교개혁운동의 동지적 관계에서 출발했으나 극단적 원수관계로 끝난 두 종교개혁가의 종말론의 차이와 그것이 표출된 정치적 양상의 차이를 논구할 것이다. 먼저 루터의 종말론과 정치적 실천을 다룰 것이다. 루터는 로마가톨릭교회의 부패와 타락과 투르크의 침공 그리고 광신도들의 출현을 세상의 종말의 징조로 보았는데, 이것은 교황을 정점으로 한 로마교회에 대한 정치적 투쟁으로 전개되었다. 여기서는 루터보다 온건한 입장을 취했던 에라스뮈스와의 비교를 통해 루터의 종교개혁은 순수한 신앙 회복운동이 아니라 온건한 관용주의자들의 견지에서는 불타협의 급진적인 정치행동으로 해석될 수도 있다는 점을 드러낼 것이다. 두 번째로, 뮌처의 종교개혁에서 종말론의 위치와 그의 적극적인 정치참여와 투쟁(농민봉기)과의 연관성을 해명할 것이다. 여기는 뮌처가 루터의 제자로서 루터의 노선에 충실했던 점과 그럼에도 불구하고 왜 루터의 노선에서 벗어날 수밖에 없었는지를 뮌처의 종말론이 갖는 독특성을 중심으로 논의하고자 한다. 세 번째, 종교개혁과 혁명의 관계를 논의한다. 당시는 묵시적 종말론의 대망이 혁명을 일으킨 농민뿐만 아니라 영주들 사이에서도 존재했다. 루터와 영주들, 그리고 뮌처와 농민들은 종말을

당연한 것으로 여기면서도 종말론 구성에서 중요한 적그리스도가 누구이며 그들을 대적하는 그리스도의 종은 누구인가라는 이해에서 근본적인 차이가 있었다 하겠다. 루터와 영주들의 경우에서는 종말을 맞아 오히려 자신들이 신의 검을 든 전사로 해석되고 적그리스도인 가난한 농민을 살해하는 행위가 질서유지의 거룩한 행위로 정당화되었고, 뮌처의 경우는 그 설정이 루터와 정 반대였던 것이다. 달리 말하면, 뮌처나 루터나, 농민이나 통치자나 종말론적 신앙을 공유하고 있었으나 묵시적 성서본문의 해석에서는 서로 극단적으로 정치화되고 이념화되었다 할 수 있다. 그리고 종교개혁운동의 승리자들에 의해 악마의 화신으로 규정되어 오던 패배자 뮌처를 혁명의 영웅으로 부활시킨 엥겔스의 『독일농민전쟁』의 논리가 어느 정도 타당성이 있으며 그것의 한계는 무엇인지도 논의할 것이다. 이 과정을 통해 뮌처의 종교개혁운동이 당대의 명백한 실패에도 불구하고 현대 정치사상에 의외로 크나큰 영향을 미쳤다는 점이 드러날 것이다.

제3장에서는 루터의 종교개혁이 유럽의 귀족과 군주들에게 로마제국에 버금가는 권력을 행사하던 로마가톨릭교회에 맞설 수 있는 정당한 논거를 제공하는 데 성공함으로써, 독일과 그 밖의 지역에서 싹트기 시작한 민족주의적 기운을 성공적으로 고무시켰으나, 윤리, 도덕, 과학과 철학을 지배하던 가톨릭의 유일한 권위가 약화되자, 유럽 전역에서는 새로운 이념들의 혼란이 수많은 개신교 소종파의 형태로 터져 나오게 되었다는 점을 주목할 것이다. 롤즈(John Rawls)가 지적한 바와 같이 종교개혁운동이 서구에서 이념적 다원주의의 형성에 기여했다는 것이다. 분명 종교개혁 이전, 종교적이고 정치적인 삶의 기초가 되었던 신적인 권위를 이념적 차원에서 전 유럽에 확산시킨 장본인은 루터의 종교개혁이다. 하지만 동시에 루터의 이념이 지닌 권력의 분산, 신념의 다원화는 근본주의와의 "선택적 친화성"(Wahlverwandschft) 때문에 그것은 종교개혁 이후의 정치체제를 위해서는 필수적이라 할 수 있는 다원주의의

걸림돌이 되는 역설에 직면한다. 자유로운 개인이 신의 말씀에 대한 자신의 해석이 유일하게 수용되어야 하는 진리라고 주장되는 순간, 근본주의의 독단은 언제나 대화를 거부하고 타자를 배제하는 폭력의 형태로 전환될 수 있기 때문이다. 이 장에서는 신에 대한 개인적 접근 가능성을 개방시킨 루터의 자유주의적 사상과 이로 인해 파생된 종교적 근본주의 사이에서 발생된 선택적 친화성으로 인해 사회의 갈등적 양상이 초래되었다는 점이 논구될 것이다. 근본주의 담론의 특성에 관한 핵심 목록은 다음과 같이 간단히 정리될 수 있을 터인데, 첫째 성서 문자주의 지향, 둘째 신앙적인 중생의 체험, 셋째 복음주의적 선교(또는 불신자들을 개종시키려는 강렬한 의무감), 넷째 종말의 때에 대한 구체적인 형식의 묵시주의가 그것이다. 이글의 목적을 위해 이 네 가지 특징이 그리스도교 근본주의의 이념이라 간주할 것이다. 여기서 특별히 루터와 에라스뮈스의 논쟁 기간 동안 이미 루터의 종교개혁에서 다원주의와 근본주의의 선택적 친화성이 배태되고 있었음을 주목할 것이며, 루터의 사상에서 이미 근본주의적 특성이 드러나고 있음을 드러낼 것이다.

제4장은 칼뱅의 정치사상을 다루고 있다. 사실상 프로테스탄트는 가시성과 비가시성, 도덕과 구원의 간극을 더욱 더 벌어지게 하는 경향이 강하다. 루터파에서는 비가시적 교회가 칭의를 경험한 개별적인 신자에게 하나의 예리한 현실이 되기에, 종교는 이러한 체험이 양성된 신앙주의적 종파들을 신장시키는 경향이 있다. 반면 칼뱅파에서는 신자들의 종교적 에너지가 공적인 권징을 거쳐서 가시적 교회의 형태를 지향한다. 이러한 차이가 점점 더 분명해짐에 따라 프로테스탄트 교회는 신과의 사적인 친교를 강조하거나 아니면 사회적인 종교를 강조하게 된 것이다. 칼뱅주의의 경우는 후자의 길을 선택했다 할 수 있을 것이다.

맥그라스(A. McGrath)는 칼뱅의 종교개혁 성공의 원인을 몇 가지 들고 있다. 첫째, 칼뱅의 종교개혁은 교회의 기존 조직과 관습과 교리에 도전하는 급진적인 개혁 프로그램이었고, 이 개혁 프로그램은 지역적 상황에 국한되지 않고 지리적, 문화적, 정치적 차이를 뛰어넘었다는 것이다. 둘째, 칼뱅은 자신의 사상을 널리 전파할 수 있도록 출판 매체를 적극 활용하는 기민함을 보였다는 것이다. 칼뱅은 바젤, 스트라스부르, 주네브에 있는 수많은 인쇄소와 접촉함으로써 소위 언론과 정보를 장악했다고 볼 수 있다. 셋째, 칼뱅의 이념이자 신념을 현세에서 구현하기 위해 거기에 걸 맞는 교회 조직과 규율의 중요성을 깨닫고 그것의 구축을 위해 전대미문의 집요함을 발휘했다는 것이다. 맥그라스는 이러한 칼뱅의 치밀한 조직력과 운동에 대해 마치 프랑스를 점령한 나치에 저항했던 레지스탕스나 심지어 볼세비키 혁명의 지도자 레닌에 견주어도 좋을 만큼 조직의 체계를 세우는 데서 비범성을 보였다고 평가하며, 바로 이러한 칼뱅의 재능 때문에 칼뱅주의는 세계로 확산될 수 있었다고 말한다.

이 장에서는 종교의 변혁에 그치지 않고 사회의 종교적 변혁, 즉 사회의 종교화를 위해 투쟁하고 헌신했던 칼뱅의 정치사상을 논구하고자 한다. 사회의 변화를 위해 종교적 이념이 어떻게 동력화 되는 지를 살펴볼 것이다. 칼뱅은 성서 이해를 바탕으로 신학적 이념과 정치적 현실을 전적으로 동일시하지도 그렇다고 완전히 분리시키지도 않으면서 자신의 이념을 성공적으로 수행한 종교개혁가요 정치가라는 점에서, 주네브시에서 성공적으로 수행했던 규율적이고 통제적인 정치 · 신앙적 이념과 그것의 실천 과정으로써 정치적 통제 장치로서의 국가와 권징적 장치로서의 교회를 중심으로 논구할 것이다.

제5장에서는 종교개혁자 카스텔리옹의 사상이 갖는 위대함을 그의 주요 저술을 중심으로 소개하고 그 의미를 되새기고자 한다. 먼저, 리옹의 삼위일체 대학에서 학문적 능력을 인정받은 인문주의자 카스텔리옹이 종교개혁운동에 뛰어들어 칼뱅의 추종자가 되는 과정과 칼뱅과 갈등의 씨앗이 싹트는 계기를 검토한다. 칼뱅과 카스텔리옹의 본격적인 대결은 세르베투스가 주네브에서 화형당하는 사건이 크나큰 계기로 자리하는 바, 세르베투스의 처형을 둘러싼 칼뱅과 카스텔리옹의 논쟁이 검

토될 것이다. 둘째, 세르베투스의 처형 사건으로 촉발된 종교적 관용에 대한 논쟁을 카스텔리옹과 칼뱅과 칼뱅의 추종자 베즈의 저술을 통해, 필자는 카스텔리옹이 이단에 대한 왜곡된 개념과 세상의 혼란에 대한 책임을 이단이 아니라 종교적 광신과 불관용에서 찾고 있다는 것에 주목한다. 셋째, 카스텔리옹의 평화주의 윤리 사상을 논구할 것이다. 특히 프랑스에서 위그노 전쟁이 발발하자 즉각 발표한 『황폐해진 프랑스에 대한 충고』를 통해 그가 얼마나 세계 평화를 염원하고 촉구했는지를 규명한다. 온갖 형태의 근본주의가 지구촌 곳곳에서 똬리를 틀고 기회만 주어지면 야만성을 여지없이 드러내는 오늘날 16세기의 카스텔리옹의 사상은 여전히 귀를 기울여야 할 위대한 사상임을 상기시킨다.

제6장은 칼뱅 윤리의 현대적 의의를 모색하는 글로서 칼뱅의 윤리 사상이 공동체성을 결여한 근대 이모티비즘적 윤리의 뿌리라 비판하는 공동체주의자 매킨타이어의 주장에 대한 반박적 성격을 띤다. 독실한 가톨릭 신자였던 매킨타이어의 근대성 비판 담론이나 공동체주의 논의에 대해 기본적인 공감을 전제하면서도, 근대성과 프로테스탄트의 연관성에 관한 매킨타이어의 주장에 대해서는 비판적 읽기를 시도했다. 매킨타이어가 충분히 드러내지 못한 프로테스탄트 윤리의 의미가 비판을 통해 드러날 것이다. 이런 맥락에서 프로테스탄트 사상 중에서도 특히 칼뱅 윤리사상은 매킨타이어가 생각하는 것보다는 훨씬 주목받을 가치가 있음이 주장될 것이다. 먼저 그의 근대성 비판, 즉 실패한 계몽정신의 비판에서 중요한 개념인 "이모티비즘"과 "이모티비즘적 자아"의 개념이 분석된다. 그리고 이것을 종교개혁사상과 연관시키는 그의 담론에 나타난 프로테스탄트 윤리에 대한 오해와 부절적성에 대한 논의가 다루어진다. 이 과정을 통해 종교개혁가 칼뱅의 인간이해에서 나타난 자아가 이모티비즘적 자아를 대체할 수 있는 하나의 가능성으로 모색될 것이다.

제7장은 멜키오르 호프만과 그의 추종자들의 영향 하에 있던 폭력적인 네덜란드 재세례파가 평화주의적인 재세례파로 변화된 계기는 결

정적으로 메노 시몬스의 종교개혁의 영향이라는 주장을 뒷받침하는 근거로 그의 신학적 삶의 독특성을 해명한다. 첫째, 필자는 종교개혁운동에서 메노의 위상과 특징을 고찰하기 위한 사전 작업으로서 관헌적 종교개혁 운동의 교리 중심의 신앙과 인문주의 종교개혁의 실천적이고 윤리 중심의 신앙을 비교한다. 루터와 같은 관헌 주도적 개혁의 입장과 에라스뮈스 같은 그리스도교 인문주의적 입장의 차이는 유아세례와 관련하여도 두드러진 차이를 보이기에 이후 재세례에 대한 메노의 신학에도 중요한 의미를 지닌다 하겠다. 둘째, 필자는 메노가 속했던 네덜란드 재세례파의 평화주의로의 전환이 멜키오르파의 뮌스터 참극으로 인해, 그리고 운명적으로 평화적으로 전향할 수밖에 없었던 멜키오르파 형제들에게서 비롯되었다는 주장을 반박한다. 오히려 변화의 가장 큰 원동력을 에라스뮈스가 강조했던 "신학적 삶" 즉 "그리스도를 따르는 삶"에 대한 메노의 급진적 실천과 그의 회심의 체험에서 찾고 있다. 끝으로 본서는 재세례파의 세례 교리의 확고한 신앙적 확신과 제자도의 삶에 미친 에라스뮈스의 성서해석의 영향을 상론할 것이다.

제8장은 16세기 종교개혁운동에서 급진파 종교개혁운동으로 명명되는 재세례파의 성서해석학의 특징을 그 운동의 가장 위대한 지도자 중의 한 명이었던 메노를 중심으로 해명하는 데 있다. 메노의 재세례파 성서해석의 특징과 위상을 보다 잘 드러내기 위해 루터를 중심한 관헌적 종교개혁의 성서해석과의 비교를 시도한다. 메노 및 메노파에 대한 연구가 20세기 들어 메노나이트 진영에서 활발하게 전개되는 것은 사실이지만, 성서해석학의 방법론에 대한 연구는 상대적으로 빈약했다 할 수 있다. 프로테스탄트 역사의 오랜 관습대로 메노파들을 신학적 근거가 희박한 성서주의자로 간단히 매도해버리거나 그들을 초기 급진파 열광주의자들과 유사한 무리로 간주한 나머지 비현실적인 이상주의 집단 정도로 평가절하하기 십상이다. 그러나 메노의 성서해석을 중심으로 전개되는 이 글은 메노의 성서해석의 특유성과 일관성을 검토함으로써 프

로테스탄트 종교개혁에 대한 이해의 지평을 넓히고자 한다.

마지막 제9장은 재세례파-메노나이트 종교개혁운동의 역사적 의의를 고찰하고 오늘날 메노나이트 재세례파의 연구사의 동향을 소개하고자 한다. 메노파는 그들의 유산을 잘 보존 · 계승하고 제도화했다. 벤더(Harold Bender)와 그의 이름으로 모인 학파, 요더(John Yoder), 윌리엄스(George Williams), 왈쩌(Michael Walzer), 베인튼(Roland Bainton) 등 수많은 학자를 통해 전 세계적으로 큰 영향력을 행사한 것을 그 예로 들 수 있다. 먼저 오늘날 재세례파를 대표하는 메노나이트가 갖는 역사적이고 신학적 의의를 해명하고, 둘째, 20세기 들어 재세례파 연구의 르네상스를 가져오게 한 장본인인 벤더 학파를 비롯해 그것을 계승했던 메노파 학자들의 연구 성과를 소개할 것이다. 셋째, 벤더 학파의 계승자로서 재세례파 신학을 사회윤리적으로 해명하여 오늘날 가톨릭이든 프로테스탄트든 위기에 직면한 그리스도교에 하나의 등불 역할을 했다고 말해도 지나치지 않은 요더 윤리사상의 의의를 그 중대성에 비추어 별도로 할애하여 논의할 것이다. 무엇보다 메노파에 대한 역사적 연구는 다양한 초상을 만들어냈다는 점을 보여줄 것이다. 20세기 중반, 16세기 재세례파는 물론 후기 메노파 학문의 실체가 교파적 관심에 따라 형성된 것이 사실이다. 그들의 주된 관심은 일관성 있고 제대로 정의된 중요한 내러티브를 제공하는 것이었다. 하지만 스토리텔링의 관점이 다양해지고 역사가들이 주제 영역의 연구에서 다양한 렌즈를 사용하기 시작하면서부터 메노파의 모습은 점차 복잡한 양상을 띠게 되었다. 세계 각지의 역사가들이 메노파 내러티브에 자신들의 관점적 해석을 더한다면 이러한 추세는 앞으로도 지속될 가능성이 농후하다 할 것이다. 필자가 종교개혁운동의 비주류인인 메노에 관심하게 된 이유는 16세기의 급진적 종교개혁 운동에 근원을 두고 있는 재세례-메노파 전통의 의의가 이제는 전 세계적으로 이미 주목을 받고 있을 뿐 아니라 신학적이고 윤리적인 동의를 확보하는 데도 상당한 진전이 이루어진 학문적 지형 변화의 탓이

켰다는 것을 고백한다.

본서를 마무리하는 '에필로그'에서는 종교개혁운동으로 말미암아 야기된 종교전쟁, 특히 30년 종교전쟁(1618-1648)의 과정을 약술하고 당대를 견디어냈던 지성 몽테뉴의 종교에 대한 관용 사상에서 당대의 종교의 불관용과 독단, 현재 한국 개신교에서 팽배한 근본주의적 독단을 반성하고자 한다. 30년 종교전쟁에 관해서는 웨지우드(C. V. Wedgwood)의 『30년 종교전쟁』(*The Thirty Years War*)이 필자에게는 학술적인 도움뿐 아니라 전쟁사에 대한 솔솔한 관심과 흥미까지 제공해주었다. 그 어떤 연구서보다 마치 70년대 초 중학생 시절 월례고사를 치르고 나서 해방감에 젖은 상태로 단체 관람을 했던 영화 〈벤허〉나 〈십계〉를 감상하는 것과 같은 장대하고 흥미진진하게 서술한 웨지우드의 것을 우선적으로 권하고 싶다.

이 책이 나오게 된 계기는 필자가 운영하는 부산장신대 〈기독교사회문화연구소〉의 종교개혁 500주년 기념 학술제였다. 신문궤 교수(영남신대)께서 루터의 사상을, 원성현 박사께서 칼뱅 사상의 현대적 의의를 그리고 필자는 종교개혁의 아웃사이더, 재세례파의 의의를 조명하는 시간을 갖게 되었다. 2017년 연구소 가을 학술행사는 사회철학, 정치철학, 기독교사회윤리 분야를 주로 가르치고 연구하던 필자로 하여금 종교개혁사상사에 관심을 갖게 한 계기를 마련해 준 셈이다. 그 이후 방학을 이용해 틈틈이 종교개혁사상사를 연구했으며, 그 결과물은 한국기독교사회윤리학회 학술지 『기독교사회윤리』나 한신대의 『신학연구』, 서울신학대 『신학과 선교』, 21세기기독교사회문화아카데미 『신학과 사회』, 장로회신학대학의 『장신논단』 등을 통해 발표되었다. 본서는 발표된 논문이 대중적 접근이 용이하도록 수정하고 보완하는 작업을 거쳤음을 밝힌다. 한국사회에서의 개신교의 종교적이고 정치적인 위기, 나아가 도덕 불감증의 늪에서 허덕이는 현실, 사회적 신뢰의 붕괴라는 총체적 위기에 직면하여, 이 사태를 16세기 유럽의 종교적 위기와 오버랩 시키고,

위기 돌파의 정신적 자원을 혹 16세기의 개혁사상에서 찾을 수 있지 않을까라는 막연한 기대와 맹목적인 믿음이 연구를 자극한 촉매제가 된 것 같다.

보다 현실적으로는 완일 형의 격려가 결정적이었다. 2019년 봄 잠시 귀국하셨을 때 졸저 『열린사회와 세계사랑』을 건네 드렸는데, 격려 차원에서 선뜻 저술 지원을 선물삼아 제안해주셨다. 가능태를 현실태로, 형상에 질료를 부여하고 운동시켜 목적을 달성시키는 데 결정적인 역할을 한 완일 형에게 감사한다. 형이 사역하는 인도네시아 자카르타 '주님의교회' 교우들께도 고마운 마음을 전하고 싶다. 기독교사회문화연구소를 위해 애써주시는 후원 이사회, 최윤철, 김병일, 임병선, 정학송, 박호철, 백애자, 김두원, 박경철 목사님, 학술적으로 조언이나 자료를 제공해주신 정호원 교수(고려대 경영학), 조신호 교수(신라대 신소재공학), 친애하는 후배 고재길 교수(장신대 기독교윤리학)도 참으로 고맙다. 무엇보다 교수의 권리는 투쟁을 통해 얻어진다는 신념을 매일 고취시켜준 아내, '코로나19'로 도서관 이용이 힘들었던 악조건 가운데서도 아빠를 위해 학교 도서관에서 필요한 책들을 부지런히 공수해준 딸에게도 고맙다는 말을 하지 않을 수 없다. 2020년 한 해는 필자에게 가장 힘들었던 한 해였을 것이다. 탄생 250년을 맞아 전 세계인이 기념했던 루트비히 판 베토벤은 포위된 공성전에서 끄떡없이 버틸 수 있는 강한 산성이자 불굴의 의지와 용기의 방패였다.

2021년 8월 25일
도봉산 자운봉
박종균

목차

제4장 칼뱅의 정치사상

제5장 칼뱅의 비판자 카스텔리옹의 평화윤리 사상

제6장 칼뱅윤리의 현대적 이해: 매킨타이어의 근대성 비판 테제를 중심으로

제1장

루터 종교개혁운동에 나타난 혁명정신

1. 서론

루터의 종교개혁을 논하기 전 독일의 역사를 간단히 살펴볼 필요가 있다. 로마는 카이사르 원정 이후 라인강 동쪽을 야만족(바바리안)의 땅이라 규정했다. 따라서 로마 문명이 독일 대부분 지방에 전파되지 못해 독일이 이후로도 오랜 기간 발전하지 못하는 하나의 원인 되었다. 독일은 962년 오토 대제의 대관식부터 1806년 프란츠 2세가 퇴위할 때까지 허울뿐인 신성로마제국이 버티고 있었기에 독일의 보수주의의 기질은 이런 배경에서 비롯되었다 할 수 있다. 독일의 후진성은 근대 들어 독일 지식인층의 낙후성 혹은 시민계급의 미성숙으로 나타난다. 이러한 낙후성, 미성숙은 중세말 이후로 상승하던 독일 시민계급이 16세기를 지나면서 정치, 경제, 문화적 영향력을 상실하는 원인이 된다. 국제무역이 지중해에서 대서양으로 이동함에 따라 한자동맹 도시와 북부 독일의 도시들이 네덜란드인과 영국인에 의해 밀려난다. 또한 문화 중심지인 아우구스부르크, 뉘른베르크, 레겐스부르크, 울름 같은 남부 독일 도시들도 투르크에 의해 교역로가 차단됨으로써 이탈리아의 상업도시들과 함께 몰락의 길을 걷는다.

서유럽의 군주들은 반항하는 귀족과의 싸움에서 다소간 부르주아지에 의존한다. 귀족계급들도 프랑스의 경우처럼 상공업을 전적으로 부르주아에게 맡기거나 영국의 경우에서처럼 경제적 번영에서 이득을 보기 위해 부르주아 계급과 합작한다. 그런데 유독 독일만은 사정이 달랐다. 종교개혁에 이어 발생한 농민전쟁을 진압한 후 독일 영주들은 완전히 국가의 주권자가 된다. 이들에게 위협이 되는 세력은 귀족들이 속해 있으면서 황제에 맞서는 귀족계급이 아니라 농민과 시민계급이었다. 독일 영주들은 프랑스나 영국의 왕과는 달리 봉건적 이해관계를 지닌 대지주들이었으므로 이들에게 시민계급과 도시의 번영은 달가운 현상이 아니었다. 그렇기에 부르주아 계급이 성장할 여유가 없었던 것이 사실이다.

설상가상으로 독일을 무대로 전개된 30년 종교전쟁은 독일 도시들을 폐허로 만들었다. 전쟁 후 베스트팔렌 조약으로 공국의 수는 줄어들었지만 독일의 소분립주의는 더욱 강화되었다. 서구의 다른 지역에서는 시민계급이 행정 조직에 뿌리를 내리기 시작했지만 독일에서는 군대와 관료의 충성심에 바탕을 둔 새로운 봉건주의가 뿌리를 내리고 하급관료 이외의 모든 직책은 융커(Junker: 대지주 귀족)에 의해 장악된다. 독일의 시민계급은 18세기의 어느 나라보다 하급관료의 서열로 밀려나는 처지였다. 그리고 1870년 비스마르크의 프로이센에 의해 독일이 오늘과 같은 통일국가가 성립될 때까지 중앙권력이 사실상 부재한 상황이었다. 이러한 역사를 근거로 독일의 종교개혁을 해석하면 루터의 종교개혁은 독일의 시민사회의 성립의 지체 요인으로 파악될 수도 있다.

반면 레너(Robert Lerner) 같은 역사학자들은 루터의 종교개혁운동을 서구문명의 위기를 뚫고 나간 하나의 위대한 돌파구로 간주한다. 오히려 그들은 한편으로 서유럽의 문명적 특징을 외부 세계로 나아가는 "해외팽창"으로 규정한다. 서구가 완벽하게 동양을 제압한 계기가 되는 '대항해 시대'는 '대포와 나침반'으로 표상된다. 무력과 과학기술, 그리고 "용맹, 배신, 잔인성" 등 정신으로 서구인들은 아시아, 아프리카, 아메리카, 호주 대륙을 무차별적으로 점령하고 식민지 운영을 통해 무한대의 착취를 감행했던 것이다. 이러한 팽창주의 혹은 제국주의는 서유럽이 정치 경제적 위기를 극복하고 근대화, 산업화에 성공했을지는 모르나 다른 지역의 수많은 무고한 인명을 희생시키고 무자비한 착취를 통해 이룬 것이기에 서구 이외의 세계의 입장에서는 발전이 아니라 대재앙이요 파멸을 의미했던 것이다.[1] 하지만 이러한 관점에서 보면 루터의 종교개혁은 외부 세계가 아니라 내부 세계로 들어가는 성격을 갖는다. 루터는 하느님에 대한 신앙을 통해 인간의 내면의 세계를 개척하여, 인간의 구원의 길인 그리스도의 복음을 재발견하였고, 그 복음으로 서구의 종교뿐만 아니라 정치를 비롯한 사회의 모든 부문에서 근본적인 개혁을 일으켰다는 것이다. 말하자면 서유럽의 식민지 해외팽창은 무력과 과학기술로 외부 세계로 나아갔다면 루터의 종교개혁은 진리의 힘과 신앙으로 인간 내부 세계에서 하느님에게 나아갔다 할 것이다. 따라서 서구의 외부 세계로의 길은 정복과 착취의 길이었고 자신들의 외적 욕구 충족을 위한 이기적인 돌파구였다면, 루터의 종교개혁의 길은 하느님의 은혜와 사랑으로 인류 전체의 내적 욕구를 충족하는 가운데 평화롭게 인류 모두의 구원을 위한 길을 모색하였다 할 수 있다.[2]

근대에 들어 루터의 종교개혁운동의 영향에 대한 부정적 평가에 먼저 초점을 맞추어 보자. 특히 루터의 정치사상은 그의 세속 당국의 권위개념과 독일농민전쟁에 대한 그의 태도와 그의 '두 왕국 교리' 등에서 집중적으로 나타나고 있는데, 일찍이 트뢸치(Ernst TrÖltsch)는 루터의 정치윤리가 내면적 신앙의 윤리로서 사회와 정치를 규제하지 못하는 일종의 정적주의(quietism), 즉 현실도피의 윤리라고 그 특징을 규정지었다. 루터

---

1 Robert Lerner/Standish Meacham/Edward Burns, *Western Civilization: Their History and Their Culture(I)* (New York: W. W. Norton & Co., 1993). 441-451.

2 *Ibid.*, 451-463. 독일 종교개혁의 발발의 인과관계를 로마교회를 향한 독일민족의 정치 · 경제 · 사회적 불만 이외에 독일 국민들이 지니고 있었던 깊은 경건심, 내세에 대한 깊은 관심, 영적 진리의 수호자로서의 교회에 대한 자부심과 열성적인 충성심 등 독일 국민의 독특한 내향성이 타락한 로마교회를 향한 불만으로 표출되었다는 주장도 이러한 논지를 뒷받침한다. R. Po-chia Hsia, The Laityh's Religion: Lutheranism in 16th Century Strasbourg," in ed. by Lorna Abray, *The Peoples Reformation: Magistrates, Clergy, and Commons in Strasbourg 1500-1598* (Ithaca: Co0rnell Univ. Press, 1985), 216-232.

는 기존의 정치제도들을 하나님이 만든 것으로 보았기 때문에, 그는 자신의 추종자들에게 종교적 순종과 겸손한 복종을 가르침으로써, 즉 이들로 하여금 정치 권위에 대해 무비판적으로 순응할 것을 가르침으로써, 이들이 정치권력에 대해 무비판적으로 순종할 것과 무조건적 복속을 루터가 용인했다고 확신했다.[3] 트뢸치 이후 종교개혁 연구자들은 트뢸치의 논지를 답습하는 경향이 농후했다. 몰트만도 루터의 두 왕국론에 대해 현세적이고 영적인 평행선 위로 분리되어지는 루터신학이 사회적 · 문화적 삶에 대한 현저한 그리스도교적 비판의 가능성을 배제시킴으로써 결국 1930년대 독일교회의 정치투쟁의 맥락에서 루터파 정숙주의를 낳고 말았다고 평했다.[4] 퍼거슨(David Fergusson)은 루터의 정치신학의 논조를 기본적으로 현대적인 것 같으나 결국은 아우구스티누스적인 틀과 중세적 전제를 벗어나지 못했다고 천명했다.[5] 역사학자 스키너(Quentin Skinner)는 루터가 세속 당국을 하나님의 의지와 섭리의 직접적인 반영으로 미화시켰고 결과적으로 루터의 추종자들은 명백한 독재자들 앞에서도 정치적으로 수동적이 되었다고 지적한다.[6] 스위스 역사학자 블리클레(Peter Blickle)는 16세기 당시 매력적이었던 전망이 독일농민전쟁의 실패로 독일은 20세기 이전에 민주적 형태의 정부를 수립할 수 있는

---

3 트뢸치는 루터를 중심으로 한 초기 종교개혁 패러다임이 근대적이라기보다는 여전히 중세적 틀에 갇혀 있다고 보면서, 루터의 종교개혁은 개인의 자유와 자율성을 적극적으로 옹호하지 못하고 여전히 보수적인 "교회 유형"으로 남아있는 것으로 냉철하게 보았다. 루터파나 칼뱅파의 종교개혁은 고작해야 중세의 교회 지배적 문명을 완화시킨 정도에서 머물렀을 뿐이라 평가한 것이다. Ernst Troeltsch, *The Social Teaching of the Christian Churches* II, Olive Wyon (trans.) (New York: Macmillan, 1960), 481-482, 494-496, 510-532.

4 Jürgen Moltmann, "Luther's Doctrine of the Two Kingdoms and Its Interpretation Today," in *On Human Dignity* (London: SCM, 1984), 61-78.

5 David Fergusson, *Church, State and Civil Society* (Cambridge: Cambridge Uni. Press, 2004), 36-40.

6 Quentin Skinner, *The Foundations of Modern Political Thought II* (Cambridge: Cambridge Univ. Press, 1978), 14-15, 18-20, 73-74.

최종적 기회를 상실하고 말았으며 이런 기회의 상실을 보수적 종교개혁 운동으로 연결시켜, 루터파의 성공이 독일민족의 운명에는 오히려 불운이었다고도 주장한다.[7] 급기야 틸리케(Helmut Thielicke)는 독일교회가 나치와 히틀러에 저항하지 못했던 원인을 루터의 정치사상에서 찾기까지 한다. 루터에 의해 국가가 교회를 지배하는 길을 열게 되었고 실제적으로 그것이 독일 루터교회의 전형적인 모습이 되고 말았다는 지적이다.[8]

한편 구 동독의 아부쉬(Alexander Abusch)는 나치의 뿌리를 "1525년 독일농민전쟁의 비극적 패배"에서 찾고 엥겔스의 논지를 이어받아 뮌처를 당대의 가장 강력한 혁명가로 사회주의 운동의 상징적인 인물로 만들었다. 반면 루터는 "독일 농민들의 혁명을 제후들에게 팔아넘긴" 제후들의 종이자 독일 반혁명의 대표자였고, 루터의 종교개혁은 결국 노예제도를 영구화하는 데 기여했다고 혹평했다.[9] 동독정권에서는 자연스레 뮌처의 격상과 루터의 격하하려는 마르크스주의자들과 루터를 옹호하려는 신학자들 사이에 치열한 논쟁이 전개되었다. 하지만 통독 이후 뮌처에 대한 열광적인 지원은 쇠퇴한 것으로 보인다.

이런 맥락에서 보면 마르크스와 엥겔스의 종교론 연구에서도 가장 간과되어 온 것들 중 하나가 그들과 루터와의 연관성일 것이다.[10] 신학 영역에서는 물론 사회과학 영역에서조차 루터와 좌파 사상과의 연관성에 대해선 커다란 주목을 받고 있지 못했던 것이 사실이다. 그러나 여

---

7 Peter Blickle, *The Revolution of 1525*, trans. by A. Brady Jr. (Baltimore, 1982), 220-226.

8 바르트가 틸리케에게 쓴 편지에서 "독일 국민들은 루터가 율법과 복음의 관계, 세속적 질서 및 세속과 영적인 것의 관계라고 간주했던 것으로부터 … 고통을 받고 있습니다"라는 진솔한 심정을 밝히고 있다. Helmut Thielicke, *Theological Ethics: Foundations*, trans. by William Lazareth (Philadelphia: Fortress Press, 1969), 368-369.

9 Helmar Junghans, "The Battle over Martin Luther and Thomas Muntzer in the German Democratic Republic from 1949 to 1989," in Junghans(ed.), *Martin Luther in Two Centuries: The Sixteenth and the Twentieth* (Minnesota: Luther Northwestern Theological Seminary, 1992), 70-85.

10 Roland Boer, "Keeping the Faith: The Ambivalent Commitments of Friedrich Engels," *Studies in Religion Sciences Religieuses* 40, no. 1(2011), pp. 63-79.

기서는 통념과 달리 마르크스와 엥겔스가 루터를 주목했다는 것이며, 그 이유에 대해 검토하고자 한다. "독일의 혁명적인 과거는 이론적이었고, 그것은 종교개혁일 것이다"[11]는 마르크스의 진술의 진의에 주목하면 그에 대한 실마리를 찾을 수 있을 것이다. 이 장(章)에서는 세 단계에 걸쳐 추적해보고자 한다. 먼저 루터와 마르크스 · 엥겔스의 반성직자주의(anti-clericalism)의 태도를 이해하고 그것이 갖는 혁명적 의미를 고찰할 것이다. 반성직자주의는 루터와 같은 주류의 우파 종교개혁 진영뿐 아니라 뮌처와 같은 좌파 종교개혁 진영에서도 핵심 사안으로 다룬 실천으로 스스로 부패했을 뿐 아니라 부패한 세력과 결탁된 교회의 악을 폭로하고 그에 항거하는 것이 혁명의 시발점이었다는 점이다. 19세기 급진 공화주의자들이나 마르크스와 엥겔스 역시 그 선례를 충실히 따랐다 하겠다. 둘째, 엥겔스가 『독일농민전쟁』(*Der deutsche Bauernkrieg*)에서 루터를 어떻게 이해하고 있는지 논의하겠다. 엥겔스가 루터를 당시 신흥 부르주아지 이데올로기의 든든한 옹호자로 기꺼이 자리매김하는 것은 분명하나 그럼에도 루터가 뮌처의 혁명적 행위와 특히 1525년 농민전쟁에 심대한 영향을 준 것을 인정하고 있다는 사실에 주목하고자 한다. 끝으로, 마르크스가 루터를 독일혁명의 전개 국면에서 첫 단계를 성취한 인물로 긍정적으로 평가한 점에서 마르크스와 루터의 혁명적 연관성을 논구할 것이다. 필자는 이글을 통해 루터의 종교개혁운동을 종파적이거나 정치적 선입견을 전제로 평가해 온 그간의 흐름에서 탈피함으로써 종교개혁운동에 대한 이해의 지평을 넓히는 데 기여하길 기대한다.

---

11 Karl Marx, "Zur Kritik der hegelschen Rechtsphilosophie, Einleitung," (1844) in *Marx and Engels Werke* (Berlin: Dietz, 1974), 1:385. "종교개혁 바로 그 시기에 독일인들 사이에서 촌뜨기 문학이 전개되고 있었다. 우리 시대는 16세기와 유사한 혁명의 시대를 맞고 있다." Marx, "Die moralisierende Kritik und die kritisierende Moral. Beitrag zur deutschen Kulturgeschichte Gegen Karl Heinzen von Karl Marx," (1847) in *Marx Engels Werke* 4 (Berlin: Dietz, 1972), 331. 이하 *MEW*로 약칭할 것이다.

2. 루터의 반성직자주의

적어도 마르크스의 관점에서 루터가 독일민족에 남긴 가장 큰 신앙적이고 문화적인 유산은 반성직자주의라 할 수 있을 것이다. 그가 1840년대 초 『라인신문』(*Rheinische Zeitung*)의 기자와 편집장 시절 그의 날카로운 필력은 루터가 수많은 팜플렛에서 보여주었던 반성직주의의 공격적인 글에서 영향을 받은 것이라 부인하기 어렵다.

종교개혁운동 당시 반성직자주의는 근대처럼 공적인 삶에서 종교의 영향력을 근절하고 종교를 사적 영역으로 국한시키는 것과는 다른 의미를 갖는다. 반성직자주의는 종교인들의 심오하고 근본적인 종교적 욕구와는 무관하게 교직에서의 권위만 행사려는 성직자들에 대한 비판이 중심을 이룬다.[12] 당대의 성직자들은 자신의 직무에 태만했고 오히려 도덕적인 평신도들의 분노를 불러일으킬 정도로 부도덕했다. 종교개혁 당시 성직자 직분의 폐기를 요구하는 극단적인 비판과 물리적인 공격이

---

12 중세 후기의 반성직자주의 확산의 원인을 간추리면 다음과 같다. 1) 정신적으로 그리스도인의 완전을 대표해야 할 성직자들의 도덕적 타락. 2) 법적인 면책특권, 세금 면제, 학교나 병원의 감독권(영적인 신분은 시의 온갖 혜택들을 누릴 뿐 아니라 그러한 권리까지 주장). 3) 성직자들의 군복무나 야경의 의무 면제. 4) 성직자들의 경제활동(신용사업, 맥주판매, 포도생산, 직물사업)이 평신도 숙련공들에게 경쟁의 부담을 줌. 5) 교회의 법적 체계가 점차적으로 세속 문제에 개입함으로써 재판에 교회적 제재(파문과 효력정지 등)를 강화시킴. 6) 탁발교단의 구걸행위 극성, 유산 가로채기, 성직자의 사치, 특히 고위성직자들의 교회적 봉사 수행에서 수고비 갈취와 그들의 교회 직무 나태. 결국 반성직자주의의 원인은 도덕적, 영적, 교회적, 재정적, 경제적이고 문화적인 데서 찾을 수 있겠다. Hans Hillerbrand, et al(ed.), *The Oxford Encyclopedia of the Reformation*, vol. 1 (New York: Oxford Univ. Press, 1996), 47.

속출하고 있었다. 이제 더 이상 성직자들의 도덕적 갱신 정도가 아니라 교황은 로마에 있는 적그리스도요 구원의 중개자 사제가 없어도 구원이 가능하다는 확신이 급속도로 확산되고 있었다. 이와 더불어 루터의 '만인사제설'은 종교개혁에 호감을 가진 평신도들에게 반성직자주의의 발산할 수 있는 강력한 동인으로 작동했다. 교황제와 수도원주의에 대한 루터의 공격은 매우 날카로웠는데, 심지어 수도원에 대해 "불결한 여성(cunt)이요 악마의 매음굴"[13]이라는 독설을 마다하지 않으며 사제들을 "적그리스도의 전파자들이자 악마의 사냥개"[14]라 비난했다. 루터의 사상이 언제부터 반성직자주의로 물들게 되었는지는 학문적으로 논쟁의 대상이 되고는 있지만,[15] 반박할 수 없는 것은 루터의 1520년대 글들이 면죄부 판매에 제동을 걸고 교황 권위의 추락이 가속화되고 수도사나 수녀들이 수도원을 떠나고 사제들이 혼인하는 데 결정적인 역할을 했다는 점이다. 루터는 반성직자주의 분위기를 의도적으로 활용하여 자신의 종교개혁운동의 중심으로 구축시켰다. 루터신학의 핵심이라 할 수 있는 '이신칭의' 교리는 사제들이나 수도원의 성직자들이 주장하는 '이행칭의' 교리와는 상극을 이룰 뿐 아니라 그들의 교리는 하나님 앞에서 정당성을 부여받지 못한 적그리스도적인 것이었다.[16] 루터의 복음에 근거한 반성직자주의적 행동은 이미 1521년 에어푸르트의 학생들이 프란체스코파 수도원 제단을 파괴시키는 사건(Pfaffenstrum)을 통해, 그리고 1521-

---

13 Ulrich Köpf(Hrsg.), *D. Martin Luthers Werke: Kiritische Gesamtausgabe Schriften(Weimarer Ausgabe)* (Weimar: Hermann Böhlaus Nachfolger, 1970). 앞으로 루터 저작 전집은 *WA*로 축약 표기함. *WA* 8, 325.

14 *WA* 19, 11.

15 Hans-Jürgen Goertz, *Pfaffenhaß und groß Geschrei: Die reformatorischen Bewegungen in Deutschland, 1517-1529* (München: C.H. Beck Verlag, 1987), 84-90.

16 Hans-Jürgen Goertz, "'What a Tangled and Tenuous Mess the Clergy Is': Clerical Anticlericalism in the Reformation Period," in *Anticlericalism in Late Medieval and Early Modern Europe*, ed. by Peter Dykema and Heiko Oberman (Leiden: Brill Academic Pub/ Brill NV, 1992). 499-520.

22년의 비텐베르크 소동에서는 루터가 자신의 종교개혁운동의 실패를 우려할 정도로 그 정도가 심각했다. 비텐베르크 소동에서는 칼슈타트(Karlstadt)와 츠빅카우 예언자들의 선동으로 가톨릭 사제들은 미사를 드릴 수 없었고 제단에서 추방되었으며, 츠빌링(Gavbriel Zwilling)이 수도원 생활의 무익성을 설교하자 수도사들이 수도원을 대거 이탈하였고 칼슈타트의 성상숭배가 우상숭배라 설교하자 군중들을 성상을 파괴하고 불태웠다.[17]

루터는 반성직자주의가 성직자와 가톨릭교회에 대한 실제적인 폭력으로 이어져서는 안 된다는 경고를 하고 있지만 그럼에도 불구하고 사실상 종교개혁운동의 전개에서 그의 경고가 효과를 감소시켰다고 보기는 어렵다. 복음적 설교가 선포되는 도시에서 반성직자주의 소요사태가 발생하지 않은 곳은 거의 없었으며, 무엇보다 이러한 소란은 대중들에게 종교개혁운동의 이념 전파와 종교개혁에 호의적인 정치적 결단을 이끄는 데 결정적으로 기여했고 종교개혁운동의 일반적 원인론이라 말해도 무방하겠다.[18]

또한 반성직자주의는 좌파적 또는 급진 종교개혁 진영의 그리스도교 갱신운동에서도 중요하게 작용했다. 루터의 제자요 동지라 할 수 있는 뮌처는 이미 츠빅카우에서 프란체스코파 성직자들과 충돌했으며 반성직자주의적인 글을 통해 성직자의 권리를 비판했다. 심지어 평신도가 우리의 "최고위 성직자요 목사"가 되어야 할 것을 요구하기도 했다. 뮌처는 반성직자주의에 신비주의적 경건과 묵시적 기대까지 결합시켜 나

17 루터는 비텐베르크에서의 소요사태를 묵인할 수 없어 결국 1522년 바르트부르크에서 비텐베르크로 복귀하여 여덟 편의 수난절 설교를 통해 소요를 가라앉혔다. 이 설교에서 신앙 관련 '필수적인 것'과 '선택적인 것'(미사, 결혼, 수도원 입단, 성상제거 등)을 분별력 있게 구분해서 교회개혁을 강제나 폭력을 통해 수행해서는 안 된다고 설득하였다. *WA* 10, III, 1-64.

18 Robert Scribner, *Popular Culture and Popular Movements in Reformation Germany* (London: A&C Black, 1987), 103-122.

태하고 성령이 결핍된 성직자와 성령이 충만하고 신에게 복종하는 평신도를 날카롭게 대조시키고 저주받은 자들과 선택받은 자를 나누는 것은 이미 시작되었고 이제 곧 그것이 완결되는 최후의 심판이 도래할 것이라 여겼다. 뮌처에게는 로마교회의 성직자뿐만 아니라 기회주의적인 비텐베르크의 종교개혁자들 그리고 세속 통치자들은 자신의 "미래적 종교개혁"(future Reformation)에서 타도되고 제거되어야 할 적들이었다.[19] 반성직자주의는 1525년 농민전쟁 와중의 슈바벤 농민들의 「12개조항」에서도 적나라하게 드러난다. 농민들은 자신들이 직접 목사를 청빙할 수 있는 권리와 종교문제에서 공동의 자결권을 보장할 것을 요구했다. 농민들은 사제들, 수도원장, 수도사들 체포하기 위해 추적했고, 그들은 성직자들에게 진 채무를 거부하고, 재물을 비축한 창고를 약탈하고, 수도원에서 수도사와 수녀를 몰아내고 건물을 훼파했다.[20] 농민전쟁의 패배에도 불구하고 반성직자주의는 재세례파 종교개혁운동을 통해서 예전적으로는 훨씬 근본적인 양상을 띠게 되었다. 성직자 없이도 예전적 도구 없이도 심지어는 세속적인 장소에서도 성례가 집전될 수 있었다. 재세례파들은 "적그리스도적인 관습"에 대해 혐오감을 감추지 않았다. 그들의 급진적 반성직자주의로 인해 로마교회와 심지어 루터를 위시한 주류 종교개혁파로부터도 극심한 박해를 받았다. 하지만 재세례파 지도자들이 보인 탁월한 도덕적 고결성으로 인해 순교를 각오한 그리스도인들의 참여를 막을 수 없었으며 이를 통해 그들은 그리스도교 역사에서 명맥을 이을 수 있게 되었다.[21]

---

19 Hans-Jürgen Goertz, *Thomas Müntzer. Mystiker, Apokalyptiker, Revolutionär* (München: C.H. Beck Verlag, 1989), 24.

20 Henry Cohn, "Reformatorische Bewegungen und Antiklerikalismus in Deutschland und England," in *Sozialgeschichte der Reformation in England und Deutschland*, ed. by Wolfgang J. Mommsen et al. (Stuttgart: Klett-Cotta). 309-320.

21 Hans-Jürgen Goertz, *Die Taüfer: Geschichte und Deutung* (Berlin: Evangelische Verlagsanstalt, 1988), 2장 "반성직자주의와 삶의 개선" 참고.

루터의 종교개혁운동이 나름의 성공을 이룬 지 300년이 흐른 19세기 초반 근대를 이룬 서유럽은 모든 면에서 변화되었지만 수많은 지성인들은 여전히 참된 인간해방을 위해서는 모든 정치운동이 급진적인 반성직주의를 토대로 하여 사회에서 그리스도교를 근절시켜야만 그 목적이 달성될 수 있는 것으로 굳게 믿고 있었다. 합리주의자들과 세속주의자들은 교회의 제도적 권력에 대항한 투쟁을 중단하지 않았다. 특히 18세기 계몽주의를 배경으로 탄생한 프랑스 좌파의 경우 반종교적이고 반성직주의의 전통을 계승하고 있었다. 자의적인 권력과 전통적 권위에 대한 좌파적 비판의 토대를 이루는 볼테르 사상은 성직자들의 전제적 양태에 대해 극도의 혐오를 표출하고 있으며 진보의 길을 왜곡하고 방해하는 중세적 미신의 잔재들에 대한 가차 없는 공격을 특징으로 한다. 그 결과 프랑스혁명의 전개 과정에서 가장 치열한 싸움 중의 하나가 혁명정부와 교회의 투쟁이라 할 수 있다. 19세기 프랑스 좌파는 귀족적 특권과 보나파르트적 독재를 두루 겸비한 가톨릭교회와 그리스도교 자체가 전혀 다르지 않다는 인식에 사로잡혀 있었다. 반성직자주의는 좌파의 평등주의적이고 자유주의적인 정체성과도 연관될 뿐 아니라 착취적인 성격의 부(wealth)나 군주적인 권위에 대한 혐오와도 관계된다. 프랑스 세속주의 전통은 프랑스의 급진주의자들을 열광시켰고, 특히 급진적인 분위기에서 정치적으로 지배력을 소유하게 된 공화주의 운동의 좌파들은 1793년의 자코뱅, 1848년 혁명 공화정 그리고 1871년 파리코뮨을 통해 계승되었으며 이를 모체로 하여 프랑스 사회주의가 부상하게 된 것이다.[22]

그런데 프랑스의 초기 마르크스주의자라 불리는 줄 귀드(Jules Guesde)와 그의 추종자들은 오히려 급진주의자들의 반성직자주의에 맞

22 Robert Stuart, *Marxism at Work: Ideology, Class, and French Socialism during the Third Republic* (Cambridge: Cambridge Univ. Press, 1992), 286-293.

서는 기현상을 보인다. 귀드주의자들은 과격한 반성직자주의에 맞서서 종교란 혁명에서 고려할 대상이 아니라는 주장을 편 것이다. 스스로 마르크스를 추종한다 여기는 그들은 계급투쟁은 근대의 결정적인 전투로서 이미 종교나 무신론의 문제를 쓸모없는 것으로 처리해버렸다는 것이다. 마르크스주의에 비추어보면 반성직자주의를 철저하게 견지하는 세속화의 전사들은 사실 현실 세계를 병들게 하는 원인들과 싸우기보다는 사회적 비합리성의 허깨비들과의 무익한 싸움에 정력을 낭비해 왔다는 비판이다.[23] 그런 까닭에 진정한 마르크스주의 노선을 따르는 사회주의, 즉 과학적 마르크스주의에 의해 과거의 유령에서 해방된 참된 사회주의는 유신론이든 무신론이든 종교적 담론은 철폐해버려야 한다는 주장이다.[24] 계몽주의 이래 프랑스 좌파의 힘을 소진시켰던 종교비판을 정치경제학 비판으로 대체해야 할 것이며, 철저한 귀드주의자라면 사제들의 부패와 공금횡령 같은 문제를 비난하는 차원에 머물러선 안 되는 것이며, 과학적 사회주의자라면 과학주의적 실증주의로 종교적 미신을 파타하는 일에 집착해서는 안 되며, 참된 마르크스주의자라면 반성직주자주의적인 공상에 사로잡혀 종교적 음모론 같은데 심취해 쓸데없는 장광설을 늘어놓아선 안 된다는 것이다. 프롤레타리아들은 그들의 형이상학적인 차이가 무엇이든지 피부색이 어떻든 어떤 종교를 믿든 자본가들과 싸우기 위해 단결하는 것이 시급한 문제지, 성직자들과의 싸움에 몰두하는 것은 결국 인민대중을 십중팔구 호도하게 된다는 것이다.[25]

---

23 Nikolaus Lobkowicz, "Karl Marx's Attitude to Religion," *Review of Politics* 26(1964), 319-352.

24 귀드주의자들은 계급투쟁의 정당은 상상의 적, 그것이 소위 '신'이라 하더라도 그런 문제와 난투극을 벌일 만큼 한가해서는 안 된다고 주장한다. D. Turner, "Religion: Illusions and Liberation," in *The Cambridge Companion to Marx*, ed. by T. Carver (Cambridge: Cambridge Uni. Press, 1991), 337.

25 프랑스 좌파정치가 예수회와의 투쟁에 병적인 집착을 보인 정황은 다음의 글을 참고하라. R. Gibson, *A Social History of French Catholicism* (London: Routledge, 1989), 110-111.

그러나 정작 마르크스는 자신의 추종자 귀드처럼 반성직자주의의 무용성에 동조하는 것으로 보이진 않는다. 마르크스는 성직자들이 공산주의 인터내셔널에 반동적인 적대자들의 대열에 합류했을 때, 그는 주저 없이 말하고 있다. "종교, 교단, 가족, 사유재산에 대한 순수한 옹호자의 눈에는, 위증의 죄는 사소한 죄의 축에도 들지 않는다."[26] 그리고 파리코뮨과 성직자를 언급하면서, 사제들은 사적인 삶의 은거지로 후퇴했고, 그들의 신앙의 선조인 사도들의 삶을 본받아 신자들의 자선이나 빌어먹고 사는 존재들로 표현한다.[27]

엥겔스는 옛 귀족의 남은 자이든 신흥 부르주아의 남은 자이든 지배계급과 동거하는 사제들은 가차 없이 타락자의 명단에 추가시켰다. "경관들, 사제들, 변호사들, 관료들, 맘껏 흥청거리는 지주들, 그리고 근면함이라곤 전혀 찾아 볼 수 없는 이 모든 기생적 존재들이 대체 무엇을 먹고 사는지 파악할 수가 없으며, 비참한 농민들에게서는 이런 유례들을 도저히 찾을 수가 없다."[28] 영국 국교회 사제들에 관해서는 "영국의 시골이나 도시에 거주하는 국민들에게 국교회 목사들보다 더 혐오와 경멸의 대상이 되는 존재도 없을 것이다"[29]고 주장했다. 마르크스에게 목사들은 썩어빠진 귀족이나 그리고 자주 새로운 공장주나 탄광주로부터 호의를 구걸해 먹고 사는 형편없는 인간들이었다. 그들은 자신의 양떼는 성실하게 돌보지 않고 자신의 안위에 대해서는 과도하게 챙겼으며, 영국의 상황은 변두리에서 사역하는 목사들이 민중들에게 훨씬 밀착해 있다는 사실로 인해 더 심각한 수준이었다. 그리고 엥겔스가 군대시절

26 Marx, "An die Redaktion des 'De 'Werker'," (1871), in *MEW* 17 (Berlin: Dietz Verlag, 1973), 301.

27 Marx, "Der Bürgerkrieg in Frankreich: Adresse des Generalrats der internationalen Arbeiterassozialtion," in *MEW* 17 (Berlin: Dietz Verlag, 1973), 335.

28 Friedrich Engels, "Engels an Marx 23 Mai 1856," in *MEW* 29 (Berlin: Dietz, 1973), 56.

29 Engels, "Die Lage Englands II. Die Englische Konstitution,"(1844) in *MEW* (Berlin: Dietz, 1974), 1:581-583.

쓴 자신의 작품 중 하나에서 프러시아에서의 군복무로부터 면제된 신학자들에 대해 논평하고 있는 것에서 반성직자주의적 불만을 확연히 읽을 수 있다.

> 이 점을 더 깊이 생각해 보자. 1,638 명의 사람들이 신학자라는 이유로 복무가 연기되거나 면제되었다. 왜 신학자들은 군복무를 하지 않을 만큼 훌륭한지 이해할 수 없다. 오히려 1년간 야영생활의 군복무와 외부 세계와의 접촉은 그들에게 오직 유익만을 끼칠 수 있다. 따라서 더 이상 고민할 필요도 없이 그들을 징병해야 할 것이다. 4분의 3의 부적격자를 포함하여 현재 년도 총인원의 3분의 1은 포함되어야 할 139명을 여전히 남겨둔다.[30]

16세기와 19세기 서구의 반성직자주의를 통해 떠올릴 수 있는 모습은 중세의 귀족이든 근대의 부르주아든 권세와 부를 소유한 세력과 갈등 또는 밀월 관계를 통해 세속적인 탐욕 추구에 혈안이 된 성직자의 비도덕적인 삶의 양태에 대한 신학적 · 윤리적 · 정치적 비판이 그 핵심으로 자리한다 하겠다. 우아하게 미소 지으며 자색 빛 찬란한 옷을 입고 거룩한 척 하지만 호주머니에는 언제나 칼을 품고, 기회만 되면 주지육림에 허덕이는 고위 성직자. 하느님의 구원을 세속적 권세나 금권으로 매개시키는 천박한 브로커. 최신의 기업경영 전략을 교회적으로 전유함으로써 세속적 복을 약속하는 사업가 기질이 풍부한 성직자. 결국 교회는 인간의 가장 예민하고 약한 부분을 실험대 위에 올려놓고 무기력한 복종을 제조하는 숙련된 기술로 2천년이란 성공의 시간을 보냈다. 마르크스가 말했듯이, "사람의 모든 불완전함과 마찬가지로 공동체적인 인

---

30 Engels, "Die preußische Militärfrage und die deutsche Arbeiterpartei,"(1865), in *MEW* 16 (Berlin: Dietz, 1973), 47.

간본성의 가장 일반적인 착취는 천국과 결합될 때 일어난다. 바로 이 결합이 성직자로 하여금 인간의 마음에 가장 쉽게 접근하는 길이다."[31]

31 Karl Marx, "Ökonomischphilosophische Manuskripte aus dem Jahre 1844," in *MEW* 40 (Berlin: Dietz, 1990), 547.

3. 루터와 엥겔스

농민전쟁에서 보여준 뮌처의 인간해방 메시지에서 엥겔스는 뮌처를 독일농민전쟁 이후의 모든 혁명의 선구자적 이미지를 읽어내었다. 엥겔스는 농민봉기와 그것을 분쇄한 지배계급의 반혁명 기간 동안의 그 사건을 일반적인 역사적인 혁명 동력의 전거로 간주하는 동시에 이를 통해 공산주의 혁명의 역사적 기원을 독일에서 찾는 계기를 마련하게 되었으며 종교와 혁명, 역사와 이데올로기의 연관성을 1848년 혁명과 유사한 맥락에서 읽게 되었다. 그리하여 뮌처는 혁명적인 영웅이자 공산주의운동의 첫 순교자가 되었다. 엥겔스에 의하면 뮌처는 종교개혁운동이 낡은 지배계급 하에서 적당히 타협하고 안주하려는 루터식의 부르주아적 개혁에서 멈추길 단호히 거부하고 자신이 믿는 신념, 즉 억압당하는 자들을 위한 정의, 그들의 물질적 조건의 개선, 기존의 권력 구조의 변혁, 그리고 궁극적으로 가난한 민중들의 전적인 해방을 위해 기꺼이 목숨을 던진 인물이다. 엥겔스의 해석에 따라 뮌처는 정치적 자유, 평등, 세상의 평화를 함의하는 하느님 나라의 유토피아적인 비전을 근대 유럽에서 세속적으로 정치적으로 실현시키려 했던 최초의 실천가가 된 것이다.[32]

---

32 Friedrich Engels, *The German Revolution* (Chicago: The University of Chicago Press, 1967), 44-48. 엥겔스는 뮌처를 민중혁명의 원형으로, 그의 이념은 19세기 공산주의의 이념과 완벽하게 부응하는 것으로 묘사된다. "뮌처는 오직 하느님 나라 운동을 계급적 차별이 사라지고, 사유 재산에서 해방되고, 사회 구성원들에 대한 과도한 국가권력의 억압을 종식시키는 세상으로 이해했다. 그래서 세속 당국이 혁명에 대한 인정이나 동참을

그러나 엥겔스의 눈에 비친 루터는 새로운 형태의 교회 수호자가 되어 루터 자신의 생각과 실천을 뮌처처럼 자신들의 논리에 따라서 변형시키려는 자들을 저주하는 입장을 고수한 보수적인 인물이다. 엥겔스는 『독일농민전쟁』에서 이 문제에 집중하고 있는 데, 여기서 루터 종교개혁과 뮌처 종교개혁 그리고 농민전쟁의 급진적 성과물에 관한 최초의 사적 유물론적 분석을 발견하게 된다. 엥겔스의 독일농민전쟁 연구의 직접적인 계기는 1848년 혁명의 좌절이다. 혁명의 최전선에서 활동했던 엥겔스가 스위스로 망명한 후 혁명 실패의 원인에 대해 숙고하며, 당대의 현실을 분석하다 과감하게 300년 전의 원시적 혁명으로 눈을 돌리게 된 것이다. 16세기의 혁명들은 성서의 급진적 해석에 의해 영감을 받은 것이라는 점에서, 혁명이란 공산주의자라는 새로운 인간들이 과거의 전통을 단절하고 무조건 급진적인 이론과 실천을 강요하면서 생겨난 억지 개념이 아니라는 것을 보여주는 데 의미가 있다 할 것이다. 엥겔스에 따르면 그것은 소심한 자들의 낡은 열망에 생기를 불어넣어 준 셈이다.[33] 그러나 문제는 그러한 조처가 마르크스와 엥겔스가 공산주의의 초기 표현의 신학적 덫(그들이 『공산당선언』에서 언급했듯이 "기독교사회주의는 성직자들이 귀족들의 격렬한 분노에 끼얹어 주는 성수에 불과할 뿐"[34]이라고 했던)으로부터 자신들을 분리시키려고 한 단호한 노력을 훼손시킬 수 있다는 것이다.

『독일농민전쟁』을 통해 엥겔스는 계급분석을 정리하고, 1525년 농민전쟁과 1848-50년 혁명의 유사점을 제시하고(비록 마지막 문단에서 몇 가지 상이한 점을 언급하고는 있지만), 혁명적 실천을 위한 교훈을 제시하며, 뮌처의

거부한다면 전복시키지 않을 수 없으며 모든 작업과 모든 재산은 공동으로 분배되어야 하고 완전한 평등이 도입되어야 함을 가르쳤다." *Ibid.*, 47.

33 로버츠(John Roberts)는 논문을 통해 이것을 "변치 않는 공산주의"(invariant communism)라고 부른다. John Roberts, "the 'Returns to Religion': Messianism, Christianity and the Revolutionary Tradition. Part1: 'Wakefulness to the Future'," *Historical Materialism* 16, no.2(2008): 59-84.

34 Marx and Engels, "Manifest der Kommunistischen Partei,"(1848) in *MEW* 4, 484.

신학과 정치 사이의 연관성을 평가한다. 여기에서 가장 주목할 만한 것은 앞부분에서의 계급(군주, 귀족, 성직자, 시민, 평민 및 농민)에 대한 분석과 결론부분에서 그 계급들에 대한 전쟁의 효과에 대한 개요 사이의 접촉점이다. 특히 루터는 부르주아적인 개혁과 그에 동조하는 제후들의 욕망을 대변하는 것으로, 뮌처는 급진적인 농민과 평민 그리고 초기형태의 프롤레타리아의 목소리를 대변하는 것으로, 그리고 나머지는 로마가톨릭의 대응을 대표하는 것으로 매듭짓는다.

그러나 흥미로운 것은 엥겔스가 루터의 수사와 실천에서의 변화를 다루면서 고정된 것이 아니라 변화하는 계급분석에 근접하고 있다는 점이다. 고집불통의 호전적인 농민 배경의 아우구스티누스파 수도사는 부패한 교회와 교회의 기득권층에 대한 맹렬한 공격자로 자신의 이력을 시작했다. 그의 초창기 로마교회와 고위 성직자들에게 대한 신랄한 비난과 공격은 곧 불만을 가진 농민, 평민, 시민, 하위 공직자, 그리고 심지어 제후들까지도 연합 전선을 구축하는 데 큰 어려움이 없을 정도가 되었고, 얼마 지나지 않아 루터는 시민, 귀족, 제후들과 같은 편, 참된 동지가 될 수 있었다. 그래서 그는 온갖 열정을 쏟아 내어 안정된 영주 중심의 종교개혁운동의 성공을 이끌었으며, 이에 걸림돌이 될 가능성이 있는 극단적인 요소를 내포한 종교개혁운동에 대해서는 로마교회를 공격하던 수준의 강도로 공격을 퍼부었다. 어제의 동지들이 이제 대적해서 척결해야 할 적그리스도가 된 것이다. 엥겔스의 관점에서는 자신의 입지를 확고히 해 부르주아 교회의 옹호자로 변절한 모습이 진정한 루터이다. 혁명적인 색채를 띤 루터의 초기 저술이나 팜플렛들은 아직 자신의 전체적인 계획을 올바로 파악하지 못했던 사람의 미숙한 표식에 불과했다. 루터의 변절로 결과한 그의 성공이 실제로 수반한 것은 결국 자신의 실패가 되고 만 것인데, 스스로 제후들의 영향권 밑으로 들어가고 만 것이었다.

그러나 엥겔스가 루터의 종교개혁운동을 부르주아적인 것으로 몰아가기 위해 최선을 다함에도 불구하고, 그는 루터의 메시지의 중심에 있는 정치적 양면성(비록 이것이 그 자체로 그리스도교적인 함의를 품고 있지는 않다하더라도)을 인정한다. 무엇보다 루터의 성서에 관해 엥겔스는 다음과 같이 말하고 있다.

> 루터는 성서 번역을 통해 평신도운동의 손에 강력한 도구를 쥐어주었다. 성서를 통해 그는 당대의 봉건화 된 그리스도교를 1세기의 순수한 그리스도교와 대비시키고 부패한 봉건사회를 분화되고 인위적인 봉건계층을 알지 못했던 사회상과 대조시켰다. 농민들은 제후들과 귀족들 그리고 성직자들에 대항하기 위해 이 도구를 광범위하게 사용했다. 이제 루터는 여태까지 절대군주의 그 어떤 아첨꾼도 필적하지 못할 정도로 하느님이 세우신 세속 당국에 성서로부터 뽑아낸 참된 찬양을 돌림으로써 그것(성서)을 농민들을 향하여 조준하게 되었다.[35]

엥겔스는 루터가 어떻게 농민들을 배신하였는지 보여주길 원했으나, 자신의 의도와 달리 루터의 성서주의의 혁명성을 인정하고 있다. 블로흐가 지적했듯이, 성서는 반항적인 운동을 탄압하려는 자들에게 무기를 제공해주는 것만큼이나 지배자가 원하는 정의가 아닌 전혀 다른 정의를 위한 혁명적인 운동에 영감을 주는 원천이 되기도 하는 것이다.[36] 루터와 뮌처는 자신의 입장의 정당화를 위해 성서를 자유자재로 사용할 수 있는 능력의 소유자들이었다. 정작 중요한 것은 성서언어를 전적으로 수용하느냐 거부하느냐 하는 것이 아니라 루터의 해석과 뮌처의 해석 어느 편에 설 것인가이다. 즉 기득권 세력을 지지하는 성서해석과 해

35 Engels, "Der deutsche Bauernkrieg," in *MEW* 7, 350-51.

36 Ernst Bloch, *Atheism in Christianity: The Religion of the Exodus and the Kingdom*, trans. by J. Swann (New York: Herder and Herder, 1972), 13.

석자를 지지할 것인가 아니면 그런 세력들이 사라지는 더 나은 세상을 추구하는 해석과 해석자를 지지할 것인가를 선택해야 하는 상황에 놓이게 되는 것이다.

앞에서의 인용문 첫 대목("루터는 성서 번역을 통해 평신도운동의 손에 강력한 도구를 쥐어주었다")은 또 다른 의미를 부여해준다. 이것은 달리 말해 농민봉기의 일정 부분의 책임이 루터에게 있다는 의미이기도 하다. 엥겔스는 자신이 의도했던 이상의 말을 하고 있는 셈이다. 분명 엥겔스는 루터와 시민 및 군주를 묶고 뮌처는 공적인 생활을 시작하는 순간부터 급진적인 선동가임을 보여주자 한다. 그것이 엥겔스의 논증에 단순함은 줄 수는 있으나 루터가 뮌처의 상상력과 의분을 촉발시킨 장본인이라는 점은 전혀 고려하지 않은 측면이 있다. 환언하면 루터의 가르침과 실천을 통해 뮌처는 자신의 급진적 노선을 걸어갈 수 있게 된 것이다. 루터 자신이 제시하고 난 후 포기해버린 정치적 양가성의 한 측면을 뮌처는 자신의 논리적 무기이자 목적으로 삼고 그것을 자신의 길로 삼은 것이라 할 수 있겠다. 사실상 엥겔스는 루터가 그리스도교신학의 중심에 심오한 긴장이 있다는 것을 재발견했다는 것을 인정하고 있다.[37] 전통적인 교회의 권위의 해석에 길들여진 우리는 성서와 신학이 압제자들과 권력자들에 똑바로 마주하고 있다는 것을 깨닫지 못하며, 또한 그것이 억압받는 사람들의 열망에 전적으로 목소리를 낸다는 것도 깨닫지 못할 때가 종종 있다. 솔직히 방대한 양의 문학과 사상이 혼합된 성서에서 혁명에 대한 반동이나 권력에 대한 공고한 지원 또는 그것을 변혁하려는 열망을 제거하기 위해 그런 본문만 뽑아내고자 의도한다는 것이 오히려 불가능에 가까울 수 있다.[38]

루터는 종교개혁운동 초기에는 반역적인 부분에 호소했고, 운동의

37 엥겔스는 다른 문헌에서도 종교의 정치적 양가성에 대한 인식을 드러내준다. Engels, "Zur Geschichte des Urchristentums," in *MEW* 22, 447-473.

38 Ernst Bloch, *Atheism in Christianity*, 46-56.

전개와 더불어 질서와 통제를 지지하는 부분에 호소하는 모습을 보였다. 루터는 성서가 내장한 정치적인 급진성을 알아차리고 자신이 풀어놓은 것에 두려움을 느끼는 처지가 되고 말았던 것이다. 그래서 그는 시간이 지남에 따라 자신이 펼쳐 둔 급진적인 진술을 철회하고 그것을 영적으로 순화시켜 보수적인 입장을 취하게 된 것이다. 그러므로 엥겔스의 루터 분석에서는 행간을 읽을 필요가 대두된다. 그는 루터가 뮌처와 그를 추종하는 농민들에게 하느님의 진노가 임할 것을 저주했다고 비판하면서도 루터가 성서의 급진적이고 혁명적인 차원에 대해서 뮌처에게 영감을 준 부분을 적지 않게 언급하고 것은 부지불식간에 루터의 공헌을 인정하고 있는 셈이다.[39]

39 엥겔스가 루터에 대해 단정해서 말하지 않았다는 사실은 엥겔스가 카우츠키에게 보낸 1892년 2월 1일자 편지에서 드러나게 되었다. 거기서 엥겔스는 루터가 부르주아 운동을 주창했다는 내용의 책을 써볼 것을 카우츠키에게 제안하고 있다. 그러한 생각은 프로테스탄트와 가톨릭의 논쟁 이외의 관점, 즉 1848년 전후의 부르주아적 성격과 루터가 재세례파 열광주의자들과 농민전쟁에 맞서 투쟁했던 칼슈타트 전후의 루터와 비교할 수 있는 관점을 제공해주는 것이었다. 결국 엥겔스가 이 작업을 착수했고 종교적인 부분만큼은 카우츠키가 더 밀고나갔다 할 수 있겠다. Engels, "Engels an Karl Kautsky 1 Feb. 1892," in *MEW* 38, 260.

4. 루터와 마르크스

엥겔스가 루터의 혁명적 잠재력에 대해 소극적으로 인정하는 것과 대조적으로 마르크스는 훨씬 적극적으로 루터의 특징을 말해준다. 마르크스의 종교에 관한 진술에서 다음과 같은 언급을 주목해 보자.

> 과거 독일 혁명은 수사적(rhetorisch)이라 할 수 있는데, 그것이 바로 종교개혁이라 할 것이다. 그때 수도사의 머리에서 혁명이 시작되고 있었다면 지금은 철학자의 머리에서 시작되고 있다 … 그러나 만일 개신교의 정신이 과제의 참된 해소는 아니더라도 그것은 최소한 문제의 올바른 설정이었다고는 말 할 수 있다.[40]

머리에서 혁명적 발상을 촉발시킨 장본인에 해당하는 수도사는 말할 것도 없이 루터이다. 루터가 마르크스의 관심을 촉발시킨 이유는 무엇일까? 인용된 본문에 대한 간략한 설명으로 물음에 대한 답을 시도해 보면 다음과 같은 점이 드러난다. 종교개혁운동이 어느 정도는 이론적으로 혁명성을 띠고 있었던 바, 그것은 독일역사에서 두 단계의 혁명적 국면의 첫 단계를 구성하는 셈이다. 물론 두 번째 단계는 철학자와 함께 시작하는 것이다. 물론 종교개혁운동이 "최소한 문제의 올바른 설정이었다"는 것은 그것의 위대한 효과에 대해 인정하고 있으나 첫 번째 혁명

40 Marx, "Zur Kritik der hegelschen Rechtsphilosophie," in *MEW* 1, 385.

이 어떤 점에서는 불완전했기에 두 번째가 마르크스 당대에 요청된 이유이기도 하다. 여기서 우리에게 주어지는 문제는 혁명의 두 국면에서 그것의 첫 번째 국면으로서의 종교개혁운동의 성격이 어떠하냐이다. 이러한 의미에서 마르크스의 글은 주요한 논점을 제공해준다.

그러나 이 문제를 파악하기 전에 상황을 설정하는 마르크스의 진술을 검토해보자. 마르크스의 종교에 관한 가장 유명한 진술, 즉 『헤겔 법철학비판』 서문에서 밝힌 종교비판의 정당성은 루터의 반성직자주의 음성이 공명되고 있다.[41]

> 인간, 그는 인간의 세계이고 국가이고, 사회이다. 하지만 이 국가와 이 세계는 전도된 세계이므로 전도된 세계의식을 생산한다. 종교는 이 세계에 대한 일반 이론이며, 이 세계에 대한 백과사전적 개요이고, 이 세계의 대중적인 형태로 되어 있는 논리이고, 이 세계의 유심론의 명예가 걸린 문제(spiritualitischer Pointd'honneur)이며, 이 세계의 열광이고, 이 세계에 대한 도덕적 재가이며, 이 세계의 장엄한 보충이자 이 세계의 위안과 정당함의 일반적 근거이다. 인간적 본질이 아무런 진정한 현실성도 얻지 못하기 때문에 종교는 인간적 본질의 환상적 현실화 일뿐이다. 그러므로 종교에 대한 투쟁은 간접적으로 저 세상, 즉 그것의 정신적 향료가 종교인 세계에 대한 투쟁이다. 종교상의 불행은 한편으로는 현실의 불행의 표현이자 현실의 불행에 대한 항의이다. 종교는 곤궁한 피조물(압박받는 민중)의 한숨이며 무정한 세계의 감정이고 또 정신을 상실해버린 현실의 정신이다. 종교는 민중의 아편이다. 민중의 환상적 행복인 종교의 지양은 바로 민중의 현실적 행복에 대한 요구이다. 민중의 상황에 대한 환상을 타

41 완전한 연구는 종결되지 않았고 헤겔 비판의 노트버전은 1927년에야 출판되었다. Marx, "Zur Kritik der hegelschen Rechtsphilosophie," *MEW* 1, 378.

파하라는 요구는 이 환상을 필요로 하는 상황을 타파하라는 요구이다. 따라서 종교에 대한 비판은 종교를 자신의 후광으로 받들고 있는 눈물의 골짜기(Jammertales)에 대한 비판의 맹아이다. 비판은 질곡으로부터 가상의 꽃을 뽑아내 버린다. 그것은 인간이 환상을 벗겨냄으로써 상상과 위안이 사라져 버린 질곡 속에 머무르기 위해서가 아니라, 그 질곡을 떨쳐버리고 생생하게 살아있는 꽃을 얻기 위해서이다.[42]

종교는 인간의 중심을 맴도는 환상적인 태양, 정신적 향료, 무정한 세계의 감정, 정신을 상실해버린 현실의 정신, 물론 양가적 의미를 갖는 민중의 아편(한숨에 대한 위안이면서 마약도 되고 아픈 곳이라면 어디든 사용하는 만병통치약이자 저주도 되는)이다. 마르크스는 혁명적 비판의 두 국면을 구별하고 두 번째 국면에 대해 억누를 수 없는 열정을 보이고 있다. 첫 번째 혁명적 비판 즉 "종교비판(이것은 천국에 대한 비판이기도 하다)은 모든 비판의 전제"[43]라는 점에서 대단히 중요하다. 종교비판은 지금까지 독일 혁명사상을 특징지어오고 있는 바, 그 기원을 숙고해보면 그것의 뿌리를 루터에게서 찾을 수 있을 것이다. 우리는 이 첫 번째 단계에 대해서는 반성직자주의를 논하면서 이미 다루었기에 두 번째 단계의 혁명으로 넘어가자. 첫 번째 혁명이 수도사에 의해 시작되었다면 두 번째 혁명은 철학자에게서 시작된다고 했는데, 이때의 철학자는 누구인가라는 의문이 생긴다. 그것은 마르크스 생애에서 가장 큰 비중을 차지했던 포이어바흐일 가능성이 가장 높다. 그에 대한 마르크스의 존경은 의심할 수 없는 정도인데, 예컨대 1843년 10월 3일, 1844년 8월 11일 마르크스가 포이어

42 *MEW* 1, 377-378.

43 *MEW* 1, 377.

바흐에게 보낸 두 통의 편지[44]에서 그가 포이어바흐를 얼마나 존경하는지를 밝히고 있다. 그의 작품을 아주 꼼꼼하게 읽었으며, 파리에서 동지들이 포이어바흐의 『그리스도교의 본질』에 관련된 강의를 듣고 있으며, 많은 여성들이 숭배하고 있으며, 마르크스가 파리에서부터 편집하려고 계획했던 『독불연보』(*DeutchFranzösische Jahrbücher*)의 첫 발행에 기여해 달라고 초대하는 내용도 있으며, 포이어바흐의 사상은 사회주의 사상을 위한 커다란 진보라는 의견을 피력하기도 했다. 마르크스의 말을 인용하면, "나는 당신에게 위대한 존경심을 확증할 수 있는 기회를 얻어 기쁘게 생각합니다. 만일 이런 말을 써도 될는지 모르겠습니다만, 제가 당신에게서 느끼는 감정은 사랑입니다."[45]

그렇다면 마르크스가 "사회주의의 철학적 토대"를 제공했다고 공언한 포이어바흐[46]와 함께 새로운 국면이 시작되었는가? 아니면 마르크스 자신에 의해 새로운 국면이 시작되었는가? 수도사가 누구인지는 바로 파악될 수 있으나 그 "철학자"가 누구인지 쉽게 파악되지 않는다. 물론 종교와 하느님은 인간에게서 최고의 것을 하늘에 투사한 것이라는 획기적인 진술을 고려한다면 포이어바흐를 염두에 둔 것이라 할 수 있다.[47] 그러나 사실상 필자의 관심은 그 철학자가 누구냐를 파악하는 것에 있지 않다. 우리의 주된 관심은 종교개혁운동이 갖는 혁명성에 놓여 있다. 정확히 이 대목에서 마르크스는 루터의 업적을 '외적 종교심에서

44 Marx, "Marx an Ludwig Fererbach in Bruckberg, 3. October 1843," in *MEW* 27, 419-421; "Marx an Ludwig Feuerbach in Bruckberg, 11. August 1844," *MEW* 27, 425-428.

45 Marx, "Marx an Engels 24. April 1867," in *MEW* 31, 290.

46 *MEW* 27, 425.

47 실제로 마르크스가 작성한 글에서 사변신학자 스트라우스(David Struss)와 그의 『예수의 생애』(*Das Leben Jesu)* 그리고 모든 경건하고 신실한 그리스도인들에 대항해서 반신학적인 포이어바흐을 지지하기 위해 루터로부터 기독론적인 사변을 길게 인용한 데서 발견할 수 있다. HansMartin Sass, "Reuerbach statt Marx. Zur Verfasserschft des Aufsatzes 'Luther als Schiedsrichter zwischen Strauss and Feuerbach'," *International Review of Social History* 12(1967), 108-119.

내적 종교심으로의 전환'이라 말해준다.

> 루터는 물론 확신에서 나오는 예속(Knechtschaft)으로 대체시킴으로써 경건에서 나오는 예속을 극복했다. 그는 신앙에 대한 권위를 회복시킴으로써 권위에 대한 신앙을 타파해버렸다. 그는 평신도들을 성직자들로 끌어올림으로써 성직자들을 평신도로 끌어내렸다. 그는 종교심(Religiosität)을 내적 인간으로 만듦으로써 인간을 외적 종교심으로부터 해방시켰다. 그는 마음을 질곡 속에 묶어놓음으로써 육체를 질곡으로부터 해방시켰다.[48]

루터는 경건, 권위, 사제들, 육체와 같은 외적 종교심의 형태들에 맞서서 확신, 믿음, 평신도, 마음 그리고 내적인 인간을 특징으로 하는 종교적 헌신의 내면화를 강조했다. 이런 점에서 베버(Max Weber)의 통찰은 주목할 만하다.

> 종교개혁 시대의 인간들에게 가장 결정적인 삶의 관심사는 다름 아닌 영원한 구원이었는데, 이제 그들은 영원으로부터 확정된 운명을 따라 고독하게 자신의 길을 가는 것 외에 달리 방법이 없었다. 아무도 그들을 도와줄 수 없었다. 설교자도 도울 수 없었다. … 성례전도 도울 수 없었다. … 반드시 지켜야 하는 것이 사실이기는 하지만, 신의 은총을 얻기 위한 수단이 아니라 신앙의 주관적인 '외적 보조 수단'(externa subsidia)에 지나지 않기 때문이다. … 이러한 인간의 내적인 고립은 … 한편으로 문화와 주관적 종교성에 내재하는 모든 감각적 · 감정적인 요소에 대한 청교도주의의 절대적인 부정적 태도의 근거를 제공했으며 … 또한 그럼으로써 모든 감각적 문화 일반

48 Marx, *MEW* 1, 386.

에 대한 근본적인 혐오의 근거를 제공했던 것이다. 그러나 그러한 내적 고립은 다른 한편으로 청교도 신앙의 과거를 지닌 국민들의 국민성과 제도에서 오늘날에도 여전히 작용하고 있는 저 탈환상적이고 비관주의적인 색채를 띠는 개인주의의 원천 가운데 하나를 형성한 것이다.[49]

매킨타이어(A. MacIntyre) 역시 베버의 논지를 이어받아 루터는 중세의 계급적이고 통합적인 사회와 획을 긋고, 근대 세계로 이행하는 모습을 보여주었는데, 그것이 전통적인 도덕이론에서 볼 수 없었던 '개인'이라는 인간상의 등장이라 지적했다.[50] 루터에게 있어서 공동체와 사회생활이란 더 이상 "끝까지 지속적으로 도덕적 삶을 영위하는 영역"이 아니라 구원이라는 영원한 드라마의 무대장치에 불과한 것이다. 세속적인 것은 통치자의 지배하에 있을 뿐이며 구원을 위해서는 전혀 다른 무엇, 즉 '하느님의 명령'만이 도덕적 규칙일 될 수 있다. 그러나 타락한 인간의 이성과 의지로는 하느님의 명령을 따를 수 없고 오직 신의 은총으로만 가능하게 된 것이다. 그래서 매킨타이어에 따르면 루터에게서 진정한 변화란 전적으로 내면적인 것이며, 중요한 것은 '용서받은 죄인'으로서 공포와 전율 속에 하느님 앞에 서는 것이다.[51] 루터는 자신의 설교를 듣는 청중들이 '하느님 앞에 홀로 선 개인의 경험'으로서 도덕적 경험이 이루어지기 원했다. "개인은 모든 사회적 속성을 벗어 던지고, 죽는 사람이 그러하듯 모든 사회적 관계로부터 추출된, '개인 그 자체'로서 끊임

49 Max Weber, *Die Protestantische Ethik und der Geist des Kapitalismus* (file:///Z:/Weber-Protestantische-Ethik.pdf), 55-56. 베버에 따르면 개인주의의 원천 중에 하나가 종교개혁운동이었다는 것이며 다른 하나는 계몽주의다.

50 Alasdair MacIntyre, *A Short History of Ethics* (London: Routledge & Kegan Paul, 1980), 121.

51 *Ibid.*, 121-122.

없이 하느님 앞에 서게 되는 것이다."[52]

베버나 매킨타이어보다 앞서 마르크스의 관점에서도 이런 신앙의 내면화, 달리 표현해 신앙의 사사화는 급진적인 비판의 첫 단계이자 비판을 위한 커다란 진일보라 이해되었던 것이다. 루터가 단지 소극적으로 수도원에서처럼 내적인 성소로 퇴거하지 않았기에 때문에 획기적인 것이 아니라 역설적으로 모든 사람에게 통용될 수 있는 내적인 것의 보편화를 통해 저 세상적인 퇴거를 극복했기 때문에 획기적인 돌파구를 마련한 것이라 하겠다. 그러나 이러한 루터에 대한 마르크스의 평가에는 가시를 감추고 있다. 마르크스의 인용문에서 첫 번째와 마지막 문장은 예리한 비판을 분명하게 드러내고 있기 때문이다. 즉 루터는 외적인 종교 형식들에서 사람들을 해방시켰는지는 모르나 새로운 층위에서의 예속 상태, 확신과 마음의 예속을 낳게 했다는 것이다.

마르크스는 내적 자아로 퇴각하는 것은 그리스도교에서 오랜 역사를 지니는 것이며 특히 수도원에서는 그러한 내면으로 침잠할 것을 엄격하게 요구했던 바이다. 말하자면 마르크스가 지적한 것은 그리스도교왕국이 지배했던 유럽사회에서 맹목적인 것은 일반적인 형벌이었다는 것이다.

> 이 형벌은 철저하게 그리스도교적인 비잔틴 제국에서 비롯되었으며, 영국과 프랑스의 그리스도교게르만 국가들의 활발한 청년기에 꽃을 피게 되었다. 사람을 지각할 수 있는 외부 세계로부터 잘라내어 그를 교정하기 위해 그의 추상적인 내면의 본성으로 되돌려 놓고 눈을 멀게 하는 것은 그리스도교 교리의 필연적인 결과이며, 이에 따라서 단절의 완성, 즉 영적인 "자아"의 순수한 고립은 그 자체로 선한 것이 되었다."[53]

---

52 *Ibid.*, 125-126.

53 Marx and Engels, "Die heilige Familie oder Kritik der kritischen Kritik," in *MEW* 2, 3-223.

이것이 자아가 영적 지식을 추구 할 때 장려된 종교개혁 이전의 신비주의적 방식이라면 루터의 혁신성은 그것을 보편화하고 공적인 것으로 만듦으로써 이러한 내적인의 초점을 이동시킨 것이다.

루터의 혁명이 첫 번째 단계에서 그 이상으로 넘어서지 못했다면, 그 철학자가 성취한 것은 어떤 혁명인가? 주목하지 않으면 안 되는 것은 첫째, 마르크스에 따르면 혁명의 첫 단계는 내적인 혁명이다. 그래서 평신도들은 사제가 되었고 해방적 투쟁도 사제들에 맞서는 내적인 것이 되었다는 것이다. 둘째, 루터가 간과한 외적인 혁명에서 중요한 것은 물질적인 것, 즉 종교개혁운동의 계급적 토대였다. 그래서 마르크스는 프롤레타리아에게서 새로운 혁명을 모색하게 되는 것이다.

대개 마르크스는 내적이고 인격적인 혁명의 개념과는 연계되지 않는다. 하지만 그가 하는 주장을 명확히 할 때, 루터가 종교적 신념을 성공적으로 내면화 한 이후로 새로운 예속이 마음속에 있기 때문에 우리는 이제 마음의 해방이 필요하다는 점을 복기해야 하는 것이다. 물론 이런 생각은 변화하는 태도들, 신성한 개인 등의 부르주아적인 위선으로 피해나갈 수 있다. 하지만 이것은 또한 매우 상이하고 꽤 생산적인 방향으로 나갈 수도 있다. 평신도와 사제의 긴장 그리고 외적 종교성과 내적 종교성의 긴장이 내면적인 것이라면, 그 해방적 투쟁은 내면의 문제가 된다. 우리 각자는 우리 안에서 모순과 갈등하고 투쟁한다. 그렇다면 어떻게 그 갈등을 해결할 수 있을까? 그것이 인격적인 해방의 차원에만 머무른다면 결코 해결되지 않을 것이다. 마르크스처럼 처음에 내적인 긴장과 혼란을 야기한 사회 경제적 조건이 무엇인가를 함께 묻지 않으면 안 된다. 그럴 때 혁명은 사회 · 경제적인 외적 조건과 내적인 갈등을 동시에 변혁시키는 혁명이 될 수 있는 것이다.

마르크스는 루터를 비판한 것처럼 혁명을 위한 외적 조건에 다가간다. 그에 따르면 루터의 종교개혁운동에서 누락된 것은 혁명을 위한 대중적 토대인데, 이것이 일반적으로 혁명에 대한 독일식 접근 방식의 특징이다. 루터의 혁명은 신앙과 지식의 문제에 머물었던 반면, 신학자와 철학자의 머리를 위한 대중적 마음은 없었다. 마르크스는 대중의 마음을 자신의 당대 프롤레타리아계급에서 찾으려 했으며, 바로 이 지점에서 프롤레타리아 계급의 대중을 사로잡는 철학의 필요성에 관한 유명한 문구를 접하게 된다.

> 공산주의자는 자신의 견해와 목적을 감추는 것을 경멸한다. 공산주의자는 자신의 목적이 오직 기존의 모든 사회적 조건을 힘으로 타도함으로써만 달성될 수 있다는 것을 공공연히 선포한다. 모든 지배계급을 공산주의혁명 앞에 떨게 하라. 프롤레타리아가 잃을 것은 쇠사슬밖에 없으며 얻을 것은 온 세상이다. 만국의 노동자여 단결하라.[54]

그러나 루터에 대한 혐의는 공정하지 못한 측면이 있다. 종교개혁의 격동을 경험한 사회 한가운데 있어보는 것만으로도 누군가에게는 호사가 될 수도 있는 것이다. 이탈리아의 그람시(Antonio Gramsci)는 그 상황을 매우 다르게 보고 있다. 그람시는 옥중에서 확고한 어조로 이탈리아에서도 종교개혁운동이 일어났었더라면 모든 것이 달라졌을 것이라 말한다. 종교개혁운동은 사회 전체를 하나의 커다란 쇠스랑으로 긁어서 바람에 날려버렸는데 결과적으로 그것이 아래로 떨어질 때 바닥에서부터 꼭대기에 이르기까지 모든 것이 변하고 말았다. 더욱 중요한 것은 그 운동이 대중들을 사로잡았다는 것이다. 그람시의 말로 표현하자면, 독일처럼 대중들을 흡수한 지적이고 도덕적인 운동이 이탈리아에서는 단 한 번도 역사적으로 일어나지 않았다는 것이다.[55] 그람시의 이어지는 주

---

54 Marx, "Manifest der Kommunistischen Partei," in *MEW* 4, 493.

55 Antonio Gramsci, *Prison Notebook,* tran. by A. Buttigieg (New York: Columbia University Press, 1996), 2: 243-244. 또한 "루터의 종교개혁과 칼뱅주의는 대중문화를 형성했던 것이다. 불과 몇 세대가 지나자마자 그들은 더 고급한 문화를 만들어내고야 말

장에서 공산주의 혁명은 종교개혁운동처럼 사회의 가장 깊숙한 뿌리까지 침투할 필요가 있다는 점을 역설하고 있다.

종교개혁운동이 전개 과정에서 아무리 자신의 최초의 동력을 배신했다 하더라도 그람시의 통찰로 미루어 볼 때 마르크스 자신이 진정한 대중적 토대를 발견한 최초의 인물이라는 주장에 의문을 제기하고도 남는다. 진솔하게 표현하면 마르크스는 종교개혁운동의 비결 즉 그것의 대중적 호소를 재발견한 것이라 말할 수 있을 것이다. 수도사가 성취할 수 없었던 것을 성취한 철학자에게 마르크스가 혁명 단계의 수월성을 부여한 것은 자신의 노력을 인정받으려는 욕망이라기보다는 그것이 수도사 혁명의 지양(Aufhebung)이라는 점을 강조한 것이리라. 그래서 헤겔의 법철학을 비판하는 텍스트의 마지막 문장은 그가 생각했던 이상의 것을 말해준다.

> 유일하게 실천적으로 가능한 독일해방은 인간을 인간의 최고의 본질로서 선언하는 바로 그러한 이론의 관점에 서 있는 해방이다. 독일에서 중세로부터의 해방은 동시에 단지 중세의 부분적 극복들로부터의 해방인 경우에만 가능하다. 독일에서 모든 종류의 예속을 타파하지 않고서는 어떤 종교의 예속도 타파할 수 없다. 근본에서부터 변혁되지 않고서는 독일의 근본적 뿌리는 혁신될 수 없다. 독일의 해방은 인간의 해방이다 … 모든 내부 조건이 충족되면 독일 부활의 날은 갈리아의 수탉(프랑스 상징)의 커다란 울림으로 선포 될 것이다.[56]

마르크스와 루터와의 관계에서 명심해야 할 바는, 우선 마르크스의 사상 내에서 신학의 위상은 종속적인 것에 불과하다는 점이다. 그러나

았다. 반면 이탈리아의 개혁자들은 위대한 역사적 운동의 관점에서보자면 불임상태나 다름없었다." *Ibid.*, 142.

56 Marx, "Zur Kritik der hegelschen Rechtsphilosophie," in *MEW* 1, 391.

다른 한편으로 종교개혁은 마르크스가 생각한 것 이상으로 혁명적인 요소가 있을 수 있다는 점이다. 독일역사에서 루터의 종교개혁운동은 중세로부터의 해방에 기여했고 그 시대적 층위의 예속을 수준에 합당한 방식으로 타파했던 것이 분명하기 때문이다.

5. 결론

루터와 루터가 주도한 종교개혁운동은 사회주의적 시각에서 뿐만 아니라 개신교 주류 신학계 내에서조차 부정적인 평가를 받는 경향이 있다. 20세기 가장 영향력이 큰 신학자라 할 수 있는 칼 바르트조차 독일 민족이 루터의 유산 때문에 수난을 당하고 있다고 비판한 것으로 유명하다. "독일 민족은 자신들의 가장 큰 유산(루터적 유산) 때문에 수난당하고 있다. 그것은 율법과 복음, 세상적인 것과 영적인 질서와 권력의 관계에 대한 루터의 오류에서 기인한 것이다. 그로 인해 독일이 본래적으로 지니고 있었던 우상숭배교(Heidentum)에 제한을 가하거나 축소시킨 것이 아니라 오히려 생기를 불어넣어주었고 우상숭배교의 자리를 마련해주고 강화시키고 말았던 것이다."[57] 말하자면 율법과 복음, 세상적인 것과 영적인 질서와 권력의 관계에 대한 루터의 오해로부터 독일 민족의 불행, 즉 나치즘의 불행을 촉발시키고 나아가 강화시켰다는 주장이다. "루터주의는 창조와 법을 복음에서 구별함으로써 우상숭배교에 독자적인 자리를 마련해 줌으로써 독일 우상숭배교에 새로운 가능성을 마련해 주었다. 이 루터주의는 국가의 권위로써 나치를 정당화할 수 있으며 이것으로써 그리스도교 국가인 독일은 나치를 승인할 수 있게 된 것이다."[58] 말하자면 바르트는 독일교회 타락의 원인을 루터의 두왕국

57 Karl Barth, *Offene Briefe 1935-1942*, Diether Koch(hrsg.) (Zürich: Theologischhher Verlag Zürich, 2001), 220.

58 *Ibid.*, 232.

(Zwei Reiche)이론에서 찾은 것이라 하겠다. 독일 루터교회가 전통적으로 인간의 내면의 문제, 즉 인간의 영적인 문제만 집중하고 영원한 피안적인 구원에 매달림으로써 심적인 위로와 피안적 구원, 영적인 축복을 설파해왔고, 반면 구체적인 정치 경제 사회의 실존에서 오는 비참한 삶의 현실을 도외시했다는 점에서 바르트의 지적은 일면 타당하다. 루터 교회는 국가와 교회, 그리스도인 개인의 도덕과 시민사회의 도덕을 구분함으로써 보기 좋게 쌍벽을 이루며 조화를 이룬 것처럼 상정하였으나, 막상 실제적으로는 교회는 국가 시책에 동조하는 이외에 달리 선택의 여지가 없는 길을 걸을 수밖에 없었던 것이다. 독일교회는 나치 국가에 대해 불간섭주의로 인해 무능함을 여지없이 드러낸 것이 사실이다. 교회가 복음의 순수성을 뚜렷하게 제시하지 못한 무능함이 나치의 주장과 복음의 의미를 동일시하는 오류를 범하게 되고 만 것이다.

바르트는 교회와 국가가 각자 제 길을 걸으면서도 하나의 구속사적 목적을 성취한다는 그리스도 중심적인 해석으로 양자의 불가분의 유기적 관계로 해명한다. 구속사적 목적 앞에 교회는 내적이고 핵심적인 역할을 하고 시민사회는 그 유비로서 외적으로 확대된 것으로 구성된다. 빛은 하느님의 나라에서 지상의 교회에 왔고 이 교회에서 지상의 국가로 번져간다. 국가는 교회의 유비이고 교회는 하느님 나라의 유비이다. 국가는 하느님 나라와 동일시 될 수 없고 유비일 뿐이기에, 국가는 자체적인 법칙성이나 독립된 본성을 지닌 것이 아니라 그리스도교적 진리와 현실을 반영할 수 있을 뿐이다. 그렇기에 국가는 언제든 잘못된 길을 걸을 가능성에 열려있다. 따라서 교회는 국가의 길에 대해 간섭할 책임이 있는 것이다. 사회 변혁을 위한 정치적 조직화나 구체적인 프로그램에 관여할 책임은 아니더라도 국가의 방향과 노선에 대해서는 관여해야 한다는 것이다.

나치 독일에서의 독일 루터교회의 무능에 대한 바르트의 비판을 전적으로 고려한다 치더라도, 바르트가 루터주의에 대한 비판과 더불어 제시한 교회와 국가에 대한 관점은 루터주의 이상으로 문제가 도사리고 있는 것으로 보인다. 바르트의 생각대로, 국가를 하나님 나라의 유비로 간주할 경우 이 내적인 통일은 결국 국가의 횡포에 순응할 수 있는 가능성을 여전히 열어놓고 있기 때문이다. 국가와 하나님 나라의 유비는 현상적으로는 교회가 국가나 사회를 비판할 수 있으나 반면 국가를 하나님 나라의 그 무엇을 은밀하게 간직하는 것으로 이해할 때 어떤 국가나 어떤 영도자를 우상시하는 결론으로 미끄러질 수 있는 것이다.

루터에 대한 바르트의 비판은 나치즘으로 물든 독일 상황에서 무기력했던 루터 교회에 대한 하나의 히스테리적인 비판일 수는 있으나 루터의 두왕국론에 대한 이론적 비판으로서는 빈약하다. 왜냐하면 루터의 두왕국 이론에서는 국가를 하나님의 통치권에서 완전히 별개의 것으로 두지 않았기 때문이다. 루터는 국가도 엄연히 신적 질서를 보유한 영역으로서 하나님의 구속적 계획에 이바지해야 하는 것으로 간주했다. 말하자면 국가는 하나님 나라를 단순한 동기만이 아니라 정치의 내용으로 삼아야 할 것을 주장한다는 점에서 세상의 구조에 대해 고민한 흔적이 엿보인다. 문제는 복음적인 사랑의 실천이 국가의 차원에서는 개인적인 차원에서와 다를 수밖에 없다는 것이 루터의 상황적 인식이었다. 두왕국의 원리는 다르지 않으나 표현에서는 다를 수밖에 없다는 것이다. 그런데 바르트는 원리의 문제만 천착했지 두 왕국의 거리가 어디에서 비롯된 것인지에 대해서는 간과하였기에 오히려 더 설득력을 얻지 못하는 듯하다. 루터가 두 왕국의 차이를 강조함으로써 양자의 분리를 초래했다는 비판도 결코 무시할 수는 없지만, 그 차이의 강조는 당대의 현실이 두 왕국의 교권적 혼합에서 오는 타락성이 너무도 심각했기에 그 뒤섞임의 부조리에 대한 비판에서 비롯된 것이라 봐도 무방하다. 그런 점에서 바르트 같은 개혁신학 진영에서의 루터 두왕국론 비판은 조준(照準)의 문제를 드러내고 있다 하겠다.

사회주의적인 시각에서 루터에 대한 비판은 앞에서 이미 충분히 상론하였다. 사회주의적 시각에서 루터에 대해 '제후와 영주의 하수인', '민중의 배신자' 그리고 '부르주아 종교개혁'이라든가 '영주 종교개혁'(Fürstenreformation)이라는 용어 자체가 그런 평가를 함의하고 있다. 그러나 필자가 강조했던 것은, 일반적인 사회주의적 통념과 달리 정작 마르크스나 엥겔스에게 루터와 그의 종교개혁운동은 중요한 의미를 갖는다는 것은 분명해 보인다는 점이다. 하지만 필자가 마르크스 · 엥겔스의 사상이 루터 신학적 형태를 취하고 있다거나 그것이 신학의 세속화된 버전이라 주장한 것은 아니다는 점을 분명히 하고 싶다. 단지 그들의 사상에서 루터신학의 놀라운 전용이 번득이고 있다는 것을 포착했을 뿐이다.

일반적으로 그리스도교의 혁명적 잠재력에 대해 더 크게 인정을 하는 쪽은 엥겔스고 마르크스는 그다지 거기에 동조하지 않는 것처럼 보인다. 그러나 루터와 그의 종교개혁운동에 관해 자신의 소견을 드러내는 순간 엥겔스가 루터에 관해 긍정적인 말을 내뱉기 꺼려하는 반면, 오히려 마르크스는 독일 혁명의 역사적 전개 속에 루터를 위치시키기 위해 단계를 밟은 것이 하나의 흥미로운 점이라 하겠다.

좌파적 시각에서 루터가 독일민족에 남긴 가장 큰 신앙적이고 문화적인 유산은 반성직자주의라 할 수 있을 것이다. 실제로 복음적 설교가 선포되는 도시에서 반성직자주의 소요사태가 발생하지 않은 곳은 거의 없었으며, 무엇보다 이러한 소란은 대중들에게 종교개혁운동의 이념 전파와 종교개혁에 호의적인 정치적 결단을 이끄는 데 결정적인 기여를 한 것이다. 19세기 초반 근대를 이룬 서유럽의 수많은 지성인들이 참된 인간해방을 위해서 급진적인 반성직주의를 토대로 한 정치운동을 전개했던 것을 복기할 수 있다. 마르크스와 엥겔스도 그 대열에 합류한 것이라 할 수 있을 것이다. 말하자면 16세기와 19세기 서구의 반성직자주의를 통해 상기할 수 있는 것은 중세의 귀족이든 근대의 부르주아든 권세와 부를 소유한 세력과 갈등 또는 밀월 관계를 통해 세속적인 탐욕 추구에 혈안이 된 성직자의 비도덕적인 삶의 양태에 대한 신학적 · 윤리적 ·

정치적 비판이 그 핵심이라는 것이며, 이에 마르크스와 엥겔스는 루터의 후계자라 표현 할 수 있는 것이다.

엥겔스는 『독일농민전쟁』을 통해 루터는 부르주아적인 개혁과 그에 동조하는 제후들의 욕망을 대변하는 것으로, 뮌처는 급진적인 농민과 평민 그리고 초기형태의 프롤레타리아의 목소리를 대변하는 것으로 규정하고 있다. 엥겔스의 관점에서 루터는 자신의 입지를 확고히 해 부르주아 교회의 옹호자로 변절한 인간이다. 그러나 엥겔스가 루터의 종교개혁운동을 부르주아적인 운동으로 간주함에도 불구하고, 그는 루터의 메시지의 중심에 있는 정치적 양면성을 인정하고 있다는 점이다. 엥겔스 자신의 의도와 달리 루터의 성서주의의 혁명성을 인정한 것이다. "루터는 성서 번역을 통해 평신도운동의 손에 강력한 도구를 쥐어주었다"는 엥겔스의 말은 결국 농민봉기의 일정 부분의 책임이 루터에게 있다는 의미이기도 하다. 성서는 반항적인 운동을 탄압하려는 통치자들과 그런 통치자가 바라는 것과 다른 형식의 정의를 갈망하는 자들에게 모두 영감을 줄 수 있는 수단이 되는 것이다. 이것은 달리 말해 농민혁명의 일정 부분의 책임이 성서주의자 루터에게 있다는 의미이기도 하다.

엥겔스가 루터의 혁명적 잠재력에 대해 소극적으로 인정하는 것과 대조적으로 마르크스는 훨씬 적극적으로 루터의 특징을 말해주었다. 루터의 종교개혁운동이 "최소한 문제의 올바른 설정이었다"는 말은 혁명의 두 단계에서 첫 번째 단계에 해당하는 것이 종교개혁이라는 것이며 그것은 마르크스의 "종교비판"과 무관하지 않다. 그런 점에서 혁명의 뿌리를 논리적으로 루터에게서 찾을 수 있는 것이다. 그리고 루터 종교개혁의 혁명성은 마르크스의 말대로 '외적 종교심에서 내적 종교심으로의 전환'이라 할 수 있다. 마르크스의 관점에서도 이런 신앙의 내면화가 급진적인 비판의 첫 단계로 이해되었던 것이다. 그리고 그 내면화가 수도원에서처럼 내적인 성소로 은거하는 신비주의적인 양상이 아니라 모든 사람에게 통용될 수 있는 내적인 것의 보편화였고 그것을 통해 내세주의를 극복했기에 루터에게서 중세문명을 돌파해 나가는 혁명적 기운을 감지한 것이다. 그리고 반드시 주의해야 할 것은, 대개 마르크스는 내적이고 인격적인 혁명의 개념과는 연계되지 않는다는 통념이다. 하지만 루터가 종교적 신념을 성공적으로 내면화 한 이후로 새로운 예속이 마음속에 있기 때문에 우리는 이제 마음의 해방이 필요하다는 마르크스의 주장을 복기해야 한다. 평신도와 사제의 긴장 그리고 외적 종교성과 내적 종교성의 갈등이 내면적인 것이라면, 그 해방적 투쟁은 당연히 내면의 문제이다. 이 문제를 해결하는 길은 무엇일까? 마르크스에 의하면 내적인 갈등과 혼란을 야기한 사회 경제적 조건이 무엇인가를 함께 물어야 하는 것이다. 그럴 때 혁명은 사회 · 경제적인 외적 조건과 내적인 갈등을 동시에 변혁시키는 혁명이 될 수 있는 것이다.

마르크스 · 엥겔스와 루터의 관계에서 명심해야 할 바는, 우선 마르크스의 사상 내에서 신학의 위상은 어디까지나 종속적인 것에 불과한 것이 분명하다는 점이다. 그러나 다른 한편으로 루터의 종교개혁은 마르크스가 생각한 것 이상으로 혁명적인 요소가 있을 수 있다는 점이다. 독일역사에서 루터의 종교개혁운동은 중세로부터의 해방에 기여했고 그 시대적 층위의 예속을 수준에 합당한 방식으로 타파했던 것이 분명하기 때문이다. 결국 루터의 종교개혁에 대한 평가는 그에 대한 엥겔스의 양가성 또는 모호성이 어쩌면 근사치적인 진실이 아닐지 모른다. “루터는 그 시대의 거인이었으며, 이러한 영광스러운 이름을 얻기에 조금도 부족함이 없는 인물이다.” 동시에 “루터는 하층민의 운동뿐만 아니라 시민계급의 운동마저 영주에게 팔아넘기고 말았다.”

참고문헌

Barth, Karl. *Offene Briefe 1935-1942.* Diether Koch(hrsg.). Zürich: Theologischher Verlag Zürich, 2001.

Blickle, Peter. *The Revolution of 1525: The German Peasants' War from a New Perspective*, trans. by A. Brady Jr.. Baltimore: The Johns Hopkins University Press, 1982.

Bloch, Ernst. *Atheism in Christianity: The Religion of the Exodus and the Kingdom*. trans. by J. Swann. New York: Herder and Herder, 1972.

Boer, Roland. "Keeping the Faith: The Ambivalent Commitments of Friedrich Engels." *Studies in Religion Sciences Religieuses* 40(1)(2011).

Cohn, Henry. "Reformatorische Bewegungen und Antiklerikalismus in Deutschland und England." in *Sozialgeschichte der Reformation in England und Deutschland*, ed. by Wolfgang J. Mommsen et al.. Stuttgart: Klett-Cotta, 1979.

Fergusson, David. *Church, State and Civil Society*. Cambridge: Cambridge Uni. Press, 2004.

Gibson, R.. *A Social History of French Catholicism*. London: Routledge, 1989.

Goertz, Hans-Jürgen. "'What a Tangled and Tenuous Mess the Clergy Is': Clerical Anticlericalism in the Reformation Period." in *Anticlericalism in Late Medieval and Early Modern Europe*, ed. by Peter Dykema and Heiko Oberman. Leiden: Brill Academic Pub/ Brill NV, 1992.

Goertz, Hans-Jürgen. *Die Taüfer: Geschichte und Deutung*. Berlin: Evangelische Verlagsanstalt, 1988.

Goertz, Hans-Jürgen. *Pfaffenhaß und groß Geschrei: Die reformatorischen Bewegungen in Deutschland, 1517-1529.* München: C.H. Beck Verlag, 1987.

Goertz, Hans-Jürgen. *Thomas Müntzer. Mystiker, Apokalyptiker, Revolutionär*. München: C.H. Beck Verlag, 1989.

Gramsci, Antonio. *Prison Notebook*. tran. by A. Buttigieg. New York: Columbia University Press, 1996.

Hillerbrand, Hans. et al(ed.). *The Oxford Encyclopedia of the Reformation*, vol. 1. New York: Oxford Univ. Press, 1996.

Hsia, R. Po-chia. "The Laity's Religion: Lutheranism in 16th Century Strasbourg." in ed. by Lorna Abray, *The Peoples Reformation: Magistrates, Clergy, and Commons in Strasbourg 1500-1598*. Ithaca: Cornell Univ. Press, 1985.

Junghans, Helmar. "The Battle over Martin Luther and Thomas Muntzer in the German Democratic Republic from 1949 to 1989." in Junghans(ed.), *Martin Luther in*

Two Centuries: The Sixteenth and the Twentieth. Minnesota: Luther Northwestern Theological Seminary, 1992.

Köpf, Ulrich(Hrsg.). *D. Martin Luthers Werke: Kiritische Gesamtausgabe Schriften*(Weimarer Ausgabe). Weimar: Hermann Böhlaus Nachfolger, 1970.

Lerner, Robert/Standish Meacham/Edward Burns, *Western Civilization: Their History and Their Culture*(I). New York: W. W. Norton & Co., 1993.

Lobkowicz, Nikolaus. "Karl Marx's Attitude to Religion." *Review of Politics* 26(1964).

MacIntyre, Alasdair. *A Short History of Ethics*. London: Routledge & Kegan Paul, 1980.

Moltmann, Jürgen. "Luther's Doctrine of the Two Kingdoms and Its Interpretation Today." in *On Human Dignity*. London: SCM, 1984.

Roberts, John. "the 'Returns to Religion': Messianism, Christianity and the Revolutionary Tradition. Part1: 'Wakefulness to the Future'." *Historical Materialism* 16, no.2(2008).

Sass, HansMartin. "Reuerbach statt Marx. Zur Verfasserschft des Aufsatzes 'Luther als Schiedsrichter zwischen Strauss and Feuerbach'". *International Review of Social History* 12(1967).

Scribner, Robert. *Popular Culture and Popular Movements in Reformation Germany*. London: A&C Black, 1987.

Skinner, Quentin. *The Foundations of Modern Political Thought* II. Cambridge: Cambridge Univ. Press, 1978.

Stuart, Robert. *Marxism at Work: Ideology, Class, and French Socialism during the Third Republic*. Cambridge: Cambridge Univ. Press, 1992.

Thielicke, Helmut. *Theological Ethics: Foundations*, trans. by William Lazareth. Philadelphia: Fortress Press, 1969.

Troeltsch, Ernst. *The Social Teaching of the Christian Churches* II, Olive Wyon(trans.) New York: Macmillan, 1960.

Turner, D.. "Religion: Illusions and Liberation." in *The Cambridge Companion to Marx*, ed. by T. Carver. Cambridge: Cambridge Uni. Press, 1991.

Weber, Max. *Die Protestantische Ethik und der Geist des Kapitalismus* (file:///Z:/Weber-Protestantische-Ethik.pdf).

* 마르크스와 엥겔스의 글은 1953년부터 구 동독에서 기획되어 동베를린 디에츠(Dietz) 출판사에서 출판된 마르크스-엥겔스 전집(Karl Marx, Friedrich Engels Werke) 약칭 *MEW*(메프)를 주로 인용하였으며, 원문은 다음 사이트에서 참고하였다.(https://marx-wirklich-studieren.net/marx-engels-werke-als-pdf-zum-download/)

제2장
루터와 뮌처의 정치사상

1. 서론

근대와 달리 종교와 정치의 구분이 모호했던 16세기의 서구를 고려하면, 종교개혁운동은 신앙갱신운동만이 아니라 정치운동이라 해도 무방하다. 그렇다고 한다면 종교개혁운동의 전개 과정에서 발생한 독일 농민전쟁은 종교와 정치의 상호관계성을 여실히 드러내는 예라 할 것이다. 이러한 관점에서 이 글은 종교개혁에서 운동의 큰 동인이었던 종말론 사상이 종교개혁이나 혁명적이었던 독일농민전쟁에 어떤 영향을 미쳤는지를 논구하고자 한다.

지금까지 루터와 뮌처에 대한 연구는 전통적으로 루터와 루터파에 의해 묘사된 열광주의자로서의 뮌처에 대한 부정적 해석[1]과 19세기 이후 맑스주의자들은 엥겔스적 관점을 견지하여 농민전쟁의 중심인물로서의 혁명가 뮌처를 부각시키고 루터의 종교개혁을 부르주아 종교개혁으로 격하시키는 해석이 갈등하는 양상을 보여 왔다. 그러나 적어도 블로흐(Ernst Bloch)가 신학과 혁명의 상관성의 관점에서 뮌처를 연구한 이후 혁명의 추진력을 종교적 신앙에서 찾는 것은 전혀 낯선 현상이 아니다.[2] 슈타인메츠(Max Steinmetz)는 블로흐와 마찬가지로 역사의 동인으로

1 루터주의자들이 루터의 종교개혁이 혁명과 무관하다고 주장하고 뮌처를 신학자가 아닌 사회혁명가로 인정한 과정을 역사적으로 정리한 다음의 글을 참조하라. Steven Ozement, *Mysticism and Dissent: Religious Ideology and Social Protest in the 16th Century* (New Haven: Yale University Press, 1973), 66.

2 블로흐는 경제가 역사에서 궁극적인 동인은 아니며 오히려 뮌처가 알슈테트에서 제시한 초대교회 공동체의 사회정의의 비전(1523)이 절박한 민중들의 혁명의지를 고무시

종교적 차원을 긍정하면서 루터의 종교개혁을 '초기 부르주아 혁명'으로 종교개혁과 농민전쟁을 1517년에서 1526년까지의 하나의 혁명적 과정의 일부로 평가한다. 말하자면 루터나 뮌처는 모두 혁명과정에서 신학자에 머물렀기에 혁명적 차원에서는 둘 다 실패한 경우였다는 것이다.[3] 이와 달리 힌릭스(Carl Hinrichs)는 루터의 정치적 입장이 그의 독특한 신학적 근거를 갖는 것처럼 뮌처의 혁급진적 태도 역시 신학적 논리에 따른 것이라는 점을 강조한다. 힌릭스에 따르면 양자의 차이는 결국 근본적으로 신학적 차이에서 기인된 것이라는 주장이다.[4] 대체적으로 뮌처 연구사에서는 이에 대해 합의를 이루는 양상을 보인다.

필자 역시 루터는 순수한 종교개혁의 길을 선택했고, 뮌처는 혁명이라는 정치적 운동의 길을 갔다는 사고에 동의하지 않는다. 루터는 루터방식의 종교개혁과 정치적 노선을 밟았고 뮌처 역시 자신의 방식대로 종교개혁운동과 정치적 행동을 전개해 나아간 것이라 본다. 종교개혁운동의 동지적 관계에서 출발했으나 극단적 원수관계로 끝난 두 종교개혁가의 종말론의 차이와 그것이 표출된 정치적 양상의 차이를 논구할 것이다.

2장에서는 루터의 종말론과 정치적 실천을 다룰 것이다. 루터는 로마가톨릭교회의 부패와 타락과 투르크의 침공 그리고 광신도(Schwämer)들의 출현을 세상의 종말의 징조로 보았는데, 이것은 교황을 정점으로 한 로마교회에 대한 정치적 투쟁으로 전개되었다. 여기서는 루터보다 온건한 입장을 취했던 에라스뮈스와의 비교를 통해 루터의 종교개혁은 순수한 신앙 회복운동이 아니라 온건한 관용주의자들의 견지에서는 불

킬 수 있었다고 평가한다. Ernst Bloch, *Thomas Münzer als Theologe der Revolution*, in Gesammelte Werke, Band 2. (Frankfurt: Suhrkamp, 1969) 참조.

3 Max Steinmetz, "Thomas Müntzer in der Forschung der Gegenwart", *Zeitschrift für Geschichtswissenschaft* 23(1975), 665-685.

4 Carl Hinrichs, *Luther und Müntzer. Ihre Auseinandersetzung über Obrigkeit und Widerstandsrecht* (Berlin: Walter de Gruyter & Co., 1962), 서문 참조.

타협의 급진적인 정치행동으로 해석될 수도 있다는 점을 드러낼 것이다. 3장에서는 뮌처의 종교개혁에서 종말론의 위치와 그의 적극적인 정치참여와 투쟁(농민봉기)과의 연관성을 해명할 것이다. 여기는 뮌처가 루터의 제자로서 루터의 노선에 충실했던 점과 그럼에도 불구하고 왜 루터의 노선에서 벗어날 수밖에 없었는지를 뮌처의 종말론이 갖는 독특성을 중심으로 논의하고자 한다. 4장에서는 종교개혁과 혁명의 관계를 논의한다. 당시는 묵시적 종말론의 대망이 혁명을 일으킨 농민뿐만 아니라 영주들 사이에서도 존재했다. 루터와 영주들, 그리고 뮌처와 농민들은 종말을 당연한 것으로 여기면서도 종말론 구성에서 중요한 적그리스도가 누구이며 그들을 대적하는 그리스도의 종은 누구인가라는 이해에서 근본적인 차이가 있었다 하겠다. 루터와 영주들의 경우에서는 종말을 맞아 오히려 자신들이 하느님의 칼을 든 전사로 해석되고 적그리스도인 가난한 농민을 살해하는 행위가 질서유지의 거룩한 행위로 정당화되었고, 뮌처의 경우는 그 설정이 루터와 정 반대였던 것이다. 달리 말하면, 뮌처나 루터나, 농민이나 통치자나 종말론적 신앙을 공유하고 있었으나 묵시적 성서본문의 해석에서는 서로 극단적으로 정치화되고 이념화되었다 할 수 있다. 그리고 종교개혁운동의 승리자들에 의해 악마의 화신으로 규정되어 오던 패배자 뮌처를 혁명의 영웅으로 부활시킨 엥겔스의 『독일농민전쟁』의 논리가 어느 정도 타당성이 있으며 그것의 한계는 무엇인지도 논의할 것이다. 이 과정을 통해 뮌처의 종교개혁운동이 당대의 명백한 실패에도 불구하고 현대 정치사상에 의외로 큰 영향을 미쳤다는 점이 드러날 것이다.

2. 루터의 종말론

급진 프란체스코파들이나 후스파들에 대한 당대의 의심의 눈초리에도 불구하고, 15 · 16세기 정치 운동에서 종말론적 예언은 전반적으로 중요한 역할을 하고 있었다.[5] 특히 요한계시록은 재난과 해방, 디스토피아와 유토피아에 대한 이중적 기대가 혼합되어 있는 역사적 · 정치적 · 신비적 · 예언적인 메시지로 이루어져 있다. 12세기 요아힘(Joachim of Fiore) 이래로 신학자나 설교가 들은 선악간의 우주적 전쟁을 포함한 최후 심판에 대한 신비주의적인 예언의 관점에서 그리스도에서부터 자신의 시대까지의 교회 역사를 해석하고자 했다. 그들은 이러한 추론에 근거해 세상의 종말과 하느님 나라의 도래를 예언했다. 그들은 마지막 천년에 대한 예언에서 고안된 회개와 고난 그리고 악의 세력(적그리스도, 루시퍼, 짐승)과의 폭력적인 투쟁을 선포했다. 이렇게 절박한 기대를 근거로 종말론적 예언가나 정치가는 현실의 사건을 신적인 역사 개입의 징표로 해석하게 된 것이다. 더욱이 긴박한 종말론은 가난한 자들을 위한 폭력 투쟁에서 대중들을 선동할 수 있는 잠재력을 항시 내장하고 있었다.[6] 그런 차원에서 성서의 묵시적 본문들은 신학적 · 철학적으로 문제

5 Irena Backus, *Reformation Readings of the Apocalypse* (Oxford: Oxford University Press, 2000), 3.

6 콘(Norman Cohn)은 종말론에서 특히 천년왕국설을 중심으로 종교개혁운동을 고찰하고 있다. 고난의 시기 특히 가난하고 힘없는 자들이 극심한 어려움에 처하는 시기에 그러한 고난에서부터 전적인 구원을 약속하는 카리스마 예언자가 등장해 가장 효과적으로 사용하는 사상이 천년왕국사상이며, 이에 가장 열렬하게 반응하고 추종하는 세력이

시되고 정치적으로도 위험시 될 수밖에 없었던 반면 그것의 대중적 인기는 역으로 더 열광적이었다 하겠다.

루터는 1517년부터 가톨릭교회의 위계체계와 세속 정치 개입에 대한 비판의 강도를 높여나가기 시작했을 때 자신의 투쟁을 과감하게 밀고 나갈 필요가 대두되었는데, 당시 그의 말과 글에서 종말론적 색채는 자연스럽게 드러난다.[7] 종말론의 배경 속에서 루터는 악마, 교황, 광신도, 투르크의 침공, 유대인들, 흑사병 등과 관련하여 종말이 임박하였다고 확신하게 되었다. 특히 로마가톨릭교회의 타락과 특히 1514년 교황의 면죄부 판매가 종말의 확실한 징조라는 결론을 내리게 되었다.[8] 루터는 아담, 노아, 아브라함, 다윗, 그리스도, 그리고 교황의 시대로 이어진 세계의 역사는 종말로 이어진다고 보았는데, 세계는 육천 년의 나이가 들었으므로 곧 파멸될 것이었다. 이 기간 동안 신자와 불신자, 하느님과 사탄, 참 교회와 거짓 교회(로마가톨릭교회) 사이에 싸움이 있을 것이다. 교황과 같은 적그리스도가 출현하면 보헤미아 종교개혁자 얀 후스같은 예언자들이 출현하여 종말을 예언하고 결국 복음은 회복될 것이다.[9] 그

주로 비이성적인 광신도들이며 이를 통해 폭동이 발생했다는 것이다. Norman Cohn, *The Pursuit of the Millennium: Revolutionary Millenarians and Mystical Anarchists of the Middle Ages* (London: Secker & Warburg, 1957). 특히 3장 "The Messianism of the Disoriented Poor" 참고.

7 루터 당대에 대부분의 사람들은 악마도 실재로 존재하며 종말 역시 임박했다고 믿었으며, 귀족이나 평민 가릴 것 없이 세상의 종말을 갈망하고 있었다. 1499년 튀빙엔의 신학교수는 1524년에 대홍수가 일어나 2월에는 지구가 멸망할 것이라고 예언하였고, 1515년 빈의 점성술사는 일반인과 교회, 그리고 성직자와 귀족 사이의 분열이 우주 재앙에 대한 강력한 표징이 될 것이라 예언하였다. E. W. Gritsch, 「루터 성서해석의 문화적 배경」, 『기독교사상』 305(1983), 97.

8 Heiko A. Oberman, *Luther: Mensch zwischen Gott und Teufel* (München: Deutscher Taschenbuch Verlag GmbH & Co. KG., 1986), 112-113.

9 *WA* 53, 22-172; Gritsch, 「루터 성서해석의 문화적 배경」, 97-99. 이 글에서 참고하는 루터의 저작은 두 가지다. 독어판은 *D. Martin Luthers Werke. Kritische Gesamtausgabe* Band 73 (Weimar: Verlag Hermann Böhlaus Nachfolger, 2009)과 영문판 *Luther's Works*, vol. 1-55(Philadelphia: Fortress Press, 1958-1976)이다. 독어판은 *WA*로, 영문판은 *LW*로, 그리고 루터의 바이마르판 독일어 성서(*Deutsche Bibel*)은 *WA DB*로 약칭한다.

러나 루터는 교황 제도와 같은 것은 "오직 주 그리스도 자신만이 그것을 죽이고 파괴하실 것이며, 종말과 같은 우주적 문제는 오직 그리스도만이 해결할 수 있는 것이기에, 그리스도인의 사명은 오직 임박한 재림을 위해 "최후의 나팔 소리"의 역할을 하는 것이라 믿었다.[10]

이러한 종말론은 악마에 대한 인식과도 연관된다. 루터는 인간을 하느님과 악마의 싸움 한가운데 서있는 존재로 인식하고 있다.[11] 하느님에 대적하는 악마는 세상을 어지럽히고 교회에서조차 하느님의 말씀을 왜곡하려 한다. 세상을 무질서하게 몰아넣는 광신도들이나 로마가톨릭교회는 악마의 도구들이기에, 복음의 왜곡에 반대하여 투쟁하는 것은 그리스도교를 파괴하려는 악마에 대항해서 싸우는 것과 동일한 의미를 갖는다.[12]

3세기 이후 요한계시록의 정경성에 대해 최초로 신학적인 의문을 제기한 사람은 에라스뮈스라 할 수 있는데, 물론 그것은 엄밀히 말해 형식적인 이유, 즉 계시록의 사도적 기원과 정경에서의 그것의 위상에 관한 의심이었다.[13] 비록 루터는 에라스뮈스의 주장에 큰 거부감은 없었지만 에라스뮈스와는 전혀 다른 이유, 말하자면 계시록에 나타나는 그리스도의 이미지가 복음적으로 모호하다는 이유에서 그것의 정경성에 대해 의문을 제기했다.[14] 말하자면 루터는 계시록이 안고 있는 복음적 명료성

---

10 *LW* 41, 244-245; Gritsch, 「루터 성서해석의 문화적 배경」, 98-99.

11 Oberman, *Luther: Mensch zwischen Gott und Teufel*, 109.

12 *Ibid.*, 21.

13 에라스뮈스가 『요한계시록』의 정경성에 의문을 제기하는 것은, 첫째 바울이 계시를 말할 때 그것이 마치 다른 누군가에 의한 것처럼 하는 것과 달리 계시록의 저자는 자신의 이름을 노골적으로 남발하고 있다는 것, 둘째 에라스뮈스가 수집한 헬라어 성서 사본에는 저자가 사도 요한이 아니라 신학자 요한(Ioannes theologus)으로 명시되어 있다는 점, 셋째 계시록의 스타일이 요한의 복음서나 서신서의 문체와 매우 다르다는 점에서 그러하다. Irena Backus, *Reformation Readings of the Apocalypse*, 3-4.

14 Luther's Introduction to the Apocalypse from 1522. 요한계시록에 대한 에라스뮈스와 루터의 입장 차이는 다음 글을 참고하라. Irena Backus, *Reformation Readings of the Apocalypse*, 5-6.

의 결여와 하느님의 은혜에서 어긋나는 심판의 공격적인 위협에 불편함을 느꼈던 것이다. 그 결과 루터는 자신이 제시한 성서해석의 세 가지 기본적인 기준(성서의 명료성, 그리스도를 전하는 성서의 능력, 그리고 알레고리 해석이 아닌 문자적으로 역사적인 의미)에 의거, 계시록을 통해 나타난 그리스도의 교훈의 진정성에 회의를 품었다.[15] 1522년의 계시록 서문에서 루터는 계시록 저자가 과도하게 자신의 책의 위상을 높이려는 의도에 대해 불편한 심기를 감추지 않았다. "그 책에 기록된 것을 듣고 행하는 자는 복을 받을 것이다. 그러나 그것을 행하기는 고사하고 그것을 이해할 수 없기 때문에 그 책은 존재하지 않는 것이나 마찬가지다. 현존하면서도 우리가 따라야 할 고귀한 책들이 훨씬 많이 있다."[16] 환언하면 루터의 관점에서는 계시록의 저자가 자신의 책을 과도하게 권하는 것은 도덕적이나 목회적으로도 의문의 여지가 많다는 것이며, 무엇보다 그것이 복음 정신을 결여하고 있다는 점에서 정경적 권위를 부여하기 힘들다는 것이다.

그럼에도 불구하고 8년 후 루터는 정경성의 최고의 기준인 '그리스도를 전하는 성서의 능력'라는 점에서의 계시록에 대한 문제 제기는 접어두고 계시록의 알레고리 해석으로 방향을 급선회한다.[17] 그 결과 계시록의 '천년왕국'에 대한 성서 자체의 명료성보다 아우구스티누스 신학의 관점을 따르게 되는 것이다. 아우구스티누스는 그리스도의 천년왕국 시대(계 20:1-10)를 지상의 교회로 이해했다.[18] 원시 그리스도 교회 이래

---

15 루터는 요한계시록 번역 서문(1522)에서 "나는 이 책과 정신적으로 화해될 수 없다 … 나는 저자가 그리스도를 제대로 가르치거나 인식했다고 볼 수 없기에 계시록 저자의 정신을 평가하기 어려운 합당한 이유가 있다고 생각한다."라고 쓰고 있다. *WA DB* 7, 404.

16 *WA DB* 7, 404.

17 루터의 1530년 요한계시록 번역 서문 *WA DB* 7, 406-421 참조.

18 이것은 제롬과 아우구스티누스를 이어 중세 역사에서 지배적이었던 소위 '전이 사상'(idea of transference)을 바탕으로 하고 있다. 로마 역사가 제롬은 다니엘 주해를 통해 로마 제국의 힘이 그리스도교로 전이된다는 주장을 한 바가 있다. 아우구스티누스 역시 제롬의 논리에 따라 권력은 세계 제국으로 전이되다가, 그리스도 교회에 전이된 것으로 이해했다. 마찬가지로 루터는 터키와 교황의 폭정으로 권력이 계승되어 당시 하느님의 말씀을 손에 넣은 독일이 주도권을 쥐게 된 것이며 자신의 종교개혁운동이 역사의 최고

로 임박한 종말론에 의한 천년왕국의 대망은 콘스탄티누스 황제의 그리스도교 공인 이후 급격하게 후퇴하고 그것은 교회 주변부의 비밀집회와 분파주의 운동 따위에서나 고대하는 것으로 여겨졌다. 루터 역시 아우구스티누스처럼 그리스도의 천년왕국 시대를 종말론적 미래로 본 것이 아니라 교회사적 과거로 해석하게 된 것이다.[19] 그리하여 루터는 뮌처나 광신도들이 주장하는 하느님 나라로서 이상적인 지상의 천년왕국의 도래를 배격하고 아우구스티누스적 구속사적 역사관에 입각하여 미래에서 궁극적으로 완성되는 하느님의 나라를 소망하게 된다. 그래서 루터의 하느님 나라는 미래적으로 영원한 하느님 나라이자 동시에 현세적으로 신앙 안에 있는 나라다. 하느님 나라는 은혜의 나라이며 외적으로 드러나는 나라가 아니라 "신앙 안에 감추어진 나라"[20]인 것이다.

루터와 에라스뮈스의 '자유 의지'에 관한 유명한 논쟁은 농민전쟁에 대한 생생한 인상에서부터 이루어진 것이라 할 수 있다.[21] 평화와 관용의 인문주의자 에라스뮈스는 초기 종교개혁운동의 여파로 야기된 혼란과 폭동이 복음에 대해서 그리고 고달픈 삶을 살아가던 유럽의 평민들에게 선한 영향보다는 해악을 끼칠 것이라 늘 우려했다.[22] 그리고 그

이자 최후의 순간으로 인식했을 것이다. Gritsch, 「루터 성서해석의 문화적 배경」, 100-101.

19 1530년 계시록 서문에서 루터는 요한이 자신의 시대에서 장차 일어날 사건을 예언한 것으로 보고 그 시대로부터 루터 당대에 이르기까지의 교회사를 들여다보고 자신의 관점에서의 교회사적 재난과 요한의 예언을 알레고리적으로 대입시켜 해석하고 있다(예컨대 계시록 7장의 네 명의 악한 천사를 행위에 의한 구원 신앙, 성서의 영적인 이해, 철학, 과도한 성직 권력으로 보고 그에 어울릴 법한 이단들을 배치시키고 있다. *WA DB* 7, 410). 결국 루터는 예언의 미래적 차원보다는 예언을 과거 교회사에 집중 투영시켜 자신의 종교개혁 프로그램의 정당성을 확보했다 하겠다.

20 *WA* 36, 569.

21 루터는 이 사건들을 「노예의지에 관하여」(*De servo arbitrio,* 1525)에서 언급하고 있다. *WA* 18, 653.

22 "나는 이 개혁이 패덕하고 폭력적인 사람을 수없이 양산했다는 것을 알고 있다. 그와 동시에 순수한 학문은 퇴보의 길을 걷고 있고, 우호관계도 깨어지고 있다는 것을 알고 있다. 나는 피비린내 나는 폭동이 일어날까 두렵다 … 실제로 비극적인 종말을 맞아서는

런 혼란은 실제로 닥쳐오고 말았다. 가장 위대한 신앙고백을 했던 종교인들이 가장 난폭한 폭력을 선택하고, 파리에서는 에라스뮈스의 글을 번역했던 제자 베르캥(Louis de Berquin)이 처형된 후 화형을 당하고, 그가 가장 사랑했던 영국의 친구 존 피셔(John Fischer)와 토마스 모어(Thomas More)가 도끼에 참수 당했다.[23] 이런 혼란을 우려한 에라스뮈스는 교회에 순종해야 할 소명과 그것의 교권적 권위 그리고 전통의 통일성을 강조한 것이다. 그러나 루터는 이러한 온건한 태도를 비웃었고 그러한 것은 명백히 성서의 말씀과 모순되는 것이며 성서는 무조건적으로 어떤 때나 어떤 상황에서나 그 누구에게도 진리로 선포되어지는 것이라 주장했다.[24] 루터의 의도는 성서의 기록된 말씀과 철저하게 연계되는 것이었으나 본인의 의도와는 상관없이 당대의 상황은 그의 메시지가 평등주의의 역사적인 전개의 동인으로 작동하게 이끌었다. 절대적인 하느님의 의지는 계급적 차이를 무화시키며 세속적인 계급과 성직계급 내에서 근본적인 전복을 야기하게 된다.[25] 에라스뮈스가 루터에서 비롯되는 폭동, 분파주의, 중상비방 같은 것에 우려를 표한 것과 달리 루터는 에라스뮈스가 자신의 말과 규칙으로 하느님의 말씀에 맞서게 함으로써 근본적으로 해방시키키시는 하느님의 자유에 제약을 가하고 있다고 비판했다.[26] 온건한 에라스뮈스의 눈에는 바로 이러한 루터의 종교개혁운동이 사회에

안 될 텐데" Stefan Zweig, *Triumph und Tragik des Erasmus von Rotterdam* (Frankfurt: Fischer Taschenbuch Verlag, 1988), 171-172.

23 *Ibid.*, 200.

24 Luther, *De servo arbitrio*, *WA* 18, 629.

25 물론 루터는 계급적인 차이의 철폐 그 자체를 무질서요 하느님의 질서를 훼손하는 것으로 인식했지만, 그의 고유한 교리인 '만인사제설'에 따르면 모든 그리스도인은 세례로 인해 동일한 사제의 신분을 공유한다는 것이기에 평신도들이 교회개혁을 위해 전체 공의회까지 소집할 수 있다고 주장했던 것이다(*WA* 6, 538-539, *WA* 2, 33-43). 하느님 앞에서의 자유와 평등은 결국 세상에서 인간의 정치적인 자유와 평등의 길로 나아가는 디딤돌이 될 수밖에 없는 것이다.

26 *WA* 18, 629.

극심한 혼란을 야기할 수 있는 위험스런 사상으로 비춰진 반면, 루터의 시각에서는 에라스뮈스가 사회적 안정을 빙자하여 하나님 말씀을 위한 투쟁에 과감하게 참여하지 못하는 비겁한 인물로 각인된 것이다.

이미 언급했듯이 루터는 하나님 말씀을 위한 투쟁에서 두 가지 적그리스도를 확고히 했다. 하나는 칼슈타트(Karlstadt)와 뮌처의 노선을 추종하는 광신도들이었으며 다른 하나는 로마가톨릭교회였다. 루터는 광신도들이 오만하게도 하나님의 영이 아닌 자신의 영을 맹신하고 있다고 공격했다. 그들은 말씀의 종이 아니라 자신의 영을 성서 위에 올려놓았으며 무엇이든 자신들이 원하는 것을 성서에서 찾아냈다고 보았다. 다른 한편 교황으로 상징되는 로마가톨릭교회 역시 하나님의 말씀을 자신들의 포로로 만든 사악한 적그리스도였다. 그러나 에라스뮈스와 로마교회의 신학자들은 성서가 모호하고 여러 가지로 해석될 수 있다는 입장을 견지했다. 그래서 그들은 안전한 해석을 담보하기 위해 교황의 지도가 필요하다고 본 것이다. 하지만 루터는 그것을 성령과 하나님 말씀보다 인간의 영을 우위에 두는 짓이라 간주했으며, 따라서 그것은 그들 자신의 해석 이외의 다른 해석이나 반박에 대해서는 회피하면서 자신들 것만을 완벽한 것으로 우기는 어리석고 위험한 태도로 보았다. 그래서 루터는 주장한다: "이런 목소리는 인간이 고안해 낸 것이 아니라 모든 마귀들의 대장의 믿을 수 없는 악으로 말미암아 세상에 들어오게 된 질병이다."[27]

성서의 복음적 해석을 통해 루터가 보여주고자 했던 것은 복음 자체가 필연적으로 당대의 모든 방법, 질서 그리고 규칙에 대한 전복을 내포하는 강력한 메시지라는 점이었다. 복음은 그리스도교 문명을 조직하는 복음 이외의 다른 질서나 준거들을 유예시키고 마는 절대적이면서도 기본적인 평등주의를 함의하는 것이었다. 이러한 사고에서 결정적으

---

27 *WA* 18, 653.

로 중요한 것은 성서의 복음적 해석이 로마가톨릭교회의 공식적인 해석에 구애되지 않는 독립적인 권위를 지니고 있다는 점이다. 성서는 그 어떤 모호함이 없이 기록된 것이기에 성서의 의미는 그 누구에게도 명확하게 이해될 수 있다는 주장은 성서 해석의 전제조건이다.[28] 그런데 결국 이러한 해석 원리는 중세 후기의 유럽의 정치적 안정에 큰 위협을 가하는 요소가 되었다. 루터는 오직 복음에 관심했다고 하나 자신의 신학이 갖는 정치적 의미를 의식하고 있었으며, 실제 성서 텍스트를 하느님의 직접적인 계시로 믿는 루터의 해석은 내면적 신앙의 차원에서 그친 것이 아니라 하느님 말씀의 바벨론 포로로부터 해방을 위해 정치적 실천을 한 것이라 하겠다. 그리고 루터의 이념은 본인의 의지와는 상관없이 폭동과 반란을 정당화하는 혁명적인 잠재력을 심는 데 기여한 것도 사실이다.[29] 그럼에도 불구하고 루터는 끝까지 이러한 정치와 종교의 혼합의 위험성에 대해서도 경각심을 잃지 않았다. 말하자면 신학이 모종의 이해관계나 목적을 위해 사용될 경우 온갖 이상주의자들, 혁명가들, 통치자들이 저마다 자신의 목적을 성서적으로 정당화하기 위해 혈안이 될 것이라는 우려였다. 그래서 루터는 내적인 심령적 확신보다는 외적인 말씀, 즉 성서를 우위에 둔 신학적 논증이 절대적으로 필요함을 역설한 것이다.[30]

28 *WA* 18, 609, 654ff.

29 루터가 바르트부르크(Wartburg)에 피신해 있는 동안 루터파 급진주의자들이 비텐베르크 개혁운동의 전면에 나서게 되었다. 특히 비텐베르크 대학의 교수였던 칼슈타트는 만인사제설을 실천에 옮기고 성상파괴 운동을 주도하고 심지어 봉건질서에 저항하는 폭력사태까지 수반하는 급진성을 띠게 되었다. 물론 봉건질서의 틀을 유지하고자 했던 루터의 노선에서 벗어난 행위였지만 루터가 남긴 반항의 불씨는 어떤 형태로든 정치적으로 발현될 잠재력을 내포하고 있었다. Ernest Rupp, *Pattern of Reformation* (London: Epworth Press, 1969), 118-134.

30 *WA* 18, 654-657; *LW* 33, 90-95.

3. 뮌처의 종말론

농민전쟁 와중에서 나온 메밍엔(Memmingen)에서의 「12개조항」은 유럽 역사에서 등장한 보편적 자유의 권리를 선포한 헌장 가운데 하나로 평가된다.[31] 12개조항은 교구민들의 신념에 따라 교구목사의 청빙과 임면을 결정을 할 수 있는 교구의 권리를 보장해 달라는 요청으로 시작한다. 첫 조항에 따르면 목사는 자신의 인간적인 해석을 덧붙일 것이 아니라 오직 복음만을 선포해야 한다는 것이다. 왜냐하면 하느님의 말씀은 "참된 신앙을 통해서만 하느님에게 이를 수 있다"고 가르쳐주기 때문이다.[32] '오직 믿음으로'의 직설법적인 전거는 하느님과의 관계에서 모든 인간이 평등하다는 종교개혁의 선포가 얼마나 혁명과 직접적으로 관련되어 있는가를 보여주는 또 다른 예라 할 수 있다. 즉 루터가 '그리스도인의 자유'에 관하여 영적으로 해석해줄 것을 간절히 당부하고 있음에도 불구하고 그것이 내포하는 정치적 함의를 전적으로 부정하는 것은 거의 불가능하다는 것을 역설적으로 드러내준다 하겠다. 실제 당시 종교와 정치가 혼재된 상황에서, 어떤 정치적인 문제도 그것이 억압이나 해방에 관련된 것이든 또는 질서와 반란에 관련된 연관된 것이든 종교

31 Peter Blickle, *The Revolution of 1525: The German Peasants' War from a New Perspective*, trans. by Thomas Brady & H. Erik Midelfort (Baltimore: John Hopkins University Press, 1981), 25-27 참조.

32 Günther Franz(Hrsg.), *Quellen zur Geschichte des BauernKriegs* (Darmstadt: WBG, 1963), 175.

적 신념 · 명령법과 무관할 수 없었다. 농민전쟁에 참여한 농부나 광부들의 입장에서는 봉기가 정치적 행위이자 하느님이 직접 개입한 종교적인 행위로 이해되었던 것이다. 아직은 더 큰 환란이 기다리고 있을지도 모르고 더 많은 순교의 피를 흘려야 할지도 모르지만 궁극적으로는 하느님이 세상에서 정의를 세우는 최후의 심판이 도래할 것으로 확신하기에 현재와 장차의 고난은 오히려 최종적 승리에 대한 종말론적 징표가 아닐 수 없었다. 바로 이점에서 급진적 정치신학, 즉 종교개혁운동을 정치적 혁명과 연계시키고, 성서적 종말론을 정의와 해방적 실천으로 연계시킨 점에서 뮌처 사상은 신학사 · 정치사에서 매우 특별한 위상을 갖는다 하겠다.

초기의 여러 종교개혁운동이 정치적으로 첨예하게 갈라지는 지점은 거칠게 말해 로마서 13장의 해석에서 세속 당국에 대한 저항권 문제, 그리고 종말론을 현재의 역사적 문제에 어떻게 적용할 것인가의 방법론에 놓여있다 하겠다. 루터가 영적인 정부와 세속적인 정부를 명확히 구분한 것과 달리 뮌처는 종말론적 전투를 재촉하기 위해 직접적인 정치 행위의 당위성을 주장했다. 하지만 사실 뮌처는 루터처럼 "두 왕국(통치) 이론"에 입각하여 세속당국이 종교적 · 영적인 일에 간섭하는 것을 배격하였다. 뮌처 역시 슈톨베르크(Stolberg)에서 박해받는 자신의 추종자들에게 보낸 1523년 7월18일자 편지에서 세속 당국에 저항하지 말고 그들의 박해에 감사할 것을 촉구했으며,[33] 장어하우젠에 있는 자신의 추종자들에 보낸 1524년 7월 15일자 편지에서도 그들의 영주들에게 순종하여 세금과 이자를 바칠 것을 권면했다. 그리고 루터와 마찬가지로 세속당국이 종교나 영혼의 문제에 까지 간섭의 손길을 뻗치는 것에 대해 명

---

33 세속 당국의 박해에 감사하라고 권면한 이유는 저들이 가하는 핍박은 하느님의 구원을 이루는 종, 즉 선민이 되기 위한 필수적인 훈련의 과정이라 여겼기 때문이다. Günther Franz(Hrsg.), *Thomas Müntzer, Schriften und Briefe.* Kiritische Gesamtausgabe (Güthersloh: Güthersloh Gerd Mohn, 1968), 21-24. 앞으로 *MSB*으로 약칭한다.

확한 선을 그었다.[34] 제후나 지역 영주는 세속의 일을 다스리도록 규정돼 있기에 그들의 권력은 그 이상을 넘어서는 안 된다는 점에서 뮌처는 루터와 공감했다.[35] 그럼에도 로마서 해석에서 이 둘은 극명하게 갈라진다. 루터가 1절, 2절 해석에서 신민의 복종을 강조한 반면 뮌처는 3절, 4절 해석을 통해 시민의 저항에 대해 강조했다. 루터는 성서를 뺏으려는 폭군의 악행에 대해 저항해서는 안 되고 인내할 것을 권한다. 재산이 그들에 의해 강탈당한다 할지라도 인내하지 않으면 안 된다.[36] 반면 뮌처는 세속당국의 칼의 사용에 대해 신민의 복종과 인내가 아니라 복음을 훼방하는 사악한 자들의 제거라 보고, 하느님이 부여한 임무를 방기하거나 오용한다면 하느님에 의해 그 권한이 뺏길 것이며 그것은 선민의 손에 넘겨질 수 있다고 본 것이다.[37]

뮌처는 특히 가난한 자들과 사회정의에 관련될 때 내적 일관성이 작동되고 있다. 루터와 달리 성서를 영적으로 해석한다는 것은 해석의 주관화나 신비화를 목적으로 한 것이 아니라 정치적 · 신학적 프로그램으로 구체화시키는 데 목적이 있었다. 그는 인간이 행함 없이 믿음으로만 의로워 질 수 있다는 루터의 칭의론적 사고에 반대하고 믿음은 행함을 통해서만 성취되고 현실화될 수 있다고 믿었던 것이다. 뮌처에게서 '칭의'(justification)는 신앙의 고백에서 머무는 것이 아니라 사회에서 그

---

34 루터의 정치사상 "두 왕국(통치)론"은 「세속 당국의 통치에 관하여: 어느 정도까지 복종해야 하는가(1523)」(*Von weltichen Oberkeit: wie weit man ihr gehorsam schuldig sei*)에 잘 나타나있다. 루터에 의하면 세속 당국의 통치는 "세속의 생명, 재산, 그리고 외적인 면의 일들"에 적용되는 법을 소유하고 있다. 따라서 세속 당국의 통치가 영혼에 대한 법을 규정하고 적용하려 하면, 하느님의 통치 영역을 침범하여 인간의 영혼을 오도하고 파괴하는 행위, 즉 "지독한 바보짓"이자 "악마의 사도들이 하는 짓거리다. 황제나 영주 그리고 신민들이 특정한 신앙이나 종교를 가져야된다고 주장하는 것은 "훨씬 더 바보짓"이다 (*WA* 11, 262)

35 *MSB*, 412, 14.

36 *WA* 11, 267.

37 Michael St. Clair, *Millenarian Movements in Historical Context* (New York: Garland, 1992), 166-167.

리고 개인적 삶에서의 구체적인 정의로운 행위로 인도된다. 로마서 1장 16-17절에서 바울이 말했고 루터가 주장했던 하나님의 의는 뮌처에게 선 사회정의, 정의로운 삶, 그리고 새로운 나라와 함께 도래하는 하나님의 공의, 그래서 현재의 공동체를 이미 변화시키려는 것과 연관된다.[38]

뮌처의 종말론 사상이 농민전쟁을 추동하는 데 결정적인 영향을 미쳤다는 것은 의심할 수 없다.[39] 물론 당시 독일 농민들을 짓누르고 있던 경제적 · 정치적 상황이 봉기의 물질적 원인이 된 것은 말할 나위가 없지만, 그러나 농민봉기는 종말론적 기대와 영감 없이는 결코 생각할 수 없는 성질의 것이었다. 농민전쟁의 동인으로서 뮌처의 종말론이 갖는 특성을 간추려 보자.

첫째, 종말은 '수확의 때'[40]와 관계된다. 수확의 때는 선택된 자와 택함 받지 못한 자가 나누어지는 종말의 때 즉 심판의 때이자, 동시에 구원의 때이다. 역사 내에서 새로운 시대를 여는 수확의 때는 영적 조명 즉 계시가 드러나는 때이기 때문이다.[41] 종말에는 성령의 강력한 임재가 알곡과 같은 뮌처와 추종자들에게 일어날 것이다. 새로운 순간을 경험하는 시간적 관점은 사회의 기본 조건이 실제로 변하는 결정적인 순간 그리고 가난하고 억눌린 자들도 참된 자유를 경험하는 순간이다. 뮌처는 이러한 결정적인 순간을 신비주의 신학에 머문 것이 아니라 강력한 사

---

38 뮌처에게서는 복음과 율법의 갈등이 어떻게 초래되는 가가 분명해졌다. 즉 뮌처는 루터의 칭의론이 지배계층의 이해관심과 무관하지 않다는 것을 알아챈 것이다. Carl Hinrichs, *Luther und Müntzer*, 177.

39 Hans-Jürgen Goertz, *Thomas Müntzer: Revolutionär am Ende der Zeiten* (München: C.H.Beck, 2015), 152.

40 '수확의 때' 개념은 엄밀히 아우구스티누스의 영향이다. 아우구스티누스의 '수확의 때'는 알곡과 가라지의 비유에서처럼 정화의 때를 말한다. 아우구스티누스의 종말론의 핵심은 하나님이 스스로 교회를 정화한다는 것이며, 종말의 때에 선택된 자와 버림받은 자가 분리된다는 의미이다. 그러나 뮌처의 '수확의 때'는 정화의 과정에서 인간의 주체적으로 협력한다는 점에서 아우구스티누스와 차이를 보인다. Abraham Friesen, *Thomas Müntzer, a Destroyer of the Godless* (Oxford: Oxford Uni. Press, 1990), 7.

41 *MSB*, 492.

회적 의미를 덧붙여 신학적으로 해석한 것이다.

둘째, 종말의 시간은 예언적인 것이며 과거보단 미래에 정향되어 있다. 루터와 마찬가지로 뮌처도 종말의 시간이 다가 오고 있음을 깨달았지만, 루터와는 달리 현재의 죄악 많은 상태를 파괴하고 전복시키는 완전한 파국을 고대했다. 이러한 고통스럽고 소란스러우며 순교의 피로 얼룩진 파국이 끝나고 나면 그 이후엔 밝고 새로운 세상이 도래할 것을 확신했다. 바로 그 하느님 나라는 저 세상이 아니라 이 땅에서 이루어져야 하는 것이다.

셋째, 하느님 나라를 이루어 나가는 주체는 루터처럼 하느님만이 주체가 아니라 인간이 하느님의 동역자가 된다. 봉기에 참여한 농민들은 '하느님의 친구들'(die gottesfreunde), 즉 하느님이 사랑하는 '선민'[42]으로서 하느님 나라를 이루어나가는 동역자다. 선민들은 자신의 힘으로 파국의 날을 앞당기고 하느님의 약속을 성취하기 위한 길을 열기 위해 기꺼이 순교할 준비가 된 자들이다. 자신들의 고난이나 죽음은 하느님의 목적을 이루기 위해 마땅히 치러야 할 '신앙적 경험'이다.

넷째, 선민들의 공동체의 모습은 사도행전 2장 44-46절에 나타난 사도들의 공동체처럼 가난, 운명 그리고 삶과 죽음까지 모든 것을 공유한 새로운 사도공동체의 모습을 갖는다.[43] 다른 한편 하느님 나라의 주체인 선민들은 은밀한 지식에 기초한 비밀 결사(Bund) 관계를 맺는다.[44]

---

42 '선민'의 정체성은 논쟁의 대상이다. 그러나 「프라하선언」에서부터 불신자와 성직자 및 사회의 영적 지배자를 동일시하기 시작했으며, 「단호한 폭로」에 이르면 선민을 불신자 혹은 저주받은 자와 구별하고, 명예와 부를 독점하는 지배계급을 '힘있는 자'로 표현하며 그들을 불신자로 규정하고 있다. 힘 있는 통치자들이 뮌처의 종교개혁을 노골적으로 방해하고 추종자들에게 박해를 가했기 때문이다. 물론 선민에 통치자나 귀족은 원천적으로 배제시킨 것은 아니었고 실제 극소수 그들이 포함되기도 했으나 대부분 농민과 광부 같은 민중 혹은 평민, 또는 평범한 자, 지위가 낮은 자, 가난한 자'로 보아도 무방하다. 「프라하선언」, *MSB*, 500.

43 「단호한 폭로」(Ausgedrückte Entblößung), *MSB*, 311.

44 결사는 민중들로만 결성된 것은 아니며, 알슈테트의 결사에서 볼 수 있듯이 평민은 물론 시장, 시의원 등 도시 유력자들이 포함되었으며, 뮐하우젠 결사에는 백작을 포함 다

계시록의 저자처럼 그들은 일반적인 공동체는 자신들의 생각을 이해할 수 없으나 종말론적 지평으로 인해 하느님이 모든 이에게 참된 진리를 계시하면 세상은 그 진리를 발견하게 될 것이라는 확고한 믿음을 갖게 된다. 그래서 비밀 결사는 악한 자들과의 전쟁이 시작되면 사악한 자가 지배하는 그리스도교계를 청결하게 해야 할 사명이 주어진다. 만일 통치자가 하느님이 그들에게 맡겨준 임무를 다하지 않거나 방해한다면, 선민의 결사는 폭력을 사용해서라도 그 일을 떠맡아 완수해야 한다.[45]

결국 뮌처는 정치적 혁명을 정당화하고 복음에 따라 권력을 재분배하는 데 최종적 단계를 밟았다. 비록 뮌처가 바라는 목표는 확고하게 종말론적이고 임박한 최후심판이었지만 그의 신학은 실제적인 삶의 자리에 기반하고 있다는 것이 특징이라 할 것이다. 결국 뮌처의 종말론적 기대는 부정의한 세상 질서가 자연스럽고 당연한 것이 아니라 반드시 정화되어야 한다는 당위와 정화될 수도 있다는 희망과 연관되며 그것은 종교적 묵시가 정치적 혁명과 연계될 수 있다는 정치사상을 유의미하게 한다.

수 귀족이 가입되어 있었다. 말하자면 결사는 특정한 계급에 국한되지 않은 모든 경건한 자들, 즉 선민들의 비밀 결사로 이해할 수 있다. Günter Franz, *Quellen zur Geschichte des BauernKriegs*, 255.

45 *MSB*, 300.

4. 종교개혁과 농민혁명

주지하는 바와 같이 독일농민전쟁의 발발과 종교개혁운동은 밀접한 관련성을 갖는다. 독일농민전쟁은 15 · 16세기 유럽에서 발생한 수많은 농민봉기 중에 하나라기보다는 근대 정치적 의미에서 혁명이라 부를 수 있을 만큼의 중요한 봉기라 할 수 있다. 종교개혁운동 발생의 배경이 되는 가톨릭교회의 타락과 함께 15세기 말부터 독일의 크나큰 사회문제는 인구와 토지 사이의 불균형이었다. 인구는 늘고 토지는 한정되었기에 갈수록 식량 부족은 사태는 심각해져 갔다. 당시만 해도 구황작물이 유럽에 전해지기 전이라 식량부족 사태는 심각한 사회 문제가 아닐 수 없었다. 그런데 이러한 사태와 아울러 교회와 봉건 영주의 수탈이 농민들의 숨통을 조이고 있었다. 교회는 교회대로 봉건 영주들은 영주들대로 갖은 수법으로 농민을 수탈했다. 영주들은 자기 소유의 땅에서 마음대로 지대와 조세를 착취했다. 지대만해도 농민 수입의 40%를 감당해야 했다. 게다가 탐욕스런 영주들은 습지, 숲, 개울 등 원래부터 주인이 없었던 땅을 모두 자기들의 명의로 변경해 놓고 자기 땅 내에 사는 농민들을 혹독하게 수탈했던 것이다. 자기 땅에 속한 개울에서 게를 잡았다는 이유로 농민을 참수시키기도 했으며, 귀를 자르로, 눈알을 뽑고, 불에 태우고, 머리와 사지를 찢어 죽이는 등 극악무도한 형벌을 마치 놀이처럼 자행하였다. 이에 농민들의 분노와 증오는 점점 커져가는 상황이었다.

우리는 1930년대 이래 독일농민전쟁의 표준적 통사로 여겨지는 권터 프란츠(Günther Franz)의 연구[46]에 따라 사태의 전개과정을 대략적으로 짚어보려고 한다. 농민들이 광범한 봉기(전쟁)은 이미 1524년 6월 라인 상류지방에 위치한 슈바르츠발트 지방 슈튈링엔 백령(Landgrafschaft Stühlingen)에 속한 몇 개의 촌락에서 시작되었다. 추수작업으로 분주한 예속농민들에게 영주의 부인 루펜 백작부인이 실을 감는 데 사용할 달팽이집을 수집하라는 부정기적 부역을 과하자, 농민들이 이에 격분하여 봉기하기 시작했다. 이 사태는 여전히 중세적 농민봉기의 형태를 띠고 있었다. 농민들은 그들의 영주에 대해서만 봉기했고, 그들의 입장을 종래의 관습에 의거하여 정당화했다. 이 사태는 영주의 자의적 조처에 항거하여 우발적으로 발생한 것이었으나, 오랫동안 누적된 농민의 불만이 그 배경에 자리하고 있었던 것이다.[47]

봉기의 초기에는 한스 뮐러(Hans Müller)는 농민들을 이끌고 페르디난트 대공이 살고 있는 발트슈트로 진군하였다. 페르디난트는 자신의 군대가 신성로마제국 황제 칼 5세의 이탈리아 원정에 투입되어 있던 까닭에 농민들의 무력 행동을 진압할 수 없었다. 칼 5세가 도움을 요청할 수 있었던 슈바벤 동맹(Schwäbischer Bund)[48] 역시 비슷한 사정이어서 동맹의 수장인 게오르크 트룩세스(Georg Truchsess)조차 소수의 병역만을 지니고 있었다. 전쟁초기 영주의 세력이 이와 같이 약한 군사력을 지니고 있

---

46 Günther Franz, *Der deutsche Bauernkrieg* (Darmstadt: Wissenschaftliche Buchgesellschaft, 1958) 참조.

47 *Ibid.*, 100-102.

48 슈바벤 동맹군은 1488년 남서부독일, 슈바벤 지방의 평화와 질서 유지를 위해 조직되었다. 이는 당해 지역의 고급귀족에서부터 하급의 자유기사를 포함하는 군소영주, 고위 성직자, 제국도시의 결속체로서 1519년 뷔르템베르크 공을 축출한 실력을 과시한 바 있었다. 즉 신성로마제국이 사실상 국가로서의 힘을 발휘하지 못하는 상황에서 남부독일 일대의 영주들이 자구책으로 조직한 정치적 구심체였다. 이는 결국 중세말기부터 전개되는 제국의 정치질서가 전개되는 양상을 보여주는 이정표로서, 독일의 정치적 · 국가적 운명이 영방군주의 수중에 있음을 보여주는 예라 할 것이다. Horst Carl, *Der Schwäbische Bund 1488-1534. Landfrieden und Genossenschaft im Übergang von Spätmittelalter zur Reformation*. (Ostfildern: DRW-Verl. 2000), 453.

었던 점은 농민들의 세력이 급속하게 확산될 수 있었던 주 요인 중에 하나였다.

시간이 흘러가면서 농민소요는 인근지방으로 확산되어 이듬해, 1525년 1, 2월경에는 동쪽의 오버쉬바벤(Oberschwaben) 지방에서 거대한 봉기집단이 형성되기에 이르렀다. 알고이(Allgäu), 보덴제(Bodensee) 주변, 및 발트링엔(Baltringen) 지방에서 여러 영주들에게 속한 다양한 출신의 농민들이 결집하여, 최초의 농민군(Bauernhaufen)이 형성되었다. 광범한 지역을 아우르는 봉기집단 조직이 등장하고, 무엇보다 요구사항과 봉기의 명분을 복음과 신의 법에서 찾았다는 점에서 본격적인 의미의 농민전쟁의 전개가 시작된다.

오버쉬바벤 지방은 농민전쟁 과정에서 최초의 본거지가 되었는데, 바로 이 지역의 한 중심인 제국도시 메밍엔에서 저 유명한 농민 강령 「12개조항」(Zwölf Artikel)이 작성되었다. 이 강령은 모피직조공이면서 발트링엔 농민군의 야전서기 역할을 하던 제바스찬 로처(Sebastian Lotzer)와 메밍엔의 루터파 설교사이며 츠빙글리의 제자였던 크리스토프 샤펠러(Christoph Schappeler)가 주변의 약 300여 개 촌락에서 제기된 탄원과 요구를 종합하여 작성하였다. 이 강령은 무엇보다 농민들의 요구를 그리스도교적 정의관념, 정확하게는 종교개혁의 영향을 받은 복음주의를 농민들의 봉기행위를 정당화하는 근거로 천명하였고, 농민전쟁의 전 과정에서 가장 널리 전파된 선언문이었다.

농민전쟁은 말할 것도 없고, 이미 15세기 후반부터 농민들의 봉기나 도시주민의 소요사태에는 허다한 선언문, 요구조항, 탄원서, 정치적 강령들이 인쇄되고 살포되었다. 농민전쟁은 그 보다 조금 앞서 시작되었던 종교개혁운동과 함께 당시에 실용화되고 널리 전파된 새로운 의사소통의 혁명, 즉 인쇄술의 발전으로 강력한 동력을 얻었던 것이다.[49] 「12

49 Peter Blickle, "Das Reich zu Beginn des 16. Jahrhunderts", H. Buszello, P. Blickle, R.

개조항」은 단기간에 28쇄나 간행되었고, 독어권 전역과 나아가 네덜란드, 영국까지 광범하게 전파되었는데, 여러 지역의 봉기 농민을 결집하는 촉매제 역할을 수행하였다. 동시에 농민집단의 내부규율을 정하는 문건 '결사조례'(Bundesordnung)가 제정되었는데, 이는 오버쉬바벤 지방에 운집한 농민군을 결속시킨 그리스도교 동맹(christliche Vereinigung)의 헌장과 같은 역할을 하였던 것이다.

메밍엔을 중심으로 농민전쟁의 물결은 제국의 다른 지방으로 들불과 같이 확산되었다. 물론 '12조항'이나 '결사조례'가 먼저 살포되거나, 농민군의 진출과 함께 동반되었다. 전쟁의 물결은 오스트리아(티롤, 잘츠부르크), 프랑켄지방(뷔르츠부르크 및 밤베르크 주교령), 뷔르템베르크, 팔츠, 엘자스, 라인강 중하류 지방, 베스트팔렌, 튀링엔 및 스위스 대부분의 지역에 전파되었다. 북부독일과 서부독일은 대체로 이 물결에서 벗어나 있었다. 하지만 제후들은 군사적인 열세 때문에 농민들의 요구를 수용하거나 그들과의 협상에 응할 수밖에 없었다.

1525년 5월과 6월에 농민전쟁은 공간적으로 최대한 확대되었다. 이 국면은 농민군에 의한 수도원, 성곽의 습격, 파괴, 방화, 약탈로 점철되었다. 하지만 칼 5세가 프랑수아 1세에게 결정적인 승리를 거두면서 상황은 반전되기 시작했다. 전쟁에 차출되었던 제후들의 군사들이 귀환하기 시작하였고, 제후들은 그들을 통해 우월한 조직력과 지역적 한계를 뛰어넘는 기동력과 네트워크를 바탕으로 농민군을 진압하기 시작했다. 5월 말과 6월 초 사실상 3주 이내에 농민군은 전광석화같이 궤멸되었다. 뷔르템베르크의 농민들은 뵈블링엔 전투에서(5월 12일), 뮌처가 지도하는 튀링엔의 농민군은 프랑켄하우젠에서(5월 15일), 엘자스의 농민군은 차버른에서(5월 16일), 그리고 프랑켄의 농민군은 쾨니히스호펜에서(6월 2일) 패하였다. 농민군은 수적으로 열세지만 잘 무장되어 있는 제후군

Endres (Hrsg.), *Der Deutsche Bauernkrieg* (Paderborn: Ferdinand Schöningh, 1984), 53.

과 슈바벤 동맹군의 적수가 될 수 없었다. 거기에 최강의 스위스 용병들까지 투입되었다. 봉건 영주의 1만 병력에는 정예 부대인 바이에른과 수바벤 동맹군, 잘츠부르크 대주교의 용병 기병 3천여 명도 포함되어 있었고 대포를 포함한 막강한 화력도 갖추고 있었다. 이에 비해 농민군은 수적으로는 10만을 상회하였지만, 뿔뿔이 흩어져 있었고 서로 간에 네트워크도 갖추질 못했다. 게다가 그들에게는 대포는 말할 것도 없고 기병도 찾아보기 힘들었다. 전쟁의 결과는 이미 정해져 있었던 것이다. 진압은 무자비했으며, 전쟁이 종결된 이후에도 진압활동은 1526년 봄까지 계속되어 독일 전역에 10만이 넘는 농민들이 학살되는 참극을 빚게 되었다.

슈바벤 농민혁명과 루터의 종교개혁의 상관성을 파악하기 위해서, 1525년 3월부터 7월 사이에 있었던 사건을 발생 순서별로 먼저 재구성해 볼 필요가 있다. 그것은 다음과 같다: ① 3-4만 명으로 추정되는 농민들이 슈바벤에 모여 「12개조항」을 발표함(1525년 3월 추정). ② 농민들은 협상 기간을 유다카의 일요일(동년, 4월 2일)까지 정해놓고 엄격하게 휴전을 고수함(여기서는 온건파가 주도함). 이 휴전 조약에 의거 농민들은 연합체를 해산하고 그들의 주인에게 복종하겠다는 약속을 함. ③ "슈바벤 동맹군"이 협상을 거부하고 농민들에 공격을 가하기로 결정함. ④ 진압군의 공격 선언에 대해 대책을 논의하던 농민군 내부에서 온건파가 밀려나고 강경파가 주도권을 잡음. ⑤ 유다카의 일요일(4월 2일)에 농민군은 본격적으로 봉기를 시작함. 그리고 루터가 「쉬바벤 농민들의 12개 조항에 답하는 평화를 위한 권고」(Ermahnung zum Frieden auf die zwölf Arikel der Bauernschaft in Schwaben)를 발표함(4월 16일 이전인 것은 확실함). ⑥ 루터가 튀링겐 지역을 여행하던 중, 농민군의 폭력적 봉기에 대한 소식을 접하고 목격함(4월 하순으로 추정). ⑦ 루터가 비텐베르크에서 「도적질하고 살상을 일삼는 농민 강도떼들에 대항하여」(wider die räublichen und märderlichen Rotten der Bauern)를 발표함(5월 중순 전으로 추정). ⑧ 뮌처의 혁명군이 프랑켄하우젠에서 패배함(5월 15일). ⑨ 5월 15일 이후 농민봉기는 완전히 집압되고, 농민들은 무자비하게 학살되기 시작함(대략 10만 명이 학살된 것으로 추정). ⑩ 루터가 「농민들을 가혹하게 대적한 소책자에 대한 공개서한」(Ein Sendbrief von dem harten Büchlein wider Bauern)을 발표함(7월 초순으로 추정).[50]

위와 같은 농민혁명의 발생 순서별 사실의 나열에 더하여 몇 가지 중요한 관련 사실들을 좀 더 상세하게 들여다 볼 필요가 있다. 첫째, 혁명의 시작은 매우 단순했다. 지역에서 농민들이 일하기를 거부하는 비공식적인 파업의 형태로 시작이 되었다. 지역 공동체의 모임을 통해 현안을 의논했는데, 이런 집회들이 이어져 농민들이 더 광범한 지역에서 모여들면서 사태가 점점 커진 것으로 볼 수 있으며, 마침내 형제 맹약과 같은 결속력 있는 단체가 결성되었다.[51]

둘째, 1525년 3월 초에 발표된 「12개조항」은 같은 해 5월 이전에 24쇄가 인쇄되어 퍼질 정도로 광범위한 지지를 받았다.[52] 「12개조항」의 내용은 다음과 같이 간단하게 정리할 수 있다.

제1조. 공동체가 목사의 선출권을 갖는다. 목사는 순수한 복음만 전파해야 한다.

제2조. 소십일조(가축)는 폐지되어야 하며, 대십일조(곡물)는 바치되 공동체에 의해 목사의 생활비를 지급하고 남은 돈은 빈민구제비 등으로 집행되어야 한다.

제3조. 그리스도의 복음은 인간의 자유를 전제하고 있으므로 인신예속제는 폐지되어야 한다(농노해방). 우리는 합법적 통치자

---

50 이 사실의 재구성을 좀 더 상세하게 파악하기 위해서는 아래 글을 참조하라. 김병권, "정의로운 평화 만들기 관점에서 본, 독일 농민혁명에 대한 Martin luther의 반응," 침례교신학연구소 편, 『종교개혁의 풍경』 (대전: 침례신학대학교, 2017), 127-157.

51 Bob Scribner & Gerhard Benecke(ed.), *The German Peasant War of 1525: New Viewpoints* (Boston: Unwin Hyman, 1979), 14-19.

52 Schultz, "Introduction," in *LW*, vol. 46, 6.

에게 복종한다.

제4조. 신은 인간을 창조할 때 모든 생물을 지배할 수 있는 권한을 주었기에 그것을 금할 수 없으며, 수렵어로권과 사냥권은 공동체에 속한다. 이 권례에 대한 정당한 매매는 존중하나, 협상에 의해 공동체에 재 귀속되어야 한다.

제5조. 목재와 산림권도 영주가 소유하거나 합법적으로 구입한 것 이외는 공동체에 귀속되어야 한다. 공동체는 산림지기를 두어 건축용 목재와 화목의 공급을 관리한다.

제6조. 농민들의 부역 일수는 관습과 복음에 따라 견딜 수 있는 정도로 감소되어야 한다.

제7조. 차지 기간은 엄수되어야 한다. 부역을 자의적으로 증가시켜서는 안 되며, 영주가 부역에 동원할 때도 농민의 생활에 지장이 없는 시간과 계절을 택해야 한다. 그리고 규정보다 더 할 때는 보수를 지급해야 한다.

제8조. 지대가 너무 과중해서 최저 생활도 유지할 수 없다. 이는 존경받는 인사로 하여금 영주 자신의 토지를 관리하게 하고 공정한 지대를 정하여 농민들의 수고가 헛되지 않게 해야 한다.

제9조. 영주가 자의적으로 새로운 법을 제정하고 과다한 벌금을 징수하고 있다. 그러나 재판은 관습과 조례의 성문법에 의해 공정하게 재판이 이루어져야 한다.

제10조. 공동체에 속했던 목초지와 밭을 멋대로 점유하는 자들 때문에 고통을 받고 있으므로 합법적으로 구입하지 않은 것은 공동체에 반환해야 한다.

제11조. 유산을 물려줄 과부나 고아가 사망하였을 경우 상속물을 지주가 가로채는 일을 폐지해야 한다. 또한 대소간의 모든 사망세 역지 폐지되어야 한다.

제12조. 위의 조항 중 성서에서 벗어나는 것이 발견될 때는 기꺼이 포기하겠다. 그러나 성서가 명한 것은 어떤 것이라도 수행하겠다.[53]

3월 초 슈바벤 농민군의 수가 3-4만 명으로 추정된다는 사실도 농민봉기에 대한 광범위한 지지와 공감을 입증해준다.[54] 이 사실은 농민봉기의 초기 형태가, 이른 바 "과격한 폭도들"에 의해 일어난 파괴적 폭동 양상이 띤 것이 아니라는 점을 방증해준다. 만일 애당초 폭력적이고 파괴적인 물리력이 수반된 저항이었으면, 이렇게 대중적으로 폭넓은 지지를 받을 수 없었을 것이다.

셋째, 진압군인 슈바벤 동맹군이 협상을 거부하고 선제공격을 선언하기 전까지, 농민군은 온건파가 주도해나갔다는 사실도 눈여겨 볼 필요가 있다. 이 사실은 「12개조항」의 내용에는 과격한 봉기나 파괴적 폭동을 결의하는 내용이 전혀 들어 있지 않다는 사실과도 연관된다.[55] 말하자면, 농민군의 과격화 또는 파괴적 행위는 농민들의 과격성 때문이 아니라, 진압군의 선제공격에 대한 불가피한 자구책이었다는 사실이 드러난다.

---

53 P. Blickle, "The Economic, Social and Political Background of the Twelve Articles of the Swabian Peasants of 1525," *Journal of Peasant Studies* 3(1975), 63.

54 Friedrich Engels, *The German Revolution* (Chicago: The University of Chicago Press, 1967), 79

55 엥겔스에 따르면, "농민혁명단의 12조항" 이전에 작성된, 과격한 강경파의 행동 강령이 담긴 조서(Letter of Articles)가 있었지만, 슈바벤 농민군은 그 조서를 채택하지 않았다고 한다. 그러나 진압군인 "슈바벤 동맹군"이 전력을 증가하고 전열을 정비한 후, 먼저 휴전 협약을 파기하고 농민 혁명단을 공격하기로 선언했다는 소식을 접한 농민 혁명단이 대책을 강구하는 과정에서 과격한 강경파의 행동 강령 조서를 행동 준칙으로 삼게 되었다고 한다. 평화체결의 날로 정해졌던 유디카의 일요일이 농민 혁명단의 전면적인 봉기 날이 된 배경에는 이런 사유가 있었다고 엥겔스는 설명한다. Engels, *The German Revolution,* 78-82; 김병권, "정의로운 평화 만들기 관점에서 본, 독일 농민혁명에 대한 Martin luther의 반응," 129-130.

넷째, 농민혁명이 갖는 법적 특성을 살피는 것도 유의미하다. 「12개조항」에서 볼 수 있는 법적 특성은 농민들이 공동체를 기반으로 하는 관습과 전통의 유지를 요구하고 있다는 점이다. 농민들은 공동체가 산림지기의 선출권을 요구하고(제5조), 수렵 어로권, 사냥권, 모재와 산림권, 공유지권 등의 행정권 확보(제 4, 5, 6조), 고대법에 근거한 재판관(9조) 등을 요구한 것은 농촌 공동체가 지니고 있던 기존의 관습을 유지하고 위한 노력의 일환이었다. 그러고 이러한 노력은 신성로마제국 전체로 확산되어 가고 있던 로마법과 대치되는 것이었다. 로마법은 제국의 통치와 세금의 부과를 원활하게 하기 위해 제국 전체로 확산되어 가고 있었는데 이는 기존의 농촌공동체가 지니는 가치와 충돌하였다. 로마법은 개인의 소유를 명확하게 규정함으로써 이를 통해 세금을 부과하고자 하였다. 그러나 중세 내내 농민들이 유지해온 독일 관습법은 벌목, 어로, 사냥, 목초지 사용 등에 대해 공동체 모두의 권리로 규정하고 있었다.[56] 결국 「12개조항」에는 중세적인 구조를 원하던 독일 관습법에 대한 열망과 농민에 대한 더욱 정교하고 효율적인 착취를 내포하고 있는 로마법의 강제가 충돌하는 상황에 대한 농민들의 능동적 저항의 의지가 반영되어 있다 하겠다.

다섯째, 농민혁명에 대한 루터의 이해를 보다 명확하게 드러내기 위해, 전후관계를 따질 필요가 있다. 루터가 농민군의 봉기가 폭력적이고 파괴적이라는 소식을 접한 것이 4월 하순이라면, 그 이전 즉 4월 16일 이전에 쓴 것이 확실한 것으로 추정되는 「쉬바벤 농민들의 12개 조항에 답하는 평화를 위한 권고」에는 농민군의 폭력적 행태에 대한 비판적 내용이 없는 것은 당연하다. 그리고 그 글의 제목에 맞게 「12개조

56 중세 독일을 유지했던 관습법은 목재권, 방목권이 빈민에게도 삶의 기회를 보장해주고, 빈부의 차이를 어느 정도 완화해주는 일종의 안전장치 역할을 한 것인데, 그 관리권이 공동체에서 영주들 손으로 완전히 귀속된 것은 사회의 안전장치가 파괴된 것이라 볼 수 있다. Günther Franz(Hrsg.), *Quellen zur Geschichte des Bauernkrieges,* 174-176.

항」에 대한 '답변'만으로 구성되는 것이 자연스럽다. 만약 그렇지 않고 그 답변에서부터 농민군의 과격성에 대한 비판이 내용의 상당부분을 차지했다면, 루터는 근본적으로 농민봉기에 대해 반감을 가지고 있었다고 볼 수밖에 없다. 물론 한 가지 다른 추론, 즉 4월 16일 이전부터 농민군의 폭력적 전개를 예지하고 있었다고 가정해 볼 수도 있다. 슈바벤 농민들이 질의에 대한 답변의 제목(4월 16일 이전에 발표)이 「쉬바벤 농민들의 12개 조항에 답하는 평화를 위한 권고」였고, 두 번째 글의 제목(5월 중순 전에 발표)이 첫 번째 제목과 완전히 다른 톤의 제목인 「도적질하고 살상을 일삼는 농민 강도떼들에 대항하여」라는 점을 고려해본다면, 두 번째 추론보다는 첫 번째 추론 즉 루터는 농민봉기가 과격해지기 전부터 농민들이 요구한 인간으로서의 기본적인 권리 주장 자체에 반감을 가지고 있었다는 추론이 더 타당하다.

농민전쟁과 관련된 루터의 글 세 편의 내용은, 영주나 제후들이 비록 악하다 할지라도 농민들은 체제전복적인 민란이나 폭동을 일으켜서는 안 되고 신이 세운 통치자 및 통치 질서에 순응하기 위해 저항을 포기해야 마땅하다는 것이다. 그럼에도 불구하고 농민들은 폭력적인 봉기를 일으켰기 때문에 철저하게 진멸되어야 한다는 것으로 요약될 수 있겠다. 이것을 항목별로 나누어서 보면 루터의 정치적 입장은 보다 더 명확해진다: 농민들이 혁명을 일으킨 것에 대한 책임이 영주들이나 제후들에게도 있다. 따라서 영주들이나 제후들은 자신들의 불의를 고치려고 노력해야 한다. 비록 악한 영주들이나 제후들이 스스로 불의를 바로잡으려 하지 않더라도, 농민들은 그들에게 대항해서는 안 된다. 그들은 신이 세운 통치자들이기 때문이다. 무력(칼) 사용권은 오직 통치자들에게만 있다. 따라서 농민들은 아무리 좋은 목적을 성취하기 위해서라도 무력을 사용해서는 안 된다. 고로 통치자들은 폭력적 항거에 대해서는 철저하게 소탕하고 진멸시켜야 한다.

농민봉기의 원인 제공은 당연히 영주나 귀족의 가혹한 수탈에 있었다. 예컨대, 3조, 11조는 인신예속(Leibeigenschaft)과 관련 것으로 농민들의 삶을 더욱 피폐하게 하는 것이었다. 당시 영주들은 세수를 늘이기 위해 인신예속제를 발전시켰는데, 가장 심각한 것이 1/2사망세라 할 수 있다. 이것은 영주지에 거주하는 농민이 사망할 시에 영주가 동산과 부동산의 1/2를 취할 수 있는 법이다. 심지어 자녀가 없는 자의 토지에서도 징수를 했는가하면, 농민의 자녀가 혼인하기 전에도 영주가 원하는 양의 토지를 취할 수 있었고, 남편이 죽었을 경우 두 번째 아내에게까지 1/2사망세를 착취했다. 심지어 바인가르텐(Weingarten)에서는 인신 예속민이 아닌 농민임에도 불구하고 상속자가 혼인했거나 자식이 없는 경우 의복사망세와 가축사망세 외에도 유산의 1/3을 사망세로 내야 했다.[57] 누구보다 농민들의 형편을 잘 알고 있었을 루터는 이 문제에 대해 전혀 관심을 기울이지 않았다. 말하자면 영주들의 책무성과 죄책에 대해 추상적인 질책이나 권고는 했을지라도 구체적으로 질타하지는 않았다. 그러나 역으로 영주들에게 봉기한 농민군을 진멸시킬 책임에 대해서는 훨씬 강력하게 요구하고 있으며, 농민들에게는 복종의 의무를 지나치게 반복적으로 강조하고 있음을 알 수 있다. 결국 세 편의 글에서 루터는 농민들에게는 "비폭력 무저항"을, 영주 및 제후들에게는 "폭력적 진압"을 강조한 것으로 정리될 수 있다.

「쉬바벤 농민들의 12개 조항에 답하는 평화를 위한 권고」에서 루터는 먼저 영주들이 농민들의 요구사항 중 일부 타당한 것은 수용하라고 권면했다. 그는 농민들의 요청에 따라 12개조항에 직접적으로 응답하여 농민들의 요구가 전체적으로는 받아들일 만 한 것이며 모든 사람들을 위해 더 낫고 더 평화로우며 더 번영된 사회에 이바지 할 것이라 영주들을 권면했다.[58] 그럼에도 불구하고 루터의 글 전체 구성을 볼 때, 전혀 균

57 P. Blickle, "Peasant Revolts in the German Empire in the Late Middle Ages," *Social History* 4(1979), 229.

58 *WA* 18, 298.

형이 맞지 않고 심지어 모순적이기까지 하다. 왜냐하면 루터는 납득하기 어려운 논리를 전개하기 때문이다. 농민들은 과도한 소작료에 대해 이의를 제기할 수 있다고 말하면서 동시에 그렇다고 소작료를 내지 않겠다는 것은 "도적질"이라 주장하기 때문이다. 그러면서 지주들이 농민들에 의해 그들의 권위, 재산, 그리고 노예나 다름없는 농민들에게 대한 권리가 강탈당할 처지에 있다고 일방적으로 편들고 있기 때문이다. 지주가 가진 권리에 대한 침해에 대해서는 구체적으로 잘잘못을 따지면서, 복잡한 정치적 주장과 저항은 지극히 단순한 죄로 축소시키고 있는 것이다. 루터의 생각 바탕에는 지주 개인의 소유권을 포함한 기존의 질서는 그대로 유지되어야 한다는 수구적인 사고가 강하게 지배하고 있음을 알 수 있다.

루터는 농민들이 자신의 신학을 사용하여 "그리스도가 자신의 보혈로 우리 모든 이를 사셨으므로" 어떤 그리스도인도 다른 이를 농노를 소유해서는 안 된다는 주장(세 번째 조항)에 대해 조롱했다. 심지어 12개조항의 첫 번째 조항에 담은 그들의 주장, 곧 농민들은 자신들이 낸 십일조로 자신의 설교자를 청빙할 권리를 가져야 한다는 주장조차도 인정하지 않았다.[59] 루터는 그들의 정당한 주장의 논점을 의도적으로 변경하여 이 모든 소요의 배후세력을 공격하는 것으로 논점을 흐리게 했다. "이러한 반역은 내게서 나올 수가 없습니다. 오히려 여러분을 증오하는 만큼 나를 증오하는 살인적인 예언자들이 이런 작자들 가운데에서 나왔으며, 3년 넘도록 그들 가운데서 활개쳤습니다."[60] 루터는 영악하게도 농민들의 저항과 봉기의 실제적이고 현실적인 문제를 자신과 살인적인 가짜 예언자들(칼슈타트나 뮌처)과의 투쟁, 누가 진정으로 권위가 있으며 진정한 설교자이냐의 문제로 논점을 바꿔버렸다.

---

59 *WA* 18, 279-334.

60 *WA* 18, 296.

1524년 4월, 농민군은 슈바벤 동맹과 평화조약을 체결하였다. 이 조약에서 농민들은 연합체를 해산하고 그들의 주인에게 복종하겠다고 약속했다. 루터는 이 평화조약에 자신이 직접 쓴 서문과 결론을 덧붙여 출판했다. 여기서 농민들의 권리 주장에 대한 루터의 흔들리지 않는 이념과 종교개혁운동에서 자신의 경쟁자들에 대한 적개심을 엿볼 수 있다.

> 농민은 정당한 명분이 없었다. 도리어 그들은 권위를 가진 이들에게 다짐했던 서약과 임무를 깸으로써, 스스로 심각하고 무거운 죄를 짊어졌으며 아무도 견디지 못할 신의 무시무시한 진노를 자초했다. 누구도 이를 부인할 수 없다 … 가난하고 순박한 사람들을 미혹하여 그들의 영혼을 파괴하고 어쩌면 몸과 재산조차 잃게 한 너희 예언자들에게 화가 임하고 또 화가 임할지어다.[61]

기본적으로 루터는 농민들에게 그들이 자신들의 탐욕을 위해 동맹이나 결사를 거룩한 것이라 칭하면서 하느님의 이름을 모욕하고 있다고 보았으며, 만일 강탈이나 폭력에 호소하는 경우 신의 심판을 피할 수 없다는 것을 경고했다.[62] 세속 당국에 복종할 의무를 상기시키고 세속 당국이 불의를 행하지만 그것에 저항하는 것은 세속 당국보다 더 큰 불의라는 점을 명확히 하였다. 농민들의 결정적인 잘못은 세속 당국에만 속할 수 있는 권력과 권리를 강탈했다는 것이다.[63] 그럼으로써 '그리스도인의 자유'는 명백히 영적인 자유에 국한되는 것임을 재천명하고, 그리스도인의 자유를 정치적으로 해석하는 것은 로마서 13장에 대한 그릇된 해석일 뿐 아니라 '두 왕국' 교리에도 위배되는 것이라는 점을 분명히 했

---

61 *WA* 18, 342-343.

62 *WA* 18, 300-302.

63 *WA* 18, 305.

다.[64] 이로 인해 루터는 당대의 지배권력의 입장에서 항시 의심의 눈초리로 감시하고 있었던 루터와 농민의 모종의 혐의, 즉 당대 악 중에 최악으로 통용되던 무정부주의와 반역의 혐의에서 완전히 벗어날 수 있게 되었다.

봉기의 불길이 들불처럼 번져나가던 시기에 루터는 「도적질하고 살상을 일삼는 농민 강도떼들에 대항하여」를 통해 평화의 방식을 저버리고 자신들의 개인적 이익을 위해 폭력, 강도와 테러를 일삼는 농민들에 대해 무자비한 공격을 가한다. 이 글에서 루터는 농민들을 순전히 마귀 짓만 하는 "미친개"에 비유했다. 그는 농민들이 모두 "뮐하우젠에서 다스리는 대장 마귀(Ertzteuffel)"의 조종을 받으면서, "오로지 강도질과 살인, 피를 흘리는 일만 일으켰다"고 비난했다. 그들이 반란에 가담했음으로, 이제는 한 사람 한 사람이 모두 그들을 "심판하고 처형하는 사람"이 되어야만 했다. 루터는 사람들에게 "때리고 죽일 수 있는 자는 모두 때리고 죽여라"고 촉구했다. "누구보다 악독하거나 유행하거나 마귀 같은 자가 바로 반역자임을 명심하고, 은밀히 죽이든 노골적으로 죽이든, 찔러 죽여라. 이는 마치 미친개를 죽여야 할 때와 똑같다. 그대가 미친개를 공격하지 않으면 그 미친개가 그대를 공격하고, 그대가 있는 온 땅을 공격하리라."[65]

사실 루터의 혁명이나 봉기에 대한 인식은 중세말의 보편적 규범에서 한 치도 벗어나 있지 않다. '혁명'이라고 말하는 용어는 16세기 종교개혁운동 당시 '변질'(mutatio), 즉 '불법적 변화들'(illicit changes)을 통한 '새로운 것'(res novae), '터무니없는 새로운 고안물'(nonsensical novelties)에서부

64 루터는 12개조항 제3항 '농노 해방의 요구'에 대해 격분했다. 이것은 그리스도인의 자유를 전적으로 육적으로 만드는 짓이며 복음과 전면적으로 맞서는 것이며 심지어 약탈적이기까지 하다고 비난한다. 모든 사람을 평등하게 하는 것은 그리스도의 영의 왕국을 세속적 외적 왕국으로 만드는 짓이라는 것이다. 이것은 한 마디로 불가능한 것이며, 아무리 불평등해도 모든 그리스도인은 영적으로 자유로울 수 있다고 단정한다. *WA* 18, 306.

65 *WA* 18, 357-358.

터 '반역'(rebellio)이나 '불복종'(disobedience)에 이르기까지, 그리고 '폭동'이나 '불법적 폭동'에서부터 '스위스적 행동'(acting like the swiss)에 이르기까지 사회적으로 최고의 부정적인 의미로 통용되었다.[66] 여기에 루터는 신학적으로 부정적 의미를 추가시켰다. 말하자면 루터는 농민들에 의한 성서의 저항적 · 혁명적 해석에 대해 추호도 동의하지 않았으며 또한 그런 방식으로 성서를 해석할 권리 자체가 농민들에게 결코 주어지지 않았다는 것이다. 누구든지 성서를 읽을 수 있고 해석할 수 있는 권리가 왜 농민들에게는 허용되지 않는 것인지, 루터 자신의 성서 해석만이 옳은 해석인지에 대한 논의나 토론이 원천적으로 배제된 채, 농민들이 복음을 자신들의 관점에서 해석하고 이해한 것에 대해 참을 수 없는 분노를 느끼는 것이다.

그래서 루터에게는 자신의 복음 해석에서 벗어난 말씀의 왜곡과 남용의 죄악에 대해 농민들은 한번이 아니라 열 번이라도 죽어 마땅하다고 격노했다.[67] 루터는 혁명에 가담한 농민들을 악마로 간주했으며 그들의 행위로 인해 꺼지지 않는 지옥불의 고통을 받을 것이라 저주했다. 루터에게 혁명은 단순히 영주에 대한 반란일 뿐 아니라 하느님에 대한 반란, 즉 하느님의 법과 하느님의 말씀에 대한 중대한 위반이었다.[68] 그리스도 안에서 자유와 정의의 말씀은 영적인 영역에 국한되는 것이며, 반면에 세상적인 부를 위한 투쟁은 인간의 법에 의해 규제되어야 하고, 칼로 저지되어야 한다. 루터는 범법자를 죽이는 것은 영주의 의무사항에 해당하는 것이라 결론짓는다. 영주들은 범법자들을 처단해야만 하느님으로부터 주어진 사명과 그리스도인으로서의 임무를 성공적으로 수행

---

66 Max Bauner, "Sozialkritische und Revolutionäre Literatur der Reformationzeit," in *Internationales Archive für Sozialgeschichte der deutschen Literatur* 5(1980), 169-219.

67 *WA* 18, 357-361.

68 "가이사의 것은 가이사에게"(눅 20:25); "각 사람은 위에 있는 권세들에게 복종하라"(롬 13:1). *WA* 18, 357.

하는 셈이다. 루터가 영주들에게 약탈하고 살인하는 농민들을 잔혹하게 탄압할 것을 촉구한 것은 자신의 신학에서는 당연지사라 하겠다. "제후가 기도함보다 피를 봄으로써 천국에 들어갈 수 있는 더 나은 놀라운 때가 지금이다 … 찌르고 치고 죽여라! … 영주들과 제후들은 폭군으로서 죽는 것이 아니라 오히려 하느님의 사명을 위해 축복받은 순교자적 죽음을 맞는 것이다."[69]

루터가 봉기에 참여한 농민들을 악마의 자식들, 적그리스도라고 정의하는 순간 루터는 피에 굶주린 통치자들에게 마음 놓고 농민들을 학살할 수 있는 허가증을 발급해준 셈이다. 무장한 농민들이 실제 공격을 시작하기도 전에, 영주들이 내놓은 협상안을 기다리고 있는 중에, 또는 휴전 상태에서, 또는 심지어 농민군이 사실상 궤멸되고 전의를 완전히 상실한 이후에도 학살은 멈추지 않았기 때문에 루터의 과격한 팜플렛은 대량학살을 정당화시키는 데 크게 기여했다는 비판에서 결코 자유로울 수 없다. 봉기의 무질서보다 훨씬 더 심한 무질서한 보복(징벌 또는 반혁명이라는 이름으로 자행된)으로 십만 명에 이르는 농민이 학살되는 비극과 루터의 성공한 종교개혁은 무관할 수 없다.

1525년 루터는 농민전쟁에 대한 자신의 입장에 대한 비판을 염두에 둔「농민들을 가혹하게 대적한 소책자에 대한 공개서한」이라는 변명 형식의 글을 발표했다. 그러나 이 글에서 조차 루터는 농민학살의 일차적인 원인이 농민에게 있음을 분명히 하고 있다. 농민들이 먼저 통치자에게 무자비하게 대했기에 그런 보응을 받은 것이라 하였다. "미쳐 날뛰면서 횡포를 부리고 구타하고 도둑질하고 약탈 · 방화할 때 왜 농민들은 통치자에게 자비를 보이지 않았던가?"[70]라고 강변한다. 루터는 두 왕국 논리에 입각해서 자비는 하느님 나라와 그리스도에게나 통용되는 것이

69 *WA* 18, 361.

70 *WA* 18, 387.

지 세속 당국에 통용되는 것이 아니라는 것이다. 누구든지 세속 당국에 죄를 지었으면 벌을 받은 것은 지극히 당연하다는 것이며, 심지어 "세속 당국의 무자비한 처벌이 냉혹하게 보이지만 그것 역시 하나님의 자비의 표현일 수 있다"[71]는 식으로 자기 확신을 냉혹하게 드러내고 있다.

우리는 묵시적 종말론의 대망이 혁명을 일으킨 농민뿐만 아니라 영주들 사이에서도 지배적이었다는 점을 기억해야 한다. 영주나 루터도 농민들의 봉기를 보면서 세상 종말의 징조를 보았던 것이다. 하지만 루터와 영주들, 그리고 뮌처와 농민들은 종말을 당연한 것으로 여기면서도 종말론에서 중요한 적그리스도는 누구이며 그들을 대적하는 그리스도의 종은 누구냐의 이해에서는 정반대였다는 것을 알 수 있다. 루터와 영주들의 경우에서는 종말을 맞아 오히려 자신들이 하느님의 칼을 든 전사로 해석되고 적그리스도인 가난한 농민을 살해하는 행위가 질서유지의 거룩한 행위로 정당화되는 것이다. 통치자들은 농민들을 대상으로 전쟁하고 학살을 자행 한 것이 아니라 악한 세상 왕국의 통치자, 즉 적그리스도에 맞서 싸운 것이다. 농민이나 통치자나 공히 종말론적 신앙을 공유하고 있었으나 묵시적 성서본문의 해석에서는 서로 극단적으로 정치화되고 이념화되었다 할 수 있다. 결국 양쪽 다 이념적이었기에 성서본문의 해석은 성서를 문자적이거나 역사적으로 이해하려는 노력보다는 상충하는 권력의 이해관계에 정초되는 경향이 농후했던 것이다. 뮌처의 경우엔 이것은 정치적 · 신학적 이상에 모순되지 않게 전개되었기에 성서해석에서는 일관성이 담보되었으나 현실을 고려하지 않은 이상주의의 결과는 참담하기 그지없었다. 그러나 루터의 경우 영적인 권세와 세속적 권세의 구분조차 스스로 모호하게 할 만큼 현실주의적이었으며, 이러한 두 왕국(통치)의 구별에서 비롯되는 모순을 해결하기 위해 하느님과 악마의 묵시적 전쟁으로 간단히 해소시키고 말았다. 현실적으로

71 *WA* 18, 390.

는 루터의 종교개혁이 승리했으나 그 결과는 역시 불행했다 하겠다. 어리석게도 루터는 농민전쟁에 대한 자신의 고집에 대해 반성한 적이 없었고 여전히 반혁명의 와중에 발생한 대량학살과 도를 넘은 야만적인 탄압의 책임을 오롯이 농민들에게 돌려버림으로써 종교개혁을 영주의 권력에 기대어 성공한 종교개혁, 부르주아의 대변자이자 민중에 대한 배신자 루터, 영주의 하수인 루터 등의 불명예를 감당해야 하는 것이다.

무엇보다 성서주의자 루터의 약점은 요한계시록이 정경에서 차지하는 위상에 대해 끈질긴 질문을 제기하지 않았다는 데 있다. 묵시적 본문은 1648년 종교전쟁이 종결되는 순간까지 숱한 종교적인 논쟁과 실제 전쟁에서 매우 중요한 정치적 역할을 할 것이었다. 그러나 앞에서 이미 언급한 것처럼 루터는 1530년 계시록 서문에서 그것의 저자와 정경성의 문제에 대해서는 유보한 채 계시록 본문을 과거 교회사의 중대 사건에 알레고리적으로 적용시키고 말았다. 그래서 루터는 계시록 7-8장에 부합되는 이단으로 펠라기우스파와 몬타누스파를 지목하고 전자를 당대의 로마 교회와 일치시키고 후자를 뮌처의 열광주의와 일치시킨 것이다.[72] 결국 루터는 계시록 본문의 해석을 자신이 주도하는 종교개혁을 비판하는 세력에 대한 공격논리로 활용한 셈이다. 결국 루터의 모든 적들은 밧모섬의 요한의 예언에 맞아 떨어지는 이단자로 낙인찍히게 되는 것이며 자신의 종교개혁운동은 다시 한 번 참된 신앙의 반석 위에 확고하게 올라서게 된 것이다. 루터의 입장에서는 바로 이것이 적그리스도가 왜 그토록 광분하고 세상을 전복시키려고 했는지의 물음에 대한 답이다. 그는 미래에 관해 많은 것을 숙고하지 않았으며 단지 현재의 혁명 사태가 마지막 천년의 시작일지도 모른다는 것을 암시한 것이다.

뮌처는 시대를 앞서 정치적 · 종교적 폭력에 대한 당대의 경향성과 정치적 · 종교적 이념과 정의에 대한 희망을 위해 모든 것을 기꺼이 희

72 *WA DB* 7, 414-415.

생할 수 있는 실천을 미리 그려보았다는 점에서 어떤 식으로든 새로운 평가를 요한다. 그는 비록 탁월한 군사 지도자는 아니었지만 끝까지 유일한 혁명군의 지도자로서 민중과 생과 사를 같이 했으며, 자신이 그토록 고대했던 기드온의 칼을 들고 미디안과 싸우는 전투에서 새로운 예언자 다니엘, 새로운 세례 요한이 되어 봉기한 농민들을 이끌었던 것이다.[73]

엥겔스는 농민전쟁에서 보여준 뮌처의 인간해방 메시지에서 독일 농민전쟁 이후에 일어난 모든 혁명의 선구자적 이미지를 읽어내었다. 엥겔스는 농민봉기와 그것을 분쇄한 지배계급의 반혁명 기간 동안의 그 사건을 일반적인 역사적인 혁명 동력의 전거로 간주하는 동시에 이를 통해 공산주의 혁명의 역사적 기원을 프랑스가 아닌 독일에서 찾는 계기를 마련하게 되었으며 종교와 혁명, 역사와 이데올로기의 연관성을 1848년 혁명과 유사한 맥락에서 읽게 되었다. 그리하여 뮌처는 혁명적인 영웅이자 맑스주의의 첫 순교자로 자리매김 된 것이다. 엥겔스에 의하면 뮌처는 종교개혁운동이 낡은 지배계급 하에서 적당히 타협하고 안주하려는 부르주아적 개혁에서 멈추길 단호히 거부하고 자신이 믿는 신념, 즉 억압당하는 자들을 위한 정의, 그들의 물질적 조건의 개선, 기존의 권력 구조의 변혁, 그리고 궁극적으로 가난한 민중들의 전적인 해방을 위해 기꺼이 목숨을 던진 인물이다. 엥겔스의 해석에 따라 뮌처는 정치적 자유, 평등, 세상의 평화를 함의하는 하느님 나라의 유토피아적인 비전을 근대 유럽에서 세속적으로 정치적으로 실현시키려 했던 최초의 실천가가 된 것이다.[74]

---

73 뮌처는 농민전쟁에서 자신이 다니엘 또는 세례 요한의 재래라는 확고한 자의식이 있었다. Ernst Bloch, *Thomas Münzer als Theologe der Revolution*, in *Gesammelte Werke*, 73.

74 Engels, *The German Revolution,* 44-48. 엥겔스는 뮌처를 민중혁명의 원형으로, 그의 이념은 19세기 공산주의의 이념과 완벽하게 부응하는 것으로 묘사된다. "뮌처는 오직 하느님 나라 운동을 계급적 차별이 사라지고, 사유 재산에서 해방되고, 사회 구성원들에 대한 과도한 국가권력의 억압을 종식시키는 세상으로 이해했다. 그래서 세속 당국이 혁명에 대한 인정이나 동참을 거부한다면 전복시키지 않을 수 없으며 모든 작업과 모든 재산은 공동으로 분배되어야 하고 완전한 평등이 도입되어야 함을 가르쳤다." *Ibid.*, 47.

엥겔스의 독일농민전쟁 해석은 사적 유물론과 지배 · 피지배계급 간의 계급투쟁을 통한 변증법적인 역사발전 이론에 기초하고 있다. 따라서 사회계급들 그리고 그것의 상호관계에서 나타난 사회적 긴장이 어떻게 봉기를 유발하고 급작스럽고 폭력적인 방식으로 투쟁을 악화시키는지에 대해 상술하고 있다. 물론 이러한 해석은 뮌처에 대한 교회의 전통적인 해석, 특히 그를 광신도나 정치적 문제아 또는 이단자라 비난하는 루터의 해석과는 극단적인 대조를 이룬다.[75] 그러나 교회의 뮌처 해석에서 간과된 것이 사회적 갈등을 야기한 물질적이고 사회적인 조건이라는 점을 고려한다면 엥겔스의 분석은 충분히 의미를 갖는다 하겠다.

엥겔스는 역사적 사건들을 해석하는 자신의 방법론에 대한 관심을 훨씬 더 밀고나가 농민전쟁을 1848년 혁명과 병행시켜 역사적 동력에 대한 추론의 방향을 1848년에서 1525년으로 향하게 했다.[76] 그래서 농민전쟁은 1848년 공산주의자들이 실천했던 것과 유사한 패턴과 관심을 따른 초기 혁명의 모델이 된 것이며, 1517년과 1525년 사이의 루터는 1846년과 1849년 사이의 입헌주의자들과 유사한 수준의 개량적 개혁을 추동한 인물로 설정된다. 따라서 루터는 농민들의 정당한 저항은 물론 심지어 자신이 제시한 종교적인 세속 당국에 대한 저항 명분에 대해서도 배신한 인물이 되는 셈이다. 세속당국이 영적인 문제에 개입할 경우 하느님이 그에 대한 보응을 할 것이니 영적으로만 저항하라 못 박는 것은 두 왕국 구분 명분을 스스로 무색하게 한 것이었다.[77]

그러나 엥겔스의 과도한 뮌처 사랑은 뮌처의 영웅화 작업을 넘어 그의 정체성까지 흐리게 하는 정도에까지 이른다. "그(뮌처)는 말했다. 신앙이란 이성이 인간의 내면에 살아있는 것 이외에 아무것도 아니다. 고

75 Eike Wolgast, *Thomas Müntzer: Ein Verstörer der Ungläubigen* (Gottingen: Mujster-Schmitt Verlag, 1981), 40-47.

76 Engels, *The German Revolution*, 4-9.

77 *Ibid.*, 39.

로 그는 말했다. 이단들도 역시 신앙을 가질 수 있는 것이라고."[78] 하느님 나라는 하늘이 아니라 이 땅 위에 세워진다든가 지옥이나 마귀는 존재하지 않는다거나 그리스도는 단지 우리와 똑같은 인간이라는 말[79]은 사실상 뮌처가 한 말이 아니다. 물론 엥겔스 역시 뮌처에 대한 서술이 사실성에서 문제가 됨을 인지했기에 다음과 같이 에둘러 표현하고 있다: "뮌처는 새로운 철학이 얼마 동안 활용되도록 강요받은 그리스도교적 표현의 외투 아래에서 이러한 교리를 대부분 은밀한 방식으로 설교했다. 그러나 근본적인 이단 사상은 그의 모든 저서에서 쉽게 식별 할 수 있으며 성서의 외투는 오늘날의 수많은 헤겔의 제자들보다도 뮌처에게서 훨씬 덜 중요하다는 것은 분명하다."[80]

그러나 과연 엥겔스의 생각대로 뮌처가 성서를 마음대로 입고 벗을 수 있는 외투로 간주할 정도로 이단적이었을까? 전혀 그렇지 않다. 오히려 뮌처는 모든 면에서 철저하게 성서적이었고 신학적이었다.[81] 16세기의 뮌처는 살아 계신 그리스도의 현존을 전혀 의심하지 않았으며 성서를 인용하지 않은 글이란 실제로 찾아 볼 수 없다. 당대의 종교개혁운동의 진정한 동기에 대한 엥겔스의 해명에는 자신의 이데올로기 · 역사 · 종교에 대한 이해의 흔적이 지나치게 깊게 녹아들어있다. 엥겔스는 종말론적 신학을 그것이 자신의 정치적 혁명의 구조에 관한 견해와 자신의 목적을 지배하고 있을 수준으로까지 동일시한다. 그래서 그는 뮌처를 인용할 때마다 자신의 종교론을 투사시키는 한편 암암리 뮌처의 종말사상을 혁명의 좌절과 유토피아의 이상으로 받아들이고 있다. 그렇기

---

78 *Ibid.*, 46.

79 *Ibid.*

80 *Ibid.*

81 이런 점에서 한스 괴르츠(Hans Jürgen Goertz)는 균형 잡힌 시각을 가지고 있다. 그는 뮌처가 신학자이면서 동시에 혁명가라는 관점을 견지한다. 대체적으로 한국의 뮌처 연구는 괴르츠의 입장을 반영하는 것으로 보인다. Hans Jürgen Goertz, *Thomas Müntzer. Mystiker, Apokalyptiker, Revolutionär* (München: C.H. Beck Verlag, 1989), 160-161.

때문에 종교적 이념과 종교적인 공동체 의식은 공산주의의 이상적인 비전으로 변종되고 마는 것이다.

5. 결론

지금까지 살펴보았듯이 루터와 뮌처는 종말론에서 차이를 보였다. 루터는 아우구스티누스의 종말론적 입장을 따른다. 아우구스티누스는 묵시적인 천년왕국을 지상의 교회시대로 보았다. 급박한 종말의 지연과 그리스도교의 로마 제국화와 더불어 천년왕국이론은 쇠퇴하고 소종파적인 비주류의 그리스도인들에게만 추구하는 것으로 축소된다. 16세기 혼란의 시대에 종말론적 신앙을 견지하던 루터 역시 아우구스티누스처럼 급박한 천년왕국에 대한 대망을 배격하고 궁극적으로 미래에 오직 하느님에 의해 완성될 하느님 나라의 도래를 기다렸다. 루터의 종말론에서는 적그리스도의 출현이 종말의 표징이었으며 적그리스도는 종교개혁의 걸림돌인 교회의 타락과 타락한 교회의 수장인 교황 그리고 광신도들이다. 루터에게서 하느님 나라는 이 세상에서 신앙 안에 있는 나라이자 미래의 영원한 나라이다. 하느님 나라는 신앙적인 나라이며 심령 속에서 실현되는 나라이기에 인간이 주도하는 정치적인 행위에 의해 이루어지는 나라가 될 수 없다. 뮌처의 종말론 역시 기본 인식에서는 아우구스티누스에 기댄 측면이 있기에 루터와 유사성을 보인다. 심판의 날 징조는 타락한 교회와 사제들의 우상숭배와 더불어 투르크의 침공과 농민들의 봉기 등이다. 하지만 종말을 통해 이루어지는 하느님 나라는 인간이 하느님과 함께 이루어나가야 하는 나라라는 점에서 루터와는 크게 다르다. 하느님과 더불어 그 나라를 이루어나가는 사명이 성령을 통해 하느님의 직접적인 계시를 접하고 고난의 십자가를 직접 경험한 연단된 선민에게 맡겨져 있다. 그렇기에 그것은 숨겨진 나라가 아니라 보이는 나라이며 구체적인 정치적 실천이 요구되는 나라다.

종말론의 신학의 차이는 당연히 정치적 차이를 배태한다. 루터는 세속당국의 통치자가 악하거나 불신앙적이라 할지라도 하느님이 세운 세속당국의 권위에 순복할 것을 강조한다. 심지어 세속 통치자가 '두 왕국의 교리'를 위반해 신앙의 영역까지 침범하는 만행을 저질러도 불의한 통치자에 무력으로 저항하면 안 된다. 세속 당국이 자신의 목적을 망각하는 한이 있더라도 교회는 저 세상의 목적을 추구하는 하느님 나라로 존재해야 하기에 그리스도인은 철저하게 본분을 지켜야 하는 것이다. 루터는 농민전쟁 중에도 '두 왕국의 교리'를 고수하며 혁명을 하느님의 법을 범하는 사악한 행위로 간주했으며 뮌처와 농민군을 적그리스도라 규정했다. 신민으로서 항거할 수 있는 것은 혁명의 방식이 아니라 신앙과 양심으로만 가능하다고 선을 명확히 그어버렸다. 그러나 뮌처는 세속당국에 대해 처음부터 적대적이지는 않았다. 심지어 추종자들이 핍박을 받고 있는 순간에도 선민이 되기 위해 필요한 신앙의 연단으로 이해하며 추종자들을 독려했다. 그러나 어디까지나 통치자는 루터처럼 하느님에게서 세상을 다스리는 검을 천부적으로 건네받아 소유하는 것이 아니라 단지 잠정적으로 위임받은 존재라는 것을 분명히 했다. 그래서 통치자가 그 검을 잘못 사용하는 경우 선민들이 검의 사용권한을 상실한 통치자의 손에서 뺏을 수 있는 것이다. 칼은 악한 통치자나 그의 정권을 심판하는 도구가 될 수 있으며 무고한 백성을 탄압하는 악한 통치자를 제거하는 데 사용할 수 있는 것이다.

따라서 루터의 정치사상은 오늘날 그리스도인들에게 '패배주의자'와 '정적주의자'의 태도로 불의한 사회구조를 방임하도록 권고한다는 비판에 직면한다. 루터는 혁명보다는 억압을 선택했고 또한 그리스도인으로서 지닌 개인도덕과 공적도덕을 구분해 버렸다. 농민전쟁에서 보여준 바와 같이 루터는 농민들에게는 압제자의 폭력에는 비폭력과 무저항

산상수훈의 개인윤리를 강조했고 세속 당국의 통치자들에게는 폭력적인 압제 수단을 사용하여 사회질서를 유지할 공적 정당성을 부여하였던 것이다.[82] 루터가 비록 통치자들이 교회 안에서는 그리스도인이라는 것 외에는 아무런 권위를 지니지 않는다고 주장했더라도 그들이 방종을 일삼았을 경우 그들을 통제하는 일은 현실적으로 불가능했다. 결국 국가가 교회를 지배하는 길이 열리게 되었고, 이것은 실제적으로 루터교의 보편적인 모습이 되었다. 루터는 독일의 종교개혁을 성공시키기 위해서는 독일의 통치자들의 전폭적인 지원이 필수적이었기에 통치자들의 탈선에 대해서는 공적인 질서의 윤리를 제시함으로써 직접적 마찰을 피해 간 것으로 보인다.

반면 뮌처의 종말론에 바탕한 정치사상은 근대적 혁명사상의 구조를 형성하는 데 예언자적인 역할을 했다 하겠다. 중세 후기에 일어난 그리스도교 종말론적 혁명이 현대의 급진적 정치사상과 신학을 배태하고 있다는 의미이다. 묵시적 기대, 소종파적 경향성, 사회비판, 디스토피아와 유토피아 사이의 부침을 감안할 때, 오늘날 좌파적 정치사상은 근대의 세속화된 묵시 운동이라 표현할 수도 있겠다. 현대의 혁명사상이 1세기나 16세기의 종교적 묵시사상과 동일시될 수는 없으나 그것의 정치적, 종교적, 실존적 경험을 다소 다른 상황에서 수용 할 수 있는 능력과 변혁적인 힘의 관점에서 본다면 묵시적이라 표현해도 무방하리라.

---

82 David Steinmetz, *Luther in Context* (Bloomington: Indiana University Press, 1986), 112-125.

참고문헌

침례교신학연구소 편. 『종교개혁의 풍경』. 대전: 침례신학대학교, 2017.

Backus, Irena. *Reformation Readings of the Apocalypse*. Oxford: Oxford Uni. Press, 2000.

Bauner, Max. "Sozialkritische und Revolutionäre Literatur der Reformationzeit," in *Internationales Archive für Sozialgeschichte der deutschen Literatur* 5(1980).

Blickle, Peter. *The Revolution of 1525: The German Peasants' War from a New Perspective*, trans. by Thomas Brady & H. Erik Midelfort. Baltimore: John Hopkins University Press, 1981.

Blickle, Peter. "Das Reich zu Beginn des 16. Jahrhunderts". H. Buszello, P. Blickle, R. Endres (Hrsg.), *Der Deutsche Bauernkrieg*. Paderborn: Ferdinand Schöningh, 1984.

Bloch, Ernst. *Thomas Münzer als Theologe der Revolution*, in Gesammelte Werke, Band 2. Frankfurt: Suhrkamp, 1969.

Clair, Michael St.. *Millenarian Movements in Historical Context*. New York: Garland, 1992.

Cohn, Norman. *The Pursuit of the Millennium: Revolutionary Millenarians and Mystical Anarchists of the Middle Ages*. London: Secker & Warburg, 1957.

Engels, Friedrich. *The German Revolution*. Chicago: The University of Chicago Press, 1967.

Franz, Günther. *Der deutsche Bauernkrieg*. Darmstadt: Wissenschaftliche Buchgesellschaft, 1958.

Franz, Günter(Hrsg.). *Quellen zur Geschichte des BauernKriegs*. Darmstadt: WBG, 1963.

Franz, Günter(Hrsg.). *Thomas Müntzer, Schriften und Briefe. Kiritische Gesamtausgabe*. Güthersloh: Güthersloh Gerd Mohn, 1968.

Friesen, Abraham. *Thomas Müntzer, a Destroyer of the Godless*. Oxford: Oxford Uni. Press, 1990.

Goertz, Hans-Jürgen. *Thomas Müntzer. Mystiker, Apokalyptiker, Revolutionär*. München: C.H. Beck Verlag, 1989.

Goertz, Hans-Jürgen. *Thomas Müntzer: Revolutionär am Ende der Zeiten*. München: C.H.Beck, 2015.

Gritsch, Eric W.. 「루터 성서해석의 문화적 배경」, 『기독교사상』 305(1983).

Hinrichs, Carl. *Luther und Müntzer. Ihre Auseinandersetzung über Obrigkeit und Wiederstandsrecht*. Berlin: De Gruyter & Co., 1962.

Luther, Martin. *D. Martin Luthers Werke. Kritische Gesamtausgabe.* Weimar: Verlag

Hermann Böhlaus Nachfolger, 2009.

Luther, Martin. *Luther's Works*, vol. 1-55. Philadelphia: Fortress Press, 1958-1976.

Oberman, Heiko A.. *Luther: Mensch zwischen Gott und Teufel*. München: Deutscher Taschenbuch Verlag GmbH & Co. KG., 1986.

Ozement, Steven. *Mysticism and Dissent: Religious Ideology and Social Protest in the 16th Century*. New Haven: Yale University Press, 1973.

Rupp, Ernest. *Pattern of Reformation*. London: Epworth Press, 1969.

Steinmetz, David. *Luther in Context*. Bloomington: Indiana University Press, 1986.

Wolgast, Eike. *Thomas Müntzer: Ein Verstörer der Ungläubigen*. Gottingen: Mujster-Schmitt Verlag, 1981.

Zweig, Stefan. *Triumph und Tragik des Erasmus von Rotterdam*. Frankfurt: Fischer Taschenbuch Verlag, 1988.

제3장

루터사상과 근본주의의 선택적 친화성

에라스뮈스와 루터의 논쟁을 중심으로

1. 서론

루터의 개인적 성서읽기의 비전이 인쇄술의 발달과 더불어 실현되었을 때, 가톨릭교회를 통해서만 담보될 수 있었던 신앙의 통일성은 해체 국면을 맞을 수밖에 없었다. 루터는 사제 계급의 권위로부터 모든 인간의 개별적 마음으로 진리의 자리를 이동시켰다. 루터에게 권위는 교회가 아니라 오직 하느님이며, 그것은 성서를 읽고 들을 수 있는 모든 사람에게 열려있는 권위가 되었다. 이글은 사제들의 전유물인 신성한 라틴어에서 유럽의 세속적인 언어로의 권위 이전은 한편으로는 근본주의적 충동을 야기시키고 다른 한편으로는 그러한 충동에 맞서려는 다원주의를 필연적으로 야기한다는 점을 논의하고자 한다. 이러한 모순은 근본주의적인 종교개혁운동의 운명이라 여긴다. 종교개혁과 더불어 서구의 진리개념은 키케로적 논쟁[1]에서 벗어나 신의 말씀을 통해 신성을 직접적으로 경험하는 방향으로 나아갔다.

이는 신이 성서를 통해 분명하게 말씀했으며 개인은 타율적 권위의 도움이 없이 오직 성령의 도움으로 신의 말씀을 명확하게 이해할 수 있다는 확고한 신앙에 바탕하고 있었다. 이러한 기본적인 의미에서 보면,

1 여기서 논쟁은 모범적인 연설과 같은 구체적인 교수법을 의미하는 것이 아니라 일반적인 공적 심의의 방법을 말한다. 컨리(Conley)는 논쟁에 대해 다음과 같이 말한다. "논쟁이란 양측이 어떠한 문제에 대해서도 개진될 여지에 개방되어야 하며, 그럼으로써 정치적이든지 철학적이든지 의사의 결정과 차이의 조율이 합리적인 방식으로 이르게 되는 것을 요구하는 것이다." T. M. Conley, *Rhetoric in the European Tradition* (New York: Longman, 1990), 37.

모든 개인들이 무오류의 성서에 접근할 수 있게 해놓고, 정작 소통될 수 있는 진리는 오직 하나라는 루터의 주장은 근본주의에 길을 열어주는 역할을 한 셈이다.

그것은 오늘날의 관점에서 보면 이상한 것처럼 보이지만, 모든 개인이 신적인 권위에 자유롭게 접근할 수 있게 되었더라도 그것이 단 하나의 신적인 것이라는 의미에서 사실상 개인들은 자유의지를 갖지 않았다는 것을 의미한다. 신의 말씀에 대한 유일한 참된 해석이라는 루터의 주장은 키케로적 인문주의자이자 신학자인 에라스뮈스의 도전에 직면하게 된다. 자유의지에 대한 논쟁에서, 권위에 대한 완전히 다른 개념은 즉각적으로 두 신학자를 조정되기 어려운 국면으로까지 몰아넣었게 되었다. 사실 당대 에라스뮈스는 최고로 존경받는 인문주의자였으며 청년 루터 역시 그점을 충심으로 인정하고 있었다. 종교개혁운동으로의 참여를 끈질기에 요구했던 루터의 청을 끝내 거절하자 사랑과 존경이 증오로 바뀌고 말았지만, 루터를 비롯하여 당대 가톨릭과 프로테스탄트를 초월하여 모든 사상가로부터 최고의 지성으로 신망을 받은 인물이 에라스뮈스이다. 루터의 종교개혁 정신에 미친 에라스뮈스의 영향은 결코 과소평가할 수 없다는 점을 유념해야 한다. 루터보다 에라스뮈스가 교회와 교황권의 타락을 비판했고, 교회의 생명력은 성서가 그 중심에 놓이는 데서 우러나는 것이라 강조했다. 그리고 신앙에서 중심이 되어야 하는 것은 예수 그리스도여야 한다는 점도 그러하다. 그럼에도 불구하고 양자 간에는 동질성만큼이나 이질적인 요소도 존재했다. 에라스뮈스가 최고의 지성답게 예의를 존중하는 인물이었다면 루터는 서민 출신답게 직설적이고 독단적이었다. 에라스뮈스가 학자답게 종교개혁의 주제들에 대해 학자적 관심을 보였다면, 루터는 개인적 실존에서 경험된 믿음이 더 우선적이었다. 양자가 모두 믿음을 강조했지만, 루터는 오직 은혜에 의한 구원을 믿는 신앙을 강조했고, 에라스뮈스는 그리스도를 본받음으로써 구원이 이루어진다고 보았다.

루터는 혼자 힘으로 진리를 찾았기에 에라스뮈스와 이성적인 심의를 거칠 필요도 없었으며, 과거 신학자들의 축적된 지혜를 고려할 필요도 없었다. 루터는 용맹스럽고 거침없이 자신의 신적 체험을 바탕으로 가톨릭교회의 권위에 경멸적인 태도를 보일 수 있었다. 루터는 이러한 토대로부터 개인이 직접적으로 성서를 읽을 수 있다는 점을 주장함으로써 필연적으로 다원주의의 길을 열었다 하겠다. 프로테스탄트 종교개혁 이후 공적인 신앙을 부과하려는 국가는 만일 그러한 신앙이 개인이 체험하는 신적 경험에 의해 권위가 인정되는 사태를 맞아 국가와 상충하는 신앙을 가진 개인들로부터 도전을 받을 수밖에 없기에 다원주의적 상황은 자연스레 전개되는 것이다. 그러한 도전은 어떠한 통치체제의 권위도 훼손할 수 있는 위험성을 내포하고 있었다. 결과적으로 국가정부는 신적인 진리에 대해 다원주의적 입장을 견지하려고 노력하지 않을 수 없게 된 것이다.

그런데 다른 한편, 루터에게 성서는 단순 명료한 의미를 지니고 있었기에, 일단 모든 잠재적인 그리스도인들이 성서를 경험할 기회를 얻고 난 이후 자신을 위한 유일한 의미를 부여하게 되면, 이로써 성서 본문을 성령의 무오류적인 안내로 간주하는 근본주의적 이념은 상당한 개연성을 확보하게 되는 것이다. 설사 신적인 차원에 대한 개인적 접근이 악마적인 존재들의 개입으로 인한 오류로 인해 불일치가 나타나리라는 점을 예상했다 손 치더라도 종교개혁의 과정에서 성서해석의 다양성이 순식간에 광범위하게 드러나게 되리라고는 생각하지 못했을 것이다. 차후 성서는 하나의 명료한 의미를 갖는 것이 아니라는 것이 판명되었으며, 결과적으로 다양한 해석적이고 규범적인 신앙들이 통제될 수 없을 정도로 다원화된 것이 사실이다.

세속적 관점에서 이러한 다양성은 의사소통의 문제임을 알 수 있다. 즉 만일 진리가 하나의 공유된 텍스트의 개별적 경험에서 발견될 수 있다면, 그 경험에 대한 정확한 의사소통은 필수적인 것이 된다. 어떤 사회라도 공유된 가치 위에서 판단하고 행위하기 위해서는 어느 정도는 그 가치에 대해 소통하고 이해해야 하기에 의사소통은 필수적이라 하겠다. 다른 한편 개인의 신적 경험에서 다양성이 노정될 경우 그 사회의 구성원들에게는 충돌하는 경험을 해결할 수 있는 최종 결정권을 담보할 외부적인 권위가 부재한다면 의사소통은 불안정해질 가능성이 농후하다. 지방언어로 번역된 성서는 대중들에게 진리에 접근할 수 있는 자유를 부여해주었고, 신적 진리에 대한 접근은 개인의 자유와 개인주의적 사고 의식을 조장했다. 그러나 바로 그러한 자유가 상호 충돌하는 다양한 신앙 체계들의 급작스럽고 혼란스런 부상을 유발시켜버린 것이었다. 그로인한 갈등은 결정적으로 서부유럽을 폭력의 진창으로 몰아넣는 원인이 되고 만 것이다.

롤스(John Rawls)는 성서에 대한 접근의 자유화로 인해 발생한 필연적인 문제에 대해 주목한다. "개신교 종교개혁은 중세의 종교적 일치를 해체함으로써 이후 수 세기 동안의 모든 결과들과 더불어 종교적 다원주의의 길로 이끌었다."[2] 다원주의의 결과 국가 간에 반목하는 종교적 갈등으로 인해 연쇄적으로 발생한 폭력적인 전쟁들이 포함됨은 물론이다. 바로 이러한 종교의 이름으로 자행된 만행과 참상이 계몽 사상가들로 하여금 교회와 국가를 체계적으로 분리시키려 했던 이유이기도 했다. 국가와 교회의 분리는 정부가 다양한 형태의 종교적 실천과 신앙을 보호한다는 차원에서 필연적으로 신적인 진리에 대한 다원주의적 태도를 취한다는 것을 의미한다.

롤즈에게 있어서, 이런 종류의 정치적 다원주의는 다양한 견해에 대한 합리적 수용을 요청한다.

시민들이 세대를 걸쳐 이어져온 사회적 협력 체계 속에서 서로를

2 John Rawls, *Political Liberalism* (New York: Columbia University Press, 1993), xxiv.

자유롭고 평등하다고 간주하면서, 원칙과 이상에 의해 정의된 사회적 협력의 공정한 조건을 서로에게 제공할 준비가 되어 있을 때, 그리고 심지어 특수한 상황에서는 자신의 이익을 희생하면서 까지도 그러한 조건 위에서 행위하는 데 동의하고 타인들 또한 그러한 조건을 수용하게 된다면, 그들은 합리적이라 할 수 있다.[3]

롤즈의 입장에서 다원주의적인 민주주의를 지향하거나 거기에 부합되는 합리적인 사람이라면 "사회적 협력의 공평한 조건"을 서로에게 제공할 준비가 되어 있어야 한다. 다원주의적 사회의 개인들은 어떠한 조건의 적용에서 자신이 손해를 입는 경우가 발생한다 할지라도 그들 스스로 기꺼이 수용하고자 하는 동일한 조건을 다른 개인들에게 제공하지 않으면 안 된다. 이런 방식으로, 다원주의는 신적 권위에 대한 신앙에서조차 예외 없이 공유된 호혜적 가치를 요구한다. 성공적인 종교개혁 주류측에 섰던 국가들이 신적인 문제에 대해 이러한 입장을 취했음에도 불구하고 루터신학과 다원주의를 거부하는 근본주의의 "선택적 친화성"(Wahlverwandschft)으로 인해 개신교는 여전히 갈등하고 있는 현실이다.

베버(Max Weber)는 칼뱅주의의 윤리 사상과 자본주의 경제 체제 사이의 "선택적 친화성"에 주목했다. 『프로테스탄티즘의 윤리와 자본주의 정신』에서 칼뱅주의 윤리와 자본주의의 연관성이 필연적인 결과라기보다는 '의도하지 않은 결과', 즉 "선택적 친화성"이라 명명하는데, 이는 프로테스탄티즘의 윤리와 자본주의가 우연히 친화성을 갖고 상호작용을 일으켰다는 것이다.[4] 물론 베버의 비판자들은 그의 주장이 사태를 지나

---

3 *Ibid.*, xliv.

4 Max Weber, *Die protestantische Ethik und der Geist des Kapitalismus*, in *Max-Weber-Gesamtausgabe* Bd. I/18 (Tübingen: J.C.B. Mohr (Paul Siebeck), 1984), 256. "선택적 친화성"이란 개념은 원래 괴테의 작품명 중에 하나였는데, 그것을 베버가 전유하여 사용한 것이다. 베버의 사회학에서 이 의미는 같은 의미의 맥락 안에 있는 두 개의 독립 변수들 간의 관계를 가리키는 것으로 이때 이 의미의 맥락은 한 행위자의 행동의 동기를 설명하

치게 단순화시켰다는 문제를 제기함에도 불구하고, 이념과 사회구조의 구성적 상호작용의 문제의식은 종교와 권위 그리고 정부의 관계를 이해하는 강력한 도구로 자리하고 있다 하겠다.[5]

여기서는 신에 대한 개인적 접근 가능성을 개방시킨 루터의 자유주의적 사상과 이로 인해 파생된 종교적 근본주의 사이에서 발생된 선택적 친화성으로 인해 사회의 갈등적 양상이 초래되었다는 점을 살펴보고자 하는 바, 특별히 루터와 에라스뮈스의 논쟁 기간 동안 이미 이러한 선택적 친화성이 배태되고 있었음을 주목한다.

는 데 도움을 준다. 베버의 이념형 방법론의 정립과 그에 관한 분석은 신학의 모델을 구성하기 위한 하나의 출발점을 제공해주는 바, 이글에서는 극우적 이데올로기와 그리스도교 근본주의을 관련짓거나 "관용"의 이데올로기와 그리스도교 평화주의를 관련짓는 "선택적 친화성"을 확인해본다.

5 Tony Dickson and High V. McLachlan, "In Search of 'The Spirit of Capitalism': Weber's Misinterpretation of Franklin," *Sociology 23*(February 1989): 81-89.

2. 종교개혁운동의 딜레마

1517년 11 월 1일 만성절, 비텐베르크 교구민들은 교회에 모여 성일을 축하하고 죽은 친척을 위해 면죄부를 구매할 것을 종요하는 설교를 들을 것이었다. 루터는 그날 또는 그 전날 교회 정문에 '95개조항의 논제'[6]를 붙이기로 결심했다. 그것은 자신의 행동이 야기할 결과를 전혀 예상할 수 없었기에 반드시 의식적인 반란행위로 규정하기는 어려울 것이다. 동료나 학생들이 학술적 논제를 읽고 나중에 논평할 수 있도록 교회 문에 그것을 게시하는 것은 당시로서는 일반적인 일이었다. 하지만 루터는 많은 군중들이 교회로 몰려들 것이고 또한 면죄부를 구매하면서 모종의 논쟁이 일어날 것이라는 사실을 분명히 인지했기에 그 날을 신중하게 선택했음은 분명하다.

루터의 동의와는 무관하게 누군가에 의해 그 논제는 독일어로 번역되어 새로운 인쇄술을 매개로 삽시간에 독일 전역으로 배포되었다. 로마교회 당국이 신에 접근할 수 있는 권한을 독점함으로써 면죄부 같은 종교적 거래를 통해 막대한 영리를 취하는 관행에 대한 대중들의 불만이 점증하고 있는 시점에서 루터의 문제 제기는 그것을 더욱 가열시키는 촉매제가 되었다. 이 일로부터 겨우 일 년이 지나자마자 논제를 비롯한 루터의 전집들이 출판됨과 동시에 날개 돋친 듯 팔리기 시작했다. 루

---

6 95개 논제의 원 제목은 "면죄부들의 효력에 포고에 대란 토론(*Disputatio pro declaratione virtutis indulgentiarum*)'이다.

터가 대중적인 인물로 부상한 데에는 인쇄술의 공헌이 크다고 해야 할 것이다. 왜냐하면 인쇄술을 통해 독일의 글을 읽을 수 있는 귀족들에게 그의 책을 저렴하고도 신속하게 제공할 수 있었기 때문이다. 하지만 루터에 대한 귀족들의 호의는 그의 신학에 근거한 것이라기보다는 그의 신학이 갖는 정치적 함의에 대한 선호라 할 수 있는 바, 유럽 귀족들이 로마 교회의 권력에 던지는 의문을 루터가 정당화시켜주었기 때문이다.

무엇보다 그 논제에서 루터는 면죄부의 구체적인 사용뿐 아니라 로마가톨릭교회 자체에 대해서 논박하였기에 커다란 파문을 불러일으켰다. 특히 그는 교황이 사후에도 개인의 운명을 좌지우지할 수 있다는 주장에 대해 단호하게 거부했다. 대신 그는 신적인 권위의 유일한 원천이자 그것의 드러남을 오직 성서에서만 찾고자 했다. "교회의 참된 보배는 신의 영광과 은총의 가장 거룩한 복음이다(*Verus thesaurus ecclesie est sacrosanctum euangelium glorie et gratie dei*)."[7]

루터의 주장이 대중들의 호응을 얻게 되고 연이어 새로운 책들이 출판되자 로마교회 당국의 관심을 끌게 되었고, 급기야 루터는 당대 가장 영향력 있는 신학자들과의 공개토론에서 자신의 입장을 방어하도록 소환되었다. 분명 루터는 참된 권위는 오직 성서 본문 자체에 있다는 주장에 충실하기를 원했지만, 귀족이나 농민들은 각각 자기 방식대로 루

---

7 먼저 논제 56-57항에서 루터는 면죄부의 발행 근거가 되는 "교회의 보물 이론"이 성서에 위배되는 인간의 고안물에 불과하다고 지적한다. 교회의 보물에는 먼저 예수의 십자가 공로가 있고 여기에 성인들의 잉여 공로가 덧붙여지는데, 교황은 이 공적들을 모아서 공적에 근거하여 자신에게 허락된 열쇠권을 사용하여 성도들의 죄를 풀어줄 수도 있고 묶을 수도 있다는 것이다. 그러나 루터는 교황이 면죄부를 주는 근거인 교회의 보물 이론이 정작 성서와 교부들의 글에서는 충분히 언급되어 있지 않으며 그리스도인들에게 일반적으로 알려져 있지 않다고 지적한다. 그런 다음 62항에서 "교회의 참된 보물은 … 복음이다"라고 주장하며, 복음의 내용을 다음과 같이 요약한다. "복음은 우리의 구원과 평화를 위하여 선물로 보내진 하나님의 아들의 성육에 관한 말씀이다." Luther, *Resolutiones desputatioem de indulgentiarum virtute*(면죄부 논제에 대한 해설) in *Luther's Works, vol. 31: Career of the Reformer I, ed. Harold J. Grimm & Helmut T. Lehmann* (Minneapolis: Augsburg Fortress Press, 1957), 83-102; 지원용 편집, 『루터선집』 5권 (서울: 컨콜디아사, 1984), 203-223 참고.

터의 주장에서 정치적 함의를 읽어내었다. 루터의 주장대로 성서가 신적 권위의 유일한 원천이라면 유럽 전역의 귀족이나 농민들이 로마가톨릭교회에 공물을 바칠 이유가 사라지게 되는 것이다. 로마교회가 세금을 부과할 힘을 상실하게 된다면, 당연히 유럽 귀족들에 대한 자신의 영향력도 사라질 수밖에 없음을 의미하는 것이다. 루터의 논문들은 본인의 의도와는 무관하게 유럽 정치권력의 중심이었던 로마교회에 정면으로 도전한 것이며 이는 엄청난 정치적 분쟁과 음모의 소용돌이를 만들어 놓게 되었다.

1520년 9월 10일 루터는 처음으로 자신의 주장과 글을 이단으로 정죄한 교황칙서 "주여, 일어나소서"(*Exsurge Domine*)를 받았다. 하지만 정치적 상황은 이미 루터에게 유리하게 흘러가고 있었고, 독일에서 세 도시를 제외하고는 루터를 이단으로 정죄한 교황의 칙서가 발표되는 것 자체를 거부한 것이다. 대부분의 교양 있는 독일 귀족들이 루터의 반 로마교회적인 입장에 동의한 것으로 보여 지자, 곧바로 루터는 문맹의 대중들 위해 자신의 이념을 전달할 수 있는 공개적인 행사를 조직했다. 그의 행동은 다시금 그 어떤 신학도 필적할 수 없는 의미심장한 파괴력으로 작동했던 바, 귀족들과 농민들은 민족주의와 반 성직주의에 대한 열정적 정서로 선동되었다.

루터는 자신에 대한 이단정죄를 철회시킬 수 있는 유예기간이 끝나자, 곧바로 비텐베르크 대학 학생들을 향해 시 외곽의 쓰레기 소각장에서 "복음을 사랑하는" 모든 이들이 함께 모여 공개토론을 하자는 초청 공지를 교회 문에 게시했다. 루터는 그곳에서 대규모 군중집회를 열어 자신을 이단으로 사형선고를 내린 교황칙서는 물론 그것을 뒷받침하는 교황법과 스콜라 신학을 담고 있는 책들을 정죄하고 나서 화형시키도록 선동했다. 그리고 학생들 앞에서 이렇게 외쳤다. "그대가 주의 거룩하심에 슬픔을 안겨 주었으니, 이처럼 영원한 불이 그대를 파멸시키길 원하노라."[8] 이 사건의 메시지는 분명했다. 루터는 이제 교황의 권위 뿐 아니라, 오랜 세월에 걸쳐 온갖 종류의 종교 문제를 다뤄 온 교회법 전통 전체와 관계를 단절한 것이었다. 루터는 이 일에 대해 슈타우피츠에게 편지로 자랑하고 있다. "저는 교황의 책과 칙서를 불태웠습니다. 처음에는 그 일이 두려워 기도하며 했습니다만, 이제는 제가 살면서 했던 어떤 행동보다 이 일을 즐깁니다."[9] 이러한 학생과 대중 선동을 통해 루터는 자신의 대의를 진작시킬 수 있었고, 더불어 그의 명성은 더욱 자자해지게 되었다. 독일의 입장에서 루터는 제도적인 가톨릭교회의 억압적이고 탐욕적인 권력에 맞서는 민족의 영웅이었다. 루터는 귀족들을 위해 그들이 로마교회가 전 유럽에서 행사했던 정치적 권력에 반박할 수 있고 급기야 그것을 거부할 수 있는 정당한 논리를 제공해준 셈이다.

이러한 극적인 사건이 일어나기 3년 전 루터는 당대의 가장 영향력 있는 학자(고전어, 문법학자, 사상가, 성서번역가, 작가)이자 사제였으며 동시에 사려 깊은 인문주의자였던 로테르담의 에라스뮈스에게 자신을 지지해줄 것을 호소하는 편지를 보냈다. 에라스뮈스는 학창시절부터 당시 경건주의 운동이라 할 수 있는 "새로운 헌신"(Devotio Moderna) 운동[10]에 깊은 영향을 받았다. 에라스뮈스는 이 운동을 주도했던 스탠독(John Standonck)이 세운 몽태규 대학에서 수학했으며, 이를 통해 경건한 신앙과 고전 연구에 대한 기초를 철저하게 다질 수 있었다. 유럽 최고의 지성이었던 에라

8 Lyndal Roper, Martin Luther: Renegade and Prophet, 박규태 역, 『마르틴 루터』(서울: 복있는 사람, 2019), 267.

9 *Luther's Works, vol. 48, Letters I,* trans. & ed., Franklin Sherman, Helmut T. Lehmann (Minneapolis: Augsburg Fortress Press, 1963), 192. 1520년 1월 14일.

10 히마(A. Hyma)는 14세기 화란의 데벤터(Deventer)에서 일어난 '새로운 헌신' 운동을 "기독교 르네상스"라 이름하고, 이탈리아에서 태동한 인문주의 르네상스와 구별하여 북유럽의 르네상스를 새롭게 조망했다. 그리고 이 운동의 중심은 공동생활 형제단이라 할 수 있는데, 이 운동은 복음적이며, 실천적 경건회복운동이었다. 이 운동을 통해 수많은 그리스도교 사상가, 교육가, 그리스도교 인문주의자들이 배출되었다. 토마스 아 켐피스나 에라스뮈스 역시 이러한 정신적 토양에서 배출된 인물들이다. Roland Bainton, *Erasmus of Christendom* (New York: Charles Scribner's Sons, 1969), 8.

스뮈스는 로마교회의 타락과 부패를 특히 『우신예찬』(*Laus stultitiae*)[11]을 통해 적나라하게 풍자적으로 비판한 바 있다.

> 지고하신 사제, 교황이시며, 그리스도의 대리자(die Statthalter Christi)께서 그리스도의 삶을 닮으려는 일에 전심전력하신다면, 그리고 가난을 견디시려고 노력하시고, 스스로 십자가를 지는 고난을 참으시며, 모든 세속적인 일들에 대한 경험을 공유하신다면, 이 세상에서 누가 이 분들보다 더 많은 탄식을 할 수 있겠습니까? 현명함이 이 분들의 정신을 단 한 번만이라도 점령한다면 이 성스러우신 신부님들께서는 얼마나 많은 보물을 잃게 될까요? 그 엄청난 부, 하느님의 명예, 수많은 고관대작직의 분배, 셀 수도 없는 사면, 그토록 다양한 세금, 향락, 쾌락의 자리에 불면의 여러 날 밤, 단식, 기도와 눈물, 그리고 예배와 수천가지 다른 고단한 일이 대신 들어서게 되겠지요.[12]

그리고 곧바로 우매한 부인은 바보를 벗어던지고 명확하게 교회개혁의 발톱을 드러내고 있다.

> 그리스도의 교리 전체는 온화, 인내, 그리고 세속적이 것의 경멸 이외에 그 어느 것에도 근거하고 있지 않으므로, 여기에서 말하고 있는 것은 명약관화합니다. 그리스도는 진실로 그 분의 뜻에서 자신의 대리자를 준비하고자 했으며, 그 대리자들이 완전히 빈 몸으로 그렇

11 『우신예찬』이란 본제 뒤에 "로테르담 출신 테시데리우스 에라스뮈스의 데클라마치오"라는 부제가 붙어 있다. *declamatio*는 모의연설 또는 변론연습이라는 의미를 갖는데, 어떤 문제를 논할 때 논점을 풍부하고 다양하게 전개하기 위해 자신의 생과가 다른 여러 주장을 함께 다룬 논술작품을 말한다. 圓月勝博, 『世界の文学』, 김경원 역, 『르네상스 문학의 세 얼굴: 연애, 고백, 풍자』(서울: 웅진지식하우스, 2009), 105.

12 Stefan Zweig, *Triumph und Tragik des Erasmus von Rotterdam* (Frankfurt: FISCHER Taschenbuch Verlag, 1981), 77-78에서 재인용.

> 게 자신의 사도의 직분을 맡을 수 있도록 신발과 자루뿐 아니라 옷도 벗어 놓길 요구했습니다. 그들은 칼 이외엔 아무 것도 몸에 지니지 말아야 한다는 것입니다. 그러나 그 칼은 도둑질이나 살인을 돕는 그런 재앙 가득한 칼이 아니라 장래에 마음 속 경건함만이 왕좌에 오를 수 있도록 영혼의 가장 깊은 곳까지 들어가 단 일격에 모든 열광을 죽이는 정신의 칼을 말합니다.[13]

당대 이보다 더 강렬하고 효과적으로, 그리고 알아듣기 쉽게 교회개혁의 필요성을 천명한 글은 찾아보기 어렵다. 당시 에라스뮈스는 면죄부에 대해서 뿐만 아니라 신의 거룩한 말씀인 성서(제롬의 라틴어 번역 성서)의 권위 있는 대표성에 대해서도 의문을 제기했기에 인문주의적 종교개혁가로 간주된다. 주지하다시피 종교재판의 삼엄한 시대에 반어와 상징을 통한 시대비판은 정신적인 자유주의자들의 유일한 출구였다 할 수 있겠다.

하지만 의심할 수 없는 교회의 개혁자인 에라스뮈스는 『평화의 탄원』(*Querela pacis*) 등을 저술하여 전쟁만을 일삼는 군주들을 비판하고 평화의 군주가 되기를 호소하면서, 한편으로 루터의 종교개혁으로 야기된 신앙적 불화를 극복하고자 최선을 다한 평화의 사도였다. 종교개혁과 더불어 시작된 유럽교회의 분열은 유럽의 정치적 분열을 더욱 악화시킬 것이 분명했기에 이러한 사태에 대해 에라스뮈스는 심각한 위기의식을 가지지 않을 수 없었다. 유럽을 단순히 정치적 공동체라기보다 종교적이고 영적인 공동체로 인식한 그에게 교회가 분열된다는 것은 평화가 그 근본에서 위협받는 것으로 인식되기 충분했다. 에라스뮈스는 유럽 귀족들의 교양 있고 예의바른 삶을 지속하면서 언제나 한쪽으로 치

---

13 *Ibid.*, 78에서 재인용.

우치지 않는 중립적인 입장을 견지하고자 했기에,[14] 루터의 급진적 운동을 섣불리 공개적으로 지지하고 나서지 않았던 것도 그런 맥락에서 이해할 필요가 있다. 그의 종교개혁의 모토는 말하자면 "평화와 개혁과 화합"이라고 할 수 있으며, 이를 관철하기 위해 그의 전 삶은 가톨릭과 프로테스탄트 양 진영 중 어느 한 편에도 서지 않는 적도(중용)의 길을 걸었다 말할 수 있겠다. 루터의 입장에서는 과감하게 자신의 편에 서지 않는 에라스뮈스가 비겁하고 나약하게 보였을 것이지만, 에라스뮈스는 루터가 스콜라철학과 가톨릭의 예전에 대해 비판할 때 전적으로 공감하였으며, 루터가 선한 그리스도인이 분명하다는 것을 공공연하게 밝히기도 하였다. 루터의 생각과 공감하는 일로 인해 그가 곤경에 처한 것도 사실이다. 루벵(Leuven)에서 머물 때, 스콜라 신학자들과 학생들은 그가 루터와 한통속이며 배후 세력이라 비난을 받아야 했다. 급기야 루벵대학 총장까지 나서서 그를 루터의 추종자라고 공격하자 에라스뮈스는 루벵을 떠날 수밖에 없었던 것이다.

에라스뮈스는 루터를 지지하는 동시에 과격한 종교개혁에 대해 심각한 우려감을 지니고 있었다. 에라스뮈스는 『참된 신학의 추론』(*Ratio verae theologiae*)의 두 번째 판에서 루터에게 너무 과격하지 말 것을 충고하면서 자신은 여전히 가톨릭교회에 속해 있으며 여전히 교회를 존중한다고 공언한다. 그리고 1523년에는 루터에게 로마교회가 악을 지니고 있음은 인정하지만 그럼에도 불구하고 가톨릭교회는 이단이 아니라 정통 그리스도교 교회라 선언했다.[15] 루터의 불타협적인 급진성이 그리스도

---

14 에라스뮈스의 '중립적 태도'의 불행에 대해 츠바이크(Zweig)는 다음과 같이 묘사한다. "대중 망상과 세계 분열의 끔찍한 순간에 개인의 의지는 무력해진다. 정신적인 사람은 관찰이라는 격리된 영역에 머물며 자신을 구해내려 하지만 그것은 헛된 일이다. 시대는 그를 오른쪽으로 또는 왼쪽으로 가라며 혼돈 속으로 떠밀며, 이 편 아니면 저 편에 속하라 강요한다. 이러한 시대에 … 어느 누구도 어떤 집단적 망상이나 편협한 사고에도 굴복하지 않으려는 중심 잡힌 사람이 되기는 어려우며, 더 이상 용기나 힘 그리고 도덕적 결의는 필요치 않다. 여기서 에라스뮈스의 비극이 시작되는 것이다." *Ibid.*, 19.

15 Hilmar Pabel, "The Peaceful People of Christ: The Irenic Ecclesiology of Erasmus of

의 몸으로서의 교회를 분열과 분쟁으로 몰고 갔기에, 교회 일치와 평화를 사랑하는 그로서는 결코 동의할 수 없는 노릇이었다. 그리스도교 신앙은 평화와 일치를 추구하는 것이기에, 분쟁을 향해 달려가는 루터의 종교개혁은 교회 평화의 파괴행위로 인식되었던 것이다. 에라스뮈스는 급기야 루터와 그의 추종자들을 향해 로마교회를 전투적인 폭동으로 갈아엎는 것보다는 차라리 평화롭게 악으로 남아있게 하는 것이 나을 것이라 주장하고 말았다.[16]

에라스뮈스와 루터는 로마교회가 정치권력을 남용하고 있다고 생각한 점에서는 일치했으나, 지적 측면에서 볼 때 큰 차이를 보인다. 에라스뮈스는 키케로나 퀸틸리아누스(Quintilianus) 같은 수사학자들이 이상적으로 생각했던 것처럼 정책 결정의 힘을 소수의 유능한 엘리트들에게 맡겨야 한다고 생각한 르네상스 인문주의의 전통을 대변하는 학자였다. 인간의 조화, 인류에 대한 믿음의 시대정신을 이끌었던 인문주의가 그토록 뜨거운 인간애를 가졌으면서도 교육받지 못한 민중에게는 큰 관심을 두지 않았던 것은 근대적 관점에서는 문제가 아닐 수 없다. 근대적인 의미에서의 개인의 자유에 대한 개념을 르네상스 인문주의에서 기대하기는 무리다. 인문주의자 에라스뮈스 역시 교양 있는 엘리트들만이 어떠한 현안에 대해 공개적으로 토의하고, 주어진 상황에서 가장 개연성이 있는 진리를 도출하기 위한 논쟁에 참여해야 한다고 생각한 것은 당연하다. 그런 맥락에서 정치적 의미와 긴밀한 관계에 있었던 성서해석의 문제에서 토론이나 논쟁이 생략된 일방적인 주장이란 에라스뮈스에게서는 결코 용납할 수 없는 사안이었다.

반면 루터는 그러한 논의나 토론 자체를 불필요한 것으로 여겼다.

Rotterdam," *Erasmus' Vision of the Church*, ed. by Hilmar Pabel (Kirksville: Sixteenth Century Journal Publishers, 1995), 72.

16 Erasmus, *Opera Omnia Desiderii Erasmi Rotterdami*, ed. C. Reedijk et al., (Amsterdam: North Holland Publishing Company, 1969), 9-1:174.

왜냐하면 루터에게 성서의 구체적인 진리는 너무도 자명하여 전혀 논란의 여지가 없기 때문이다. "하이델베르크 논쟁(*Heidelberg Disputation*)"에서 루터는 다음과 같이 선언했다. "성령은 하늘과 땅에서 가장 단순한 저자이자 충고자이다. 그래서 그의 말씀은 기록된 것 또는 말할 수 있는 문자적 의미, 즉 하나의 단순한 의미 이상을 가질 수 없다."[17] 루터는 신의 신비한 말씀을 해석할 필요가 없다는 의미에서 사제 계급의 권위에 대해 직접적으로 공격을 가했다. 그리스도인 개인은 신 앞에서 기도할 권리와 의무가 있기에, 종교적 제식 수행에서 필수적인 사제의 기능은 더 이상 효력이 없다는 것이다. 이런 주장은 사제적 직무 수행을 통해 사제들이 보수를 받거나 로마가톨릭교회가 기금을 조성할 수 있는 주요 수단의 정당성을 원천적으로 폐기시킨 것에 다름 아니다. 루터가 말했듯이, "우리가 그를 믿기만 한다면, 우리는 그분의 형제일 뿐 아니라, 공동 상속자요 동료 왕이요 그분의 동료 사제들이 될 수 있게 하였다."[18] 사제와 교회는 사실상 불필요한 존재가 된 셈이다.

루터에게 성령은 그리스도인 개인을 명료함으로 인도하는 존재다. 이러한 명료함에 이르지 못하는 이유는 사탄의 영향력이 그들의 마음을 어둡게 하는 데서 기인한다. 이런 점에서 보면 루터와 에라스뮈스의 말씀의 진리에 대한 견해는 극명한 차이를 보인다. 루터에게 진리는 성서의 본문을 통해 신의 진리가 명료하게 드러난다. 그리고 이러한 주장은 특별한 사제나 신학에 대한 그들의 특별한 학문적인 토론의 필요성이나 유용성이 현격하게 축소되었다는 것을 의미한다.[19] 반면 에라스뮈스의

---

17 Martin Luther, "Heidelberg Disputation," *Martin Luther's Basic Theological Writings*, trans. and ed. Timothy F. Lull (Minneapolis: Augsburg Fortress Press, 1989), 43.

18 Martin Luther, "The Freedom of a Christian," *Martin Luther's Basic Theological Writings*, 607.

19 우리는 루터가 현대적 의미에서 의심 없이 복음적 수단으로 간주할 수 있는 성례전과 사제 계급의 상당 부분의 유용성에 대한 여지를 남겨두었다는 점을 주목해야 한다. 그러나 루터는 천국에 들어가거나 그리스도교적인 은총을 얻는 데 사제적 행위가 필수적이라는

경우, 성서는 신적인 소통의 거룩한 신비를 드러내고 있기에 말씀의 진리를 깨닫기 위해서는 수사적 능력이 뛰어난 교양인이나 학자들에 의해 연구되고 토론되어야 한다.

양자의 사고에 있어서 근본적 차이는 소위 자유의지에 관한 논쟁에서 명백하게 드러났다. 물론 양자가 얼굴을 맞대고 실제 논쟁한 것은 아니지만, 에라스뮈스는 공식적인 출판을 통해 루터와의 논쟁을 시도했다. 그러나 루터는 키케로주의자와 학문적으로 논쟁할 마음은 추호도 없었으며, 오직 어떠한 공개적인 심의에 대해 개인이 신적 권위로 접근할 수 있다는 루터 자신의 신앙과 신념을 확고히 했다. 루터의 신앙은 성서에 대한 단 하나의 단순하고 정확한 해석이 존재한다는 것이며 자신이 그 진리를 찾았다는 확신이었다.

루터의 에라스뮈스에 대한 도발[20]과 루터의 종교개혁운동을 공개적으로 비난하라는 교회당국의 계속되는 압박과 더불어, 에라스뮈스는 1524년 "자유의지에 관한 강화 또는 대화"(*de libero arbitrio diatiribe sive collatio*)를 출판했다. 면죄부, 사제의 역할 또는 성례전에서 사용되는 언어에 관한 문제 등 당대 주요한 논쟁거리가 있었음에도 불구하고 가장 핵심적인 사안으로 바로 들어갔다. 가령 "인간이 내세에서 자신의 운명을 통제할 힘이 있는가?"와 같은 질문에 답하기 위해 에라스뮈스는 로마법의

주장에 대해서는 가차 없는 비판을 줄기차게 가하고 있다. 이와 관련하여 다음의 루터의 글을 참고하라. Luther, "Answer to the Hyperchristian, Hyperspiritual, Hyperlearned Book by Goat Emser in Leipzig," *Luther's Works vol. 39: Church and Ministy I*, trans. Eric W. Gritsch (Fortress Press, 1970), 88ff.

20 루터는 자신의 입장에 선뜻 동조하지 않는 에라스뮈스에게 도발적인 편지를 보낸다. "친애하는 에라스뮈스 … 무엇보다 먼저 말씀드릴 것은, 당신께서 우리에게 냉담한 입장을 취한 것에 대해서 저는 아무런 이의가 없습니다. 그러한 당신의 처신을 물론 교황주의자들은 고맙게 여기겠지만 … 우리는 당신이 그 괴물과의 싸움을 지지하고 우리 편에 서서 확신에 차 그것에 대항 할 수 있는 그러한 단호함과 용기, 의식을 주님으로부터 받지 못했다는 것을 익히 알고 있기 때문에, 제가 요구할 수 있는 이상의 것을 당신에게 요구하지는 않겠습니다. 하지만 … 자극적이고, 수사적이며 비유적인 웅변을 중단 하십시오 … 우리의 비극에 단지 구경꾼(Zuschauer)으로만 남으십시오." Zweig, *Triumph und Tragik des Erasmus,* 169-170.

방식으로 논쟁에 뛰어들길 시도했다. 루터가 저술 작업을 통해 했던 것과 마찬가지로 에라스뮈스는 개인의 자유의지와 그것이 신과 갖는 관계한 논의를 전개하기 위해 성서를 사용했다. 그러나 에라스뮈스는 루터와 달리 인간에게 자유의지가 있는지의 여부에 대한 물음에 가장 합리적이거나 확실한 대답을 모색하는 노력에 있어서 매우 다양한 해석적 관점에 대해 체계적으로 탐구했다.

다음해 루터는 반박적 성격의 책, 『노예의지론』(*De servo arbitrio*)을 출간했다. 거기서 루터는 본질적으로 개인이 선한 삶을 살아서 영원한 구원을 얻거나 사후 신으로부터 영원히 분리되어 저주를 당하도록 신이 예정했다고 주장했다. 말할 나위도 없이, 이러한 두 가지 근본적으로 다른 견해로 인해 두 사람은 서로 건널 수 없는 강을 건너고 만다.

3. 의지의 자유와 노예의지

인간의 자유의지에 대해 반대하는 루터의 입장은 명백하게 르네상스 인문주의의 세계관에 반하는 것이다. 루터가 견지하는 아우구스티누스적인 예정설에 기초해서 볼 때 인간의 의지는 자유롭지 못하다. 신은 인간의 모든 행위를 이미 의식하고 있으며, 그 행위는 신에 의해 미리 결정되어 있다. 그런고로 인간의 의지는 어떤 훌륭한 행위나 심지어 참회를 통해서도 생겨날 수 없으며, 앞서 존재하는 죄의 얽힘에서부터도 자유로워질 수 없다. 성스러운 힘, 신이 부여한 힘을 현세의 이성 속에서 인식하는 에라스뮈스는 이 같은 루터의 결정론적 관점에 동의할 수 없었다. 개별적 인간뿐 아니라 인류 전체가 정직하고 단련된 의지를 통해 더 숭고한 도덕성으로 발전할 수 있다고 확신하는 그는 루터처럼 완고하고 독단적인 사상에 도전할 수밖에 없다. 에라스뮈스에게 분명한 것은 인간이 세상에서 형편없는 일을 할 수도 있지만 보다 나은 것을 위해서도 행동할 수 있다. 더욱이 인간은 신이 부여한 여건 속에서 신의 최고의 피조물로서 자신들의 목적을 성취하기 위해서 최선을 다하는 것이 본질적으로 주어진 운명이다. 이러한 행동은 인문주의적 관점에서 볼 때 인간이 의지를 자유롭게 실천함으로써 가능한 것이다. 그럼에도 에라스뮈스는 루터의 견해를 전적으로 부정하지 않는다. 루터의 관점이 성서적으로 틀렸다는 것이 아니라 인간의 자유의지를 철저하게 부정하는 태도는 문제가 있다는 것이다. 말하자면 인간이 행하는 모든 일이 신 앞에서 아무런 영향력이나 쓸모가 없다는 주장에 대해서는 동의하기 어렵다는 생각이다. 루터처럼 모든 것을 오직 신의 은총에만 의존한다면 선을 행한다는 것이 인간에게 아무런 의미를 지닐 수 없기에 최소한 인간에게는 자유의지에 대한 열망은 허용되어야 하며, 그래야만 인간은 절망하지 않을 수 있고, 신은 인간에 대해 공정한 존재로 여겨지게 된다는 것이다.[21]

> 나는 몇 가지는 자유의지에 맡기지만 신의 은총에 의지하는 견해에 대해 상당 부분 동의한다. 왜냐하면 우리는 광신이라는 치명적인 악(Charybdis)을 피하려고 교만의 악(Scylla)을 선택하는 우를 범해서는 안 되기 때문이다.[22]

오늘날 관점에서, 개인이 신에게 다가갈 수 있다는 루터의 주장은 의지의 자유에 대한 거부를 전제로 한 것이기에 상당히 모순적인 것처럼 보인다. 하지만 그의 신학 체계 내에서 인간의 의지의 자유에 대한 부정은 개인이 성서 본문에 접근할 수 있는 가능성의 근거를 마련해준다. 말하자면 에라스뮈스와 루터는 자신의 방식대로 새로운 개인주의, 새로운 자유를 강조한 것이라 하겠다. 에라스뮈스에게서 그것은 수사적 능력이 뛰어나고 교양 있는 사람들의 공동체라는 맥락에서 전통적으로 유지되어 오던 인간적 업적의 가치를 전제로 한 것이었다면, 루터에게서 자유는 신적인 권위에 대해 인간이 행사하려는 힘의 제한을 전제로 한 것이다.

---

21 *Ibid.*, 174-175.

22 *Ibid.*, 175에서 재인용. 진퇴양난을 나타내는 관용구로 "스킬라와 카리브디스 사이에서"라는 표현이 있다. 스킬라와 카리브디스는 호메로스의 『오디세이아』에 등장하는 바다 괴물이다. 이들은 여신의 모습을 한 공포의 괴물들이다. 전설적으로 이탈리아 반도와 시칠리아 사이의 메시나 해협에 살고 있다고 전해진다. 암초의 괴물과 소용돌이의 괴물이라 할 수 있는데, 어느 쪽을 선택해도 치명적인 피해를 입을 수밖에 없지만 생존을 위해서는 한쪽을 선택해야만 통과할 수 있는 상황이다.

당시 자유의지의 문제는 그리스도교 사상에서는 이미 오랫동안 반복된 논쟁거리였다. 루터에게서 그 문제는 자신만의 신적인 영감으로 명료해진 것일 따름이다. 그는 열광적으로 인간적인 권위를 제거하려 하였기에 가톨릭교회를 신적 권위를 찬탈하는 인간적 기관으로 간주했으며, 그에 대해 인간이 신의 위치에서 자신들의 운명에 영향력을 미칠 수 있다는 교만한 죄악이라 공격했던 것이다. 루터에게서 신의 전능이란 교황과 같은 인간이 지상의 그리스도적 대리자라는 생각은 물론 모든 신의 최후의 심판에서 인간이 자신의 운명을 좌지우지할 수 있다는 생각을 추호도 허락하지 않음을 의미한다고 확신했다. "아! 왜 우리는 자유의지가 인간의 회심에서 어떠한 역할을 할 수 있다고 떠벌여야만 하는가? … 성령께서 우리에게 오시지 않는다면 그 어떠한 선도 행할 수 없을 것이다."[23] 신의 권위만이 인간적 행위를 선 또는 악으로 판단할 수 있다는 주장과 더불어 루터는 성서에 대한 묵상을 통해 자신이 성령을 개인적으로 체험했다는 관점에서 이러한 논쟁적인 문제에서 자신의 권위를 확보했다. 루터는 자신의 성서연구가 자신과 신의 의사소통의 연결고리를 마련했다고 주장한다. 이러한 신적인 의사소통의 경로는 인간적 논쟁을 완전히 압도하고도 남는 것이다. "단순히 우리의 이성에 근거해 성서를 비평하거나, 설명하든지 판단해서는 안 된다 … 여기서 성령께서 우리의 유일한 주인이자 선생이 되어주셔야 한다."[24]

루터는 에라스뮈스의 키케로주의를 인식하고 있었기에 『노예의지론』 서문에서 그것을 직접적으로 공격했다. 우선 루터는 자신이 문명의 후미진 동네에서 살았던 교양과는 거리가 먼 사람임을 고백하면서 이에 비해 에라스뮈스는 웅변술이 뛰어난 인물임을 인정하고 나서, 곧바로

23 Martin Luther, *Table Talk*, trans. William Hazlitt (London: Harper Collins Publishers, 1995), 134-35.

24 *Ibid*., 4-5.

웅변술의 본질을 비판하면서,[25] 에라스뮈스는 루터의 투쟁 의지를 꺾기 위해 겸손을 가장했다고 공격했다.

그러나 에라스뮈스는 자신의 강화에서 루터와 적대적으로 주고받는 공박에 가담할 의사가 없음을 분명히 하고 있으며, 자신이 합리적이고 호의적인 인간임을 드러내면서 루터를 자유의지에 관한 주제 논의에 참여해줄 것을 정중히 요청하고 있다.

> 그 누구도 우리의 논쟁을 오해하지 않도록 합시다. 우리는 서로에 대해 흥분된 검투사가 아닙니다. 저는 루터의 가르침 중에 하나에 대해서만 논쟁하기를 원하며, 가능하다면 차후 이어지는 상충되는 성서 본문들과 논쟁들, 그리고 진리에 대한 검토가 가장 명망 있는 학자들의 행위였는지 밝혀지길 원합니다 … 저는 그런 시합에서는 보잘 것 없는 사람이라는 것을 잘 알고 있습니다.[26]

에라스뮈스는 루터가 인지하는 바와 같이 자유의지에 관한 논의를 시작해볼 용의가 있었다. 에라스뮈스는 루터가 앞선 판단들에 대한 무담을 떨쳐버리고 열린 마음으로 토론에 임해주길 요청한 것이다.

> 내가 루터의 논의를 이해하고 있다하더라도 나의 이해는 얼마든지 오류가 있을 수 있다. 그렇기에 나는 분석하길 원하는 것이지 판단하길 원하지 않으며 탐구하길 원하는 것이지 독단적으로 주장하길 원하지 않는다. 나는 더욱 정확하게 또는 신뢰할 만 것을 개진시키

---

25 Martin Luther, *The Bondage of the Will*, trans. J. I. Packer and O. R. Johnston (Grand Rapids: Barker Books, 1957), 62.

26 Desiderius Erasmus, "A Diatribe or Sermon Concerning Free Will," *Erasmus-Luther: A Discourse on Free Will*, ed. and trans. Ernst F. Winter (New York: Continuum Publishing, 1992), 6.

는 그 누구로부터도 배울 준비가 되어있다.[27]

하지만 루터는 『노예의지』를 통해 에라스뮈스를 반박하면서, 에라스뮈스의 평화로운 초대의 말에 대해 이런 유화적인 태도는 싸움이 시작되기 전 힘이 빠지게 하는 행위라 비웃는다. 특히 루터는 에라스뮈스의 유려한 웅변술이 루터 자신의 정상적인 투쟁 열정에 방해물이 될 뿐이라 도발한다. "당신의 토론술은 놀라운 절제력을 통해 문제를 논의하고 있고, 그럼으로써 당신에 대한 나의 분노가 가열되는 것을 방해하고 있습니다."[28]

그러나 에라스뮈스가 전개한 논의 방식에 대한 루터의 문제 제기는 훨씬 심각한 것이었다. 키케로주의적인 에라스뮈스는 인문주의 방식대로 정중함(*decorum*)을 적용하기 위해서는 하나의 주제에 관해 이미 작성된 문헌들을 충분히 읽고 나서 참여해야 한다고 믿고 있었다.[29] 하지만 루터에게는 이러한 과거 방식에의 의존하는 것은 보수주의의 한 형태에 불과했다.

> 운명(당신이 원한다면 행운이라고 해도 좋습니다)이 당신으로 하여금 이전에 논의되어 오던 이런 전체적으로 광대한 주제에 관해 어떤 것도 말할 수 있게 인도하지 않은 것 같습니다. 자유의지에 대해 가급적 말을 줄이고 백번 양보해서 말을 하자면, 당신의 주장에 대해 답변하는 것은 완전한 시간낭비처럼 보입니다.[30]

---

27 *Ibid.*, 7.

28 Luther, *The Bondage of the Will*, 62.

29 "decorum"(라틴어로 "적합함"을 의미)은 매우 키케로적인 개념이다. 그것은 풍부한 사례를 검토함으로써 웅변력을 확보하여 구체적인 상황에서 판단을 적절하게 적용시키는 능력을 말한다. Erasmus, *On Copia of Words and Ideas*, trans. H. D. Fux (Milwaukee, Wisc.: Marquette University Press, 1999), 20.

30 Luther, *The Bondage of the Will*, 62.

루터는 이 경우 "소피스트"라는 용어를 사용하여 루터 자신의 입장에서 볼 때 가톨릭교회를 지지하고 성서의 단순한 명료함을 혼란스럽게 만들고 쓸데없이 복잡한 논쟁거리나 일삼는 스콜라신학을 비판하고 있다. 루터는 스콜라주의자들뿐만 아니라 고대 그리스의 소피스트들에 대해서 화려한 웅변술을 빗댐으로써, 에라스뮈스의 주장과 그의 논리적인 근거의 실체를 폭로하고 그 정당성 자체를 공격했다. 에라스뮈스에게서 논쟁적 방법은 할 수만 있으면 좋은 판단을 도출하는 데 있어 필수적인 것이었다. 『표현의 풍부함에 관하여』(*On Copia*), 『키케로니아누스』(*Ciceronianus*) 등의 글에서 볼 수 있듯이, 에라스뮈스의 논쟁의식은 공적인 심의를 통해 사실상 명확하게 판단하기 어려운 문제에 대해 합리적인 결론에 이를 수 있다는 믿음의 발로라 할 수 있겠다.[31]

루터는 자신의 권위가 인간의 행위에 근거한 것이 아니라 자신이 인격적으로 성령을 직접 경험했다는 데 근거하고 있음을 확신감으로부터 주장하고 있다. 그리고 단 한 번의 출판으로 키케로, 르네상스 인문주의, 그리고 가톨릭교회의 권위를 단번에 무력화시키고 말았다. 하지만 그렇게 함으로써 루터는 종교개혁운동을 자기모순 속으로 들어가게 만든 것이 사실이다.

루터는 개인적 권위에 대한 심오한 의식과 더불어 그러한 권위를

---

31 『표현의 충만함에 관하여』는 언어적 감수성과 유려함을 가르치기 위해 고안 된 논문으로서 말하는 자나 글을 쓰는 자들은 똑같은 것을 여러 가지 방식으로 인상적으로 말할 수 있는 능력 함양시켜 줄 뿐만 아니라 그들이 마주하는 상황에서 요구되는 바에 따라 자유자재로 감동을 줄 수 있는 표현력을 숙달시키는 목적으로 쓰여진 것이다. 『키케로니아누스』는 언어에 대한 민감성과 웅변의 사회적 차원에 대한 에라스뮈스의 분명한 시각이 드러나 있는 글로서, 당대의 소위 키케로주의자들을 대화의 방식으로 풍자하고 있다. 에라스뮈스가 특별히 칭찬하는 몇몇을 제외하고는 그들 대부분은 키케로적인 말과 표현만 사용함으로써 나태하고, 맹목적이며 학자인체 하는 자들이었다. 에라스뮈스는 자신의 대변자 인 Bulephorus의 입을 통해 당대에 박식을 자랑하는 자들이 키케로를 공부하는 핵심을 놓치고 있다는 것을 지적한다. 왜냐하면 실제 그렇지도 않으면서 외양만 좋게 보이게 하기 위해 소위 "데코룸"을 무시함으로써 참된 웅변을 희생시키고 만다는 것이다. Thomas M. Conley, *Rhetoric in the European Tradition* (White Plains, N. Y.: Longman, 1990), 120-122.

성령에 결합시킨 것이 사실이다.

> 나의 책을 통해서 성령의 가르침에 취한 자들에게는 이미 충분히 준비가 되어 있기 까닭에 당신의 주장을 기각시키는 데 아무런 어려움을 느끼지 않을 것입니다. 그러나 성령이 함께하지 않은 상태에서 독서한 자들이 갈대가 바람 부는 대로 흔들리는 것처럼 이리저리 요동치는 것은 전혀 놀라운 일이 아닙니다.[32]

거칠게 말해 루터는 자신의 글에서 성령을 감지하는 자들에 의해 자신의 주장이 옳다는 것이 입증될 것이라 확신하는 셈이다. 루터의 교묘한 논법은 주목할 필요가 있다. 루터는 성령의 풍성함을 주장하면서 자타가 공인하는 풍성한 웅변술의 대가를 논박하고 있는 것이다. 그런데 무엇보다 여기서 루터는 자신의 영을 강조하는 것이 아니라 성령을 강조한다. 개인이 직접적으로 신과 만날 수 있다는 주장 앞에서 늙은 키케로주의자가 루터와의 논쟁에 개입해서 어떤 희망을 얻었을까? 주지하는 바와 같이 그는 아무 것도 얻을 수 없었다.

자신의 강화에서 에라스뮈스는 인문주의자들과 루터가 그 문제에 관한 심의로의 초청의 의미를 충분히 인지할 것이라 여기고 시작한 것이다. 에라스뮈스는 키케로의 방식대로 그 문제를 능숙하게 다루었다. "죄를 짓고 난 이후에 자유의지는 명목상으로만 하나의 현실이 되며, 죄에 잠재된 것을 행할 때 그것은 치명적인 죄가 되는 것이다." 그리고는 즉시 그것이 어렵고도 중요한 문제라는 자신의 인식을 계속해서 토로한다. 그는 루터가 르네상스 인문주의의 압력이나 가톨릭교회의 권위에 동의하지 않을 이유가 있음을 인정한다. 그것은 루터가 응답한 바처럼 심의는 진행될 수도 있고 진행되어야 한다는 것을 인정하는 유화적인

---

32 Luther, *The Bondage of the Will*, 63.

표현에 다름 아니었다. 더욱이 에라스뮈스는 자유의지에 대한 오랜 논쟁이 그다지 유익을 가져다주지 못했다는 것은 자신의 견해일 뿐이라는 점도 인정하고 있다.

> 우리가 직면하는 어려움 가운데서도 적지 않은 것이 선택의 자유에 관련된 것보다 더 난감한 것은 거의 없을 것이다. 이 문제는 예부터 철학자들의 탁월한 재능과 과거와 현재의 신학자들의 재능 또한 요구되는 것이었다. 그러나 나의 견해로는 그것을 통해 어떤 유익을 얻었다기보다는 더욱 심각한 문제를 야기한 것이 사실이라는 것이다.[33]

실은 에라스뮈스가 그의 저술에 붙인 서명은 그의 심의적 접근방법에서 볼 때 부적절한 것이라 할 수 있다. 에라스뮈스는 자신의 출판물을 라틴어로 강화(*Diatriba*)라 명명했는데, 그것이 현대적 의미의 "diatribe"와 관련은 있지만, 문서로 된 심의의 장르는 치열하게 치고받는 논증적 성격은 결하고 있다. 대신 그것은 고전적 수사학의 오랜 전통이던 어떤 사안에 대한 공동의 탐구에로의 초대의 성격을 띠고 있다. 보일(Majorie O'Rourke Boyle)은 "에라스뮈스가 자유의지를 심의의 방식으로 다룬 것은 고전적 강화의 정의에 부합된다"라고 평한다. 고전시기의 강화의 장르는 다음과 같이 전개 된다.

> 그것은 철학적 대화를 대중화시킨 것으로서, 그러한 규율을 도덕적 문제들에 대한 조사나 일상적 도덕에 대한 비판에 국한시킨다. 그것은 선악의 본성과 선악 각각이 성취해야 하는 것과 피해야 하는 것의 수단에 대해 심의한다. 그래서 그것은 덕의 함양과 지혜의 성취

33 Erasmus, "A Diatribe or Sermon Concerning Free Will," 1.

를 가르친다.[34]

자신의 강화에서 에라스뮈스는 자유의지의 문제 그 자체가 신의 신비 영역에 속하는 것이기에 개연성 있는 진리에 관한 심의를 통해 별도로 다루고 있다. 아우구스티누스처럼 에라스뮈스도 성서의 요소들이 세속적인 세상에서는 인간에게 근본적으로 다 알려진 것으로 보지 않는다.

> 성서는 신이 인간에게 너무 깊숙이 개입하는 것을 원치 않기에 비밀을 내포하고 있다. 왜냐하면 만일 우리가 그렇게 시도하고자 한다면, 점차 커지는 어둠이 우리를 에워싸는 바람에 신적인 지혜의 측량할 길이 없는 위엄과 인간의 마음의 연약함을 이런 식으로 인정하게 될 것이다.[35]

자유의지의 문제 외에도, 에라스뮈스는 보통 사람들 수준에서는 감히 입에 올리는 것조차 허용될 수 없거나 무차별적인 신중함이 요구되는 신비로서 동정녀 탄생과 삼위일체 교리들도 언급하고 있다.[36] 대신 거룩한 본문이 이런 신비를 드러낼 때, "성서는 그것의 언어가 우리 인간의 상황과 조정하는 법을 알고 있다."[37] 에라스뮈스는 루터 역시 이 점을 제기하고 있다는 것을 인정하면서 인간이 실제로 자유를 가지고 있을 가능성에 대해 계속해서 질문한다.[38]

구약성서와 신약성서의 인용에서 탁월한 전개력을 보이는 도입부

---

34 Marjorie O'Rourke Boyle, *Rhetoric and Reform: Erasmus' Civil Dispute with Luther* (Cambridge, Mass.: Harvard University Press, 1983), 67-68.

35 Erasmus, "A Diatribe or Sermon Concerning Free Will," 8.

36 *Ibid.*, 10ff.

37 *Ibid.*, 12.

38 *Ibid.*, 10ff.

에서 에라스뮈스는 루터가 그 문제를 다루었던 과거 학자들과 신학자들을 언급할 필요성을 거부하는 것에 대해 불만을 드러낸다. 에라스뮈스는 이전의 학문적인 검토 작업을 루터가 덜게 해주었기에 그러한 논의를 모조리 거부하는 루터에게 조롱 섞인 농담조로 고마움을 표한다. 하지만 에라스뮈스는 성서연구에 헌신한 수많은 경건한 사람들(20명)을 부드럽게 언급한다. 그런 다음 그는 "지금까지 마니(Manichaeus)와 위클리프를 제외하고는 어떤 인물도 의지의 자유를 부정하지 않았다"고 말한다. 에라스뮈스가 말할 때 그것을 자신의 견해로 주장했지만, 그의 인문주의자 동료들이 잘 이해하고 동의할 수 있는 명확한 핵심을 표현하고 있다는 점에서 자신의 키케로주의를 드러내준다 하겠다. "내 의견으로는, 그들의 강력하고 섬세한 논증은 그 누구도 완전히 경멸할 수 없다."[39] 에라스뮈스의 관점에서는 루터 자신이 개인적으로 체험한 성령에만 의존하겠다는 것은 오랜 세대를 이어온 경건한 사람들을 경멸하는 독단적 처사가 될 수 있다.

에라스뮈스는 개인적인 지식을 의사소통하는 것은 불가능하다는 점에 주목함으로써 루터가 성령이 영감을 받았다는 주장을 비판한다. "성령을 지닌 자가 성서의 의미를 확실하게 안다고 가정해보자. 다른 이들이 가지고 있는 것처럼 보이는 그 확신을 어떻게 나 또한 소유할 수 있을까? 여러 사람들이 다양한 해석을 요청하지만 각자는 성령을 지니고 있다고 맹세할 때 나는 무엇을 할 수 있을까?"[40] 반면 세상에서 성령의 행위를 수용한다 하더라도 에라스뮈스가 간파하는 바는 "이러한 성령이 1,300년 동안이나 자신의 교회에서 과오를 간과해왔다는 것은 아무도 믿을 수 없을 것이다."[41]

---

39 *Ibid.*, 13-14.

40 *Ibid.*, 19-20.

41 *Ibid.*, 19.

에라스뮈스에게서 신의 신비로운 말씀을 연구하기 위해 헌신된 수많은 세월과 삶의 온전한 무게가 단 한 사람 또는 개인들의 소규모 집단의 신적인 영감에 대한 주장에 의해 간단하게 무효화될 수 있는 것이 아니다. 에라스뮈스의 입장에서는 설득력 있고 교양 있는 사람의 광범위한 집단이 어떠한 해석의 문제에서 더 개연적인 해결책을 내놓을 가능성이 큰 것처럼 여겨진다. 성령을 받은 자만이 신의 말씀을 올바르게 해석할 수 있다는 루터의 주장에 대해 에라스뮈스는 그것을 어떻게 확증할 수 있는가를 묻는다.

> 우리는 어떻게 성령을 확증할 수 있는가? 학식인가? 삶의 거룩성을 통해서인가? 성인으로 인정을 받으면 되는 것일까? 그러나 그들도 인간에 불과하다. 나는 당신들이 다수가 성령과 무슨 상관인가라고 말하는 것을 듣는다. 그렇다면 이에 대해 소수는 어떤 상관이 있는가라고 되묻고 싶다. 당신들은 교회의 지도자들이 성서 이해와 무슨 상관이 있는가라고 묻는다. 그렇다면 나는 개혁자들은 무슨 상관이 있는가라고 반문한다. 당신들은 철학적 지식이 성서의 지식과 무슨 상관이 있냐고 묻는다. 그렇다면 나는 무지는 성령과 무슨 상관이 있냐고 묻는다 … 이제 각자가 성령을 소유했다고 하며 서로 다른 증언을 할 때, 과연 신빙성이 있는 증언을 하는지 검토해야 한다.[42]

에라스뮈스는 맹목적으로 자기 확신에 사로잡혀 토론을 거부하는 비지성에 대한 비판과 토론에 열리고 참여하려는 정신을 옹호하는 신념을 드러내고 있으며, 교양 있는 개인들의 집단적인 토론이 보다 나은 결정을 이끌어 내리라 확신하고 있다. 그런 점에서 에라스뮈스는 성서해석의 권위를 교양 있는 성직자들과의 대화를 무조건적으로 배척하지 않

---

42 *Ibid.*, 17.

고 대화의 상대로 인정하고 있다는 것을 알 수 있다.

그러나 불행하게도 루터와 그를 추종하는 개혁자들은 에라스뮈스가 주장하는 그 지점에 비타협적으로 맞서있다. 그래서 그는 그들에게 다음과 같이 탄원한다. "누군가가 나를 가르치려 한다면, 나는 의식적으로 진리를 반대하지 않을 것이다. 하지만 내가 진실 되게 그리고 아무런 도발도 비방도 없이 논쟁을 함에도 불구하고 상대방이 나를 비방하기를 즐긴다면, 모든 이들이 복음서의 바로 그 성령을 잃고 말 것이다."[43] 요컨대, 에라스뮈스는 자신의 강화의 나머지에서 보여주려고 노력한 것만큼 루터와 그의 추종자들이 이성적인 논의에 참여해줄 것을 정중하게 청하는 것이다.

에라스뮈스는 자유의지를 내포하거나 그렇지 않은 성서 본문들을 탁월하게 배열한 후에, 자유의지가 존재하는 것으로 여긴다면 성서가 훨씬 더 의미가 있을 것이라고 지적한다. 그러나 자신의 결론에서 에라스뮈스는 신이 인간을 자유로우면서도 동시에 죄에 얽매이게 창조했을 때 신이 드러낸 신성한 신비를 자신은 명확하게 알 수 있는 것은 아니라는 점을 솔직하게 시인한다. 그러나 에라스뮈스는 이 논쟁이 무엇이 가능한가에 관한 것이며 신이 어떻게 자유의지를 가진 인간을 창조했는가 하는 신비는 전적으로 신적인 신비에 해당한다는 자신의 주장 역시 포기하지 않는다. "나는 독자들이 수많은 교회의 교부들이 제안해왔고, 수많은 세월동안 안 그토록 많은 사람들에 의해 인정받아온 의견을 비난하면서 몇 안 되는 자가당착적인 말들을 수용하는 것이 정말 공평한 것인지 생각해 보길 바란다."[44]

에라스뮈스는 인간은 단지 자유의지를 가질 가능성이 있을 뿐이라고 자신의 주장에 한계를 정한다. 그리고 그렇게 하는 가운데 자신을 키

43 *Ibid.*, 19.

44 *Ibid.*, 94.

케로적인 논쟁 방법과 같은 태도를 취하면서, 세상 속에서 신의 행위의 신비는 사실상 루터가 주장하는 것처럼 인간에 의해서는 확실하게 인식될 수 없음을 강하게 암시한다. 대신 심의에 부합되는 바와 같이 그것은 인간이 어떤 문제에 대한 매우 근사치적으로 가까운 답을 얻어내기 위해서는 우리가 이성과 판단을 적용시키지 않으면 안 되는 문제다.

에라스뮈스와 루터의 글을 읽은 귀족이나 신학자들이 신의 말씀이 지닌 신비에 대해 에라스뮈스적인 불확실한 입장, 아니면 루터적인 확실성의 입장으로 사는 것에 행복했는가의 여부에 관계없이 권위에 대한 보증을 둘러싸고 논쟁했던 종교개혁운동의 두 거목 루터와 에라스뮈스가 서로에 대해 돌아올 수 없는 강을 건넌 것은 분명해 보였다. 루터가 성서를 통해 신적인 권위에 개인이 접근할 수 있다는 것을 주장한 반면, 에라스뮈스는 이성과 과거의 학문적 성과를 적용시키고자 했다.

에라스뮈스는 핍박받는 루터를 두둔하면서도 교황의 권위는 부인하지 말아야 한다고 주장한다. 루터가 로마교회로부터 유죄판결 받은 이후, 파벌을 조성하여 그리스도교의 평화를 깨뜨릴 것이 아니라 신의 손 안에서 침묵하고 정당성이 입증되기를 기다렸어야 한다고 생각했다.[45] 에라스뮈스는 신의 평화를 얻기 위한 길은 오직 서로에 대한 관용밖에 없었다. 어떠한 신학적 주제를 두고 팽팽하게 대립하고 있다면 각자는 자신의 판단에 따라 결정해야 하며 이 같은 것을 상대방에게도 허락할 줄 알아야 한다는 것이다. 예컨대, 성인들에게 기도하는 것과 관련해 혹자는 수호 성인에게 기도함으로서 성인이 기도해주면 그들의 거룩한 기도가 신을 감동시켜 능력있는 일을 행할 수 있다고 믿는 반면, 혹자는 그런 것은 미신이기에 전혀 유익하지 않으며 오직 성부, 성자, 성령에게만 기도해야 한다고 믿는데, 이런 신앙의 차이를 이유로 분쟁해서는 안 되고 서로의 신앙에 대해 관용해야 할 것을 주문한다. 지성적인 에라

45 Ronald Bainton, *Erasmus of Christendom,* 312.

스뮈스는 관례화된 미신들에게 대해 비판하고 일소해야 하는 것은 맞지만 단순하고 헌신적인 마음으로 행해지는 것은 약간의 오류가 있다 할지라도 관용되어야 한다는 것이다.[46] 마찬가지로 가톨릭교회의 아이콘의 경우도 적절하게 그리스도의 삶을 표현하고, 성인들의 삶을 소중히 여기는 차원에서 모방한 것이라면 굳이 우상숭배로 정죄할 필요가 없고, 고해성사의 경우도 사제에게 맹목적으로 의존하는 것이 아니라 먼저 자신의 죄를 신에게 고백하고 적절한 기회에 사제에게 고해를 하는 것은 허용할 수 있는 것이라 생각했다.[47] 분명 에라스뮈스에게서는 교리적 진리를 위해 목숨을 걸고 싸우는 것만큼 우매한 짓도 없을 것이다. 교리적 진리를 사수하는 것보다 형제를 사랑하는 것이 훨씬 가치 있는 일이었을 것이다. 교조주의와 거리가 멀었던 에라스뮈스는 가톨릭교회에게도 영적 복음주의의 본질로 돌아가 예수와 상관이 없는 신앙적 관례를 강요하지 말고 보다 개방적인 태도를 보일 것을 권했다.[48]

루터는 당연히 에라스뮈스의 생각을 반박한다. "평화를 사랑하는 신학을 가진 당신이여, 당신은 진리에 대한 관심을 가지지 않았다. 등불은 비록 전 세계가 무너진다 해도 말 아래 두어선 안 된다. 신은 또 다른 세계를 만드실 수 있다."[49] 루터는 소위 종교적 진리를 위해서는 전쟁도 불사할 수 있다는 것이다. 여기에 대해 평화주의자 에라스뮈스는 "그러나 사람들이 종교적인 이유로 전쟁에 휘말려들 때, 진리에 무엇이 일어나겠는가?"[50]라고 반박한다. 종교개혁의 명분이 아무리 선하고 위대하다해도, 신앙의 이름으로 교회가 서로 반목하고 대립했을 때, 달리 말해

---

46 Margaret Philips, *Erasmus and the Northern Renaissance* (New York: Collier Books, 1965), 201.

47 *Ibid.*, 201-202.

48 A. Renaudet, Études erasmiennes (Paris: Slatkin, 1981), 182.

49 Ronald Bainton, *Erasmus of Christendom,* 312.

50 *Ibid.*

현실적으로 가톨릭을 패퇴시키고 루터가 승리한다고 한들 그것의 결과가 유럽역사에서 전례를 찾아보기 힘든 참혹했던 전쟁의 비극이 예상된다면 그 진리란 대체 누구를 위한 것인가를 우려했던 것이다.[51] 그러나 불행하게도, 에라스뮈스의 우려는 예견에서 끝난 것이 아니라 철저하게 현실로 나타났다는 것이 서구 역사는 물론 그리스도교 역사의 비극이라 할 것이다. 더 이상 사상의 자유, 다른 견해에 대한 이해와 관용이 존재하지 않고 인문주의의 근간이 파괴되어 버린 현실에서, 진리를 손아귀에 쥔 독선가들이 이끄는 군대와 대포가 대화나 토론의 힘을 압도해버리고 말았던 것이다. 파리에서는 에라스뮈스의 글을 번역했던 제자 베르껭(Berquin)이 화형을 당했고, 영국에서는 그가 가장 사랑했던 존 피셔(John Fischer)와 가장 존경했던 토마스 모어 경이 참수 당했다. 그리고 그와 교제했던 츠빙글리는 카펠 전투에서 전사했으며, 열광주의자 토마스 뮌처는 그와 함께 했던 농민들과 참혹한 최후를 맞았다. 평화주의를 외쳤던 재세례파 교인들은 정통에서 벗어났다는 이유만으로 혀를 뽑히고, 불에 단 집게로 몸이 갈기갈기 찢기고, 화형당해야 했다. 교회의 성상이 파괴되고 재산이 약탈되었으며 도시가 불타기도 했다. 이 모든 일은 에라스뮈스는 살아서 목격해야 했던 일들이다.

이 장을 마무리하면서 자유의지에 관한 논쟁에서 루터와 에라스뮈스가 그 문제 접근했던 근본적인 근거를 복기하고자 한다. 자유의지를 둘러싼 양자의 차이는 단순한 신학적 관점의 차이 이상의 것을 함축하고 있다는 점을 강조하고 싶다. 그 차이는, 근본적으로 진리를 위한 권위의 자리이다. 더 거칠게 말하자면, 그것은 존재하는 것에 대해 한 개인이 확실하게 어떤 것을 알 수 있다는 것이 무엇인지에 대한 논쟁이다. 아리

51 주지하는 바와 같이, 종교개혁운동에 대한 가톨릭교회의 반종교개혁 저항, 그리고 합스부르크 절대왕정의 저항으로 1618년부터 1648년까지 독일, 오스트리아, 보헤미아 전 지역이 전쟁터로 변했다. 물론 1648년 베스트팔렌 조약으로 프로테스탄트가 종교적 권리가 승인되기는 했으나 전쟁의 참화로 독일 인구는 1,500만 명에서 600만 명으로 급격하게 감소되었을 뿐 아니라 독일 전역이 황폐화되고 말았다.

스토텔레스 이후 유구한 수사학 전통에 입각한 에라스뮈스는 문서화될 수 있는 사실을 다루지 않은 문제는 가능성의 의미로서만 답해질 수 있다고 여겼다. 에라스뮈스에게 가장 근사치적인 가능성은 문제의 각각의 편에서 설득을 수단으로 공정하고 철저한 검토에 참여한 로마 공화정의 원로원과 같이 교양 있는 엘리트들과 함께 얻을 수 있는 것이다. 가능성이 있는 진리는 최소한의 이상적인 상태, 즉 유능하고 교양 있는 자들이 공개적으로 참여하는 상태에서 확립되는 것이다. 반면 루터는 성서를 읽는 개인들이 그것이 드러내주는 성령에 접속될 수 있다고 생각했다. 성서가 각 민족의 언어로 번역되어 출판되자마자 개인들은 자신의 언어로 된 성서를 읽음으로써 실제적으로 성령과 상호작용할 수 있게 된 것이다. 이제는 성직자 계급이 평신도를 위해 성서를 해석할 필요가 없다. 왜냐하면 성서는 무오류일 뿐 아니라 또한 명료하게 이해될 수 있기 때문이다.

4. 근본주의의 배태

그리스도교 근본주의는 미국 개신교 사이에서 신학적 자유주의와 문화적 근대주의에 대한 반작용으로 시작되었다. 근본주의자들은 자신들이 그리스도교 교리 중에서 가장 근본적이라 간주하는 성서 무오류설을 19세기 자유주의 신학자들이 무시하거나 곡해한 것이라 이해했다.[52] 성서 해석, 예수가 성서에서 수행하는 역할, 사회에서 교회의 역할에 관한 전통적인 그리스도교 교리를 고수하면서, 근본주의자들은 일반적으로 성서와 그리스도의 재림을 비롯한 모든 성서적 사건이 추호도 의심할 수 없는 역사적 사실이라는 믿음이 그리스도교 신앙의 핵심이라 주장한다.[53]

근본주의라는 용어는 그 기원이 여러 설이 있지만 대체적으로 스튜어트(Lyman Stewart)가 『근본적인 것들: 진리에 대한 증언』을 출판한 데서 비롯된 것으로 본다.[54] 그 이후 "근본주의"라는 용어는 1922년에 공식적으로 통용되게 되었으며 근본주의적 종교운동을 지시할 때 통상적으로 사용된다.

---

52 Ernest Robert Sandeen, *The Roots of Fundamentalism: British and American Millenarianism, 1800-1930* (Chicago: University of Chicago Press, 1970), 6.

53 "Britannica Academic". academic.eb.com. 2019년 8월 9일 확인.

54 Lyman Stewart, *The Fundamentals : A Testimony To The Truth*는 1910년에서 1915년 사이 시카고의 Testimony출판사에 의해 출판 된 90개의 에세이 모음집이다. 이 책은 처음에 12권씩 계간지 형식으로 출판 된 후 1917년에 로스앤젤레스 성서연구소에서 4권으로 재 발행되었다.

하지만, 근본주의라는 용어는 21세기에 들어와 논란의 여지를 제공한다. 특히 그것이 종교적 극단주의의 의미를 내포 할 수 있기 때문이다. 특히 그러한 극단적인 의미로 규정해버리면 오늘날 자신의 정체성을 근본주의라 내세우는 자들은 물론 그 용어를 낳게 했던 종교운동을 훨씬 넘어서서 적용될 수 있다. 최초의 근본주의 운동과 전부는 아니더라도 어느 정도의 신념을 공유하고 있는 자들조차 근본주의라는 말을 지나치게 경멸적인 의미로 받아들이는 반면, 어떤 그리스도인들은 여전히 그 명칭에 대해 자부심을 갖기도 한다. 심지어 영국의 일부 지역에서는 종교 증오를 유발하려는 의도로 근본주의자라는 용어를 사용하는 것은 "인종 및 종교 혐오법"(2006)을 위반하는 것으로 규정되기도 한다.

하지만 필자가 사용하는 용어는 스튜어트가 제기한 특수한 교리의 범주에 국한하지 않는다. 대신 그리스도교적 이념으로서의 근본주의의 기본적 특성으로 개인이 신적 권위에 직접적으로 접할 수 있다는 이념을 포함시키고자 한다. 근본주의에 관한 심리학적 연구는 일종의 종교적 이념으로서 그것의 현재의 서술적 의미에 근거한 하나의 정의를 제시해준다. 사회과학자 켈스테트(Lyman Kellstedt)와 슈미트(C. Smidt)는 그리스도교 근본주의자의 신념을 "성서적 권위, 그리스도를 통한 구원, 신앙 전파에 대한 헌신을 수용하는 복음주의 내의 하위집단"으로 정의했다.[55] 그러나 이러한 정의는 그리스도인들을 너무 넓은 범주로 근본주의로 묶는 경향이 있다. 퍼킨(Harold Perkin)의 경우는 근본주의를 정치학적 관점에서 보다 좁은 의미에서 정의하고 있다. "그것은 신봉자들이 성스럽고 의문의 여지가 없다고 믿는 텍스트나 신의 메시지와 직접적으로 접촉과 경험에 기초로 하여 신적인 것에 대해 특별한 지식이나 밀접한 관계성을 소유하고 있다는 신념이다."[56] 퍼킨의 이념적 정의가 필자가 사용하

55 Lyman Kellstedt and C. Smidt, "Measuring Fundamentalism: An Analysis of Different Operational Strategies," *Journal for the Scientific Study of Religion* 30 (1992): 260.

56 Harold Perkin, "American Fundamentalism and the Selling of God," *The Political*

는 그리스도교 근본주의의 의미에 더 근접한다.

미국의 개신교 근본주의를 분석한 마스던(George Marsden)은 미국 복음주의를 추동시킨 근본주의의 바탕에는 '마니교적 선악이원론'이 확고하게 자리 잡고 있다고 지적한다. 빛과 어둠을 급진적으로 분리하는 마니교적 이원론에 따르면 우주는 빛과 어둠이라는 대등한 두 세력의 전쟁터이며, 역사는 신적인 힘을 가진 악의 세력이 세상을 차지하려고 꾸민 '음모'의 연속이다.[57] 근본주의 개신교인들이 역사를 하느님과 사탄, 즉 선과 악 사이의 지속적 투쟁과정으로 파악하며 자신들은 언제나 신과 선의 편에 서 있다고 확신하는 경향이 있다는 것이다. 정치적 · 종교적 행동에 나선 근본주의자들이 자신들의 행동을 도덕적 선이라고 여기고 상대방들에 대해서는 사탄적 악이라고 동일시하는 이유가 거기에 있다. 매킨타이어(Carl McIntire)와 같은 미국 근본주의 이론가들이 해방 이전 그리고 한국전쟁 이후에도 한국 개신교, 특히 장로교 근본주의에 직접적인 영향을 끼쳤는데, 그들이 실제 골수 선악이원론의 대표 신학자들이었다.[58]

다른 한편 마스던에 의하면, 근본주의의 마니교적 선악이원론에 확신을 더욱 강화시킨 것이 상식철학(Scottish Common Sense Philosophy)이다.[59] 상식철학은 인간은 객관적 사실, 도덕이나 종교적 믿음의 원칙 등을 특별한 증명 없이도 직관적으로 확신할 수 있다고 보았는데, 이런 증명이 필요 없는 원칙이 상식이다. 상식철학은 메이첸(J. Gresham Machen) 등 미국의 근본주의 신학자들에게 큰 영향을 끼쳤으며 근본주의 · 복음주의

Quarterly (2000): 79.

57 Pheme Perkins, "Mani, Manichaeism", *Encyclopedia of Early Christianity*, ed. Everett Ferguson (New York: Garland Publishing Inc., 1998), 362-363.

58 George Marsden, *Fundamentalism and American Culture: The Shaping of Twentieth Century Evangelicalism, 1870-1925* (New York: Oxford University Press, 210-211.

59 George Marsden, *Understanding Fundamentalism and Evangelicalism* (Grand Rapids: Eerdmans, 1991), 117-118.

신학의 근간으로 자리 잡았다.[60] 말하자면 마니적 이원론은 상식철학과 조우하여 시너지 효과를 일으킨 셈인데, 상식철학의 인식론은 어떤 것이 서로 상치되는 구조(선과 악, 구원받은 자와 저주받은 자, 성과 속, 진리와 거짓) 속에 등장했을 때 그 짝패적(binary) 구조에서 어느 쪽에 서야 하는 지는 상식처럼 의문의 여지없이 분명히 인식할 수 있다는 것이다. 여기서 왜 세계와 인간을 이원적으로만 봐야 하는지, 나 또는 우리가 선택한 편이 선하고 옳은 정당한 근거가 무엇인지에 대한 물음은 전혀 중요하지 않다. 왜냐하면 그것은 "해가 동쪽에서 뜨는 것"과 같은 상식적인 사태이기에 해명될 필요가 없는 것이다. 그러나 이러한 극단적인 이원론적 세계관과 비합리적인 상식철학적 인식론이 수용되기 힘든 다원화 된 사회의 경우 왕왕 근본주의는 더욱 과격성을 드러내기도 한다.[61]

또한 스트로지어(Charles B Strozier)에게서 근본주의 담론의 특성에 관한 목록을 발견할 수 있다. 그는 그리스도교 근본주의 이념에 대한 담론적 정의에서 다음과 같은 네 가지 특성을 열거한다. "첫째 성서 문자주의 지향, 둘째 신앙적인 중생의 체험, 셋째 복음주의(또는 불신자들을 회심시킬 강한 의무감), 넷째 종말의 때에 대한 구체적인 형식의 묵시주의."[62] 이글의 목적을 위해 이 네 가지 특징이 담론에서 나타난다면 이념적인 그리스도교 근본주의라 표현해도 무리가 없을 것이다.

그리고 엄밀히 말해 루터가 드러낸 것이 바로 이러한 네 가지 근본주의의 특징이다. 첫째, 필자가 앞에서 논구한 바와 같이 루터는 성서가 명확하게 이해될 수 있다고 주장한다. 이미 논의한 바와 같이 루터는 성서는 "단 하나의 의미 … 문자적 의미"만 갖는다고 반복해서 주장했다.[63]

---

60 *Ibid.*, 192-194.

61 George Marsden, *Fundamentalism and American Culture,* 211.

62 Charles B. Strozier, Apocalypse: On the Psychology of Fundamentalism in America (Boston, Mass.: Beacon Press, 1994), 5.

63 Martin Luther, "Heidelberg Disputation," *Martin Luther's Basic Theological Writings*, trans. and ed. Timothy F. Lull (Minneapolis, Minn.: Augsburg Fortress Press, 1989), 78.

이것은 가톨릭교회의 성서해석의 독점권을 폐기시키려던 자신의 의도를 뒷받침 하는 강력한 토대 중의 하나였다.

"영적인 중생의 체험"에 관해서 루터는 자신이 계시적인 지식을 특별하게 알 수 있다고 믿었고, 이런 능력을 통해 신앙만이 구원에 이를 수 있다는 근본적인 통찰을 가능케 했다. 역사학자들은 대체적으로 신적인 권위에 대한 새로운 개념이 점진적으로 형성되었다는 증거를 제시하지만, 루터는 그것이 1513년에 일어난 급작스런 계시였다고 주장한다. 그는 자신이 계시를 받은 그 순간을 "중생"이라 묘사하고 있다.

> 신의 의는 복음에 의해서 드러납니다. 즉 그 의는 "믿음으로 의롭게 된 사람이 살리라"고 기록된 대로 자비로운 신이 믿음으로 우리를 의롭게 하시는 수동적인 의입니다. 여기서 나는 완전히 다시 태어났으며 열린 문을 통해 천국으로 들어갔다는 것을 느꼈습니다.[64]

또한 루터의 배타적이고 독단적인 근본주의의 성향은 자신의 신학적 노선을 따르던 추종자들과 신학적이거나 정치적 견해의 차이가 드러났을 때 자신의 개인적인 신앙을 절대적인 기준으로 내세웠던 점에서도 드러난다. 비텐베르크 대학의 동료이자 종교개혁의 동지였던 칼슈타트가 비텐베르크에서 거행하던 빵과 포도주의 성찬, 독일어예배를 1523년 루터는 그곳으로 복귀하자마자 즉시 중단시켜버리고 전례에서 라틴어, 성찬에서는 종교개혁 이전처럼 평신도들에게는 포도주를 제외하고 오직 빵만 나누어주게 했다. 칼슈타트는 루터의 이런 조치를 종교개혁을 성공하겠다는 일념으로 제국의 명령과 타협을 은폐한 것이라 비판했으며, 루터에 의해 중단되었던 개혁을 이후 오를라뮌데에서 이어나갔

64 Martin Luther, *Luther's Works, Vol. 34: Career of the Reformer IV*, eds. JJ. Pelikan, H. C. Oswald and H. T. Lehmann (Philadelphia: Fortress Press, 1999), 337.

다. 빵과 포도주로 성찬을 거행했고, 독일어로 시편을 노래했으며, 아이콘을 제거하였고 모든 신자가 사제임을 강조하였다. 아울러 칼슈타트는 자신이 섬기는 모든 교구민들에게 성서가 그들 자신을 해석하게 하라고 권면했다.[65] 시민공동체가 주도하는 종교개혁에 헌신했던 칼슈타트는 성체 거양, 사제가 제병할 때 평신도의 입에 빵을 넣어주는 것조차도 권위주의적이라 간주하고 거부했다. 반면, 그는 신비주의와 예언 그리고 성령의 능력을 존중했는데, 덕분에 파격적이게도 여성이 교회 안에서 행하는 역할에 대해서 더 열린 태도를 보일 수 있었다.[66]

그럼에도 불구하고 칼슈타트와 루터의 신학은 차이보다는 유사점이 훨씬 크다 할 수 있는데, 결국 두 사람이 갈라서게 되는 최대 원인은 종교개혁의 주도권이 누구에게 있느냐의 문제였다고 할 수 있겠다. 비텐베르크 종교개혁의 경험은 칼슈타트에게도 큰 영향을 미쳤으며, 그의 개혁노선은 비텐베르크를 떠나 독일의 다른 지역에서도 상당한 대중적 지지를 받았다. 종교개혁이 도덕 갱신, 빈민구제 개편, 평신도 대중의 참여를 동반한 사회개혁과 함께 이루어졌기 때문이다. 그런 점에서 보면, 칼슈타트의 종교개혁은 위에서 아래로의 방식을 선택했던 루터의 이상과는 다른 노선이었다 말할 수 있겠다. 분명한 것은 칼슈타트가 죽은 이후 비텐베르크의 종교개혁은 더 이상 민중이 주도하는 시민운동이 아니라 선제후가 주도하는 종교개혁으로 변질되고 말았다는 점이다. 필자가 주목하는 것은 모든 사태의 최종 판단과 결정은 다른 누구에게 있는 것이 아니라 오직 루터의 손에 달려있었다는 대목이다. 이점에 대해 린들 로퍼(Lyndal Roper)는 다음과 같이 언급한다. "비텐베르크 종교개혁운동이

---

65 Harmann Barge, *Andreas Bodenstein Von Karlstadt* II (Leipzig: Friedrich Brandstetter, 1905), 100-101.

66 Luther, *D. Martin Luthers Werke: Kritische Gesamtausgabe, Briefe*, vol. 3, 787, 1524년 10월 30일. 칼슈타트는 남성들뿐 아니라 여성들과도 편지를 통해 긴밀한 관계를 유지하고 있었다는 것을 루터도 인지하고 있었다.

가져온 꿈같은 흥분, 미사와 수도원에 의존하지 않는 기금으로 위대한 일을 해낼 수 있다는 의식, 수많은 시민이 성찬에서 빵과 포도주를 받았을 때 느꼈던 복음의 능력. 이 모든 것은 루터가 집단행동이 아니라 자신의 주도권만을 강조하면서 사라지고 말았다."[67] 루터는 공권력을 이용해 칼슈타트가 출판하고 설교할 수 있는 권리를 박탈했음은 물론, 『하늘의 예언자들 반박』(*Wider die himmlischen Propheten*)에서 칼슈타트가 "시기와 헛된 야심", "질투 섞인 증오"를 품고 있으며, 이성 즉 "마귀의 음녀"에 복종하는 인간이라 저주를 퍼붓고 있다.[68] 자신의 생각과 다른 견해에 대해 이러한 저주를 퍼부을 권한을 과연 신이 루터에 부여했는지에 대한 물음은 아무도 제기할 수 없다.

그리고 나아가 에라스뮈스의 대화나 타협의 정신을 미온적이라 비판하고 보다 급진적인 개혁을 밀고 나갔던 자신의 정신이 또 다른 형태로 전개되었을 때, 여지없이 자기모순적인 태도를 드러낸다. 슈바벤 농민들의 12개조항(*Zwölf Artikel der Bauernschaft*)는 철저하게 루터의 사상에 기초한 것이었다.

> 지주가 우리를 그들의 농노처럼 대우해 온 것이 지금까지의 관습이었으나, 이런 관습은 측은하기만 하다. 지극히 높으신 분이자 목자이신 그리스도께서 당신의 보혈을 흘리심으로 단 한 사람도 예외 없이 우리 모든 이를 구속하시고 부활하셨다. 그러므로 성서는 우리가 자유인이요 자유를 원한다는 것은 분명하게 보여준다.[69]

과연 이것을 루터의 사상에 대한 곡해라 단정할 수 있는가? 루터는

---

67 Lyndal Roper, *Martin Luther: Renegade and Prophet*, 367-368.

68 *LW* 40, 204.

69 Bob Scribner & Gerhard Benecke(ed.), *The German Peasant War of 1525: New Viewpoints* (Boston: Unwin Hyman, 1979), 254.

오직 영적 자유만을 주장했는데, 탐욕스런 농민들이 세속적 욕심을 영적인 것과 혼합시켜버린 것인가? 루터의 입장에서 그렇게 보인다하더라도 본인이 직접 그리스도인의 자유를 주장했고, 당시 세속적으로 막강한 권력을 행사하고 있었던 로마가톨릭교회와 그 우두머리에 저항했던 행위, 제국회의에서 당당하게 자신을 주장함으로써 저항의 본보기를 제시한 행위는 오직 영적 의미만 있다고 변명되기 어렵다. 정치와 종교가 분리되지 않았던 당시, 루터의 종교적 주장이 전적으로 정치화되었고 그것의 최고 수혜자가 루터 본인이라는 점을 고려할 때 루터의 태도는 납득되기 어렵다. 노예나 다름없이 억압받는 농민들이게 '그리스도인의 자유'는 그냥 노예 상태에 만족하면서 영적으로만 구원받은 자유라는 강변은 궤변일 뿐이다. 루터의 언설과 행위 그 자체가 종교적이고 정치적으로 민중들에게 감동을 주었으며, 그들의 지지가 종교개혁의 성공에 밑거름이 된 것은 명백한 사실이기 때문이다. 순수한 농민들은 자신들의 주장을 판단해 달라고 루터에게 의뢰할 정도로 그를 최종 판관자로 존중하고 있지 않은가. 결국 루터의 신념을 신봉하던 농민들이 영적인 자유에 만족하지 않고 삶의 자유, 사회적인 자유를 강력하게 요구하던 그 시점, 루터는 자신의 신앙적이고 정치적 이념을 절대시하며 복음의 이름으로 적대자들에 대한 공격과 학살을 정당화시켰다.[70] 뿐만 아

70 아이러니하게도 종교개혁을 추진할 때, 루터와 루터 추종자들이 자신들의 개혁 동참에 미온적인 에라스뮈스를 향해 가했던 비방과 욕설과 거의 동일한 수준의 욕설이 이제는 보다 급진적 개혁에 대해 미온적이고 보수적 입장을 취했던 루터를 겨냥해 가해지고 있다는 것이다("교황을 추종하는 궤변자", "이교도의 두목", "비텐베르크의 건방진 비계 덩어리"). 루터가 이들의 가슴 속에 자신들을 노예처럼 폭압을 가하는 영주와 귀족에게 맞설 수 있는 저항정신과 용기를 심어주었던 것은 자명하다. 자기의 뜻을 이어받아 복음의 이름으로 자유를 위해 투쟁하는 농민들의 요구에 부응할 것인가 아니면 자기를 지원했던 귀족과 영주들이 기대에 부응할 것인가 하는 딜레마 속에서 루터는 현실적으로 후자를 선택한 것이다. 그리고 자신의 정치적 선택에 대한 정당성을 다시금 자신의 신앙에 정초시켜 농민들에 대한 적대감을 교황에게 보인 것 이상으로 적나라하게 드러낸 것이다. 독일농민전쟁에서 취한 루터의 신학의 정치사상적 함의는 다음의 졸고를 참고하라. 박종균, "루터와 뮌처의 종말론 비교연구-정치사상의 관점에서," 『신학연구』 73집(2018), 341-368.

니라 농민봉기가 영주들의 무자비한 진압으로 종결되자 곧바로 온건한 종교개혁자 에라스뮈스를 향해서도 농민들에 보였던 바로 그 적개심을 여과 없이 드러냈다.

> 그러므로 나는 너희들에게 신의 명령으로 요구한다. 너희는 에라스뮈스의 적이 되어야 할 것이고, 그의 책을 경계해야 할 것이다. 너희가 도중에 죽고 파멸당하더라도 나는 그를 공격하는 글을 쓸 것이다. 나는 펜으로 그 사탄을 죽일 것이다 … 내가 뮌처를 추종하는 놈들을 죽였을 때처럼, 그의 피가 내 목까지 차오를 것이다.[71]

루터의 독단적 행태에 대해 하나만 더 지적해보자. 불행한 종교개혁자 츠빙글리에 대한 루터의 견해에 대해서이다. 성만찬 신학에 있어서 그리스도의 몸이 실제로 성찬에 임재한다는 루터의 견해와 달리 츠빙글리는 "이것은 내 몸이다"는 말씀에서 "이다"의 의미를 "상징하다" 또는 "의미하다"로 해석했다. 루터는 상징설을 주장하는 츠빙글리와 추종자들에게 "그들은 곧 멸망하리라"고 선언했고, 당국의 검열도 루터 편을 들어 루터의 노선에서 벗어나는 글들은 출판될 수 없었다. 뉘른베르크와 바젤에서는 칼슈타트의 성찬론 관련 출판이 금지되었고, 뉘른베르크에서는 츠빙글리의 저술들이 출판금지를 당했다. 그리고 가톨릭을 신봉하는 칸톤 동맹군이 개신교 진영 취리히를 공격했을 때, 츠빙글리는 취리히 시민으로서 취리히 시민들과 함께 싸워서 시민들의 자유를 지키겠다고 맹세했던 대로 전투에 나섰다가 전사하고 말았다. 동맹군들은 츠빙글리의 시신을 넷으로 쪼개서 화형시키고 그 재를 인분과 뒤섞어버

---

71 Zweig, *Triumph und Tragik des Erasmus,* 180, 이것은 루터가 농민전쟁의 와중에 고백했던 말과 매우 유사한 대목이다. "나, 마르틴 루터는 반란에 참여한 모든 농민을 때려죽였다. 말하자면 내가 그들을 때려죽였으므로, 그들 모두의 피가 내 목까지 차올라 있다(all ihr Blut ist auf meinem Hals)." *Ibid.*, 179.

렸다. 위대한 종교개혁가의 비참한 최후에 대해 루터는 애도는커녕 매우 기뻐하며 조롱으로 답했다. "이것이 바로 그들이 그리스도의 성찬을 모독하여 얻고자 했던 명예의 결과다 … 신께서 이런 과격한 신성모독을 허용하시지 않을 거라고 말했던 내가 바로 예언자였다."[72] 루터는 의견과 해석의 차이를 복음의 원수로 인식하고 있음이 분명하다.

마지막으로, 루터 당대와 오늘날 가톨릭교회와는 다르게 성서의 마지막 책, 요한계시록에 접근했는데, 종말의 때 신의 최후의 심판을 문자적으로 해석한 것이 그것이다.[73] 루터가 세계에서 사탄의 활동적인 힘을 믿었다는 증거는 그의 저서를 통해 충분히 입증될 수 있는 사안이며, 또한 죽는 순간까지 그리스도의 재림이 임박했다는 신앙을 드러냈던 것이 사실이다. 루터가 수많은 글을 통해 자신의 신앙이나 신념을 가장 폭력적으로 표현한 것 중에 하나인 교황을 적그리스도라 단언했던 것에서 찾을 수 있을 것이다.

교황권에 대한 1537년 글에서 루터는 그것을 분명하게 진술하고 있다. 그는 교황 레오 10세를 전적으로 적그리스도와 거짓 종교의 지도자로 단언했다. "어디서나 구할 수 있는 교황의 모든 칙서들과 저서들에서 (계시록 10:3의 천사가 암시하는 바와 같이) 교황은 사자처럼 울부짖고 있다." 루터는 그의 논문이 절정에 달했을 때 그 경우를 보다 직접적으로 말한다. 교황은 권위에 대한 자신의 주장에서 스스로를 그리스도보다 높게 두었기에 그는 스스로를 계시록에서 예언된 적그리스도처럼 스스로 거짓 신으로 세운 것으로 해석한다. "이는 교황이 스스로를 그리스도보다 위로 높여서 그분께 맞선 적그리스도라는 것을 강력하게 예시해주고 있다. 그럼으로써 우리 그리스도인들은 오직 교황의 힘으로만 구원이 허

---

72 Luther, *D. Martin Luthers Werke: Kritische Gesamtausgabe, Briefe*, vol. 6, 236(1531년 12월 28일, 1532년 1월 3일).

73 Paul S. Boyer, *When Time Shall Be No More: Prophecy Belief In Modern America* (Cambridge, Mass. Harvard University Press, 1992), 61.

락받게 되는 지경에 이르고 만 것이다."[74]

아우구스티누스가 『신의 도성』을 쓴 이후 가톨릭교회는 공식적으로 요한계시록에 포함된 종말에 대한 예언을 상징적으로나 유형론적으로 해석했다. 오늘날의 가톨릭교회나 개신교회의 경우 계시록의 메시지는 통상 극심한 박해와 탄압의 상황에서 그리스도인의 고단한 삶을 그리는 알레고리로 해석된다. 그러나 루터와 그의 추종자들에게 계시록은 오늘날 근본주의의 전형적인 모습대로 그것을 문자 그대로 수용되고 있다. 전쟁과 투쟁에 대한 예언은 일반적으로 "마지막 때"라고 불리는 구체적인 역사적 시기를 포함한다. 성서가 문자적으로 해석되려면 이러한 사건이 가까운 미래에 발생되지 않으면 안 된다. 신약성서 전반에 걸쳐 임박한 "하늘나라"의 도래를 가장 많이 언급한 전형이 마태복음인데, 마태에 따르면 예수는 종말의 때를 지시할 폭력과 환란에 대해 묘사한 후에 다음과 같이 말한다.

> 이와 같이 너희도 이 모든 일을 보거든 인자가 가까이 곧 문 앞에 이른 줄 알라. 내가 진실로 너희에게 말하노니 이 세대가 지나가기 전에 이 일이 다 일어나리라. 천지는 없어질지언정 내 말은 없어지지 아니하리라. 그러나 그 날과 그 때는 아무도 모르나니 하늘의 천사들도, 아들도 모르고 오직 아버지만 아시느니라.[75]

그래서 루터가 마지막 때가 임박했다고 믿은 것은 당연하다. 이념적 단위로서 이러한 네 가지 교의는 사실 서로를 암시하고 지지해준다. 가톨릭교회의 권위를 제거하고 그 자리에 영적인 중생의 직접적인 경험을 그 자리에 대치시킴으로써 개인들은 성령의 인도로 말미암아 중생할

---

74 Martin Luther, "The Smalcald Articles," *Martin Luther's Basic Theological Writings*, trans. and ed. Timothy F. Lull (Minneapolis, Minn.: Augsburg Fortress Press, 1989), 513.

75 마 24:33-36.

수 있도록 성서를 직접 읽지 않으면 안 된다. 그러나 이것은 루터가 생각했던 것처럼 성서의 메시지는 명료하거나 자명했기에 다양한 성서해석을 결코 낳을 수 없는 것이 이미 전제되어 있다. 루터에게서 성서의 메시지는 인간 개인이 오직 믿음을 통해서만 신의 은총에 접근할 수 있는 권한을 얻게 되고 그러한 권한은 영적인 중생에 대한 인간적 경험을 전제로 한다는 단순한 생각에 입각해 해석될 수 있는 것이다. 이러한 주장은 요한복음의 단순한 문자적 해석에 기초한다. "내가 진실로 진실로 너희에게 이르노니, 사람이 거듭나지 않으면, 결단코 하느님 나라를 볼 수 없으리라."[76] 또한 성서에 대한 단순한 문자적 해석은 필연적으로 요한계시록까지 확장되고, 거기서의 수많은 상징들은 시대의 마지막에 대한 현실적이고 구체적인 예언인 것처럼 간주한다. 이런 방식으로 그리스도교 근본주의라 불릴 수 있는 것의 네 가지 결정적인 특징은 루터의 성서텍스트에 대한 개인적 경험에 신적인 권위를 둠으로써만 가능하다는 것이 명백하다.

76 요 3:3.

5. 결론

지금까지 루터 신학이 그리스도교 근본주의 이념을 가능하게 했다는 것을 논의하였다. 물론 근본주의 이념의 급속한 확산이 루터의 의지의 산물이라 단정하는 것은 아니다. 단지 루터는 유럽사회가 근본주의 메시지에 익숙해진 순간 역사적인 장면에 등장했던 것이라 말할 수는 있겠다.[77] 이동 가능한 인쇄기의 도입으로 말미암아 개인의 성서 번역이 가능해졌고 그로 인해 성서를 개별적으로 해석할 수 있게 되었다.[78] 루터는 청중과의 소통을 위해 인쇄수단을 적극 활용함으로써 우선은 유럽의 귀족들, 차후에는 일상의 평범한 개인들의 정서를 효과적으로 자극하는 데 유리한 위치를 점했다. 그는 유럽의 귀족과 군주들에게 로마제국에 버금가는 권력을 행사하던 로마가톨릭교회에 맞설 수 있는 정당한 논거를 제공했으며, 독일과 그 밖의 지역에서 싹트기 시작한 민족주의적 기운을 고무시켰다. 권력을 장악해 가고 있던 유럽의 다양한 민족의 귀족들은 드디어 로마교회의 정치적 권력에 도전할 수 있는 기회를 얻게 된 것이다. 그 결과 유럽은 전쟁의 소용돌이에 휩싸이게 되고 만다. 어떠한 폭력과 전쟁의 충동도 특정한 이념과 결부될 때에야 그것은 최

---

77 David C. Steininetz, *Reformers in the Wings: From Geiler von Kayserberg to Theodore Beza* (Oxford: Oxford University Press, 2001).

78 Elizabeth L. Eisenstein, *The Printing Press as an Agent of Change: Communications and Cultural Transformations in Early-Modem Europe*, vol. 1. (Cambridge: Cambridge University Press, 1979), 336ff.

대한의 힘을 발휘하게 된다. 어떤 신념만을 유일하게 허락하는 신앙 형식과 삶의 형식일수록 광신(열광주의)을 배태하고 이는 더욱 잔혹한 전쟁과 폭력을 낳는 법이다. 그리스도의 이름이 전쟁터의 암호가 되고 군사적 행동을 위한 깃발이 되어버린 현실에서 에라스뮈스는 절규한다. "모두가 복음, 신의 말씀, 믿음, 그리스도, 그리고 정신이라는 다섯 말을 입에 담는다. 그러나 나는 그들 중 많은 사람들이 마치 악마에 홀린 듯 행동하는 것을 보고 있다."[79] 광신은 인간 공동체를 적과 동지로, 참된 신앙인과 거짓된 이단으로 양분시키고, 단지 자기의 신념과 신앙 그리고 자기의 체제의 진실만을 인정하기에 다른 의견에 대해 폭력적인 태도를 지닐 수밖에 없다. 생각의 자유에 대한 폭력적 억압, 신앙의 이름으로 자행되는 종교재판과 화형은 유일한 이념에 사로잡힌 근본주의 신앙의 전형적인 광신적 행태라 할 수 있다.

루터는 이념적 지형을 근본적으로 변경시킨 장본인이다. 윤리, 도덕, 과학과 철학을 지배하던 가톨릭의 유일한 권위가 더 이상 유지되기 힘들게 되자, 유럽 전역에서는 새로운 이념들의 혼란이 수많은 개신교 소종파의 형태로 터져 나오게 되었다. 롤스가 지적한 바와 같이 종교개혁운동은 서구에서 이념적 다원주의의 형성에 기여한 것이다. 분명 루터가 종교개혁 이전 종교적이고 정치적인 삶의 기초가 되었던 신적인 권위를 이념적 차원에서 유럽에 분배되는 것이 가능하게 한 것은 부정할 수 없는 명백한 사실이다. 그것은 오늘날도 여전히 진행 중에 있는 개인들 간의 더 큰 평등을 위해 노력해야 하는 사회운동의 기반의 역할을 한 것이다. 그러한 신념에 힘을 얻은 개인들은 국가 권위에 도전할 수 있게 되었고 실제로 극단적인 경우, 그러한 도전은 시민들에 의한 혁명으로 전개되기도 했다. 하지만 동시에 루터신학의 근본주의와의 친족적 유사성 때문에 그것은 종교개혁 이후의 정치체를 위해서는 필수적이

79 Zweig, *Triumph und Tragik des Erasmus,* 191.

라 할 수 있는 다양성을 수용하는 데 장애가 될 수 있다. 개인이 신의 말씀에 대한 자신의 해석이 유일하게 수용되어야 하는 진리라고 주장되는 순간 근본주의의 독단은 언제나 폭력의 형태로 전환될 수 있기 때문이다.

성서에 대한 자유로운 접근은 개인에게 성서적 전통에서 끄집어낸 강력한 도그마를 공식화할 수 있는 기회를 제공했다. 결과적으로 이것은 가톨릭교회의 개혁과 교회의 정치권력의 급속한 해체를 초래하게 된 것이 사실이다. 교회의 도그마는 유럽 전역의 독자적 정치체제를 지원하는 역할을 한 것이며, 도그마를 둘러싼 권위의 분열은 성서해석의 다양성을 열어줄 뿐 아니라 불가피하게 만들었다. 결과적으로 정치체제는 폭력과 전쟁의 혼돈 속으로 빠져들 수밖에 없었던 것이다. 이제 이러한 혼란을 극복할 수 있는 힘은 합리적인 다원주의를 강화하고 그것을 이행할 합법적인 권위를 인민으로부터 부여된 국가의 손에 맡겨지게 되었다.

다수의 포괄적이고 규범적인 교리를 도입함으로써 어떻게 진리가 존재하고 존재해야만 하는지를 이해하는 데 모종의 역설이 놓여있다. 그것은 개인들이 스스로 포괄적인 진리를 추구하고 발견하는 것을 허용한다는 의미에서 자유적이고 해방적이라 할 수 있었다. 하지만 그것은 이러한 해방과 더불어 자유주의 이념을 가능하게 하는 그 자유의 한계를 문제시할 수 있는 책임도 수반된다. 개인이 자신의 삶을 안내하는 포괄적인 교리에 대한 자신만의 이해를 자유롭게 추구할 수 있으려면, 그 개인은 자신의 진리를 추구하고 정립시키려는 또 다른 다수의 개인들과 어떤 식으로든 공존할 수 있어야 한다. 끊임없는 종교적 분쟁과 갈등을 피하려면 이러한 공존과 관용을 위해 개인적 권위를 초월한 다원주의적 권위의 개입이 요청된다는 것을 의미한다. 역설적이게도, 근본주의적인 신앙으로 무장한 개인들은 세속화된 국가 내에서의 당연시되는 다원주의의 요청으로 인해 다른 모든 신앙체계와 삶의 체계에 대해 관용하려는 정책에 대해 오히려 독단으로 맞서려는 형국이다.

16세기 당대의 관점에서 볼 때, 분명 루터는 승리자이고 에라스뮈스는 패배자이다. 루터식의 종교개혁은 성공했고, 에라스뮈스식의 인문주의적 종교개혁은 한낱 순진한 이상주의로 폄하된다. 하지만 역사는 반드시 승패의 논리로만 정당화되는 것은 아니다. 에라스뮈스의 꿈은 오늘날 문화적이고 종교적인 갈등과 대립, 분열과 폭력이 난무하는 곳에서는 어김없이 평화와 관용의 인간화를 희망하는 비전으로 작동한다. 그의 온건하고 평화로운 외침은 무의미하고 공허한 메아리가 아니다. 그의 일치와 관용에 대한 열정은 독단과 배타주의의 광신이 현실적인 힘을 발휘하고 대중적인 호소력을 끌어들이는 마법으로 작용할 때일수록 빛을 발한다. 이념과 종교 그리고 국가나 민족을 불문하고 인간을 존중하고 이해하는 것이 인류 문명이 지향해 나가야 할 과제임이 분명하다. 온갖 차별주의를 정당화하는 근본주의는 비도덕적일뿐 아니라 반종교적이며 반문명적이라는 각성이 있는 그 순간, 패배한 종교개혁자 에라스뮈스의 정신은 부활한다.

참고문헌

Boyer, Paul S.. *When Time Shall Be No More: Prophecy Belief In Modern America*. Cambridge: Harvard University Press, 1992.

Conley, Thomas M.. *Rhetoric in the European Tradition*. New York: Longman, 1990.

E. W. Gritsch, "루터 성서해석의 문화적 배경." 『기독교사상』 305(1983).

Eisenstein, Elizabeth L.. *The Printing Press as an Agent of Change: Communications and Cultural Transformations in Early-Modem Europe, vol. 1.*. Cambridge: Cambridge University Press, 1979.

Erasmus, Desiderius. "A Diatribe or Sermon Concerning Free Will." *Erasmus-Luther: A Discourse on Free Will*, ed. and trans. Ernst F. Winter. New York: Continuum Publishing, 1992.

______. *On Copia of Words and Ideas*, trans. H. D. Fux. Milwaukee: Marquette University Press, 1999.

Luther, Martin. "Answer to the Hyperchristian, Hyperspiritual, Hyperlearned Book by Goat Emser in Leipzig," *Luther's Works vol. 39: Church and Ministy I*, trans. Eric W. Gritsch. Minneapolis: Augsburg Fortress Press, 1970.

______. "Heidelberg Disputation." *Martin Luther's Basic Theological Writings*, trans. and ed. Timothy F. Lull. Minneapolis: Augsburg Fortress Press, 1989.

______. "The Freedom of a Christian." *Martin Luther's Basic Theological Writings*. trans. and ed. Timothy F. Lull. Minneapolis: Augsburg Fortress Press, 1989.

______. *Luther's Works, Vol. 34: Career of the Reformer IV*, ed. JJ. Pelikan, H. C. Oswald and H. T. Lehmann. Philadelphia: Fortress Press, 1999.

______. *Resolutiones desputatioem de indulgentiarum virtute*. in *Luther's Works, vol. 31: Career of the Reformer I*. ed. Harold J. Grimm & Helmut T. Lehmann (Minneapolis: Augsburg Fortress Press, 1957.

______. *Table Talk*. trans. William Hazlitt. London: Harper Collins Publishers, 1995.

______. *The Bondage of the Will*. trans. J. I. Packer and O. R. Johnston. Grand Rapids: Barker Books, 1957.

Marsden, George. *Fundamentalism and American Culture: The Shaping of Twentieth Century Evangelicalism 1870-1925*. New York: Oxford University Press, 2006.

Oberman, H. A.. *Luther: Mensch zwischen Gott und Teufel*. München: Deutscher Taschenbuch Verlag GmbH & Co. KG., 1986.

Perkin, Harold. "American Fundamentalism and the Selling of God." *The Political Quarterly* (2000).

Rawls, John. *Political Liberalism*. New York: Columbia University Press, 1993.

Strozier, Charles B.. *Apocalypse: On the Psychology of Fundamentalism in America*. Boston: Beacon Press, 1994.

Weber, Max. *Die protestantische Ethik und der Geist des Kapitalismus*. in Max-Weber-Gesamtausgabe Bd. I/18. Tübingen: J.C.B. Mohr (Paul Siebeck), 1984.

Zweig, Stefan. *Triumph und Tragik des Erasmus von Rotterdam*. Frankfurt: Fischer Taschenbuch Verlag, 1981), 77-78에서 재인용.

박종균. "루터와 뮌처의 종말론 비교연구-정치사상의 관점에서." 『神學硏究』 73집 (2018).

圓月勝博. 『世界の文学』. 김경원 역. 『르네상스 문학의 세 얼굴: 연애, 고백, 풍자』. 서울: 웅진지식하우스, 2009.

제4장
칼뱅의 정치사상

1. 서론

칼뱅주의는 하나의 도그마, 즉 그것을 창안한 칼뱅과는 별도로 존재하는 것처럼 보이는 조직적인 관념들의 체계라 할 수 있을 것이다. 1536년 『기독교강요』(*Institutio christianae religionis*)가 출판됨으로써 칼뱅주의에 대한 논의가 가능해진 것이 사실이지만, 엄밀히 말하면 칼뱅은 자신의 관념들의 객관적인 진실에 대한 명확한 논증은 물론 자신을 크게 부각시키지 않는 것을 미덕이나 경건함으로 여겼던 인물이다. 루터주의에서는 종교개혁자 루터의 사적인 감정과 신비적 경험이 매우 중요하기에 루터의 신앙과 유사한 것을 성취하기 위해 루터의 신앙적 상태를 복원하고 그가 겪었던 시련을 복기하려 애쓰는 경향이 있다. 그러나 칼뱅주의에서 칼뱅 개인적인 차원의 역사적 의미를 부각시키는 경우는 매우 드물다. 칼뱅은 재론의 여지없이 철저한 공적인 인물임에 틀림없다. 오직 공적인 견해를 중시했던 인물이었고, 심지어 그의 사적인 종교적 경험 역시 칼뱅주의에서는 특별한 관심의 대상이 되지 않았다. 칼뱅이 믿은 바처럼 신의 예언자에게 확신을 가져다 준 영적인 내면의 활동은 자신의 경우 극적으로 신비한 영적 체험이나 개인적인 위기 상황과 관련되었다기보다는 엄격하고 치밀한 논리성을 띤 점진적 계몽의 성격과 관련된 것처럼 보인다.[1] 칼뱅은 헤아릴 수 없고 포섭 불가능한 신에 대해

1 칼뱅주의의 회심에 관한 논의는 다음의 글을 참고하라. Rupert E. Davies, *The Problem of Authority in the Continental Reformers: A Study in Luther, Zwingli, and Calvin* (London: The Epworth Press, 1946), 99.

거듭 확인하고 있지만, 신에 대한 사적인 차원에서의 신비적 체험에 관해서는 관심을 보이지 않았다. 칼뱅주의는 개인적이고 감정적인 사람들의 종교적 충동이나 열광에 저항하기 위해 엄청난 노력을 기울인 칼뱅과 추종자들의 신앙적 · 실천적 산물이라 할 수 있다.

칼뱅 사상이 루터의 사상보다 훨씬 파급력을 갖고 보다 광범위하게 사회 경제적 상황에 적응할 수 있었던 것은 루터와의 성격과 스타일의 차이를 비교해 볼 때 그 윤곽이 잘 드러날 것이다. 무엇보다 칼뱅의 사상은 객관적이고 인정에 매이지 않는 교리의 권위를 가졌고 견해에 대한 호소력은 공적인 성격을 띠고 있었다. 노년기의 루터는 지역적인 인물이자 물론 19세기의 보다 활달한 보수주의와 비교했을 때 훨씬 정적인 태도를 견지한 정치적 보수주의자였던 반면, 칼뱅은 생애 마지막 국제적인 인물이었으며, 혹자의 말대로 반란과 소요를 일으킬 개연성도 엿보이는 급진적 인물로 평가되었다. 그러므로 칼뱅의 사고체계가 갖는 매력과 그것이 모든 계층의 보통사람들을 향한 호소력은 결코 감정적인 선동이나 정서적 감동의 차원과는 결을 달리하는 것이었다. 루터는 확실히 16세기 사람들을 동요시킨 문제의 인간적 뿌리에 천착했기에, 그는 전통적인 권위와 그 권위에 대한 도전, 불안과 칭의의 커다란 딜레마를 홀로 풀어내고자 하는 불굴의 용기를 지닌 인물이었다.[2] 그는 사적인 삶의 엄청난 역경에 힘입어 가장 극단적인 종교적 체험을 극화한 신학을 만들어 냈다. 그는 불타협의 정신으로 저속함을 불사하는 웅변으로 스스로와 결코 모순됨이 없이, 갈등과 양극성을 개인적으로 초월하는

2 에릭슨은 루터에서 "정체성 위기"에 대한 훌륭한 모델을 발견했다. 에릭슨에 따르면, 루터는 심각한 위기의 상황을 체험했으며, 건강한 방식으로 그 문제를 해결하는 데 성공했고 따라서 그 위기를 겪지 않았을 때보다 더 많은 것을 성취할 수 있다고 분석한다. 결국 루터가 나름 독일 프로테스탄트 지역의 정신적 지주가 되어 종교개혁가로서도 정치적으로도 성공한 인물이 된 것인데, 이마저도 손쉽게 얻은 것이 아니라 오랜 기간 정체성의 위기를 겪고 거기에 맞서는 과정을 통해서 획득하게 된 것이라 말할 수 있겠다. Tom Butler-Bowdon, *50 Psychology Classics: Who We Are, How We Think, What We Do; Insight and Inspiration From 50 Key Books* (Boston: Nicholas Brealey, 2007), 14장 참고.

길을 제시했다. 그와 대조적으로 칼뱅은 탁월한 논리적 산문을 썼으며 에둘러가는 표현의 달인이었다. 칼뱅의 글은 정치적 덕목으로 여길 수 있는 모호함을 특징으로 했다. 그것은 내면화 및 정서적으로 되풀이 되는 사적인 과정보다는 오히려 발전되면서 부풀려지고 뒤틀어지면서 쓰임새를 갖는 공적 과정에 훨씬 더 잘 부합하는 것이었다.

이러한 성격과 스타일의 차이는 보다 근본적인 구별을 암시해준다. 루터는 언제나 신에 대한 개인적인 지식에 깊은 관심을 갖는 신학자였다. 그는 중세적 전통에 여전히 입각해 있는데, 그럼에도 교권에 주된 관심을 갖는 공의회주의자들의 전통보다는 프란체스코나 베르나르(Bernard of Clairvaux)와 같은 영성적 전통에 입각해있다 할 수 있다. 루터는 실제로 교회 조직화의 이론적인 문제에 심혈을 기울인 적이 없었으며, 원천적으로 그러한 문제와 마주하려 하지도 않았을 뿐 아니라 새로운 교회를 계획하지도 않았다. 그러나 종교개혁 2세대에 속한 칼뱅은 개혁운동의 초기부터 체계적인 혁신에 헌신적이었으며, 그의 혁신은 신학에서보다는 오히려 도덕 행위와 사회 조직의 측면에서 더 두드러졌다. 그는 주로 로마 가톨릭교회를 대체할 수 있는 교회와 그 대체 방안에 대해 관심했다. 가장 중요한 신학적 물음인 신 존재의 신비와 신이 인간에게 미친 은총의 신비의 문제에 관해 칼뱅은 그것에 대한 추론은 죄악된 자기 방종이라는 이유로 이성적 추론에 대해선 대체적으로 부정적인 입장을 견지했다. 신과 은총의 신비에 관한 『기독교강요』의 관련 본문들은 이상하리만큼 짧고 모호하다. 그리고 『기독교강요』 이후, 칼뱅은 사실상 주네브 제일의 입법자로서 단지 성서주석, 설교, 서신, 논쟁이나 권고의 글만을 주로 썼는데, 지적이지만 그렇다고 결코 사변적으로 빠지지 않은 그의 글들은 언제나 상식에 호소하고 있었으며, 의도적으로 혼란을 조장하지 않으면서 매우 실용적인 성격을 띠고 있다 하겠다.

칼뱅의 글에서 신과 은총에 관한 신학적으로 급진적 견해는 의도적으로 절제되고 있다. 어떻게 보면 통상적인 신학에 반하는 표현이 그것을 뒷받침한다. "호기심에 빠지지 않는", "모호한 주제들, 즉 신의 말씀에 주어진 정보 이상의 것에 관해 말하거나 생각하거나 심지어 알려고 욕망하지도 않는", "일상적 쓰임이 없는 … 무익한 사변을 버리는 것", "신에 대한 지식은 신에게 맡겨라" 등이 그러한 표현에 해당한다.[3] 칼뱅은 구원의 교리로 인해 심문당하고 고문당하는 자들에게 동정심을 보이지 않았으며, 그들이 구원을 받지 못했다는 사실에 대해 신앙적으로 추호도 의심하지 않았다. "곤고한 자가 신의 지혜가 닿지 않는 후미진 곳으로 자신의 길을 가려고 발버둥 칠 때 … 신의 심판대 앞에서 자신에게 결정되어진 것을 발견할 수 있다는 것"은 끔찍한 죄악이 아닐 수 없다.[4] 그렇게 하는 것은 불안의 심연으로 돌진하는 것에 다름 아니다. 칼뱅주의 사상의 근간에 이러한 불안을 해소하기 위한 신학적 도움이 존재함에도 불구하고, 그것들은 단순히 교화적인 의미에서만 그러하지 영적으로 결정적인 것이라 할 수 없다. 칼뱅주의에서는 칭의의 교리보다는 권징과 복종의 교리가 훨씬 더 중요했다. 칼뱅은 "사람들이 복음에 복종하게 함으로써, 말하자면 그들을 신에게 희생 제물로 바치는 것"이 그리스도교 목회자의 의무라 주장한다. "그리고 교황들이 지금까지 교만하게 자랑한 것과 달리 그리스도가 희생 제물로 바쳐짐으로써(복종함으로써) 인간은 신과 화해되었다."[5] 화해 대신 복종을 강조한 것은 칼뱅주의가 개인적이고 종교적인 체계라기보다는 사회적이고 도적적인 체계라는 것을 의미한다. 칼뱅주의자 들에게서 불안의 극복은 타계적 차원의 활동이 아니라 지극이 현세적 활동에 속한 것이었다.

물론 그 구별이 명확한 것만은 아니었다. 가톨릭교회는 신학적 방

---

3 John Calvin, *Institutes of the Christian Religion,* John T. McNeill(ed.) (Philadelphia: The Westminster Press, 1960), I, xiii, 3, 21; I, xiv, 4. 이후 칼뱅의 『기독교강요』는 *Institutes* 로 축약함.

4 *Institutes*, III, xxiv, 4.

5 Calvin, *A Commentary upon the Epistle of St. Paul to the Romans*, trans. by Christopher Rosdell (Edinburgh: T. Constable, 1844), 192.

법론으로서 그리스도교적 도덕과 구원을 가시적 교회와 비가시적 교회에 중첩되는 것으로 강조해왔기 때문이다. 그러나 프로테스탄트는 가시성과 비가시성, 도덕과 구원의 간극을 더욱 더 벌어지게 하는 경향이 강하다. 루터파에서는 비가시적 교회가 칭의를 경험한 개별적인 신자에게 하나의 예리한 현실이 되기에, 종교는 이러한 체험이 양성된 신앙주의적 종파들을 신장시키는 경향이 있다. 반면 칼뱅파에서는 신자들의 종교적 에너지가 공적인 권징을 거쳐서 가시적 교회의 형태를 지향한다. 이러한 차이가 점점 더 분명해짐에 따라 프로테스탄트 교회는 신과의 사적인 친교를 강조하거나 아니면 사회적인 종교를 강조하게 된 것이다. 칼뱅주의의 경우는 후자의 길을 선택했다 할 수 있을 것이다.

여기서는 종교의 변혁에 그치지 않고 사회의 종교적 변혁, 즉 사회의 종교화를 위해 투쟁하고 헌신했던 칼뱅의 정치사상을 논구하고자 한다. 사회의 변화를 위해 종교적 이념이 어떻게 동력화 되는 지를 살펴볼 것이다. 칼뱅은 성서 이해를 바탕으로 신학적 이념과 정치적 현실을 전적으로 동일시하지도 그렇다고 완전히 분리시키지도 않으면서 자신의 이념을 성공적으로 수행한 종교개혁가요 정치가라는 점에 이의를 제기하기 어려울 것인바, 주네브 시에서 성공적으로 수행했던 신정 정치적 이념과 기획 그리고 실천 과정을 살펴보고자 한다. 칼뱅의 정치사상을 논의하기 위해 활용될 주된(primary) 자료는 다음과 같다. 『기독교강요』 1559년판에서부터는 세속정치에 관한 항목이 4권 20장에서 별도로 다루어지고 있다는 점을 고려하여 1559년판의 영문번역서를 텍스트로 사용할 것이다. 그리고 무엇보다 2차 자료 중에서도 조르주 라가르드(Georges Lagarde)의 『종교개혁 정치사상 연구』, 앙드레 비엘레(André Biéler)의 『칼뱅의 경제사회사상』, 그리고 마르크 쉬네비에(Marc édouard Chenevière)의 『칼뱅의 정치사상』에 가장 큰 신세를 지고 있음을 밝힌다.[6]

---

6 Georges Lagarde, *Recherches sur l'Esprit Politique de la Réforme* (Paris: Auguste Picard.

2. 칼뱅주의의 이념

칼뱅은 마음의 내적인 질서나 철학적 영역에 대한 관심이 부족했던 반면, 정치사에 끼친 그의 공헌만큼은 과소평가 될 수 없다. 칼뱅주의가 서구 사상사에서 나름의 위치를 차지하지만 그다지 독창적이라 할 수 없는 정치사상으로 일군의 집단을 세계사에 등장시켰다고 말해서는 곤란하다. 또한 그것이 정치질서에 새로운 정당성을 제공했다거나 하나의 이상적인 규율 체계와 도덕적 권징을 제시했다고 말하는 것만으로도 충분치 않다. 사실 칼뱅주의가 낳은 가장 특이한 양상은, 그것이 실천적이고 사회적이며, 계획적이고 조직적이었다는 데 있다. 선언문, 권고문, 논쟁문은 문학적 표현 양식을 띠고 있었으며, 계약, 집회, 회중 그리고 거룩한 공동체는 그것을 조직적으로 관리한 결과물들이었다. 칼뱅파에 비해 루터파는 매우 다른 양상을 보였는데, 루터가 "하늘나라를 취하길 원하는 자들에게" 말한 대로, 루터파 신자들은 비가시적인 하늘나라를 추구하면서 어차피 타락한 정치에서 등을 돌리고 지상의 나라를 떠날 준비를 했다.[7] 하지만 칼뱅파는 이 세상의 나라를 취하고 그것을 변혁시키겠다는 세속적이고 조직적인 헌신에 추동되었다.

칼뱅의 정치는 다음과 같은 두 가지의 인식과 요구에 기초해있다.

1926); André Biéler, *La pensée économique et sociale de Calvin* (Genève: Librairie de l'Université, 1959); Marc Édouard Chenevière, *La pensée politique de Calvin* (Paris: Slatkine, 1970).

7 Martin Luther, *Works* III, ed. by C. M. Jacobs (Philadelphia: Fortress Press, 1961), 248.

첫째는 정치적 현실에 대해 놀라울 정도로 현실주의적이고 비도덕적인 인식이며, 둘째는 정치는 종교적 목적에 겸허한 자세로 봉사해야 한다는 요구이다. 그렇다 해도 칼뱅은 정치권력의 형태나 법의 내용에 관한 논의에 깊이 관여하지는 않았다.[8] 그는 중요한 시점에서 이론화의 시도를 차단하였으며 결과적으로 정치적 사실에 대한 인식을 통해 그것들의 합리화를 구성하는 일을 벌이지 않았다. 그것은 세상적 방식에 대한 초연하고 염세적인 인식이지만, 결코 질서와 합법성의 형태에 관한 내적이고 상상력 있는 분석이라 할 수는 없었다. 정치적으로 칼뱅은 권력이 가장 야만적인 형태를 띠고 있다는 것을 모르지 않았는데, 결국 정치권력은 자신의 권력의 권위에 말씀을 부여함으로써 말씀을 야만적으로 만들어버리고 자신은 세상 속에서 확고한 권위로 군림하고 있는 것이다.

칼뱅의 사상은 세속적인 행위와 신적인 명령 사이를 부단히 움직이면서 각각의 장점과 약점을 파악함으로써 지나치게 사변적 이론으로 치우친 중세 스콜라 신학을 효과적으로 차단했다. 칼뱅주의에는 도덕적 본성이나 토미즘의 신에 대해 호감을 갖거나 타협할 수 있는 여지를 남기지 않았다. 가시적 교회와 비가시적 교회를 화해시키는 종합적인 관점은 프로테스탄트에 의해 산산조각 났으며, 그러한 계기를 위한 정치는 두 가지의 가능성을 제공했다. 즉 타락한 세상에 부합되는 가혹하고 부도덕해 보이는 폭정이거나 아니면 금욕주의적인 종교적인 권징이 그것이다. 루터의 검의 사용에 관한 교의는 전자의 가능성을 수용한 결과

---

8 칼뱅이 아리스토텔레스의 정치학을 따라, 군주정, 귀족정, 민주정의 국가형태를 언급하면서 각각은 타락된 정치형태로 변질될 위험이 있다는 것을 지적한다. 말하자면 군주정은 전제정치로, 귀족정은 과두정치로, 민주정은 다수 대중들이 폭동을 일삼는 무정부적으로 타락할 수 있다는 것이다. 따라서 칼뱅은 아리스토텔레스의 생각대로 혼합된 통치형태를 이상적으로 인식했으며, 독재를 막을 수 있는 견제 장치를 통해 통제되고 직무기간을 제한하는 귀족정을 그리고 있다(*Institutes*, IV, xx, 8). 그러나 이러한 빈약한 대목을 근거로 칼뱅이 귀족정의 지지자였는가 민주정의 신봉자였는가는 확정하기 힘들다. 또한 이러한 논의는 별도의 주제로 다루어져야 할 내용이므로 여기서는 더 이상 상론하지 않겠다.

이고, 칼뱅은 검의 사용이 필요 없는 것으로 여기지는 않았지만 결국 후자의 가능성을 선택했다 하겠다.

칼뱅은 전통적인 형태의 신학적 · 철학적인 사변과는 거리를 둔, 실천적인 사고의 인간, 주네브 정치에 사로잡힌 프랑스 난민 지성이라 묘사할 수 있겠다. 칼뱅은 종교적 칭의론이나 정치적 합리화의 정교한 이론적 과정에는 너무 깊이 관여하지 않았다. 그리고 엄밀히 말해 이러한 자유를 통해 칼뱅은 행동하는 세계와 새로운 연결고리를 확립할 수 있었고, 이러한 계기로 인해 그는 신학자나 철학자라 불리기보다는 오히려 이념가로 평가되어도 전혀 어색하지 않다. 신학의 힘은 신자들에게 신에 관한 지식을 제공함으로써 타락한 세상에서 벗어나 초월적인 교제를 가능케 하는 능력에 놓여있다. 철학의 힘은 그것을 신봉하는 이들에게 세계와 인간 사회를 존재하는 그대로 및 마땅히 존재해야 하는 바를 해명함으로써 그것의 필연성을 인정하는 데서 오는 자유를 얻게 하는 데 존재한다. 반면 이념의 힘은 그 지지자들로 하여금 각성시켜 세상을 변혁시킬 수 있는 실천을 추동시키는 능력에 있다 하겠다. 이념의 내용은 필연적으로 당대의 경험에 대해 맹목적으로 수용하길 거부하거나 불필요한 것으로까지 묘사하고, 단순한 개인적인 차원에서의 현실도피나 초월에 의존하지 않는다. 이념의 실질적인 효과는 조직화와 협력적인 실천적 활동을 생성해낸다는 것이다. 칼뱅주의의 이념은 이러한 말로 간단히 요약할 수 있겠다.

칼뱅 정치의 출발점은 신으로부터 인간은 영구적으로 불가피하게 분리되어 있다는 문제의식에 놓여있다. 그래서 루터와는 달리 칼뱅은 신과의 화해가 가능하다고 믿지 않았기에 아담의 타락의 부작용의 결과에 대처하는 작업에 집중했던 것이다. 그는 인간 소외의 사회적 함의를 탐구하고 사회적 치유책을 찾고자 했다. 칼뱅은 타락한 인간들, 즉 신에게서 뿐만 아니라 동료들과의 온갖 안정적이고 의미 있는 관계로부터 차단된 인간들이 겪는 주요 경험이 바로 불안과 공포, 불신과 전쟁이라 여겼고, 사실상 그러한 경험은 바로 16세기 유럽인들이 통상적으로 겪는 경험이었다.[9] 칼뱅은 오랜 역사를 가진 타락의 교리를 이용해 당대의 사람들에게 당시의 세계에 대해 해명했다. 그리고 그는 당대의 삶에 대한 공포가 정치적으로 통제될 수 있다고 확고하게 믿었기에 정치적 행동주의자이자 교회 정치가가 될 수 있었던 것이다. 개인적으로 칼뱅은 그러한 공포에 대해 엄격하고도 분명한 자기 통제력으로 응수했기에, 오늘날 분명히 영향력을 행사한 것으로 파악되는 여러 정치적 스캔들에서 불명예스런 족적을 뚜렷하게 남기지 않을 정도로 영리하게 대처했고 그 결과 매우 영리하고 성공적인 정치가였다는 데 이의를 제기할 수 없을 것이다. 그는 공적으로 권징을 체계화한 인물이며, 자신의 종교 사상에서와 마찬가지로 정치사상에서도 화해가 아니라 복종하는 행위에서 삶의 불안에 대한 치유책을 찾았던 사상가라 할 수 있다.

칼뱅에게서는 옛 아담을 교회와 국가의 결합이라 할 수 있는 권징의 규율체계로 묶어두는 것이 구원을 위한 최소한의 장치가 될 것이었다. 그런 점에서 정치세계의 재건이 아니라 해체를 목적으로 했던 재세례파를 반박하는 논쟁에 즉각적으로 개입한 이유를 찾을 수 있을 것이다. 수많은 재세례파 신자들은 법정에 서거나 군 복무 또는 어떤 식으로든 정치 질서와 관계 맺는 것을 거부했다. 그들은 신과 인간 사이에 브로커가 개입되지 않은 직접적인 축복과 신과의 합일을 추구했다. 재세례파와 같은 급진적 종교개혁파에 대한 공격을 통해 칼뱅은 불안과 소외의 완화는 오직 그리스도교 국가에서만 성취될 수 있다는 입장을 단호하게 견지했다.[10] 그는 저 세상에 대한 어떠한 제안에도 무관심했으며

9 *Institutes*, I, xvii, 10; André Biéler, *La pensée économique et sociale de Calvin*, 186ff.

10 칼뱅은 재세례파처럼 세상의 통치권과 권력 사용을 무시하거나 무관심한 태도에 대해 사탄의 생각이라는 주장까지 한다. Calvin, *A Short Instruction For to Arm All Good Christian People against the Pestiferous Errors of the Common Sect of Anabaptists*(1549), https://www.truecovenanter.com/calvin/calvin_against_anabaptists.html. 2020년 7월 9일 검색; Lagarde, *Recherches sur l'Esprit Politique de la Réforme,* 217-218.

오직 이세상적 노력, 즉 공직, 입법, 전쟁 등과 같은 세속적 수단이나 그것의 사용을 전유하는 일에 무게를 두었다. 잃어버린 낙원을 대체하는 새로운 인간 공동체를 건설하기 위한 투쟁은 구체적인 정치적 행동의 문제로 환원된 셈이다.

무엇보다 중요한 것은 칼뱅이 추종자들에게 이러한 활동에 헌신적으로 참여할 것을 요구했다는 점이다. 그들은 칼뱅의 카리스마가 이끄는 대로 불안과 소외를 깊이 공유했을 것이며, 신의 나라를 만드는 일에 동참하지 않을 수 없었을 것이다. 바로 이러한 요구가 역사적 과정에서 어떠한 이념을 새롭게 확립시키는 계기가 된다. 비록 처음에는 그 사명이 군주에게만 해당하는 것이었지만, 점차 확대되어 모든 사람, 모든 그리스도인들이 거룩한 대의를 이루기 위해 각자 맡은 몫의 사명을 다하도록 소명을 받았다는 새로운 이념이 하나의 사회를 지배하게 되는 것이다. 칼뱅은 중세적 방식으로 도덕적인 군주를 찾고자 애쓴 것이 아니라 지위고하를 막론하고 기꺼이 신의 도구가 되고자 자청하는 사람들을 찾고자 했다는 점에서 후커(Richard Hooker)의 말대로 "권력의 분산"(devolution)[11]이란 칼뱅에게서 비로소 그 단초가 마련되었다는 표현은 결코 과장이라 할 수 없을 것이다. 그가 프랑스의 군주에서 시작한 것은 그에 대한 존경심이 아니라 냉철한 실용성에서 비롯된 것이었다. 결국 칼뱅은 스스로에게 그리고 자신과 마찬가지로 다른 모든 시민들에게 소명의 흔적을 찾지 않을 수 없었던 것이다. 그러나 동시에 그는 그들의 사회적 지위가 아무리 높고 그들의 열망이 아무리 크다 해도 신의 섭리적 도구로서의 영웅적 개인에 의존하고자 하지 않았다. 칼뱅은 무엇보다 조직에 의존했으며 추종자들에게 특별한 조직적인 주도권과 정신적 힘을 부여했다. 아마도 역사상 칼뱅보다 더 회의를 좋아하는 인물은 없

---

11 Richard Hooker, *Of the Laws of Ecclesiastical Polity* VIII, ed. by Raymond Aaron Houk (New York: Columbia University Press, 1931), 249.

었을 것이다. 따라서 주네브 시를 들여다보면, 신정국가라 불러도 무방할 정도의 권징적 체계를 엿볼 수 있는 수많은 새로운 조직들이 존재했음을 알 수 있다. 시의회[12] 의원들은 모든 종류의 새로운 활동, 즉 대의명분을 위해 토론하고 표결하고 투쟁하는 활동으로 인도되었으며, 아담의 죄와 그것으로부터 비롯된 세상적 결과로부터 자유롭게 되도록 기획된 질서와 통제를 착실하게 배우게 되었다.

중세 가톨릭교회도 신자들을 조직화했지만, 당대 현존했던 봉건적 정치 세계의 요소들을 제거하지 않고 또한 잡다하게 얽혀있던 지역적이고 가부장적인 결속은 건드리지 않은 채 조직했던 것이다. 교회의 성직자 조직이나 수도원 종단에서만 체계 잡힌 조직적 삶에 노출될 수 있었을 뿐이었다. 그러나 칼뱅주의는 이러한 조직화를 보편적으로 만들고자 하였다. 확실한 것은 칼뱅파의 초기 회중들은 간혹 권세 있는 귀족들의 교회(Eigenkirche)처럼 보였다는 것이며, 신자들은 그들이 겪는 소외의 정도와 무관하게 세상과의 숱한 종류의 타협에 직면하고 있었다. 그러나 이론적으로나 실천적으로나 칼뱅주의가 봉건적 조직과 양립하기란 불가능했다. 말하자면, 칼뱅파의 조직과 연합의 형태는 개인과 조직이 느긋하게 연결된 봉건적 질서와는 질적인 차이가 있었던 것이다.

새롭게 조직적으로 훈육된 삶이 개인에게 미친 영향은 다양하게 나타났다. 수많은 영향력이 행사되는 가운데 혹자는 질서와 통제를 기꺼이 수용했고, 혹자는 교묘하게 피해나갔고, 혹자는 두려움 가운데서도 은밀하게 저항했다. 칼뱅주의적 조직 체계는 혹자에게는 새로운 사회발

12 시의회는 주네브 도시국가의 핵심기관으로서 소평의회(Petit Conseil)를 의미했다. 소평의회는 전원 시민들(citoyens)으로 구성되며, 주네브시의 시민이란 주네브 시민의 부모에서 태어나 세례를 받은 최고 특권자들을 말한다. 소평의회는 Senatus, Conseil Ordinaire, Conseil Estoicte, 또는 간단하게 Conseil로 불리기도 한다. 그리고 시의회 의원은 주네브의 신사(Messieurs de Genève) 또는 각하(Seigneurie)라 불렀다. Alister McGrath, *A Life of John Calvin: A Study in the Shaping of Western Culture* (Oxford : B. Blackwell, 1990), 108.

전 방법을 제공하기도 했으며, 혹자에게는 담당한 직무가 불편한 측면을 향상시켜 오히려 칼뱅이 주로 관심했던 것 이상의 다양한 종류의 근심을 완화시켜주었다. 그러나 더욱 적극적으로 열렬하게 호응한 자들이 진정한 칼뱅파의 신자라 할 수 있었다. 그들은 칼뱅주의 이념에 충실했고, 이념에 따라 개조된 자들이었으며, 새로운 규율적 체계에 의해 힘을 얻고 자발적으로 기꺼이 통제받은 자들이라 말해도 별 무리가 없을 것이다. 그들은 경건하고 엄격한 일상을 통해 종종 모든 소외가 종식되었을 뿐 아니라, 정치적으로는 열광주의에서나 볼 수 있는 것과 같은 자기확신감에 충만할 수 있었다.

3. 통제적 장치로서의 국가

칼뱅의 사상은 인간의 죄로 인한 소외로 시작해 새로운 종교적 권징으로 끝난다 할 수 있다. 그러나 그 사이에는 통과해야 하는 과정이 놓여있다. 칼뱅은 신자들이 언제나 그리고 모든 곳에서 타락한 세상에 종교적 권징을 부여할 수 있는 것은 아니라는 점을 망각하지 않으면서 세속적인 통제나 억제의 의의에 대해 해명하고 그것을 정당화한다. 그리고 칼뱅은 세속적인 정치적 억제가 설령 잔혹해 보일지라도, 신에게서 멀어진 인간에게 그것은 상당한 유익을 주는 것 또한 사실이라 주장한다. 말하자면, 이것은 칼뱅주의 이념의 가장 소극적인 의제에 해당한다 하겠다. 그러나 적극적인 관점에서 본다면, 신적인 권징은 충분히 이해되었을 경우 세속적인 통치와 억압의 현실에 대한 저항을 함의하고 있음이 분명하다. 아무튼 칼뱅의 현실주의는 그의 급진주의의 바탕이 된다. 칼뱅의 추종자들은 현실주의가 가르치는 교훈을 결코 망각하지 않았다. 인간의 사악함과 그로 인한 영속적인 통제와 금지의 필요성은 칼뱅주의 정치에 현존하는 공리와도 같다. 칼뱅주의는 특정한 조건 하에서 세속 국가를 정당화하는데, 국가의 정당성의 조건을 부여하는 근거가 되고 그것의 자격을 가늠하는 바로미터는 바로 거룩성이다.

최초의 타락이 발생하지 않았다면, 그래서 원초적인 신적 본성을 상실하지 않았다면, 정치에 관한 논의는 그 자체가 무의미했을 것이다. 칼뱅은 죄가 무엇인지 알지 못하는 사람은 마음의 법을 지니고 어떠한 외적인 권위나 강제적인 정치적 구조를 필요로 하지 않는다는 루터의 사고를 재확인했지만,[13] 그러나 칼뱅은 이러한 죄를 모르는 상태의 인간에 대해서는 관심을 두지 않았다. 타락한 아담과 질을 달리하는 인간이란 상상할 수 없었던 것이다. 그는 타락 이전의 상태의 실재에 대한 형식적인 믿음만을 지니고 있었기에 장차 지상에서 모든 죄가 사해지는 이상적인 상태에 대한 믿음으로는 결코 나아가지 못했다.

타락으로 인해 두 번째 본성을 가진 인간, 즉 반사회적인 인간이 탄생했는데, 그들은 순종하기를 싫어하고 끊임없이 타자를 지배하고자 노력하는 인간이다. "내가 말하고 싶은 바는 모든 인간은 본성적으로 이웃에 대해 주인이 되려고 하는 것이고 그 누구도 선한 의지에 따라서 주인이 되는 법은 없다는 것입니다."[14] 칼뱅은 또한 아담이 원초적으로 지니고 있었던 죄 없는 상태의 흔적에 대해 종종 언급은 했지만, 이러한 원초적 본성에 대해서는 별다른 관심을 보이지 않았으며 그것의 정확한 형상을 교정하는 문제에 대해서도 관심을 기울이지 않았다. 인간의 부패함 가운데서도 분명 첫 번째 본성의 남은 파편이 있을 것이나 애석하게도 그것은 지극히 모호할 뿐이다. 존재의 유비를 확신하는 가톨릭 신학자들에 반해, 칼뱅은 그것이 강하든 약하든 이성의 형태로 잔존한다는 것을 믿지 않았다. 그는 선의의 찌꺼기를 본능적인 것, 즉 "자연적 본능", "어떤 의식", "양심의 정서", "본능적인 성향" 등과 동일시했다.[15] 그는 성적인 금기를 정당화할 때 이러한 자연적 의식에 호소했고 때로는 그것을 더 큰 자연적 질서와의 연관성을 암시했다. 이에 더해 칼뱅은 사회

13 Calvin, *Sermons on the Book of Job*, sermon 152, 780. https://archive.org/details/sermonsofmasteri00calv/page/678/mode/2up. 2020년 7월 9일 검색; *Sermons on the Fifth Book of Moses*, sermon 101, 620. https://archive.org/details/sermonsofmiohnca1583calv/page/168/mode/2up. 2020년 7월 9일 검색.

14 Calvin, *Sermons on the Book of Job*, sermon 136, 718.

15 *Institutes*, I, xvi, 3, 5; II, ii, 22; Lagarde, *Recherches sur l'Esprit Politique de la Réforme*, 138-139; Émile Doumergue, *Jean Calvin, les Hommes Et les Choses de Son Temps*, V: *La Pensée Ecclésiastique Et la Pensée Politique de Calvin* (Lausanne: G. Bridel & C., 1917), 466ff.

를 향한 어떤 성향은 인간의 마음에 옳고 그름에 대한 불안하고 미숙한 양심으로 별 의미 없이 잔존하고 있을 뿐이라는 믿음을 확고히 했다.[16]

칼뱅의 견해가 갖는 궁극적 강점과 난점은 자연법 이론을 옹호하는 중세적 논증에 대응하는 데서 잘 드러난다. 이것은 중세 스콜라 철학자들이 고전적 세계의 인간들에게 품었던 상당하면서도 다소 불안한 존경심에 근거를 둔 논증이었다. 분명히, 사회와 법이라는 것이 아마도 가장 세련된 형태로 이교 세계에도 존재하고 있었다는 것은 적어도 세속적인 문제에 있어서만큼은 타락에도 불구하고 최악의 절망적인 상태가 아니라는 것을 예증해주는 것처럼 보였다. 환언하면, 타락은 종교적인 재앙이지 정치적인 재앙으로 보기는 어렵기에 인간은 이교 시대나 사회에서도 법을 수립하는 합리적인 능력을 유지할 수 있었던 것이다. 이러한 이교 사회의 경우를 통한 자연법 논증은 중세 학자들 사이에서는 일반적으로 통용되던 사고였는데, 이는 위대한 교부신학자들의 전통에도 부합할 뿐 아니라 그리스-로마사회의 법적 권위에 걸 맞는 정도의 위상을 아랍의 문화와 사상에도 부여할 수 있었다. 그렇게 되자 유일한 진리의 종교인 그리스도교 절대주의의 대원칙에 대해 회의할 수도 있는 지경에까지 이르게 되었다. 칼뱅은 이러한 위험에 즉각 대응할 필요가 있었다. "이방인들은 정의가 무엇인지 공직자가 된다는 것이 무엇인지 알지 못했습니까?"[17]라고 반문했던 칼뱅이 『기독교강요』에서는 태도를 바꾸어, 이교도들의 정치적인 법은 인간 본성에서 기인한 것이라기보다는 가장 탁월한 성령의 은사라 간주한 점이다.[18] 그렇기 때문에 칼뱅은 인간의

16 *Institutes*, II, ii, 13, 22, 24; Chenevière, *La pensée politique de Calvin,* 61-62, 71-73.

17 Calvin, *Sermons on the Epistles of St. Paul to Timothy and Titus* (Edinburgh: The Banner Of Truth Trust, 1983), sermon 39, on Timothy, 452.

18 *Institutes*, II, ii, 16; Lagarde, *Recherches sur l'Esprit Politique de la Réforme,* 176. 칼뱅에 따르면 인간은 법의 필요성을 이해하고 있으며, 심지어 모종의 정치적 질서에 관한 씨앗이 모든 인간의 마음에 뿌려져있다"고 말한다(*Institutes,* II, ii, 13). 그러나 칼뱅은 이러한 씨앗이 헬라의 정치적인 삶의 화려한 만개를 설명하기에 충분한 것으로 여기는지

이해 범주를 벗어나는 신이 그리스도교 국가들에게 주었던 것 보다 더 큰 축복을 헬라세계에 주었다는 사실로 인해 난감할 이유가 없었다. 중요한 것은 이러한 축복이 공로에 대한 보상이나 자연인의 업적이 아니라는 데 있다. 그리고 이것이 칼뱅의 최종적인 입장으로 간주해야 하는데, 인간의 첫 번째 본성은 죽었기에 그것의 존재는 사실상 정치적인 의미 부여를 할 필요가 없는 것이다. 인간의 반사회성은 인간의 도덕적 타락의 정치적 등가물이기에, 그것의 종국은 너무나 비참해서 칼뱅은 그 점을 명료화하기 위해선 과장할 수밖에 없었다.[19]

정치 사상적으로 인간의 반사회적인 두 번째 본성은 두 가지의 즉각적인 부정적 결과를 초래하고 말았다. 그것은 첫째 아리스토텔레스 철학으로 무장한 스콜라 신학자들이 사회와 국가는 자연적 연합체(corpus)라 묘사한 바대로는 아니라는 것을 의미한다. 말하자면 그것은 가족과는 전적으로 다른 성질의 것이다. 부모에 대한 복종이 자연적인 반면 정치적 복종은 그렇지 않다. 가족의 범주에서는 전지전능하고 온화한 신을 통치자 아버지라 부를 수 있는 것이며, 사실상 그런 온정적인 신은 더욱 사랑하는 방식으로 인간을 지배한다. 따라서 아버지에 대한 애정 어린 복종은 일반적인 의미에서 정치적 삶을 위한 준비, 인간의 타락성에 대한 조절이라 할 수 있으며, 그것은 "우리의 마음을 완화시키고 복종하는 습관적 경향성을 갖게 한다."[20] 그러나 통치자[21]는 아버지가

는 확실치 않다. 이와 관련된 논의는 다음의 글을 참고하라. François Wendel, *Calvin: The Origin and Development of his Religious Thought*, trans. by Philip Mairet (New York: Harper & Row, 1963), 164, 192-194.

19 여기에 제시된 것과는 매우 다른 칼뱅의 자연법에 대한 관점을 고찰하려면, 다음의 글을 참고하라. John T. McNeill, "Natural Law in the Teaching of the Reformers," *Journal of Religion* 26(1946), 179ff. 맥닐은 종교개혁가들의 노작을 통해 그들이 자연법의 중요성을 견지했다는 점을 주장하고 있지만, 그들의 타락에 관한 급진적인 이론을 충분히 다루지는 못하고 있다.

20 Calvin, *Sermons on the Fifth Book of Moses*, sermon 36, 213; *Institutes*, II, viii, 35.

21 "통치자"(Oberigkeit) 개념이 루터에게서는 군주나 영주의 개념으로 사용되는 반면, 칼뱅에게서는 대부분의 경우 "시의회 의원", "공직자", "관원"이란 개념으로 쓰이고 있다.

아니라는 데 있으며 인간은 그들을 아버지처럼 사랑할 의무가 없다. 그렇기에 루터가 흔한 처방으로 제시한 권세 잡은 자들에 대한 사랑은 칼뱅에게 있어서 거의 언제나 "존중", "명예", "그들을 위한 기도", "복종"으로 대체되었다.[22] 이러한 인식은 가족의 모델로부터 더 복잡한 사회 또는 국가로의 역사적 내지 도덕적 발전을 유추하거나 해명한다는 것이 어려워졌다는 사실을 웅변해준다. 칼뱅은 16세기의 대다수 이론가들의 생각과는 거리가 있었는데, 그들은 국가라는 것이 하나의 거대한 가족이라 주장한 것은 아니지만 여전히 부자관계를 정치권력을 위한 가장 유용한 은유로 여겼던 것이다. 하지만 칼뱅은 그러한 은유를 전복시키고 부성이란 실제로 공직자의 직책과 같은 하나의 직무라는 점을 파격적으로 제안했던 것이다.[23]

정치적인 사회는 가족으로부터 발전된 것도 아니고 협의나 계약의 과정을 통해 확립된 것이라 할 수도 없고, 그것은 어디까지나 인간의 두 번째 본성인 반사회성의 부정적인 결과일 따름이었다. 합리적인 야만인들은 자연상태의 불편함을 숙고함으로써 그리고 유사하게 계산하는 이해타산적인 타인들과 계약을 맺음으로써, 홉스나 로크가 생각했던 대로의 합리적인 사회적 질서로 유도된 것으로 볼 수 없었다. 칼뱅은 자연 상태가 주는 공포의 심각성을 숙지했기에 사회의 인간들은 사회적 통제에 대해 감사하는 마음을 품을 것을 촉구했다. "우리는 인간의 심성이 너무도 도착되고 삐뚤어졌다는 것을 알고 있습니다. 그래서 인간에게 씌울 굴레가 없다면, 모든 인간들은 자신의 이웃의 눈을 할퀴고 말 것입니다." 그래서 국가는 "빵과 물, 빛과 공기처럼 인간들은 물론 훨씬 더 뛰어난 인간들에게도 필요했던 것입니다."[24]

칼뱅은 이들을 "신의 종", 즉 신의 위임을 받아 행동하는 공직자들이라 생각했다.

22 Lagarde, *Recherches sur l'Esprit Politique de la Réforme,* 247.

23 *Institutes*, IV, xiii, 14.

24 Calvin, *Sermons on the Fifth Book of Moses*, sermon 142, 872; *Institutes*, IV, xx, 3.

『창세기 주석』에서 칼뱅은 주인/종의 계급적 성립은 자연주의적 기원을 갖는바, 그것들은 본래적 자연 질서가 폭력적으로 부패한 후 인간의 두 번째 본성에서부터 비롯된 것이라 주장했다. 주인 상태란 분명히 다른 사람들을 강제적으로 굴복시키려는 소수의 야만적 지배자들의 폭력성에서 그 기원을 찾을 수 있을 것이다. 종의 상태란 처음에는 불법이었지만, 나중에 수용되자 그것의 필연성에 대해 변명할 필요가 대두되었다.[25] "인간은 끊임없이 스스로를 높이려는 욕망을 부채질하는 일에 추호의 흔들림도 없습니다. 그렇기에 신이 끝장을 낼 때까지는 결코 의지로 복종하는 법은 없을 것입니다."[26] 사실상 칼뱅은 한술 더 떠, 신이 탐욕스런 죄인을 직접 변화시켜주지 않으면, 복종하지 않으려는 의지조차도, 압도적인 힘에 두려움으로 복종하려는 행위조차도 가능하지 않을 것이라 말한다.

따라서 인간은 고독하고 무기력하다. 신의 은혜에서 벗어난 인간은 인간적 유대의 위로조차 불가능하다. 인간의 소외는 신으로부터의 소외와 사회로부터의 소외라는 이중적 성격을 가지고 있다. 칼뱅이 묘사하는 삶의 상태는 정글 속에서 생존해야 하는 추악하고 잔인한 야수와 같은 상태라 요약될 수 있을 것이다. 인간은 고정된 거주지나 확실하고 안정된 일자리를 갖지 못하며, 칼뱅의 표현으로는, "전 생애를 통해 불확실성 속에서 나그네처럼 배회할 뿐이다."[27] 인간의 삶은 기껏해야 불안한 과정이다. 칼뱅은 홉스의 "자연상태"[28]와 마찬가지로 삶의 위험에 대

---

25 Calvn, *Commentaries on the first book of Moses, called Genesis,* trans. Thomas Tymme (Grand Rapids, WM. B. Eerdmans, 1948), 270.

26 Calvin, *Fifth Book of Moses*, sermon 36, 217. 칼뱅은 인간 본성에 대한 설명에서 홉스와 너무도 유사하다. "우리는 자연적으로 우리 안에 위로 기어오르려는 저주받은 욕망의 뿌리를 지니고 있다."

27 *Institutes*, I, xvii, 10; III, x, 6; André Biéler, *La pensée économique et sociale de Calvin,* 236-245.

28 홉스의 "자연 상태"란 자연 상태에는 생존 이외에 도덕적인 기준 자체가 없는 상태를 말한다. 말하자면, 자연 상태에서는 모든 사람이 무엇을 가지든, 무슨 짓을 하든 도덕적으

해 과도하게 인식하고 있는 것처럼 보인다. 권징과 복종에 대한 관심의 밑바탕에는 이러한 전쟁 상태에 대한 특별한 공포가 자리했다 할 수 있겠다. 오랜 자기 방식대로의 성찰을 통해 칼뱅은 존재의 불확실성을 숙고하게 되었는데, 그 결과 재난이 언제나 임박했다는 사고로 이어졌던 것이다. 물론 궁극적으로는 오직 신의 은총만이 극심한 불안과 공포에서 인간을 구원할 수 있다. 그러나 신은 선택한 사람뿐 아니라 모든 인간을 위해 사회적이고 정치적인 질서를 확립했다. 만일 이러한 것들이 궁극적인 돌파구가 될 수는 없더라도, 아무튼 평온과 안정을 가져다준 것은 분명하다.[29]

(1) 정치적 질서와 복종

칼뱅에 따르면 질서의 본질은 신에 대한 복종이다. 따라서 국가의 질서의 자연성에 대한 그의 문제제기는 자연의 자연성에 대한 문제 제기와 같은 맥락에 놓여있다. 칼뱅주의 사상에서 자연은 인과의 법칙에 묶이지 않고, 특별한 기적의 경우 신의 의지에 종속된다. 신의 섭리는 더 이상 율법이나 예언에만 있지 않고 신의 행위 속에 존재한다. 영원한 자연의 질서는 정황적이고 특정한 사건의 질서가 되었고, 각각의 원인은 비록 인간이 헤아릴 수는 없지만 직접적이고 행동하는 신의 뜻이 되었다. "신이 아버지로서의 호의나 심판을 행사했다고 우리가 생각할 여지를 남겨두지 않을 것이다 … 비록 한 해의 생산성이 특이한 신의 축복

로 비난받을 이유가 없는 상태이다. 이처럼 모든 인간이 각자 자신의 이익을 좇아 이기적인 행동을 한다면 전쟁이 끊이지 않을 것이다. "만인의 만인에 대한 투쟁"이라는 홉스의 말이 이 대목에서 등장한다. 모두가 생존을 위해 모두를 상대로 싸워야 한다면 그것은 곧 전쟁 상태요, 무정부 상태라 할 것이다. Thomas Hobbes, *Leviathan*, I. Richard Tuck (ed.)(Cambridge: Cambridge University Press, 1991), 13.

29 *Institutes*, IV, xx, 2.

이 아니듯이, 그리고 마치 가난과 기근이 신의 저주요 보복이 아닌 것처럼." 다시 한 번 분명히 말하면, "신의 특별한 명령이 없이는 바람이 생기지도 불지도 않는다."[30] 물론, 신의 명령은 모종의 패턴을 만들었고, 그리고 칼뱅을 이러한 패턴을 종종 자연적이라 불렀다. 그러나 칼뱅은 언제나 그것은 자연에 내재한 영속적인 연쇄반응 및 복잡한 일련의 인과성에서 비롯된 것이 아니라, 오직 모든 만물의 절대 주권자이자 결정자인 신으로부터 비롯된 것이라 주장했다.[31] 이처럼 전능하고 언제나 능동적인 신은 자연의 패턴을 위반할 수 있으며 그의 명령에 의거한다면 자신의 신자들도 동일한 행동을 할 수도 있는 것이다. 신의 자연에 대한 위반은 임의적이고 독단이라기보다는 자신의 패턴, 즉 자신의 절대주권이라 할 수 있다.

신이 정한 질서대로 주인과 종은 자신의 위치를 부여받았다. 자연적 성향이나 합리적 계산, 그리고 권위와 복종의 산물 모두가 신의 주권에 의한 것이다. 만일 신이 원하기만 했다면 사나운 야수들에게도 공직자에 대한 공포를 가르칠 수 있었을 것이다.[32] 군주를 세운 분도 신이요 그들의 백성들의 가슴에 두려움을 심어준 분도 신이다. 칼뱅의 말대로, 자신들 속에 야망이 불타오르면서도 군주에게 말없이 복종하는 수많은 사람들을 볼 때마다 이것은 입증된다. "그것의 원인이라면 세상에서 탁월하지 않으면 안 될 신께서 검과 권력으로 무장하셨다는 사실에 있습니다."[33] 신은 모든 정치적 사실들, 특히 질서나 정복, 통치와 같은 이해하기 쉽지 않은 사실들의 궁극적 원인이다.

---

30 *Institutes*, I, xvi, 4, 5, 7.

31 *Institutes*, I, xvi, 8; xvi, 9: "신의 법령은 필연적으로 이루어져야 하지만, 그것이 절대적이거나 자연적 필연성에 의한 것은 아니다."

32 Calvin, *Fifth Book of Moses*, sermon 36, 214.

33 Calvin, *Commentaries upon the Prophet Daniel*, trans. by Thomas Myers (Edinburgh: the Calvin Translation Society, 1852-53), 85. https://babel.hathitrust.org/cgi/pt?id=inu.30000131805404&view=1up&seq=9. 2020년 8월 24일 검색.

그렇게 함으로써 신은 복종을 확립한 것과 동시에 그것을 양심적인 것으로 여기게 하는 작업을 시작했다. 신은 말하자면 잊힌 자연법과 죄 없는 상태에 대한 새로운 법을 제정했다. 이것이 바로 낡은 자연법을 완벽하게 다시 명료화시켜 모든 실천적 목적을 위해 선포된 십계명이다. 복잡한 사변적 검토와 인간의 이성적 적용을 위해 자연법 신학의 틀에서 근거를 찾았던 가톨릭의 견해와 대조적으로, 칼뱅주의자들은 "해야 한다"와 "해서는 안 된다"의 엄격하고도 강권적인 체계로 이론을 재구성했다. 칼뱅주의자들은 십계명을 자연법과 지속적으로 동일시함으로써 가톨릭신학자의 융통성 있는 일반적 해석 가능성에 열려있는 자연법을 일련의 실증적인 법령으로 변환시켰다.[34] 권력의 권위와 법은 인간의 본성과 이성의 한계를 초월하고 있으며, 비록 법은 양심을 강제하며 권력이 갖는 권위는 물리적 강제를 함의한다 할 수 있지만, 양자는 전적으로 외적인 통제나 억압을 표상하는 것은 분명하다.

칼뱅에게서 통제나 억압은 타락에 대한 심판이라기보다는 그것의 치유책으로 필수적인 것이었다.[35] 사실상, 사회질서나 명령과 복종은 이해 불가한 이유를 가진 절대 주권자인 신에 의해 창조된 것이고 단지 우연하게 인간에게 유용했을 뿐이다. "땅에 있는 모든 일에 대해 군주와 통치자가 손에 쥐고 있는 권세는 인간의 왜곡의 결과가 아니라 이러한 방식으로 인간의 문젯거리를 조절하는 것을 기뻐하는 신의 섭리와 신이 베푼 의식(儀式)의 결과이다."[36] 신의 구원의 은혜와 사회의 법은 언제나 전적으로 자신의 능력에 속한 것이며, 믿는 이들로 하여금 자신의 이웃

---

34 Calvin, *Institutes*, IV, xx, 16; Lagarde, *Recherches sur l'Esprit Politique de la Réforme,* 177; Marc Édouard Chenevière, *La pensée politique de Calvin,* 73-77.

35 Émile Doumergue, *Jean Calvin, les Hommes Et les Choses de Son Temps*, V, 400.

36 *Institutes*, IV, xx, 4; Marc Édouard Chenevière, *La pensée politique de Calvin,* 125-128. 칼뱅의 이 본문에 대해 다른 해석은 다음의 글을 참고하라. Sheldon Wolin, "Calvin and the Reformation: The Political Education of Protestantism," *American Political Science Review,* 51(1957), 441-442.

을 사랑하라고 요구하는 신의 법은 태초에 "세상에 다른 사람이 존재하지 않았음에도 불구하고 인간의 양심에 새겨진" 것이다.[37]

칼뱅은 정치적 질서의 유용함을 위해 설사 그것이 폭정이라 할지라도 복종이 필요함을 주장한다. " … 군주는 선한 자들과 무고한 자들을 괴롭히는 데 자신의 권력을 결코 남용해서는 안 됩니다. 그러나 그들의 폭정에는 정당한 지배에 대한 모종의 보여주기가 포함되어 있습니다. 어떤 점에서는 인간 사회를 보존하기 위한 방어적 차원이 아닌 폭정이란 있을 수 없는 것입니다."[38] 더구나 칼뱅에게서는 반사회적인 무정부 상태는 너무나 공포스런 사태가 아닐 수 없었기에 그것은 결코 강압적이고 폭압적인 사회화의 대안이 될 수 없었으며 그것의 유용성 역시 추호도 고려의 대상이 될 수 없었다. 비록 인간 사회의 보존이 신의 국가 설립의 목적에 부합하는 것이었지만, 그렇다고 국가의 형태와 행동을 측정하고 판단할 수 있는 인간의 목적이란 존재할 수 없었다. 타락한 아담은 정치적으로 무력했기에, 칼뱅이 디모데서 설교에서 묘사했던 자, 즉 폭력으로 직무를 수행하는 자, 신을 저주하는 자, 위선자, 신앙이 없는 자, 어리석은 자, 강간을 일삼는 자, 짐승 같은 자, 수치스러운 짓을 하는 자, 그리고 살인자와 같은 군주와 직면하게 된다. 이 경우 칼뱅은 그러한 군주의 권력과 권위의 정당화에 고민할 필요를 느끼지 않는다. 왜냐하면 그런 괴물과 같은 통치자라 할지라도 그의 정당성의 근거는 오직 신이 주신 권세이기 때문이다. "아직 신은 그를 존중할 것입니다. 오직 신만이 그 이유를 알고 계십니다. 고로 나는 복종하는 것에 만족하지 않으면 안 됩니다."[39]

이것이 그리스도인이 복종해야 할 이유였으며 양심을 위해 복종하

---

37 *Institutes*, III, xix, 16.

38 Calvin, *A Commentary upon the Epistle of St. Paul to the Romans*, 173.

39 Calvin, *Timothy and Titus*, sermon 46, on Timothy, 552.

라는 명령의 순전한 의미였던 것이다. 물론, 이교도는 그런 이유를 이해할 수 없었으며, 그들을 중생하지 않은 그리스도인이라 간주할 수도 없다. 그들은 거룩한 계명을 받지 못했으며, 타락한 상태에서 사회적 삶의 유용성을 깨달을 수도 없었다. 그들은 단지 무력, 권력의 실체에 대해서만 굴복했다. 그러나 통치자들에게 복종하라는 신의 명령은 실제로 그리스도인의 양심을 위한 개선일 뿐이다. 그것은 일반적으로 통치자의 권위를 합법적인 것으로 인정했지만, 실제로 권력을 소유하고 실천하는 자들을 제외하고는 어떠한 특별한 주권에 대해서도 적법성을 부여하지 않았다. "신이 그들을 통치할 수 있는 한에서 … 군주들은 통치 할 수 있고 허다한 사람들을 임명할 수 있다는 점에서 … 군주들은 신이 부여한 권위로 옷 입은 것입니다."[40] 칼뱅은 합법적인 통치자와 권력의 찬탈자 사이의 중세적 구별을 무시했을 뿐만 아니라, 사실상 법적으로 구별하려는 어떤 노력에 대해서도 비판적 입장을 취했다. "군주가 어떤 권리와 권한으로 통치하는 지를 의문시하는 것 … 그리고 그가 선하고 합법적인 방식으로 권력을 상속받았는지의 여부에 대해 의문시하는 것은 우리가 할 일이 아닙니다 … 우리에게는 그들이 통치하는 것으로 만족해야 합니다. 왜냐하면 그들은 자신들의 힘만으로 이러한 지위에 오른 것이 아니라 신의 손에 의해 올리어졌기 때문입니다."[41] 그리스도인은 그러한 군주에게 복종할 이유는 있지만, 그들을 인정할 권리는 없으며, 양심적인 복종은 권위의 본성을 어떤 식으로도 변경시킬 수 없다.

그러한 주장은 불가피하게 홉스적인 주장으로 연결된다. 특정 주권자가 복종을 부여할 권력을 가지고 있는 한 복종하는 것이 마땅하다. 그러나 만일 그가 권력을 상실한다면 복종할 정당성 역시 상실된다. 왜냐하면 상실된 주권이란 신이 권력을 폐기한 것이기에 그러하다. 칼뱅은

40 Calvin, *Daniel*, 84f.

41 Calvin, *Timothy and Titus*, sermon 46. on *Timothy*, 550; Calvin, *Romans*, 172.

예레미야서 38장에서 이러한 원리가 제시된 것을 발견했다. 선지자는 예루살렘 사람들에게 바빌로니아 침공자들에게 항복할 것을 명령했는데, 이에 대해 칼뱅은 다음과 같이 말하고 있다.

> 비록 … 백성들은 왕에게 끝까지 신뢰를 지키겠다고 맹세했지만, 신이 그 도시를 갈대아 사람들의 손에 넘기셨을 때, 맹세의 의무도 그치고 말았습니다. 왜냐하면 나라가 바뀐다면, 백성들이 약속했던 것이 무엇이었든지 더 이상 구속력이 없습니다 … 외세가 침략해서 온 땅을 점령할 때, 맹세의 의무는 중단되고 맙니다. 왜냐하면 군주를 세우는 것은 백성들의 힘에 있는 것이 아니라, 마음먹은 대로 국가를 교체할 수 있는 신에게 속한 일이기에 그러합니다.[42]

(2) 양심과 실정법

정치적 현실에 대한 칼뱅의 냉혹해 보이는 주장은 양심적 복종을 위한 요구에 의해서도 결코 약화되지 않았다. 실제로 인간은 신의 형상으로 피조 되었기에 신의 권위에 종속되어 있다는 점에서 양심조차 선이나 합법성보다는 권위가 갖는 힘에 더 결속되어 있다 하겠다. 그리고 신의 권능은 인간의 심의 대상이 아니기에 그가 이 세상에서 확립한 권력들 역시 인민들에 의해 면밀하게 따져 물어야 할 대상이 될 수 없다. 칼뱅은 특히 정치사상의 가장 중요한 논점, 즉 정부 형태에 관한 물음과 실정법의 내용에 관한 논의를 금지시켰다. 그러나 금지의 첫 번째 위반

---

42 Calvin, *Commentaries on the book of the prophet Jeremiah and the Lamentations*, trans. John Owen (Edinburgh: the Calvin Translation Society, 1852-53), Lecture 147; III, 387-388. https://babel.hathitrust.org/cgi/pt?id=uva.x000428670&view=1up&seq=9. 2020년 8월 24일 검색.

자는 칼뱅 자신이었다는 점이 아이러니하다. 『기독교강요』와 여러 성서 주석에서 칼뱅은 수차례 입헌적 형식의 문제로 돌아와 일종의 귀족적이고 자유로운 국가에 대한 선호의 의중을 드러냈기 때문이다.[43] "그러나 주의 뜻에 만족하는 사람에게는 이 모든 말이 불필요할 것이다. 왜냐하면 국가에 대해 군주를 임명하고 자유 도시에 대해 공직자를 임명하는 것이 주의 기쁨이라면, 우리가 거주하는 곳에 신이 세우신 공직자에게 복종하는 것은 우리의 의무이다."[44] 칼뱅은 상황에 따라 여러 형태의 국가가 필요하다는 것을 인식했는데, 이는 그것은 정치적 현실에 대한 존중에 대한 또 다른 예에 해당한다. "토론으로 안내하는 원칙들은 상황에 따라 달라져야 한다." 그러나 토론은 실제로 그다지 얻는 것이 크다 할 수는 없었으며, 특정한 시대에서 특정한 민족들은 신의 도움으로 그들에게 필요한 형태를 부여받았다 하겠다. 비록 신은 자신이 고대 유대인들에게 했듯이 다른 민족들에게 자비를 베풀지는 않았지만, 모든 정치체제들은 그것의 기원에 있어서는 동일하게 신성했다. 그 내용은 모세 5경에 관한 설교에서 드러난다.

> 신께서 군주와 방백들 그리고 통치자들에게 기름을 부으실 때, 그것과 더불어 법을 제정한 권한들을 그들에게 부여하셨습니다. 사실, 법과 임명이 신의 지혜에 힘입어 공적으로 이루어져야 하는 것과 마찬가지로 그들은 신의 학교에서 그러한 것을 배워야 합니다. 그러나 그럼에도 불구하고 공적이거나 정치적인 법은 인간에 의해 제정됩니다. 하지만 그럼에도 불구하고 신은 결코 그 일에서 손을 때신

---

43 특히 다음의 글을 참고하라. *Fifth Book of Moses*, sermon 101, 621; sermon 105, 645ff. and *Institutes*, IV, xx, 8.

44 Calvin, *Institutes*, IV, xx, 8. 칼뱅의 거부에 대해서는 결코 심각하게 다루어진 적이 없으며, 그 내용조차 충분히 이해되지 않았다. 이점에 대해서는 다음의 글을 참고하라. J. T. McNeill, "The Democratic Element in Calvin's Thought," *Church History* 18(1949): 153-171.

것이 아니시기에 내가 말하고자 하는 외적인 정책의 관점에서도 여전히 그분은 인간에 대한 지배의 주도권을 가지고 계신 것입니다.[45]

"그럼에도 불구하고 … 하지만 그럼에도 불구하고 … 내가 말하고자 하는 … " 이런 표현은 애매한 수사적 표현이 아닐 수 없다. 이에 비해 츠빙글리의 작업은 결정적으로 중요한데, 초기의 스위스 개혁가들은 칼뱅이 애매한 방식으로 에둘러 거부했던 급진적 입장을 제시하고 있기 때문이다.

츠빙글리는 칼뱅의 경우와 마찬가지로 급진적인 프로테스탄트의 타락 이론을 위해 자연법을 희생시켰다. "최우선적으로 고려해야 할 것은 인간은 자신에게서 자연법을 발견할 수 없다는 것이다." 두 번째 아담은 신이 직접 역사에 개입해서 십계명을 내리실 때까지는 도덕적으로 무력했다. 다른 대부분의 개혁가들과 마찬가지로 츠빙글리 역시 십계명에서 매우 협소하게 해석된 자연법을 재발견했다. 그러나 십계명은 또한 참된 종교적의 첫 계시도 포함되었다는 것이며, 츠빙글리가 이 점으로부터 매우 중요한 결론을 도출했다. "자연법이 참된 종교라는 말 외에 달리 말할 수 없으며 오직 신자만이 그것을 이해할 수 있다."[46] 그러한 견해는 사실 헬라인들의 정치 형태를 대처하는 데 난점에 부딪히게 할 수도 있지만, 칼뱅보다 고전 세계를 더 동경했던 츠빙글리는 고대 헬라와 로마의 정치가를 신의 선택을 받은 자들로까지 묘사한다.[47] 그러나 츠빙글리의 동시대인들에게 그의 입장은 그들의 법이 성서적이고 그들의 통치자가 그리스도인이어야 한다는 것을 요구하고 있었다. 바로 이 지점에서 칼뱅의 애매한 스탠스는 그의 전체적인 정치관에 결정적이었

45 Calvin, *Fifth Book of Moses*, sermon 4, 21; Lagarde, *Recherches sur l'Esprit Politique de la Réforme,* 203ff.

46 Lagarde, *Recherches sur l'Esprit Politique de la Réforme,* 143.

47 Wendel, *Calvin: The Origin and Development of his Religious Thought*, 192-193.

는데, 그는 초기 개혁가들의 급진주의로부터 어느 정도의 거리두기를 해야 할지 쉽게 정하지 못했다.

칼뱅은 모든 비 그리스도인 통치자가 정통성을 결여했음을 마지못해 인정했다. 그는 신이 세운 국가를 이론적으로 전복할 수 있는가의 문제에 지나치게 몰두했다. 실제로 칼뱅은 모든 권위는 그것의 존재만으로도 그것의 합법성이 입증되는 것이라 생각하는 경향이 있었다. 다른 한편, 칼뱅은 비 그리스도인 또는 중생하지 않은 인간의 자연적 권력에 대해서는 도덕적으로 부합되는 법의 능력을 부여하지 않았다. 이교도 정치는 그것이 필요하고 합법적이라 해도 결코 바람직한 것이 아니며, 이방 세계의 법과 관습은 참된 그리스도인들에게는 모욕이 될 수도 있다. 그리스도인의 양심과 십계명에 대한 신과의 공동의 증언 어느 것도 세속 법과의 어떠한 도덕적 연관성, 그것의 옳음에 대한 어떠한 내적 인정도 찾을 수 없다. 그러나 그리스도인은 십계명 이전의 일반적인 신의 명령에 구속되어 스스로를 존재하는 권세에 복종시켜야 한다. 칼뱅은 이러한 계명만이 그리스도인의 양심에 구속력이 있다고 결론을 내리고 있는 바, 특별히 어떠한 인간의 법도 이와 유사한 구속력을 가질 수 없다는 것이다.[48] 세속적 관심의 문제는 적어도 양심과 관련해서는 주목을 끌지 못했으며, 심지어 가장 야만적인 관습조차 공개적으로 저항할 필요를 느끼지 못했다. 다니엘서 주석에서 칼뱅은 단호한 냉정함을 드러낸다. 칼뱅은 다니엘을 죽이려했던 고발자 들이 졸지에 사자의 먹이가 되는 처지가 되었을 때, 그들의 아내나 자녀들까지 그들과 함께 같은 운명에 처해지게 되었다는 점을 주목한 것이다. 물론 그것이 인간적으로 형평성에 반하는 처사인 것처럼 보이지만, 그것은 공개적으로 비난받아서는 안 된다는 것이 칼뱅의 생각이다.

48 Calvin, *Fifth Book of Moses*, sermon 20, 118; *Institutes*, IV, x, 5.

그것은 자유롭게 내버려두는 편이 좋습니다. 왜냐하면 동방의 군주들은 잔혹하고 야만적인 지배를 행사했고 그들의 백성들에 대해서는 폭정을 일삼았기 때문입니다. 그러므로 누구든지 이러한 문제를 둘러싸고 지나치게 논쟁할 명분이 없습니다.[49]

어떠한 이해하기 난감한 정치적 사태에 대해 그것은 당시의 그 문화 내적인 문제로 보는 것이 적절하다는 말로 들린다.

실정법에 대한 칼뱅의 견해는 후대 홉스에게서 분명하게 드러났던 유명론의 입장과 매우 유사한 것처럼 보인다. 실제로, 칼뱅은 자연법에 대해 상대적으로 큰 관심을 기울이지 않았기에, 그가 사용할 수 있는 유일한 선택은 츠빙글리의 성서주의나 극단적 유명론이었을 것이다. 칼뱅은 세속적이고 비그리스도교적인 정치의 독자적인 합법성에 대한 주장에서는 유명론의 입장을 선택했다고 말하는 편이 타당할지 모른다.[50] 물론 칼뱅의 실천적 유명론은 인간이 감히 범접할 수 없는 신적인 권위를 지니고 있고, 양심이 악한 법에 동의하는 것을 유보함으로써 그것을 도덕적인 부패로부터 보호했다. 홉스의 사적인 판단은 칼뱅주의적 양심의 세속적 환원이라 암시될 수 있다.[51] 홉스와 칼뱅에게서는 이러한 제한된 내적 자유는 개별적 인민들의 능력을 넘어서는 곳에 실정법을 확립함으로써만 보존된다. 양심은 법과 무관하며 그것에 의해 구속되지 않기 때문에 그것은 효과적인 판단을 내릴 수 없다. 그러므로 물리적인 힘은 물론이고 정신적인 힘을 수반한 권력의 주체(공권력)의 판단, 즉 그 판단이

49 Calvin, *Daniel*, 114-115.

50 소위 칼뱅 사상의 홉스적 함의는 17세기 위그노파 목사 일리 메흘라(Elie Merlat)에 의해 명시적으로 제기되었다. 메흘라의 주장에 대해서는 다음의 글을 참고하라. Guy Howard Dodge, *The Political Theory of the Huguenots of the Dispersion* (New York: Columbia University Press, 1947), 7-9.

51 Thomas Hobbes, *Leviathan*, ed. Michael Oakeshott (Oxford: Basil Blackwell, 1960), 243.

명시적으로 드러난 실정법이 없으면 그러한 양심에 따르는 행위란 공염불에 불과한 것이다.

(3) 정치적 규율 장치로서의 국가

칼뱅사상에는 정치에 대한 사변적 추론의 금기 사항이 내재되어있는데, 역설적으로 그것은 정치 세계의 독자적 가치에 대한 칼뱅의 인정에 기초하고 있다. 토마스 아퀴나스에게서 이러한 인정은 자연과의 경건한 타협의 결과로 추론된 것이기에 법에 대한 방대한 논의와 국가의 유형에 대한 논의를 가능케 한다. 하지만 칼뱅은 그런 식의 타협이나 종합을 거부하는 까닭에 그가 확신하는 정치적 타당성은 세속적으로 자유로운 연상 거리를 제공하지 않았으며, 옛 아담에서의 가치 역시 인정하지 않았다. 오히려 그것의 타당성은 인간의 두 번째 본성에서 필연적으로 비롯된 엄격하고도 종종 가혹하기까지 한 의식에서 자라나온 것이었다. 자연적 인간의 소외와 근심에도 불구하고 언제나 자신의 목전에서 "인간은 서로에 대해서 서로 물고 뜯는 원수지간이 되어선 안 된다."[52] 칼뱅은 정치가 그것의 일반적인 목적을 달성하고 통제적 질서를 수립하는 한, 어떠한 형태의 정치든 수용했다. 이것은 실제로 국가에 대한 칼뱅의 정의로 간주 될 수 있을 것이다.

그것이 신의 은총과는 아무런 관련이 없음에도 불구하고, 정치적 규율은 세속적 염려, 즉 아무런 통제가 없는 불안정하고 공포스런 삶에 대한 일차적 승리를 나타낸다. 사회적 삶을 지탱하는 제도의 존재만으로도 근심을 막아낼 여유가 생기게 된 것이다. 칼뱅에 따르면, 신이 직업을 확립하셨으니, "모든 불확실한 모험을 피하기 위해, 인간은 인생

52 Calvin, *Timothy and Titus*, sermon 14, on Titus, 1208.

의 모든 과정이 낱낱이 추동되어야 한다." "나는 또한 그들의 걱정거리, 노동, 골칫거리들과 기타 수많은 짐들을 조금이라도 경감시키고자 한다."[53] 인간은 직업적 노력을 통해 판에 박힌 무의미한 일상적 삶으로부터 벗어나 엄격하게 통제된 책임의식을 발전시킬 수 있을 것이다. 신은 또한 실정법과 그 지침을 위반한 자들에게 엄한 형벌을 마련했다. 법과 형벌이 없다면 많은 사람들이 피해를 입을 수밖에 없을 것이고 어떠한 사적인 인간적 권리도 안정되게 확보하기 어려울 것이기 때문이다. 그래서 신은 사악한 자들을 상하게 하고 멸하기 위해 그리고 평화와 안녕을 확보하기 위해 공직자들에게 칼을 주신 것이다.[54] 사회적 안녕은 사실상 정치적 억제력의 위대한 업적이라 할 수 있다. 묘하게도 칼뱅은 신적인 은총의 결과를 설명하는 데서도 같은 단어를 사용하고 있다. "안녕의 신은 모든 것을 안녕하게 하신다."[55]

법과 정치적 규율은 또한 일종의 내적 안녕을 야기할 수도 있다. 법은 인간 행위와 현세적 노력의 범위를 정해주며, 그것이 양심을 구속(拘束)할 수는 없다 해도 적어도 죄에 대한 합리적인 한계를 설정해서 양심적인 자들의 공포를 완화시켜준다. 칼뱅이 고리대금업자를 다룬 대목은 이런 심리적 과정의 흥미로운 예를 제공해주고 있다. 칼뱅은 고리대금업자를 스스로를 부단하게 볶아대는 인간으로 묘사했다.

> 나는 그러한 수단을 사용해야 한다. 그러한 업적을 이루어야 하며, 그러한 일을 검토해야 한다. 그렇지 않으면 나는 매사에 뒤쳐질 것이며 수척해질 것이고, 그런 방식으로 나아가지 않으면 내 인생의 절반을 잃을 것이다.[56]

---

53 *Institutes*, II, x, 6.

54 Calvin, *Daniel*, 97f; *Romans*, 173; *Institutes*, IV, xx, 2.

55 *Institutes*, III, xxiv, 4.

56 Calvin, *Fifth Book of Moses*, sermon 134, 821. 칼뱅의 고리대금업자에 대한 묘사는 베

칼뱅은 마치 돈벌이에만 혈안이 된 이런 속물적 인간에게도 위로를 베푼다. "모든 고리대금업이 이 땅에서 추방되길 우리는 모두 바라고 있습니다. 하지만 그것은 이루어질 수 없기에, 그것이 공공의 선을 위해 성취할 수 있는 바를 깨달아야 합니다."[57] 이 대목에서 베버는 칼뱅 혹은 칼뱅주의와 자본주의의 선택적 친화성을 찾기 위해 칼뱅이 신의 절대주권을 강조한 이중예정교리를 분석했던 것이다. 칼뱅주의는 인간의 삶을 오직 신의 영광을 위해 존재하는 것으로 보았기에, 개인은 홀로 신 앞에 고독하게 서게 되고, 그는 신에 의해 선택되었거나 유기된 자이다. 이 사실을 신 앞에 선 단독자는 결코 알 길이 없다. 하지만 유일하면서도 간접적으로 그 징표를 인식할 수 있다. 구원받은 사실에 대한 심리적 확신은 세속적인 직업(소명)을 통한 입증에서 비롯된다는 것이다. 말하자면 구원의 확신에 대한 불안과 공포, 그리고 그에 비례해서 강렬하게 요구되는 구원의 심리적 열망은, 운명에 대한 체념이나 비관보다는 오히려 신의 영광을 위해 일상에서의 직업에서 부단하게 노력하는 '현세적 금욕

버(Max Weber)가 묘사하는 칼뱅주의자, 이 세상적 금욕주의자의 전형을 보는 듯하다. 베버는 자본주의를 형성하는 이념형적 정신이 무엇인지에 대한 탐구를 통해, 칼뱅주의 윤리에서 나타나는 현세적 금욕주의, 그리고 이것의 토대로서 칼뱅주의의 예정론에 기초된 노동윤리를 해명했다. 이러한 탐구를 통해 베버가 정리한 것은, 자본주의 정신이란 과도한 노동을 하나의 덕으로, 또는 경제적 합리주의에 적합한 도덕적 의무로 선호한다는 것이다[Max Weber, *Die Protestantische Ethik I: Eine Aufsatzsammulung*, J. Wickelmann(Hrsg.)(Hamburg: Guterslohner Verlag, 1991), 32]. 베버에 따르면, 자본주의는 합리적인 자본주의적 조직과 기업을 통해 끊임없이 갱신되고 창출되는 이윤추구를 의미한다. 이윤추구의 동기는 역사적으로 어느 시기나 있었던 바이지만, 자본주의적 이윤추구란 악착같이 지속적으로 추구가 핵심적인 동기로 자리한다. 이런 시스템에서는 근검, 절약, 성실, 치밀한 계산성과 계획성, 금욕주의, 신용 축적 등이 덕목으로 고양된다. 결론적으로 말해 개신교, 특히 칼뱅주의적 유형의 인간은 벤자민 플랭클린과 같은 유형의 '세계 내적 금욕주의자'라는 것이다(*Ibid.*, 39-46). 그러나 자본주의 정신은 지속적 노동과 이윤증대를 목적으로 삼기 때문에 전통적인 경제행위(노동자들이 돈을 벌기보다는 즐기기 위해 노동했다)에 비해 합리적인 체제로 보일는지 모르지만 이미 그 안에 비합리적 욕구에 지배당하는 어두운 면이 자리하고 있다는 것이 베버의 우려였다.

57 Calvin, "Letter on Usury," in David A. Wells et al., *Usury Laws, Their Nature, Expediency, and Influence: Opinions of Jeremy Bentham and John Calvin* (New York: Society for Political Education, 1881), 34.

주의'(this worldly asceticism)를 유발시킨다는 것이다. 후에 칼뱅의 예정론은 청교도들에게서 지독한 노동이 신의 은총을 위한 전제조건으로 변모했다는 것이 베버의 지적이며,[58] 이러한 근거에서 노동에서의 금욕주의적 성향이 칼뱅주의와 자본주의 사이의 선택적 친화성을 입증해 준다는 것이다. 물론 베버의 이념형적 접근을 통한 칼뱅주의 윤리와 자본주의 정신의 관계성 탐구는 수많은 논쟁을 낳은 것이 사실이다. 여기서는 베버의 칼뱅주의 해석에 대한 논쟁을 다루지는 않을 것이다.

아무튼 필자가 주목하는 바는, 칼뱅에게서는 이처럼 고리대금업이 정치적인 문제로 취급되었다는 점에 있다. 칼뱅은 지대로 대변되는 자연 증가분과 화폐 이자로 대변되는 비 자연적 증가분의 중세적 구별을 폐지해버린 것이다. 만일 보다 사태를 면밀하게 파악해본다면 지대와 이자가 동일한 경제적 사회적 사실이라는 것을 확실하게 알 수 있다.[59] 그러한 사실과 관련하여 공공선을 결정할 때, 성서본문은 크게 영향을 미치지 못했으며, 칼뱅은 전통적인 자연신학적인 논증에 거의 관심을 두지 않았다. 대신 그는 형평의 원칙에 호소했으며, 이것은 어디까지나 실정법적인 문제에 해당하는 사안이었다. 칼뱅의 엄격한 지침에 따라 초기 위그노 총회는 다음과 같은 입장을 채택했다. "모든 사람은 군주의 칙령과 고리 이자에 관한 자선의 규칙을 신중하게 준수해야 한다." 군주의 참된 기능은 위그노 율법주의들이 고려하는 또 다른 사례(해적들이 판 물건을 구매해도 되는가)에서 더욱 분명해졌다. 목회자들은 다음과 같이 답했다. "만일 공직자가 그들의 거래에 승인을 한다면, 그들은 양심적으로

58 베버는 청교도 목사인 백스터(Richard Baxter)의 저술을 검토하면서, 그가 열정적으로 노동을 옹호했을 뿐 아니라 종교적 경건과 양립하는 경제적 삶을 강도 높게 주장했다고 말한다. "여러분은 육체와 죄를 위한 것이 아니라 신의 영광을 위한 것이라면 부자가 되기 위해 노동해야 합니다." 결국 신의 영광을 위한 교리는 끊임없이 부를 축적하기 위한 경제적 합리성을 공고히 해주는 종교적 기초가 되는 것이다. Richard Bendix, *Max Weber: An Intellectual Portrait* (Berkeley: University of California Press, 1980), 62.

59 Henri Häuser. *Les débuts du capitalisme* (Paris: Alcan, 1927), 54-55, 66f.

안전하게 그리해도 된다. 하지만 거래가 은밀하게 이루어진 것이라면 당연히 그리해선 안 된다."[60]

칼뱅은 주네브와 프랑스의 법을 감안하여 "사람들 앞에서 고리대금이 강탈행위로 정죄되지 말 것"을 기꺼이 승낙 했다.[61] 그것은 금리를 정하는 것의 문제일 뿐이며 당국이 정치적으로 결정할 문제였다. 복종적인 시민이 신 앞에서 여전히 죄인일지는 모르나 국가가 그들의 죄를 통제함으로써 그들의 근심은 완화될 수 있었으며, 동시에 그것은 더 많은 규제와 통제를 위한 길로 칼뱅을 안내했다. 그리고 이것은 칼뱅의 고리대금에 관한 언급의 진정한 의미로 간주되어야 한다. 고리를 다루는 직업을 하나의 삶의 방식으로 열렬하게 추천하지는 않았지만, 17세기 주석가가 약종상이 독극물을 다루듯 칼뱅이 이자 문제를 다루었다고 말하는 것은 정당하다.[62] 칼뱅의 생각은 세속적인 직업 활동을 솔직하게 인정하는 방식을 견지한 셈이다. 직업적 활동을 인정하는 근본적인 목적은 모든 활동을 정치적으로 수용 가능한 한계 내에 고정시키는 것이며 인간으로 하여금 그리스도교의 규율을 준비시키는 것이었다.

세속적인 근심의 완화는 우선적으로 확립된 권위의 명령에 대한 복종을 통해서 이루어진다. 칼뱅은 공포와 고독을 정서적으로 극복하는 방법으로 사랑을 언급한 적이 없다. 그의 군주나 공직자는 규율과 부성애를 함께 지닌 아버지 같은 존재가 아니었다. 칼뱅은 정치적 현실에 대해 철저하게 감정에 휘둘리지 않은 태도를 견지하면서, 카리스마를 결여한 사람들이 오히려 악한 사람들인 것처럼 통치자를 전혀 인간적 감정을 배제한 냉철한 공직자로 간주했다. 권력에 필요한 특별한 덕목을

---

60 『프랑스 개혁파 총회 문헌집』(*Synodicon in Gallia Reformata: or, the Acts, Decisions, Decrees and Canons of those Famous National Councils of the Reformed Churches in France*). ed. by John Quick. London: T. Parkhurst, and J. Robinson, 1692), 9, 34.

61 Calvin, *Fifth Book of Moses*, sermon 134, 821.

62 Henri Häuser. *Les débuts du capitalisme,* 45.

요구한 것이 아니었기에, 권력을 가진 사람들이 평민들보다 더 덕스러운 사람이라 말할 수 없지만, 그럼에도 불구하고 그들의 백성들은 주님에게 하듯 권력자들에게 철저하게 복종해야 하는 것이다.[63] 다른 한편, 칼뱅이 정치적 권위에 대해 인정한 것은 또한 정치적 신비에 대한 종언을 뜻하기도 했다. 국가는 하나의 현실, 즉 권력과 조직의 문제였다. 그것은 인간의 무능 때문에 유용하고도 필수적인 것이었으며, 아울러 정치적 질서는 위안이요 위로였던 것이다.

이런 유의 정치는 인간의 자유 의식이나 형제적 유대 의식을 제공해 주는 것 따위와는 무관하다. 칼뱅은 자신의 신학에서와 마찬가지로 정치사상에서도 언제나 고집스럽게 화해보다는 복종의 문제에 관심했다. 심지어 칼뱅이 모종의 근본적인 불안을 조성하고 유지하려 했다는 주장도 전혀 틀렸다고 말할 수 없는 이유는 불안이 존재하지 않는다면 엄격한 정치적 규율이 인간을 지배할 이유도 사라지기 때문일 것이다. 칼뱅의 신학에서는 경건한 자들을 괴롭히는 불확실성과 의심이 오히려 그들의 신앙을 연단시키는 하나의 훈련 연습으로 간주된다. 정치적 무질서나 소요가 권위의 결속을 강화하는 데 유용한 역할을 하는 것이라 볼 수 있을 정도다. 인간이 너무 나태하거나 안락하게 되지 않기 위해 신은 인간이 자주 불화하고 전쟁을 하도록 허락했다는 것이다. 칼뱅은 이 땅에서는 확고하게 안전한 국가는 존재할 수 없다는 것을 깨달았으며,[64] 그렇기에 질서의 불확실성과 통제의 필요성을 강조한 것이라 할 수 있다.

---

63 Calvin, *Fifth Book of Moses*, sermon 36, 216.

64 *Institutes*, III, ix, 1; *Daniel*, 63.

4. 그리스도교적 권징으로서의 교회

세속 권력의 통제는 단지 그리스도교적 정치의 초석일 뿐이며 최소한의 사회적 통제와 위안을 제공해주는 차원에서 그렇다는 것이며, 그렇기에 그것은 신의 주권과 인간의 권력 사용의 가장 기본적인 성과라 할 수 있겠다. 군주와 공직자들의 정치적 의무를 나열하면서, 칼뱅은 오직 "정의"(justice)나 "공정"을 요구했다.

> 훌륭하게 통치하는 자들은 모든 사람들이 자신이 한 일에 대해 책임을 질 수 있도록 주의를 기울이고, 사악한 자들의 대범함을 견제하며 그리고 선한 자들과 무고한 자들을 보호해주는 것이야 말로 최상으로 공의와 재판을 운영하는 길인데, 이것은 오직 지상의 군주에게서만 기대할 수 있는 것입니다. 이제는 정치적으로 다음의 사항들에 대해 최우선적인 주의를 기울여야 합니다. 어떤 사람도 자신의 이웃에 대해 위해를 가해서는 안 됩니다. 즉 재물 상으로나 인격적으로나 명예적으로 서로에게 불쾌감을 주지 않아야 하며, 그리고 범죄를 저지른 자는 벌을 받아야 하는 것입니다.[65]

그러나 다른 경우 칼뱅은 공직자의 종교적 의무를 주장하면서 순전한 세속적 정의가 어떤 가치를 지니고 있다는 것에 대해 동의하지 않는

---

65 Calvin, *Jeremiah*, lecture 85; III, 142; Calvin, *Fifth Book of Moses*, sermon 116, 710.

모습도 보인다.

> 모든 법은 터무니없이 신의 요구를 무시하고 단지 인간의 이익을 규정해준다. 영광스런 국가는 무엇이며 그러면 세상의 고귀함이란 무엇인가? 그것들은 신이 우리를 통치하도록 전해준 수단일 뿐이다 … 그렇다면, 군주나 황제 그리고 공직자들은 어떻게 해야 하는가? 그들은 신이 드높여지고 찬양받아야 한다는 것을 알아야 한다.[66]

칼뱅의 주장들은 일면 상당히 모순적으로 들린다. 그런데 어떤 설교나 논문에서는 칼뱅의 입장이 가지고 있는 이러한 난점을 교묘히 은폐시키고 있는 것도 사실이다. 세속적 권력에 의한 통제를 옹호하는 입장과 "신의 요구"에 대한 주장은 너무도 긴밀하게 얽혀있어서 그것을 별도로 풀어내기 어려워 보이기도 한다. 칼뱅의 이념은 첫 번째 인용문의 세속적 비관주의에 근거를 두고 있으나, 그것이 두 번째 인용문의 경건한 주장에서 발전되고 있다.

칼뱅은 정치권력의 잔혹한 통치의 정당성을 옹호하는 순간에도 그것의 부적절성을 염두에 두었다 하겠다. 그는 옛 아담을 엄청난 정도로 통제하고 질적으로 다른 안녕을 주려고 노력했는데, 그 통제와 안녕은 그리스도교적인 규율의 산물임에 틀림없다. 자연신학의 화해는 칼뱅의 의도와는 거리가 멀었고, 유토피아적인 이상은 "유대인들이 생각하고 있는 어리석은 환상"이라 일축했다.[67] 인간의 사악함에 대한 칼뱅의 강박적인 생각은 오랜 기간 익숙해진 통제적 규율의 성격을 새로이 규정했으며, 타락한 인간이 바로 그 통제의 대상이었던 것이다. 그러나 칼

66 Institutes, IV, xx, 9; Calvin, *Fifth Book of Moses*, sermon 4, 22. 또한 『기독교강요』헌사 부분을 참고하라. "신의 영광이 국가의 목적이 되지 않는 나라라면 거기엔 합법적인 주권이 있는 것이 아니라, 권력의 찬탈이 있는 것입니다 … ."

67 André Biéler, *La pensée économique et sociale de Calvin*, 256-265.

뱅은 그리스도인들이 사회적 통제의 대상일 뿐만 아니라 주체가 되어야 한다고도 생각했다. 왜냐하면 신은 자발적 복종을 요구했기 때문이다. 그리스도교 국가 역시 세속 국가와 마찬가지로 강압적이어야 하며, 세속 국가와 달리 양심적인 동의 위에 세워져야 한다. 칼뱅주의는 훗날 루소의 일반의지(volonte generale)[68]가 불러왔던 것과 같은 방식으로 양심과 억압을 동시에 가져왔다. 실제로 칼뱅 사상에 나타나는 정치적 삶에 관한 두 가지 견해는 두 가지의 전제주의, 즉 홉스와 루소의 정치사상이 가지고 있는 전제성(專制性)을 그리스도교적으로 예견한 것이 할 수 있겠다. 루소와 마찬가지로 칼뱅은 인간이 스스로를 통제하고 마음으로 그것에 동의하게 하는 의지에 도달하게 된다면 그로 인해 야기되는 사회적 통제가 엄청나게 심해질 것이라는 점을 정확히 인식하고 있었다. 이것이 바로 그리스도교 신자가 칼뱅의 이론에서 행한 것과 같은 것이며 칼뱅주의 신도들이 자신들의 사적인 삶에서, 그들의 교회에서 그리고 회중들 가운데서, 그리고 나아가 그들이 권력을 쟁취하려고 애썼던 국가에서 실제로 경험했던 바이다.

---

68 루소는 『사회계약론』에서 일반의지라는 개념을 제시했다. 일반의지란 공동체의 공동선을 향한 의지라 할 수 있다. 하지만 일반의지는 공동체를 이루는 구성원들 개개인의 의지의 총합이 아니다. 그것은 하나의 공동체가 그 자체로 공동선을 지향하는 의지인데, 공동체 구성원의 시민적 자유 및 권리와 공동체의 결속력을 동시에 포함하는 포괄적인 의미의 의지이다. 개인과 달리 시민은 자신의 이익만을 우선시 하지 않고, 공동체의 자유와 자신의 자유를 분리해서 생각하지 않는다. 시민은 자신의 자유가 자유로운 공동체 안에서만 가능하다는 것을 인식하고 공동체의 자유를 유지하기 위해 자신의 절대적 자유를 고집하지 않는다. 시민공동체는 항상 법률과 애국심이란 두 가지 요소로 유지된다. 루소의 일반의지는 법과 애국심이 포괄적으로 반영되어있다. 일반의지는 공동선을 반영하므로 사회에 이로운 것이며 오류가 있을 수 없다. 그러나 시민은 일반의지가 무엇인지 정확하게 파악하기 힘들기에 일반의지는 분명하고 확실한 형식으로 표현되어야 한다. 일반의지의 형식은 법의 형태로 사회에 현시된다. 고로 시민은 공동체의 법을 통해 일반의지를 확인할 수 있다. 그러므로 법은 개인의 이익을 공동선에 복종시키는 근원인 동시에 공동선을 고려할 줄 아는 시민들을 양성하는 원동력이 된다. 사회를 지배하는 법은 근본적으로 시민들에게 강제적인 성격을 띨 수밖에 없다. 말하자면, "자유롭게 되도록 강제될" 필요가 강력하게 대두되는 것이다. 따라서 시민의 자유는 강제를 통해 확보될 수 있는 것이다. J. J. Rousseau, *On the Social Contract with Geneva Manuscript and Political Economy*, R. D. Masters(ed.)(New York: Saint Martin's Press, 1978), 53-61.

(1) 그리스도교적 권징과 가정(家庭) 정치

세속적 질서가 자연을 억제할 수 있다면, 종교는 그것을 변형시킬 수 있다. 이것은 칼뱅이 가정 문제를 다루는 데서 가장 명료하고 극적으로 드러난다. 칼뱅에게서는 국가와 가정이 다른 질서에 속한 것이다. 국가는 가정 관계에서 변화를 요구하지 않으며 가정의 유대를 강화하거나 완화에 대한 요구를 하지도 않는다. 그런데 그리스도교적 교제는 전통적인 가족적 유대를 와해시켜버렸다. 어떤 사람도 부모를 잊어버리고 아내를 버리고 자식을 넘겨주는 상황에서도 전적으로 복음에 철저하기란 보통 어려운 일이 아닐 수 없다. 물론 이것은 전통적인 복음적 교의이자 칼뱅이 누가의 말("우리가 부모, 아내와 자녀, 형제자매를 미워하지 않으면 그리스의 제자가 될 수 없다")을 인용하면서 명확해진다.[69] 다시 칼뱅은 출애굽기에서 모세가 황금 송아지 숭배자들을 3천명이나 척살했던 본문을 인용했다. "모세가 이르되 각 사람이 자기의 아들과 자기의 형제들 쳤으니 오늘 여호와께 헌신하게 되었느니라. 그가 오늘 너희에게 복을 내리시리라." 이에 대해 칼뱅은 다음과 같이 주석했다. "이 경우 자연의 질서를 아래로 내려놓고 신이 모든 것 위에 있음을 보여주시기 위해 여러분의 형제들을 가차 없이 죽게 하신 것입니다."[70] 이러한 종류의 광신주의는 주지하듯 복음적 목적은 물론 정치적 목적을 가지지 않을 수 없다. 아무튼 이러한 사고는 초기 개혁가들의 경험을 반영하고 정당화시킴으로써 보다 즉각적인 목적을 달성하는 데 기여했다 하겠다.

칼뱅은 프랑스의 개종자들에게 부모와 고국을 떠나 주네브에 있는 "믿음의 사람들"과 합류할 것을 집요하게 촉구했다.[71] 베즈(Theodore Beza)

---

69 Calvin, *Fifth Book of Moses,* sermon 194, 1203-1204; 눅 14:26.

70 *Ibid.*, the reference is to 출 32:27.

71 Calvin, *Letters of John Calvin* I, ed. Jules Bonnet, trans. David Constable (New York: B. Franklin, 1972), 371-373.

가 선언한대로, "아브라함은 섬기던 신들과 소유한 모든 것과 더불어 본토, 친척, 아비의 집을 떠나지 않았던가?"[72] 아버지, 조국, 아버지의 땅으로 요약되는 베즈의 3대 포기 목록은 하나의 칼뱅주의적 수사가 되었다. 그리스도인의 교제는 모든 가족적 유대의 희생을 요구했으며, 이것은 사실 칼뱅 자신과 베즈, 호트만 그리고 수많은 16세기 프로테스탄트들이 체험한 바이기도 했다.

이산가족은 신의 명령에 따른 그리스도인의 친교를 위해 즉각 재구성되었다. 독신제도와 수도원 제도에 대한 복음주의적 공격과 더불어, 칼뱅은 가정과 세계를 그리스도교적 경건을 훈련하기에 적합한 경기장으로 결합시켰다. 그러나 그는 가족을 하나의 자연적 결합체로 재구성하지 않았다. 실제적으로 칼뱅은 아버지들에게 "신의 섭리의 약속이 없었다면 그들이 십자가의 길에 이를 수 없다 … 아버지의 직분은 신이 인간에게 정하신 표식이다"라는 것을 기꺼이 복기시켰다. 베즈에 따르면, 결혼으로 연합된다는 것은 출산의 조건일 뿐이다. 신이 원인이기에 부모의 권위는 전적으로 자연적이라 할 수 없다. "남편과 아내가 자녀를 낳게 되면, 부모가 신에 의해 스스로 지배되지 않는 한 부모에 대한 복종이란 있을 수 없다는 점을 이해해야 한다."[73] 적어도 칼뱅의 경우를 보면, 조국 프랑스를 떠나고 나서 부모보다는 오직 신에게 복종했다는 것은 분명한 사실이다.

"그리스도인의 가정은 하나의 작은 교회처럼 존재해야 한다"는 것이 칼뱅이 자주 거듭해서 말했던 그리스도인의 가족관계에 대한 압축적인 묘사다. 이방인들에게서 가족은 공적인 국가, 즉 세속적인 질서의 이미지나 모습을 보이는 반면, 그리스도인에게서 가족은 신의 명령에 엄

---

72 Theodore Beza, *A Tragedy of Abraham's Sacrifice*, trans. Arthur Golding, ed. with intro. Malcolm Wallace (Toronto: University of Toronto Library, 1906), 18.

73 Émile Doumergue, *Jean Calvin, les Hommes Et les Choses de Son Temps*, V, 508; *Institutes*, II, viii, 26; *Fifth Book of Moses*, sermon 36, 213-215.

격하게 복종하도록 운명 지어져 있다. 아버지라는 것은 말씀에서 규정된 복종할 의무가 뒤따르는 종교적 직무로 변형되었기에 이는 그리스도인 공직에 부여된 의무와 다르지 않았다. 그렇기에 자신의 백성들(아내, 자녀들과 종들)을 다스려서 신이 그들 가운데서 영광이 드러나야 하는 것이다.[74] 가족이 그리스도교적 권징의 구성요소가 되기 위해 칼뱅은 아버지의 본성적이고 정서적인 면을 과격하게 약화시키고 다른 한편 과도하게 그것의 권위주의적 특징을 강조하게 되었다. 말하자면, 아버지는 가정에서 신의 대리자요 그리스도교적 공직자가 된 셈이다.

봉건적 주인/종의 형식을 위장한 아버지 상이란 칼뱅의 사상에서는 더 이상 논리적으로 성립될 수 없었다. 재건된 가족은 하나의 작은 교회를 구성했으며 그 구성원들은 이웃을 위해 설립된 아버지와 장로들의 규율에 복종해야 하는 더 큰 교회의 구성원이 되었다. 칼뱅주의 정치가 끼친 영향으로 인해, 가정은 더 큰 규율 체계 속에 설정됨과 동시에 가부장적 지배 권력의 범위가 제한되는 결과가 초래되었다. 상공인이 많았던 주네브에서는 물론이고 프랑스의 위그노들 사이에서도 이러한 경향은 두드러졌다. 위그노파 목사들이 모든 문제들을 칼뱅의 의견에 기대어 심사숙고했기 때문에 봉건 영주적 특권과의 힘겨루기 역시 칼뱅의 견해로 고려될 수 있었다. 목회자들은 모든 교인들로 하여금 자신들의 가정을 교회로, 남성 교인들을 교회회의의 회원이 되도록 귀족의식을 고취시켰다. 그러나 그들은 한 사람의 귀족이 사적으로 목사를 고용하고 자신의 궁정을 사적인 회중으로 만들려는 형태의 교회(Eigenkirchen)를 용인할 수 없었다. 위그노 총회의 선포에 따르면, "비록 영주들의 가정의 수가 교회의 수와 맞먹는다 해도 목회자는 교회의 예배를 위해 파송된 것이지 영주들의 사람과 궁전에 봉사하려고 파송된 것이 아님"[75]을

74 Calvin, *Timothy and Titus*, sermon 23, on Timothy, 282.

75 *Synodicon*, 66.

분명히 하고 있다. 위그노 총회법에 따르면 위그노파 귀족들은 정규 교회에 가입하고 교회의 권위에 복종해야 한다. 사실상, 그들은 자신의 가정에 대한 사적 헌신을 매우 협소하게 생각한 것이 분명하다. 그리고 그들은 지역적인 그리스도인들의 공동체에 사는 모든 가족들과 더불어 평등한 형제 의식을 받아들여야 했다. 위그노의 수장이었던 필립의 아내 드 모흐네(de Mornay)는 그녀의 회고록에서 그러한 회원 의식이 내포하는 의미에 대해 불만을 표출했다. 그녀는 머리를 치장하는 방식 때문에 친교를 금지 당했으며, 자신들의 하인들의 승인을 받는 동안 분노에 차서 기다리고 있었다. 그 후 몇 개월 동안 금욕적인 목회자들과 자신의 신분에 어울리는 의상을 고집하던 그 귀족 여성은 머리핀과 철사의 그리스도교적 사용에 대해 논쟁했다. 둘 사이의 팽팽한 긴장감은 귀족적 허영심과 성직자의 요구 사이의 불꽃 튀는 격돌을 보여준다. 비록 그 결과는 적절하게 결론이 나지는 않았지만, 그러한 논쟁이 봉건적 질서에 미치는 영향에 대해서는 쉽게 추측해 볼 수 있다.[76]

그러한 사회적 갈등에 직접 관여하지는 않았지만, 그럼에도 불구하고 봉건적 귀족의식에 대한 칼뱅의 태도는 타협적이었다 할 수 있다. 그는 노예제를 허용했으며 단지 주인은 주인 됨의 직분이 신의 직분을 명심해야 한다는 점만 요구했을 뿐이다. "높은 사람은 낮은 사람들과 부족한 사람들을 복종시켜야 한다는 점을 이해하지 않으면 안 됩니다."[77] 이것은 칼뱅주의자들의 빈번한 명령이 되었고, 아브라함이 자신의 종들에게 할례를 베풀라는 신의 명령을 복기하면서, 칼뱅주의자들은 귀족들이 자신들이 거느리고 있는 사람들에게 참된 종교를 확산시킬 것을 촉구했

---

76 *A Huguenot Family in the Sixteenth Century: The Memoirs of Philippe de Mornay, Sieur de Plessis Marly, Written by his Wife*, trans. with intro. by Lucy Crump (London: George Routledge & Sons, 1925), 64, 198ff. "또 다른 장로가 그녀가 가발을 치장할 수 없다고 선포하기 위해 보내졌지만, 그러나 그녀의 남자 종들에 관해서는 허용되었다 … "(211).

77 Calvin, *Fifth Book of Moses*, sermon 166, 1028.

다. 하지만 근대적 시각에서 조명할 때, 종을 지배할 수 있는 귀족신분이 그리스도인들의 손에 유용한 수단으로 남아 있는 한, 그것의 칼뱅주의적 재구성은 언제나 노예제 허용이라는 비판에 직면할 수밖에 없을 것이다.

(2) 교회의 권력 정치

권위를 갖고 종들이나 신분이 낮은 사람들을 대하듯 하던 중세적 교회 개념은 부모를 떠나고 영주들로부터 피해온 경건한 망명자들 집단에는 더 이상 어울리지 않는 개념이었다. 망명자들의 공동체는 인간들로 하여금 복음에 복종하도록 고안된 규율적 제도인바, 그들을 마냥 은혜롭게 풀어놓아선 안 되고 명령과 규정에 복속시켜야 하는 것이다. 칼뱅은 국가를 종교적 목적의 세계로 이끈다는 점을 전제로 했을 뿐 아니라 국가 권력에 비견되는 종교의 정치를 인정했다. 그는 종종 교회를 국가로 묘사했으며 그 은유는 칼뱅 정치사상의 핵심적인 열쇠가 된다. 물론 정치는 가톨릭교회에서도 부분적인 역할을 해온 것이 사실이지만, 칼뱅을 프로테스탄트의 정치 교육자로 규정하는 월린(Sheldon Wolin)의 생각은 전적으로 타당하다 할 수 있다.[78] 영적인 존재와 현세적 존재를 절대적으로 구분하는 루터는 국가가 오직 죄인들에게만 관심을 갖는 정치요 억압적인 질서일 수 있음을 암시했다. 하지만 그리스도인들은 이미 조직이나 권위 및 강압이 통용될 필요가 없는 다른 세상에 거주하고 있다. 루터에 따르면, 중생한 인간은 어떠한 인간적 관계도 필요 없고, 말씀에 의해서 내적으로 소통한다.[79] 칼뱅은 이것을 비가시적인 교회에 대

78 Sheldon Wolin, "Calvin and the Reformation: The Political Education of Protestantism," 440.

79 Georges Lagarde, *Recherches sur l'Esprit Politique de la Réforme,* 296.

한 설명으로 인식했을 것이기에 이에 대해 큰 관심을 기울이지 않은 것으로 보인다. 그는 아마도 경건이 조직될 수 없다면, 그것은 신에게 조차 아무런 가치가 없을 것으로 여겼을 것이다.

교회는 사회적 질서로서 통치적인 장치가 요구된다. 칼뱅주의 교회는 고백하는 그리스도인, 신자와 위선자 모두로 구성된 포괄적인 조직으로 목회자와 평신도에서 선출된 자들로 구성된 위원회가 관리를 맡았다. 교회 당회가 평신도의 입회를 결정한 것은 종교개혁 운동 과정에서 성직자들이 겪은 비신화화의 결과였다. 성직자들이 상당한 힘을 행사한 것은 사실이나 더 이상 개인적 우월성을 소유하지는 못했다. 전통적으로 의심할 바 없는 진리로 수용되었던 독신주의에 대한 경외심은 완전히 소멸되었다. 이러한 신자들의 평등주의로 인해 교회의 민주화라는 새로운 현상이 대두되었는데, 회중의 다수결에 의해 선출된 평신도 장로들이 목회자들과 함께 나란히 자리했다. 실제로, 그들은 기존의 교회 지도력에 의해 선출되었으며, 적극적이고 경건한 반대가 개진되지 않는 한 회원들의 암묵적인 동의가 가정되었다.[80] 그러나 평신도의 정치적 참여의 가치는 형식적인 절차에 있는 것만이 아니라, 집사직과 아울러 장로직은 과거 같으면 평신도와 성직자의 도덕적 차이로 인해 감히 상상할 수 없었던 교회 정치에서의 사회적 통합에 특별한 영향을 미쳤다는 데서 그 진가가 드러난다.

칼뱅은 정치적 사회로서의 교회에 대한 의식을 가지고 있었기에, 친교적 유대를 강화하고 안정화시키기 위한 도덕적 규율을 설계했다 할 수 있다. 목사와 장로로 구성된 치리회(consistory)는 조사하고 징계할 수 있는 권한이 주어졌기에, 직무상으로 절대적인 권위는 파문을 실행할

80 주네브의 경우, 시의 200인 위원회가 소위원회에 의해 제출된 명단(칼뱅의 최종적 승인을 받은 후 목회자들이 추천한)에서 장로를 선출했다. James Mackinnon, *Calvin and the Reformation* (New York: Longman's, 1936), 80-81.

수 있는 힘도 가지고 있었다.[81] 그러나 그러한 힘은 대중들의 편에서 어느 정도의 묵종을 전제로 해서만 실행될 수 있었다. 그것은 평신도의 참여 없이는 불가능하기에, 참여가 일반화되지 않았으면 효과가 나타나지 않았을 것이다. 치리회의 조사는 교회 구성원들의 상호 감시 체제에 의존해 있었다. 칼뱅주의의 권징은 교회 회의의 규정에 나타난 바대로 신의 말씀에 직접적으로 의지적으로 복종할 것을 요구했다. 그래서 그것은 양심에 대해 요구하지 않은 채 물리적 힘에 의해 부과되고 법에 의해 결정되는 세속적인 국가에서 확립된 통제와는 결을 달리했다. 종교적 권징은 세속적인 통제에 의해 이미 달성된 질서를 강화시킨 측면이 있다.

하지만 실제로 모든 교회의 구성원들이 엄격한 규율과 치리에 대해 기꺼운 마음으로 부응한 것은 아니었다. 수많은 교인들이 감시당하고, 조사받고, 징계를 받아야 했으며, 여러 차례 경고를 받고도 완강하게 거부할 경우 최종적으로 파문이 내려졌다. 신의 주권을 찬미하는 칼뱅의 사고는 교회의 파문이 영원한 지옥의 정죄라는 주장까지는 아니어도 강력한 권징적 수단이라는 주장과 전혀 상충되지 않았다. 칼뱅은 "교회의 파문은 파문당한 자를 영원한 절망 속에 살아가는 폐인으로 구속시키려는 것이 아니라, 그의 삶과 방식을 정죄하고, 이미 그에게 최종적인 정죄

81 스위스 개혁파 도시에서는 신자의 권징에 대해, 츠빙글리의 취리히는 권징을 시의 공직자의 소관으로 보고자 했으며 불링거 역시 이러한 견해를 계승했다. 외콜람파디우스의 바젤은 시의회의 권한과 교회의 권한에는 근본적인 차이가 있다고 보았기에 형사상 위법행위는 세속 공직자가 다루되 종교 도덕상의 죄를 다루는 교회 법원을 도입할 필요성을 제기하였다. 스트라스부르의 부처는 신자의 권징을 위해서는 평신도와 목사로 구성된 교회 법원을 설립할 것을 주장했다. 칼뱅은 스트라스부르의 경험을 토대로 개혁된 그리스도교 세계가 생존하려면 권징이 필요하며, 치리회는 바로 권징을 보장하는 기관이었다. 치리회는 주네브 교회의 기강을 확립하기 위해 칼뱅이 1542년에 설립했는데, 해마다 공직자들이 선출한 평신도 장로 12명과 '신망받는 목사회'(Venerable Company of Pastors)의 목사 전체(1542년 9명, 1564년 19명)로 구성되었다. 하지만 주네브 시의회는 치리회에 민형사상의 재판권에 대해 치리회는 아무런 권한이 없으며, 목사들에게는 오직 영적인 검 외에는 아무것도 사용해서는 안 된다는 것을 천명했다. A. McGrath, *A Life of John Calvin: A Study in the Shaping of Western Culture*, 112-113; *Institutes*, IV, xii, 1ff 참고.

를 경고해주기 때문이다"라고 말했다.[82] 궁극적으로, 정죄 받은 죄인은 거룩한 하늘의 왕국에서 추방될 것이며, 파문은 이 세상의 증빙 서류라 할 수 있다. 마찬가지로 교회가 친교를 인정한 자들은 그들의 최종적인 구원의 통보를 받은 것이었다. 그러나 그들은 이 세상의 신자들이며 그들의 거룩한 삶과 태도에 대해 즉각적인 보상을 받았다. 아울러 그들은 다른 사람들을 감시하고, 조사하고 징벌을 가할 자격이 주어진 자들이었다.

칼뱅주의는 성찬 수찬자들을 파문자들뿐 아니라 완전하게 복종하지 않는 자들 또는 열성을 다해 교회의 조직적 활동에 참여하지 않는 자들과도 구분시켰다. 신자들은 엄격하게 훈육된 공동의 기관이자 집단으로서 새로운 이념을 실천하는 조직된 세력의 최고의 예라 할 수 있을 것이다. 그들은 엄격한 자기통제로 자신들의 중생을 입증했으므로 세상에서 그것을 행동으로 보여주는 것이 중요하지 신비한 사적인 황홀경으로 퇴거하는 것은 관심 밖의 문제였다. 칼뱅에 따르면, "확실히 말해, 자신의 영혼을 구하는 것보다 더 높은 곳으로 상승하는 것이 그리스도인의 의무입니다 … 신의 영광을 나타내는 열의를 자신의 존재의 주요 동기로서 신 앞에 두어야 하는 것입니다."[83] 칼뱅은 인습적인 방식으로 땅을 저급한 것이라 평가 절하한 반면, 동시에 그것이 신의 영광을 드러내는 극장이라 평가했다. 여기서 종교적인 사람은 그의 참된 의식을 발견하게 된다. 신자는 전투적인 그리스도인 행동주의자였으며, 그는 교회 밖 세속에서도 그 임무를 수행해야 했던 것이다. 신자는 교회의 기관에 참여하고 거룩한 나라를 만들어가는 자들이었다.

---

82 *Institutes*, IV, xi, 1.

83 Calvin, *Reply by John Calvin to the Letter of Cardinal Sadolet to the Senate and People of Geneva*(1539), in *Calvin: Theological treatises*, trans. with intro. J. K. S. Reid (Louisville: Westminster John Knox Press. 1954), 228.

(3) 교회의 직분

교회의 직분은 평신도 공동체에서 엄격한 기준에 따라 가장 부유하고 영향력 있는 사람들로 채워졌다. 동시에 새로운 명예와 자존감을 키우며 교회 조직 속에서 자란 사람들은 국가에서 지배적인 자리로 옮겨갈 수도 있었다. 어느 쪽으로든 평신도의 적극적인 교회직분의 참여는 교회를 효과적으로 세속 질서로 가져오게 하는 원동력이 되었다. 주네브에서는 칼뱅의 종교적 카리스마가 최 정점에 있다는 점만 제외하고는 정치권력은 사실상 시의회의 손에 있었다. 그러나 시의회의 의원이 될 수 있는 주네브 시의 최고 계급이었던 시민들(citoyens)은 특히 칼뱅이나 그의 첫 제자 베즈와 같은 종교적인 카리스마를 지닌 인물들의 지시를 받았을 때, 그들의 도덕적인 영향력을 벗어날 수 없었다. 그들은 종교적 책임의식에 고취되어 시의회로 돌아갔으며, 그것은 즉시 시민법을 통해 실행되었다. 정치적 직무와 종교적 직무의 양심적인 상호관계는 그것들의 일치가 법적으로 완결되지 않았을 때, 즉 신앙의 불확실한 성질과 세속 질서의 과도한 권력적 성질에 대해 양자의 일치란 결코 가능하지 않다고 칼뱅이 확신했을 때조차, 그것의 일치를 위한 기초가 마련되고 있었다. 칼뱅 자신의 입장, 즉 종교적 관점에서는 평신도의 양심에 호소하는 것에 만족해야 했다. 칼뱅은 주네브 공직자들에게 말했다. “만일 여러분이 우리의 충고가 거룩한 복음의 말씀으로 나온 것이라는 사실을 알고 있다면 … 이 준수 사항을 여러분의 시에 받아들이고 지켜야 한다는 것을 명심하십시오.”[84]

그리스도인 공직자의 종교적 책무는 일반 시민의 종교적 의무와 병행된다. 평범한 사람이 장로가 될 가능성이 없어도, 그는 여전히 신의 도

---

84 *Articles Concerning the Organization of the Church and of Worship at Geneva*(1537), in Calvin, Theological Treatises, 49.

움으로 한 사람의 아버지는 될 수 있다. 비록 훨씬 협소한 사회이긴 하지만 아버지로서의 직은 유사한 책무를 지닌 엄연한 하나의 공직인 것이다. 한 가정의 거룩한 아버지로서 가정이라는 작은 교회를 통치하기 위해 중단 없이 경건한 노력을 경주해야 한다. 시의회의 권력을 가진 사람이라면 가정에서의 권력까지 행사했으니 사회적 권징은 배가 되었던 셈이다. 이를 통해 그들은 그리스도교 국가의 양심적인 시민이 되기 위해 스스로를 준비한 것이다.

신자와 시민의 일치는 새로운 규율의 확고한 특징이라 여겨졌다. 칼뱅은 회개하지 않는 파문자들을 처형시키거나 추방하는 처벌을 가하기 위해서는 실정법의 협력이 필요했는데, 이것의 실행은 시의회를 통해 달성할 수 있었다.[85] 칼뱅이 실정법적 사형선고가 죄인의 영적 죽음을 예시했다는 점을 부인하기 어려우나 보다 더 중요한 것은 그리스도교 국가의 도덕적 순수성을 유지하기 위해 그렇게 했다는 편이 더 옳을 것이다. 그럼에도 완벽한 순수성을 유지한다는 것은 애당초 불가능했음에 틀림없다. 치리회 심문관들이 주네브의 수많은 시민들에게 경고하고 처벌할 동안 시민들은 영적인 지옥과 같은 곳에 처해질 수밖에 없었기 때문이다. 그러나 세르베투스 사건이 보여주듯 최종적 권위에 대한 도전의 결과가 무엇인지는 자명하다.

신자와 시민의 정체성은 시민적 맹세 서약에서 극명하게 드러났으며, 그 결과 사실상 주네브는 언약 공동체로 바뀌었다. 칼뱅은 1537년 도시 전체가 새로운 신앙을 고백할 것을 요구했고 이를 목회자들이 주도하도록 하였다. 그는 주네브의 역사가가 "시민 사회는 전원 그리스도인들로만 온전하게 구성된 종교적 사회였다"라고 기록에 남기길 소망했다.[86] 비록 칼뱅의 승리가 우리가 예상한 정도의 완벽한 신정정치의 구

85 Georges Goyau. *Une Ville-Église: Genève(1535-1907)*, I (Paris: Perrin, 1919), 32-33, 65.

86 *Ibid.*, 51.

현은 아니었고 칼뱅의 위상이 정치적으로 절대적인 위상을 가진 것은 아니었다는 사실이 역사적 사료를 통해 확인이 되는 바이지만,[87] 그럼에도 칼뱅을 추종하는 목회자들은 성공적으로 일을 수행했던 것은 분명하다. 결국 주네브 시민들은 신앙고백을 받아들였고, 십계명에 복종할 것을 서약함과 동시에 주네브 시에 충성할 것을 맹세하였다.[88] 이것은 칼뱅주의자들이 수행한 최초의 국가적 또는 시민적 맹세와 서약이었다. 신과 유대인 사이에서 맺어진 성서적 언약이 모델이 된 것이 분명했는데, 이를 통해 그들이 선택하고 선택된 것의 의미를 부여한 것이다. 언약의 개념은 강도 높은 통제의 본질을 그리스도교 정치의 목적으로 간주했다는 점을 이해하는 중요한 단서가 된다.

신학적으로 칼뱅은 율법의 언약과 은혜를 구별한 것은 사실이나 분리시키지는 않았다. 주네브 선서의 모델이 된 구약성서의 언약은 율법과 복음적 은혜가 결합된 것이라 할 수 있다. 그 누구도 신명기 율법에

87 맥그라스에 따르면, 칼뱅의 추종자들은 1555년에야 시의회를 장악할 수 있었다거나, 칼뱅이나 목회자들이 직접적으로는 주네브 정부에 명령할 수 없었다는 점, 그리고 시 의원들이 자신의 뜻대로 주네브 교회 장로들을 선출하려고 했던 점 을 들어 주네브의 정치가 완벽한 신정정치가 구현되는 곳은 아니었다고 주장한다. 그리고 정작 칼뱅 본인의 위상 역시 주네브의 전통 정착민인 구 시민 계급(citoyens)에 속하지도 못했고, 부르주아라 불리는 신 시민계급(bourgeois: 공직자를 선출하는 회의 참석하고, 60인회, 200인회 의원으로 선출될 자격은 있으나 시의원이 될 자격은 없음)에도 속하지 못하였으며, 거주 대부분을 체류자 계급(habitant)으로 살았기 때문에 선거권도 무기소지도 공직자의 자격도 얻을 수 없었다는 것이다. 칼뱅은 노년이 되어서야 겨우 부르주아 신분을 획득할 수 있었다(A. McGrath, *A Life of John Calvin: A Study in the Shaping of Western Culture*, 107-109). 하지만 이러한 주장은 이민자 칼뱅의 신분적 측면에서만 고려함으로써 칼뱅의 독재적 성격을 약화시키려는 의도로 보인다. 칼뱅의 설령 신분계급은 그렇다하더라도 설교와 조언, 등 여러 적법한 권고의 형태로 막강한 종교적이고 정치적인 영향력을 행사했다는 점, 그리고 1555년 시의회는 재정 확보를 위해 부르주아(재력이 있고 사회적 명성이 있어야 부르주아의 자격이 부여될 수 있음)의 숫자를 늘여주자 주네브의 선거에서 투표권을 행사할 수 있는 (칼뱅을 지지하는) 부르주아들이 패랭파를 물리지치고 주네브시를 장악하게 되었다는 점을 간과해선 안 될 것이다.

88 John Thomas McNeill, *The History and Character of Calvinism* (Oxford: Oxford University Press, 1970), 142: "경찰에 의해 소환된 시민 집단들은 자신들이 준수해야 할 사항에 대해 엄격하게 서약했다."

완벽하게 복종할 수 없었기에, 신은 16세기 그리스도인들 뿐 아니라 고대 유대인들에게도 은총을 베푸셨는데, 그런 점에서 신구약성서는 본질적으로 같다는 것이 칼뱅의 생각이다.[89] 그러나 동시에 신은 신자들의 공로와 무관한 은혜를 베풀었기에, 신은 자신의 법에 복종할 것을 요구했다는 것이다. 그의 선하심은 멸시의 대상이 될 수 없었다.[90] 그래서 칼뱅주의 신학이 강조하는 것은 율법 그다음 은총, 그러고 나서 율법을 강조하는 구조를 갖는다. 첫 번째 율법과 두 번째 율법의 차이는 후자가 은혜를 받은 사람들에 의해 내적으로 수용된다는 점이다. 유대인과 맺었던 첫 언약은 국가적이고 사회적인 것이었으나 신약성서에서 나타난 신의 은혜는 개인들 각자에게 베풀어진 것이었다. 그리고 은혜의 수용은 공동체를 새롭게 개혁하는 길로 드러나야 했다. 처음에 은혜의 공동체는 신자들의 자유로운 연합이었지만, 그것은 즉각 은혜에 대한 세상적인 선포를 위해서 뿐 아니라 신의 영광이 충분히 잘 드러나도록 언약의 법적인 요구를 완성하기 위해 치열하게 책무를 다하는 언약적이고 정치적 사회가 되어야 했다.

칼뱅이 전 주네브 시민들에게 요구한 서약은 신과의 새로운 언약 관계로 들어가겠다는 결단에 다름 아닌 것이며, 이미 가정된 내부적 수용과 동의에 근거하여 신의 법에 복종하겠다는 사회적 헌신을 의미한다. 그것은 신적으로 부과된 법에 대한 자발적인 복종이었지만, 이러한 자발적 복종은 사회적 행위였으며 신의 이름으로 사회적으로 시행되는 것으로 수용하는 것을 의미했다. 언약과 더불어 그리스도인의 권징은 세속적 통제를 대체했으며, 신성한 국가의 모든 시민들은 경건한 것으로 인정한 절대적 지배를 양심적으로 수용했다. 그리고 그것은 옛 아담에 대한 통제를 효과적으로 수행했으므로, 그것은 세상의 종말에 대

89 *Institutes*, II, x, 2.

90 *Institutes*, III, xvii, 5-6.

한 근심을 확실하게 종식시키는 계기가 되었다. 사회적 권징은 자유로운 양심에 부과되거나 정서적이고 감정적인 함의를 갖는 본성이나 혈통 또는 온정적인 것의 개입에 의해 교정되는 것보다는 양심에 강제되었을 때 새로운 의미를 갖게 된다 하겠다.

(4) 저항권

항상 인간보다는 신에게 복종해야 한다는 말은 그리스도교의 전형적인 상투적 표현에 해당한다. 대부분의 상투적 표현과 마찬가지로 그것은 명확한 정의나 행동 프로그램을 제공해주지 않는다. 신에게 복종한다는 것은 신의 이름으로 말한다고 떠드는 수많은 세속적인 권력자들에 대한 복종을 포함할 수도 있지만, 다른 한편 그것은 순전히 개인적인 양심에서 우러나 영웅적으로 그러한 기존 권력에 도전하는 것을 의미할 수도 있다. 그러한 교훈은 양심의 호소에 근거하고 있다는 것만 확실하며 그 양심이 권위 있는 교회의 구속을 받지 않는다면 어떤 규칙도 절대성을 띨 수 없다. 프란츠 노이만(Franz Neumann)은 이러한 난점에 대해 다음과 같이 말했다. "인간의 양심이 국가의 법에 대한 복종으로부터 인간을 합법적으로 방면할 수 있는 시기를 우리에게 말해주는 보편적으로 타당한 진술은 존재할 수 없다. 모든 사람은 개별적으로 그 문제와 씨름해야 한다."[91] 그러나 칼뱅주의자들의 근본적인 공약은 이러한 난점이 해결될 수 있다는 것이며, 인간이 개인으로서 그것과 싸우기 전에 해결될 수 있다는 것이었다.

최초의 프로테스탄트들은 최초의 그리스도인의 열정을 정신적으

91 Franz Neumann, *The Democratic and The Authoritarian State: Essays in Political and Legal Theory*, ed. and with preface by Herbert Marcuse (Glencoe: The Free Press, 1966), 158.

로 되살렸다. 신에 대한 복종이란 수동적인 저항과 즉각적인 순교 또는 자신의 본토를 떠나 고단한 망명생활을 함의하는 것이었다. 이것은 모두 박해에 대한 개인적인 대응이었다. 칼뱅의 서신을 살펴보면 주네브에서 망명자들을 필요로 했기에 그는 저항보다는 망명을 선호했다는 것을 알 수 있다. 하지만 그는 프랑스의 프로테스탄트 귀족들을 위한 장기 정책으로 이민을 제안할 수는 없었는데, 자신의 생각에 귀족들은 프랑스에서 자신들의 정치적 역할을 해주길 바랐기 때문이라도 망명을 촉구하지는 않았을 것이다. 그가 귀족들에게 요구한 것은 종교적인 열정이라기보다 정치적 책무를 양심적으로 수행하는 것이었다.[92] 칼뱅에게서 신에 대한 복종이란 다음의 의미를 갖는다. 그는 가정에서 종교적 귀족을 조직하고자 했으며 프랑스를 프로테스탄트 국가로 세우고자 했다. 신자가 공직을 가지고 있다면, 칼뱅이 이미 봉건적인 주인 의식을 하나의 소명으로 인정하고 있는 바에야, 그들의 일상적인 공직에서의 행위는 정치적인 지배와 통제를 신앙적으로 경건한 권징으로 변형시키는 것을 의미했을 것이다.[93] 칼뱅이 프랑스의 젊은 귀족들에게 설교한 것은 순교를 불사하는 자발적이고 과감한 용기를 촉구한 것이 아니었다. 칼뱅주의의 양심은 집단적이며 칼뱅 자신에 의해 질서 잡히고 규율적이며 체계적인 방식으로 통제 가능한 한에서 실천될 수 있는 성질, 즉 권징적 성격의 양심이었다.

그러나 세속 통치자가 신앙적 행위를 탄압하고 박해했을 경우, 세속 권력에 대한 신앙적 대응의 문제가 발생한다. 프랑스에서 칼뱅주의의 전개는 사실상 정치적 저항권을 기초로 해서 전개되었다 하겠다. 1559년 안느 뒤 부르(Anne du Bourg)의 순교는 프랑스 위그노들의 정치의식을 촉발시켰다. 프랑스에서 개신교에 대한 박해가 계속 되는 동안 프

92 *Institutes*, III, ix, 4, 6. 여기서는 모든 사람들이 자신의 자리, 특히 공직이나 아버지의 자리에 머물러있어야 한다고 경고한다.

93 Marc Chenevière, *La pensée politique de Calvin,* 150-154.

랑스의 칼뱅주의자들은 칼뱅과 긴밀한 유대관계를 맺고 있었다. 급기야 1562년 3월 1일 귀즈(Francis Guise) 공작이 바세이에 있는 위그노들에 대해 무차별 공격을 가하면서 첫 번째 종교전쟁이 발발하게 된 것이다. 위그노 지도자들은 당연히 무장투쟁의 정당성을 숙고하게 되었고, 루이 1세(꽁데 왕자)와 가스파드 콜리니 장군이 군사적 저항을 재개했던 것이다. 칼뱅의 정치적 저항권의 이념은 프랑스의 위그노 박해와 종교전쟁을 거치면서 보다 변혁적이고 급진적인 성격이 강해지게 되었다. 하지만 그러한 역사적 전개의 와중에도 칼뱅의 세속 권력의 권위에 대한 옹호를 고려할 때, 아무리 경건한 의도라 할지라도 정치적인 저항의 정당화를 칼뱅에게서 명쾌하게 파악하기 쉽지 않다. 만일 기존의 권력이 사실상 신에 의해 수임되었고 그렇기에 언제나 합법적인 것이라면, 칼뱅의 추종자들은 왕의 회심을 위해 오직 신께 기도하는 것 말고는 아무것도 할 수 있는 게 없을 것이다. 폭압적이고 심지어 비 신앙적인 군주의 폭정에 대해서도 그들에게는 그것이 신이 허락한 하나의 저주나 벌로 여겨질 것이기에, 더 심한 징벌이냐 아니면 자비로운 구원이냐의 전조를 알기 위해 자연적이고 정치적인 역사를 뒤지는 수밖에는 달리 뾰족한 수가 없을 것이다. 교회에서의 통제와 인내에 길들여진 신자들은 국가 권력에 대한 저항에서 소극적일 수밖에 없다.

그러나 이것은 칼뱅주의자들이 신의 절대적 주권에서부터 도출시킨 유일한 결론은 아니다. 신의 의지가 구체화된 것으로서의 정치적 현실에서 보자면 이러한 근본적인 모호함이 있을 것인데, 신의 의지는 사실상 권력에 저항하는 인간들의 집단에서도 관철되어야 하며, 국가 통치기관과 마찬가지로 저항하는 조직 내에서도 분명히 나타나야 한다. 그리고 칼뱅파의 신자들은 자신들이 신의 의지의 도구라는 것을 인식하고 있었기에, 신은 그들에게 자신의 표식을 주었다는 것이고 바로 그 표식은 양심, 즉 인간에게 새긴 신의 의지이다. 양심은 신자 스스로를 정치적 수동성으로부터 해방시켜주는 보증수표이자 성공은 그가 행한 것을 정당화시켜주는 신적인 표식이 될 것이기 때문이다. 실제로 칼뱅 사후, 프랑스 칼뱅주의자들은 특히 성 바르톨로메 축제 대학살 사건(1572) 이후 저항권을 보다 첨예하게 이론적으로 전개시켜 나갔다.[94] 이들의 주장의 요지는 다음과 같다. 신이 세계의 주인이며, 군주들은 신의 의지에 따라 통치해야 한다. 만일 이들이 그 의무를 수행하지 못한다면, 이들의 신하들은 신에게 복종해야 한다는 것이다. 시의원들은 시민들로 하여금 저항할 수 있도록 촉구해야 한다. 군주는 국가의 행정권을 가지고 있고 입법권은 시민들에 속한다. 군주는 시민들로부터 그 권위를 부여받으며 하나의 사회계약이 군주와 시민들 간의 관계를 규정하고, 그것을 시민이 규정한다. 만일 군주가 이들의 사회적 약속을 이행하지 않을 경우, 시민 저항권은 자명한 귀결들로 나타난다. 이런 경우에 군주의 퇴위나 살해는 허용될 수 있다. 여기서 우리는 이중적 계약사상을 만난다. 즉 시민과 군주가 서로 신과 맺은 계약과 또 다른 하나는 신과 시민들 간의 계약이다. 만일 군주가 시민들 앞에서 맺은 자신의 계약(지배계약)을 이행하지 않을 경우, 신과 시민들 사이의 계약이 유효하게 된다. 이것은 칼뱅과 그 후계자들에 의해 전개된 정치사회이론이다. 이런 의미에서 프랑스의 사회계약론의 뿌리는 칼뱅주의에서 그 근거를 찾을 수 있을 것이다.

칼뱅 자신은 이러한 행동주의를 전적으로 배제하지 않으면서, 단순한 신자로서의 삶이 제공해줄 수 있는 것보다 정치에서 더 큰 확실성을 찾았다.[95] 칼뱅 역시 정치적 수동성에서 탈피하길 원했지만, 동시에 신

94 이 시기에 형성된 급진적 칼뱅주의 정치이론은 다음의 글을 통해 확인된다. F. Hotman의 "De Furoribus Galicus"(1573), "Franco-Gallia"(1573), T. Beza의 "Du droit des magistrats"(1575), Le Roy의 "De l'excellence du gouvnemont royal"(1675), La Boeti의 "Le Contr-Un"(1576), Bodin의 "La Republique"(1576), Phillippe du plessis Mornay의 "Vindiciae contra tyrannos"(1579) 등이다.

95 신자들은 자신들의 구원을 위해 평화와 확실성을 누려야 했지만, 칼뱅은 그러한 확실성을 정치적 행위를 위한 기초로 삼는 것에 대해 대단히 꺼렸다. 이는 『기독교강요』의 확실성에 관한 섹션을 모호하게 서술해놓은(*Institutes*, III, ii 참조) 하나의 이유가 될 것이고, 또한 그가 "경험이 보여주는 바는 신으로부터 유기된 자는 선택받은 자들과 매우 유사한

앙적 열광주의에 의해 도래하는 무질서에 대해서도 심각하게 우려했다. 양심은 신자들 가운데서 공적인 것이기에 신이 자신의 도구로 누구를 선택했는지 그리고 그가 어떤 임무를 맡겼는지를 분명하게 알기 위해서는 그것을 공개적으로 인정하는 방식이 존재할 필요가 있었다. 언제나 인간의 역사 속에서 활동하는 신에 관한 사고를 통해 칼뱅은 저항과 개혁의 신적인 명령을 역사의 선례나 전조에서 찾고자 했다. 예를 들어, 칼뱅은 프랑스의 가톨릭 군주에 대항해 반대하는 세력으로서 프로테스탄트 귀족 세력을 군주정만큼 일상적이고 세속적이며 실제적인 세력으로 세우고자 분투했던 것에서 볼 수 있다. 칼뱅은 소위 그는 사실적인 것의 모호성을 제대로 이용한 편이지만 그 이용에는 제한을 가하고자 하였다. 칼뱅은 추종자로 하여금 기존의 법에서 역사적 선례로, 역사적 선례에서 섭리적 힘으로 호소할 것을 가르쳤지만, 정작 자신은 그러한 호소에 주저하는 태도가 역력했다.

그는 역사나 법 그리고 전통에서 이미 사실적 흔적을 남긴 사회 집단을 선호하는 경향이 강했다. 그래서 그는 『기독교강요』에서 봉건 세계의 낮은 직급의 공직자들에게 저항의 정당성을 부여하는 대목을 삽입했다. 그러한 공직자들만이 비 신앙적 군주들에 대항해 참된 종교를 사수하기 위한 저항을 할 수 있다는 것이다. 칼뱅의 견해는 모호하게 표현하는 탁월한 능력에도 불구하고 선배 종교개혁가인 루터와 부처(Martin Bucer)의 생각과 크게 다른 것은 없다.[96] 그러나 칼뱅의 이론적 중요성은 봉건적 통치의 특권을 조심스럽게 개혁시킨 것에 있는 것이 아니라, 종교적 소명으로서의 정치적 직무의 개념을 근본적이고도 충분히 발전시킨 점에 놓여있다 하겠다.

감정에 의해 영향을 받기 때문에, 자신들의 견해로는 자신들이 선택받은 자들과 어떤 점에서도 다를 바가 없다"고 착각하고 있다고 경고한(*Institutes*, III, ii, 11) 이유일 것이다.

96 *Institutes*, IV, xx, 31; Hans Baron, "Calvinist Republicanism and its Historical Root," *Church History* 8(1939): 30-42 참고.

귀족들이 군주의 권력을 통제하는 것은 과거 중세적 개념일 수 있으나, 중세시대에 그들은 언제나 공동체의 대표로서 또는 공동체를 이루는 장원이나 통합체의 일원으로 행동했던 것이다. 그들은 폭정에 저항해 법과 관습 또는 공동의 이익을 옹호했다. 이러한 견해가 위그노 이론에서 일정 부분 역할을 하고 있지만, 그것은 칼뱅주의의 기본 개념이라고 할 수는 없었다. 칼뱅은 공직자나 귀족을 대표자로 상상한 적이 없었다. 그는 어떠한 인간 공동체도 스스로를 조직할 수 있고 대리자나 대변자를 임명할 수 있다고 생각하지 않았다.[97] 비록 입헌적 구조는 군주정, 귀족정, 민주정 등과 같이 다양하지만, 특별한 공직자는 신에 의해서만 세워질 수 있었다. 정치적 임무는 신의 의지에 의해 결정되었다. 따라서 저항은 한 사람의 대리자가 하는 것이 아니라 양심적으로 하는 행동이며, 세속적인 의미에서가 아니라 종교적인 의미에서 공적인 것이다. 공직자가 만일 군주의 폭정에 저항하지 않으면 시민법적으로가 아니라 도덕적으로 죄를 지은 것이라 할 수 있는데, 왜냐하면 "그들은 신에 의해 인민들의 자유를 보호해야 할 자로 임명되었음에도 그것에 대해 기만하고 배신한 것"이기에 그러하다.[98] 하지만 공직자들이 인민들의 자유를 보호해야 할 정치적 책무를 주장했으나 칼뱅은 이러한 근대적인 사유를 더 이상 밀고 나가지 못했기에 여전히 중세의 황혼을 살던 인물일 수밖에 없다.

칼뱅주의자들에게서 언제나 그랬던 것처럼 양심은 현실 적합성과도 부합되었다. 많은 공직자들과 귀족들은 사실상 군주에게 저항할 힘을 소유하고 있었다. 이에 더하여 지역의 자치, 시의 특권 그리고 봉건

97 칼뱅에 의하면, 유대인들은 자신들의 사사를 선택할 자유가 있었지만, 그것은 어디까지나 신의 특별한 은총에 기인한 것으로 보고 있다. Calvin, *Fifth Book of Moses*, sermon 101, 620. 하지만 다른 한편으로, 사울이 왕으로 선택된 것에 대해 "그는 회의를 거쳐서 선출된 것이 아니라 오직 신의 의지에 따라 그렇게 된 것"이라 말한다. Émile Doumergue, *Jean Calvin, les Hommes Et les Choses de Son Temps*, V, 481.

98 *Institutes*, IV, xx, 31.

적 권리와 같은 오랜 전통에 익숙했던 그들에게 자신들의 권력을 사용한다는 것이 그리 낯선 풍경은 아니었다. 그러나 16세기 동안 법에 관한 이론과 실제의 발전을 통해 전통적인 권력자들이나 그들이 강변했던 하나의 몸과 같은 그리스도교세계의 권위는 약화되고 말았다. 모든 정치적이고 법적인 권력이 하나의 통일된 주권으로 통합됨에 따라, 봉건적이거나 왕족 가문 출신의 공직자 개개인은 군주의 방계들로 취급되기에 이르렀다.[99] 칼뱅주의자들은 권력의 누수현상은 양심적으로 행동할 기회를 제한하거나 축소시킨다고 보았기에, 사회적으로 권력의 공백이 생기는 문제에 대해서는 반대하는 경향을 보였다. 칼뱅이 군주의 주권을 인정하지 않은 것은 성서 해석에 기초하고 있다. 칼뱅에 따르면, 신약성서는 모든 통치자의 권세를 존중해야 하는 일반적인 이유를 제공하고 있다는 점에서 권력을 가진 한 개인이 다수의 현존하는 권력들을 부정하는 것은 명백한 권력의 남용이 아닐 수 없었다.[100] 베즈나 호트만을 이어서 알투지우스(Johannes Althusius) 같은 칼뱅주의 2세대 학자들은 국민주권에 관한 이론을 발전시키기도 했다. 그러나 정작 칼뱅 자신은 섬세한 입장 차이를 보여주고 있다. 앙부아즈 음모 사건 직전에 칼뱅이 쓴 글에 따르면, 프랑수아 2세의 이름하에 실질적으로 최고의 권력을 누리던 귀즈 가문에 대항해 부르봉가의 위그노파 귀족들이 반란을 일으킨 것은 단지 그 반란이 혈통 상에 문제가 없는 왕에 의해 주도가 된다면 정당화될 수 있다는 것이고, 왕실 출생에 가장 근접한 자가 저항 세력의 지도자가 되어야 한다는 조건을 가했다.[101]

봉건 정치의 잔재를 옹호하는 데 있어서, 칼뱅이나 추종자 누구도

---

99 William Farr Church, *Constitutional Thought in Sixteenth Century France: A Study in the Evolution of Ideas* (Cambridge: Harvard University Press, 1941), 39.

100 Émile Doumergue, *Jean Calvin, les Hommes Et les Choses de Son Temps*, V, 501; "인간에 세운 모든 제도를 주를 위하여 순복하되 혹은 위에 있는 왕이나 혹은 악행하는 자를 포장하기 위하여 그의 보낸 방백에게 하라(벧전 2:13-14)."

101 Marc Chenevière, *La pensée politique de Calvin*, 341-346.

전통적인 중세적 논쟁을 재론하지 않았다. 그들은 신분적 위계의 자연성을 촉구하지도 않았고, 중세 사회에서 매우 중요하게 여겨졌던 가족적이고 가부장적인 유대에 대해서도 특별한 경외심을 갖고 다루지 않았다. 그들의 이론은 명백하게 과거의 권력은 근본적으로 재구성되어야만 지속될 수 있다는 것을 제안했다. 이러한 재구성이 달성되거나 열렬하게 시도되는 곳이라면 어디든 현실주의적인 정치와 규율적으로 조직된 체계를 갖춘 칼뱅주의는 이념적 지원을 제공할 태세가 마련되어 있었다. 프랑스에서 개신교가 급속히 확산되는 동안 가톨릭을 신봉하는 귀족들에게서 부흥한 스토아사상으로 인해 새로운 이념적 버팀목의 필요성이 요청되었다.[102] 스토아철학과 칼뱅주의는 지역의 공직자, 법률가 및 행정가가 되는 과정에서 교양 있는 젊은 귀족들에게 적합한 세계관이었다.

공직 이론은 새로운 정치 행위의 비결을 제공하는데, 이것은 한 마디로 개혁으로 요약될 수 있다. 양심적인 공직자는 약탈적이거나 비 신앙적인 폭정에 저항할 뿐 아니라, 또한 인간의 타락 때문에 정상적인 진보가 나타날 수 없기에 개혁의 필연성이 영속적으로 요청되는 퇴행적인 세계에서 인간들을 순수하게 신을 경배하도록 인도할 의무를 지니고 있다. 칼뱅에게서는 신에 대한 경배야 말로 모든 의(義)의 근본이자 토대였다. 저항은 공직이 요구하는 행동 중에 하나 일 뿐이며 결코 절대적인 사안은 아니었다. 칼뱅은 자신이 영국 서머셋 총독에게 보내는 서신에서 다시 한 번 근본적으로 종교적이며 결코 전형적이지 않은 또 다른 종류의 행동을 보여준다. 칼뱅이 명료하게 밝힌 바와 같이, 서머셋이 자신의 수많은 부하들에게 대해 분노와 폭력을 가하는 것을 예기할 수 있지만, 그럼에도 불구하고 그는 검을 사용하여 그들 모두를 "명확한 말씀의

---

102 Léontine Zanta, *La Renaissance du Stoïcisme au XVIe siècle* (Paris: Slatkine Reprints, 1975), 243ff.

빛"으로 데려가야 하는 것이다. 칼뱅은 서머셋의 책무, 책임, 의무에 대해 거듭해서 경고했다.[103] 경건한 통치자는 신처럼 경성하고 활동적이어야 한다. 칼뱅은 공직자들의 수동적이고 나태한 태도에 대한 날카로운 비판과 더불어 공세적인 자세를 취했다. 그는 통치자들과 재판관들에게 "부지런히 물으십시오 … 엄격한 자세로 조사하고 … 그리고 근본에서부터 문제를 찾아내십시오"[104]라고 촉구했다. 그렇게 해야만 사탄과 추종자들을 지상의 사회로부터 근절시킬 수 있을 것이다.

칼뱅은 국가의 통치자에게 촉구한 것처럼 장원의 영주와 가정의 주인에게도 동일한 책무를 요구했는데, 공직에 있는 모든 자들은 각자가 법적으로 주어진 모든 힘을 다 사용해야 한다는 것이었다. 비록 법적으로 주어진 능력 내에서라고 강조하고 있지만, 그리고 그 강조는 질서와 규율적 행태에 바탕한 것임에도 불구하고, 그러한 암시가 혁명성을 내포하고 있다는 점은 명백하다. 칼뱅은 보다 적극적이고 급진적인 경향이 있는 개혁에는 반대했다. 폭군을 처형시킬 정치적 권한에 대해서도 거부했으며, 종교적인 성상파괴주의에 대해서도 비난했고, 정식으로 안수 받지 않은 급진파 종교개혁파의 예언자들에 대해서도 정죄했다.[105] 하지만 그가 요구한 바는, 모든 수단을 강구해 신에게 영광을 돌리는 일에 충성을 다해야 하며, 그것의 일환으로써 자신이 속한 국가를 고려해야 하는 것이었다.

행동과 개혁에 대한 최종적 요구는 공직에 대한 개념이 그것의 법적인 정의가 적어도 가능한 정치 영역을 넘어 그것의 정확한 성질을 결정하기 훨씬 어려운 종교적이고 섭리적인 영역으로 확장되어 질 때 더 큰 의미를 갖는다. 물론 칼뱅은 죄인을 징벌하는 신의 섭리에 의존하기

103 Calvin, *Letters*, II, 171, 172, 183.

104 Calvin, *Fifth Book of Moses*, sermon 120, 737-738.

105 폭군살해에 대한 칼뱅의 견해는 다음을 참고하라. *Institutes*, IV, xx, 26; Calvin, *On religious vagabondage*, *Letters*, I, 293.

에 폭정에 대한 수사적 경고라기보다는 행동 프로그램의 성격을 갖는다. 하지만 그러한 생각이 암시하는 바는 매우 특이한 측면이 있다. 칼뱅에 따르면, 신은 종종 "신적인 해방자", "공적인 복수자"를 일으키시기에 "군주들은 그들이 언제 나타날지 항상 경성하고 두려워해야 한다. 그들이 출현할 때마다 주님으로부터 합당한 사명을 받아 하늘로부터의 권위로 무장했고, 위로부터의 힘으로 아래로부터의 권력을 벌하신다."[106] 그러나 그들이 성공했을 경우를 제외하고는 그들의 정당성을 인식하기 어려웠기에 오직 신의 뜻 가운데서의 폭군 살해는 결과의 성공 여부를 통해 정당성을 확보할 수 있을 뿐이었다. 그럼으로써 칼뱅은 저항의 적법성을 최소한으로 사후적인 결과에 비추어서만 찾을 수 있었다. 폭군 살해가 성공했다면 그것은 신의 의지에 따른 것이었고, 실패했다면 그것은 신의 의지에 반한 것이라 할 수 있다.

목회자와 선지자의 종교적 직무가 갖는 권력의 문제에 대한 칼뱅의 논의는 훨씬 더 흥미로운 주제이다. 두 직무 모두 정치적 행위에서는 배제되었던 것으로 보이지만, 그러나 세속적이면서도 종교적인 힘으로 도덕법을 시행시키려했던 칼뱅은 그들을 배제시켰던 논리를 변경하기에 이르렀다. 종교적 직무는 도덕적 비판의 책무를 포함하고 있으며, 그것은 선지자와 목회자가 군주들을 탄핵하는 것이 바로 정치적 문제라는 것을 어렵지 않게 파악할 수 있을 것이다.

> 선지자와 교사가 파송된 이유가 무엇입니까? 그들은 세상을 질서 있게 해야 하고, 듣는 자들에게 용서를 베풀기 위해서가 아니라 필요할 때는 언제나 그들을 자유롭게 책망하기 위해서입니다. 그들은 또한 사람들이 정도를 벗어난 것을 발견하게 되면 위협을 가할 수 있어야 합니다 … 선지자와 교사들은 용기를 잃지 말고 하늘의 진

106 *Institutes*, IV, xx, 30-31.

리가 주는 힘으로 무장해서 과감하게 왕과 국가에 맞설 수 있어야 합니다.[107]

통치자들에게 마땅히 복종해야 하지만, 어떤 신자들은 그들의 악행을 책망할 특별한 직분을 가지고 있다. 의심할 여지없이 칼뱅은 이들 중에 한 사람이었으며, 특히 『다니엘서 주석』 서문에서 프랑스 국왕에 대해 드러내놓고 거듭 비판한 것은 이런 맥락에서 이해할 수 있을 것이다.[108]

칼뱅은 선지자와 목회자의 소명을 안정적으로 지속하고자 했지만 위험은 항상 도사리고 있었기에, 본질적으로 프로테스탄트 선지자에게 안정성이란 어울리지 않는 옷과 같았다. 정작 너무도 확고하고 범례적인 예외인 칼뱅 자신도 선지자 직분은 조직이나 통제에 쉽게 굴복하는 것이 아니라는 점을 인정하지 않을 수 없었다. 바로 여기서 "신적인 해방자"와 마찬가지로 양심이 자유로워졌다. 1538년 수네브 시민들에게 칼뱅은 쓰고 있다. "만일 여러분들이 나의 소명에 대해 추호의 의심이라도 있다면, 분명히 말하거니와 나는 모든 것이 준비되어 있습니다."[109] 이 지점에서 칼뱅이 직분 이론을 급진적이고 무정부주의적인 개인주의로 환원시킬 수 없는 것이라고 무조건 단정하기엔 무리가 있어 보인다. 물론 실제로 칼뱅은 공직자의 공적 책무 및 개인적인 소명이 공적으로 인정받기 이전에 반드시 거쳐야 하는 철저한 조직적인 훈련이나 검증에 대해 엄격한 생각을 가지고 있었다. 내용상으로는 큰 변화가 없지만, 종교적 소명에서 정치적 직분으로의 강조점의 이동이 칼뱅의 입장을 사실상 확립시켰다 할 수 있다. 그는 정치적 행위를 위해 사적인 양심을 공적

107 Calvin, *Jeremiah*, lecture 2; I, 44.

108 Calvin, *Commentaries upon the Prophet Daniel*, 97.

109 Calvin, *Letters*, I, 71.

인 책무와 연결시켰다. 그러나 이러한 사고가 직접적으로 초래한 사태는 폭군살해나 선지자적인 탄핵과 같은 극단적인 형태의 정치적 행동이 굴종적인 태도보다 오히려 양심적이며 책무에 충실한 것일 수 있다는 판단을 칼뱅 스스로도 원천봉쇄할 수 없게 되어버린 것이다. 따라서 불의하거나 부패한 세속 질서는 양심적인 사람들의 도전으로 인해 붕괴의 조짐이 나타나게 되었던 바, 그것은 권징과 복종을 최우선적인 근본적 가르침이라 여겼던 칼뱅과 그의 추종자들이 대놓고 지지하기 어려운 난감한 사태가 아닐 수 없었다.

5. 결론

맥그라스는 칼뱅의 종교개혁 성공의 주요한 이유를 몇 가지 들고 있다. 첫째, 칼뱅의 종교개혁은 교회의 기존 조직과 관습과 교리에 도전하는 급진적인 개혁 프로그램이었고, 이 개혁 프로그램은 지역적 상황에 국한되지 않고 지리적, 문화적, 정치적 차이를 뛰어넘었다는 것이다. 1555년부터 프랑스에서 칼뱅주의가 급속하게 퍼져나간 데서도 이를 확인할 수 있다고 지적한다. 둘째, 칼뱅은 자신의 사상을 널리 전파할 수 있도록 출판 매체를 적극 활용하는 기민함을 보였다는 것이다. 칼뱅은 바젤, 스트라스부르, 주네브에 있는 수많은 인쇄소와 접촉함으로써 소위 언론과 정보를 장악했던 것이다. 셋째, 칼뱅의 이념이자 신념을 현세에서 구현하기 위해 거기에 걸 맞는 교회 조직과 규율의 중요성을 깨닫고 그것의 구축을 위해 전대미문의 집요함을 발휘했다는 것이다. 맥그라스는 이러한 칼뱅의 치밀한 조직과 운동에 대해 마치 프랑스를 점령한 나치에 저항했던 레지스탕스 마키(Maquis)와 놀라운 유사성이 있고, 심지어 볼세비키 혁명의 지도자 레닌에 견주어도 좋을 만큼 조직의 체계를 세우는 데서 비범성을 보였다고 평가하며, 바로 이러한 칼뱅의 재능 때문에 칼뱅주의는 세계로 확산될 수 있었다고 말한다.[110]

루소는 법의 주체가 국민이 되어야 하지만, 국민이 입법제정과 같은 위대한 일을 스스로 할 수는 없기에, 국민의 입법자로서 입법 제정자

110 A. McGrath, *A Life of John Calvin: A Study in the Shaping of Western Culture,* 125-127.

(Législateur)[111]를 필요로 하며, 그렇게 입법 제정자는 필연적으로 천재적인 재능을 소유해야 하는 것이 당연하다. 그런데 그러한 천재적인 재능을 갖춘 입법 제정자로 칼뱅을 서슴없이 들고 있다.

> … 그는 우리들의 정치제도들을 확립했고 흔들릴 수 없는 토대를 마련해 주었다 … 칼뱅을 오직 신학자로 보는 사람들은 그의 천재성을 이해하지 못한다. 우리들의 현명한 정치적 칙령들을 고안하는 데 중요한 역할을 한 칼뱅은 그의 『기독교강요』만큼이나 정치적으로 존경을 받아야 한다. 우리의 문화에 혁명의 시간이 무엇을 초래할지는 알 수 없지만, 조국과 자유에 대한 사랑의 불길이 우리 안에서 사라지지 않는 한, 이 위대한 사람 칼뱅을 기억하는 것은 영원한 축복이 될 것이다.[112]

루소가 발견한 칼뱅의 천재성은 칼뱅이 정치와 종교의 문제를 정치사회적 기능 속에서 탁월하게 다루었다는 점일 것이다. 루소의 관점에서는 사회와 정치가 가장 합목적성을 갖는 이상적인 종교인 '시민종교'(religion civile)의 비전을 칼뱅의 그리스도교에서 찾았음을 눈치 챌 수 있다. 시민종교는 '인간의 종교'(religion of man), '민족 종교'(religion of citizen), '사제의 종교'(religion of the priest)와 변별되는 종교이다. 먼저 인간의 종교란 신과의 순수한 정신적 관계를 의미한다. 그것은 제도적인 그리스도교 교회의 종교와 달리 성전의 제의와 교회의 관습들에 얽매이지

---

111 루소가 말하는 입법제정자는 "인간의 모든 욕망을 다 알고 있으되 자신은 그 어느 것도 가지고 있지 않은, 그리고 인간의 본성과는 아무런 관련도 없으되 그것을 꿰뚫어 알고 있는 지성, 또한 자신의 행복은 우리의 것과는 무관한 것인데도 우리의 행복을 기꺼이 보살펴 주려하고, 끝으로 변화하는 시간 속에서 먼 훗날의 영광을 소중하게 여김으로서 이 세기에서 노력하되 저 세기에 가서야 즐길 줄 아는 그런 지성"을 소유한 자이다(Rousseau, *On the Social Contract*, 67-68). 이런 자가 바로 일반의지를 명확하게 파악하고 있는 자이다.

112 Rousseau, *On the Social Contract*, 68-69.

않고 모든 사람들을 형제로 인정하고 사랑하는 것을 유일한 도덕적 의무로 여기는 이상적인 복음적 종교이다. 인간의 종교, 즉 순수한 그리스도교는 진정한 유신론이요, 참된 종교이긴 하지만 정치적으로 합목적적이지 못하다. 자칫 내세 지향적이어서 공화국의 법과 제도에 대한 애착을 감소시킬 수 있는 약점을 가지고 있다는 것이다.

한편 '민족 종교'는 특정 국가의 종교이며 그 국가의 고유한 신과 수호자가 세워진다. 국가 종교의 교리와 의식 및 숭배 형식은 법으로 규정된다. 헬라 도시국가들, 로마의 공화정은 민족의 종교들에 대한 고백과 충성을 통해 형성되었던 경우를 상기하면 된다. 루소는 이 종교의 장점을 신에 대한 숭배와 법에 대한 사랑이 결합된 것과 조국을 시민의 예찬의 대상으로 만듦으로써 시민에게 국가에 봉사하는 것이 국가의 수호신에 봉사하는 것이라고 가르친다는 점에서 훌륭하다고 평가한다. 하지만 민족 종교는 오류와 허위에 토대를 두고 있어서 사람들을 기만하여 쉽사리 미신에 사로잡히게 만들고 신에 대한 참된 숭배를 공허한 의식(儀式)에 집착하게 한다는 점, 그리고 더 해로운 것은 신앙을 함께 공유하지 않는, 즉 자신들의 민족에 속하지 않는 사람들은 모두 이방인, 이단자, 야만인으로 간주하여 잔인하게 학살하는 것조차 성스러운 일이라 믿는 인민을 만든다는 데 있다.

'사제의 종교'는 라마교나 일본의 종교나 가톨릭교회에서 구현되는 종교를 떠올리면 된다. 사제의 종교는 두 가지 법 체제, 두 명의 지배자, 두 개의 조국을 부여하기에 인민들로 하여금 서로 모순되는 의무에 복종시켜 인간으로서도 시민으로서도 충실하지 못하게 한다. 서구의 역사가 증명하듯 사제의 종교는 끊임없이 국가권력을 침해함으로써 선량한 시민이 양성되는 것을 원천봉쇄해왔기에 가장 최악의 종교형태라 규정하고 그것의 결점을 논하는 것조차 시간 낭비라고 단호한 입장을 취했다.[113]

---

113 *Ibid.*, 196-197.

그래서 사회와 정치에 합목적적인 종교가 요구되는데 그것이 바로 시민 종교이다. 훌륭한 시민이 되는 것을 목적으로 하는 시민종교의 적극적 교리는 "단순하고 항목이 적어야 하며, 설명도 해설도 없이 정확히 표현되어야 한다. 능력 있고 지혜로우며 자비롭고 선견지명이 있으며 미래를 대비하는 신의 존재, 내세의 삶, 정의로운 자의 행복, 악인의 처벌, 사회계약과 법의 신성함"[114]이다. 그리고 소극적 교리는 오직 종교적 불관용(intolérance)에 대한 배척(불관용)이다. "종교적 불관용이 존재하는 곳에선 사회적 영향을 미치지 않을 수 없기에, 그렇게 되자마자 주권자는 심지어 세속적인 문제에서도 결코 주권자가 되지 못한다. 그때부터 사제가 진정한 지배자가 되어버리고 마는"[115] 까닭에 만일 어떤 종교가 시민의 의무와 완전히 상반되는 교리로 무장한 경우가 아니라면, 그리고 다른 종교에 대해 배타하지 않는 종교라면 인정해야 한다는 것이다. 하지만 자신의 종교만이 유일한 종교라고 주장하는 배타적인 종교를 추방시켜야 하는 것이 시민종교의 불관용 교리이다.

사실상 루소의 시민종교에서 가장 중요한 것은 '사회계약과 입법의 신성불가침'의 사회적 교리라 할 수 있다. 그런 맥락에서 일견 가혹해 보이는 불관용의 사회적 교리가 첨부된다.

> (사회적인 신앙고백)의 조항들은 엄밀하게 말해 종교적 교리가 아니라 사회적 정서로서 그것 없이는 훌륭한 시민도 충신한 시민도 있을 수 없다. 주권자는 누구에게도 이것을 믿으라고 가용할 수 없지만, 이것을 믿지 않는 자는 누구든 국가에서 추방할 수 있다. 주권자가 그를 추방하는 것은 그가 불신자이기 때문이 아니라 비사회적인 존재이기 때문이며, 그가 법과 정의를 진정으로 사랑할 수 없고 필

114 *Ibid.*, 199.

115 *Ibid.*, 199.

요하면 자기 목숨까지 바쳐가며 의무를 다하는 사람일 수 없기 때문이다. 만일 누군가가 이와 같은 교리를 공개적으로 인정해놓고 실제로는 그것을 믿지 않는 사람처럼 행동하면, 당연히 그를 죽음으로 처벌해야 한다. 그는 가장 큰 죄로서 법 앞에서 거짓을 말한 죄를 범한 것이기에 그러하다.[116]

요컨대, 어떤 종교든 시민의 의무에 반하는 것을 한 가지라도 내포하지 않는 한, 다른 종교에 관용하는 모든 종교에 대해 관용하지 않으면 안 되는 것이 시민종교의 핵심 교리라 하겠다. 이런 점에서 루소의 시민종교는 칼뱅의 그리스도교 공화제 국가의 긍정적이 법질서를 확증하고 보증하려는 관심에서 논의를 발전시켜 나간 것이라 할 수 있다.

그럼에도 칼뱅이 전근대적일 수밖에 없는 것은, 루소가 비판하는 민족종교나 사제종교의 최대 약점인 불관용의 문제를 그대로 떠안고 있다는 것을 알 수 있다. 루소가 "모든 그리스도교 종파들 중에서 칼뱅주의야말로 가장 현명하고 온유하며 평화적이며 사회적"[117]임을 발라치고 있지만, 이런 미사여구가 칼뱅주의의 불관용, 배타, 혐오의 윤리적 문제를 해결해주는 것은 아니다.

맥그라스의 평가대로 종교개혁의 레지스탕스이자 혁명가로까지 평가받은 불세출의 영웅 칼뱅, 루소에 따르면 프랑스의 근대 공화주의 정치체제의 흔들리지 않는 토대를 마련한 칼뱅의 저항권에 대한 필자의 소회로 논의를 마무리하고자 한다. 분명 칼뱅의 정치사상은 이념적인 강점이 있다. 종교적 소명에서 변혁적이고 나아가 혁명적 잠재력을 크게 고취시킨 측면이 있는 것으로 보인다. 칼뱅에게서 신자들의 삶은 악마와 대결하는 영속적이고 군사적인 투쟁으로 본다는 것이다. 악마

---

116 *Ibid.*, 199.

117 Iring Fetscher, *Rousseaus politische Philosophie: Zur Geschichte des demokratischen Freiheitsbegriffs* (Frankfurt: Suhrkamp, 1975), 102-103.

와 그를 따르는 세속적인 땅에 속한 군대들로 인해 경건한 사람들의 양심적이고 개혁적인 행동은 너무도 빈번하게 폭력의 희생물이 되어야 했다. 원시 그리스도교 시대에 그리고 다시 칼뱅 자신의 시대에 복음이 나타날 때마다 "이 세상 어디에도 끔찍하게 고통 받지 않는 곳은 없었다. 온 우주의 불처럼 전쟁의 소란을 온 나라에서 들끓고 있다 … 질서와 시민의 정치는 극심한 혼돈에 처했으며 … 그래서 마치 세상이 당장 뒤집어지는 것처럼 보였다."[118] 사탄의 저항이 워낙 거세고 폭력적이었기에 우리는 말씀의 거룩성을 검증할 수 있었다.[119] 거룩한 자들의 삶은 자신의 행동으로 인해 영원한 전투와 같았다. 칼뱅의 말은 아마도 16세기 당대인들에게는 비현실적으로 들리지는 않았을 것이다. 신은 악마에게 "싸움으로써 신자들을 연습시키고, 그들에게 기습공격을 가하고, 침략해서 괴롭히고 … 그들을 혼란에 빠뜨려서 공포에 떨게 하도록" 허용하셨다.[120] 칼뱅의 글에서 이런 급진적이고 과격한 전투적 이미지는, 비록 그것이 적어도 수사적 표현이었다 치더라도, 그것은 또한 이념으로서의 칼뱅주의가 세상적 투쟁을 위해 스스로를 조직화시킨 열정적 경향성을 암시하는 것이기도 했다.

특히 그리스도인들이 적극적으로 항거할 수 있는 자리(직분)에 있게 되었을 때, 그런 위치에 있는 신자들에게는 변혁을 위한 길이 열리게 된 것은 사실이다. 비록 칼뱅 스스로 그의 전투적 수사를 동원한 급진적 기획에서부터 물러나 그리스도인의 권리는 방어전의 수준을 벗어나서는

---

118 Calvin, *Letters*, II, 172; *Tomothy and Titus*, sermon 9. on Timothy, 100: "마귀는 그들이 신의 말씀을 순전히 선포하는 것을 참을 수 없기에 그것에 저항할 것이며… 그가 할 수 있는 모든 방법을 동원해서 그렇게 시도할 것입니다. 따라서 싸울 준비가 되어 있어야 하는 것입니다." 마귀는 복음을 선포하는 자를 끝까지 공격해서 혼돈에 빠뜨리려고 할 것이기에 그것과의 전투는 필연적인 것이다.

119 "거룩한 말씀의 본질은 사탄을 훼방하지 않고 사탄의 반대를 불러일으키지 않고선 결코 현시될 수 없다는 것입니다. 이것이 세상에서 환호와 함께 환영받는 거짓된 교리와 구별되는 … 가장 확실한 기준입니다." *Institutes*, "헌사" 참고.

120 *Institutes*, I, xiv, 18.

안 된다고 한계를 정해버리긴 했지만, 폭력적인 권력에 맞서는 길을 한 발짝이라도 내딛는 순간 방어와 공격의 엄정한 구별이란 별 의미가 없지 않을까. 이미 변혁을 위한 항거에 적극적으로 참여하는 데 크게 부담을 느끼지 않는 추종자들이 충분히 등장할 여지를 얼마든지 남기고 있기 때문이다. 물론 칼뱅 자신은 허용되는 행동의 범위를 제한하고 저항을 특정되고 한정된 법적 의무로 설정하려고 조심스런 노력을 했던 것은 분명하지만, 그럼에도 불구하고 필자의 판단으로는 악마와의 투쟁을 강조하는 선과 악의 대립투쟁의 성격을 가진 이념은 선이라 여기는 쪽이 악이라 간주하는 쪽의 마지막 뿌리까지 거부하고 파괴시키는 속성을 갖는다. 이러한 이원론적 이념에 충실한 칼뱅의 생각은 당대의 시대적 한계 속에서 형성되었던 지극히 편협한 사상이라 말하지 않을 수 없다. 막상 싸움이 벌어지게 되면, 법과 도덕이라는 것이 과연 존재할 수 있을까. 전투에 수반되는 온갖 반인간적인 행위가 법과 도덕, 심지어 종교의 거룩성을 휴지 조각처럼 만들어버리고, 승리를 위해서라면 천상의 평화든 지상의 평화든 얼마든지 희생했던 것이 역사의 교훈이 아니던가. 이후 종교전쟁에서 드러난 것처럼 모든 것을 초토화시키고 나서 거둔 승리라는 것이 대체 무슨 의미가 있다는 말인가.

칼뱅 역시 관헌적 종교개혁의 치명적인 약점, 국가교회의 폭력성에서 자유롭지 못하다. 가톨릭이든 주류 프로테스탄트이든 국가가 신앙을 강제하는 형태, 만일 교회가 어떤 형태의 신앙을 이단으로 규정했을 경우 그것은 국가적 범죄에 해당하고 그렇기에 국가교회의 권력으로 그들에 대한 무자비한 폭력을 합법적으로 신앙적으로 정당화시킨 형태의 범죄를 말하는 것이다. 칼뱅의 주네브 교회가 가톨릭과 루터파의 교회보다 민주적으로 운영되었다는 것으로, 그리고 후대 근대적 주권 개념에 지대한 공헌을 끼쳤다는 긍정적인 평가에도 불구하고, 국가교회적 폭력의 죄악성에서 자유로울 수가 없다. 교회의 범죄에 대한 심각하고도 무거운 역사적 반성 없이 이것을 단순히 시대적 상황에서 기인된 한계였던 것으로 칼뱅을 변론하기에 연연해선 안 된다. 프로테스탄트든 가톨릭이든 종교재판과 십자군, 세계 전역의 원주민 학살과 문화적 억압, 노예무역, 인종적이고 성적인 차별의 책임이 있다. 이러한 범죄에 대해 종교적 대의를 이루기 위한 일에 있어서 사소한 과오로 치부하거나 단순히 놀라는 것으로 끝내서는 안 된다. 그보다는 우리 스스로에게 매우 냉철한 질문을 던져야 한다. 어떻게 해서 우리의 종교는 이다지도 쉽게 왜곡 되었는가? 오늘날 우리의 종교는 그때의 종교와 무관한가? 스스로에 대해 묻고 또 물어야 한다. 그러한 비판을 생략한다면, 전 생애를 걸고 신의 절대주권 신앙의 길을 걸었던 위대한 인물 칼뱅 역시 콘스탄틴적 제국그리스도교의 성공한 종교정치가 그 이상의 의미를 찾기 힘들 것이다.

더욱이 최근 포스트모던적 풍토에서 칼뱅주의는 종교적 도그마와 정치권력의 공모의 모범사례라는 비판에서 자유롭지 않을 것으로 보이며, 더욱 심각한 것은 칼뱅주의의 문화 변혁주의적 윤리적 모티브가 서구 종교인 그리스도교와 서구 지성의 외부에 있는 종교적 영성과 문화적 자원을 타자화시키고 말살시키고자 했던 제국주의 이념의 원형처럼 오해받기 딱 좋은 형국이다. 칼뱅의 정치사상에 대한 논의를 마치며, 뜬금없는 생각이 문득 든다. 어떤 종교개혁가들 보다 서양의 중세에서 근대로의 전환에서 종교적으로 정치적으로 혁혁한 공을 세운 칼뱅이 대결했던 그 중세는 르네상스의 지식인들이 규정했던 암흑 그 자체이기만 했던 것일까? 필자의 대학 신입생 시절 접했던 문예이론가 루카치의 별이 총총한 중세와 칼뱅이 대결했던 중세가 눈앞에서 양분된다.

> 별이 빛나는 창공을 보고, 갈 수가 있고 또 가야만 하는 길의 지도를 읽을 수 있던 시대는 얼마나 행복했던가? 그리고 별빛이 그 길을 훤히 밝혀주던 시대는 얼마나 행복했던가? 이런 시대에는 모든 것은 새로우면서도 친숙하며, 또 모험으로 가득 차 있으면서도 결국은 자신의 소유로 되는 것이다. 그리고 세계는 무한히 광대하지만 마치

자기 집에 있는 것처럼 아늑한데, 왜냐하면 영혼 속에서 타오르고 있는 불꽃은 별들이 발하고 있는 빛과 본질적으로 동일하기 때문이다.[121]

121 Gyorgy Lukacs, 반성완 역, 『소설의 이론』 (서울: 심설당, 1998), 29.

참고문헌

『프랑스 개혁파 총회 문헌집』(*Synodicon in Gallia Reformata: or, the Acts, Decisions, Decrees and Canons of those Famous National Councils of the Reformed Churches in France*). ed. by John Quick. London: T. Parkhurst, and J. Robinson, 1692.

A Huguenot Family in the Sixteenth Century: The Memoirs of Philippe de Mornay, Sieur de Plessis Marly, Written by his Wife, trans. with intro. by Lucy Crump. London: George Routledge & Sons, 1925.

Articles Concerning the Organization of the Church and of Worship at Geneva(1537), in Calvin, Theological Treatises, 49.

Baron, Hans. "Calvinist Republicanism and its Historical Root." *Church History* 8(1939).

Beza, Theodore. *A Tragedy of Abraham's Sacrifice*. trans. Arthur Golding. ed. & with intro. Malcolm Wallace. Toronto: University of Toronto Library, 1906.

Bendix, Richard. *Max Weber: An Intellectual Portrait*. Berkeley: University of California Press, 1980.

Biéler, André. *La pensée économique et sociale de Calvin*. Genève: Librairie de l'Université, 1959.

Bowdon, Tom Butler, *50 Psychology Classics: Who We Are, How We Think, What We Do; Insight and Inspiration From 50 Key Books*. Boston: Nicholas Brealey, 2007.

Calvin, "Letter on Usury." in David A. Wells et al., *Usury Laws, Their Nature, Expediency, and Influence: Opinions of Jeremy Bentham and John Calvin*. New York: Society for Political Education, 1881.

Calvin, *A Short Instruction For to Arm All Good Christian People against the Pestiferous Errors of the Common Sect of Anabaptists*(1549), https://www.truecovenanter.com/calvin/calvin_against_anabaptists.html. 2020년 7월 9일 검색.

Calvin, *Commentaries on the book of the prophet Jeremiah and the Lamentations*, trans. John Owen. Edinburgh: the Calvin Translation Society, 1852-53. https://babel.hathitrust.org/cgi/pt?id=uva.x000428670&view=1up&seq=9. 2020년 8월 24일 검색.

Calvin, *Commentaries upon the Prophet Daniel*, trans. by Thomas Myers. Edinburgh: the Calvin Translation Society, 1852-53. https://babel.hathitrust.org/cgi/pt?id=inu.30000131805404&view=1up&seq=9. 2020년 8월 24일 검색.

Calvin, Jean. *The Institutes of the Christian Religion*, trans. by John Allen. Philadelphia: Presbyterian Board of Publication, 1921.

Calvin, *Letters of John Calvin* I. ed. Jules Bonnet. trans. David Constable. New York: B.

Franklin, 1972.

Calvin, *Reply by John Calvin to the Letter of Cardinal Sadolet to the Senate and People of Geneva*(1539), in *Calvin: Theological treatises*, trans. with intro. J. K. S. Reid. Louisville: Westminster John Knox Press. 1954.

Calvin, *Sermons on the Epistles of St. Paul to Timothy and Titus*. Edinburgh: The Banner Of Truth Trust, 1983.

Calvin. *A Commentary upon the Epistle of St. Paul to the Romans*, trans. by Christopher Rosdell. Edinburgh: T. Constable, 1844.

Calvin. *Sermons on the Book of Job,* https://archive.org/details/sermonsofmasteri00calv/page/678/mode/2up. 2020년 7월 9일 검색.

Calvin. *Sermons on the Fifth Book of Moses*, https://archive.org/details/sermonsofmiohnca1583calv/page/168/mode/2up. 2020년 7월 9일 검색.

Calvn. *Commentaries on the first book of Moses, called Genesis*, trans. by Thomas Tymme. Grand Rapids, WM. B. Eerdmans, 1948.

Chenevière, Marc édouard. *La pensée politique de Calvin*. Paris: Slatkine, 1970.

Church, William Farr. *Constitutional Thought in Sixteenth Century France: A Study in the Evolution of Ideas*. Cambridge: Harvard University Press, 1941.

Davies, Rupert E.. *The Problem of Authority in the Continental Reformers: A Study in Luther, Zwingli, and Calvin*. London: The Epworth Press, 1946.

Dodge, Guy Howard. *The Political Theory of the Huguenots of the Dispersion*. New York: Columbia University Press, 1947.

Doumergue, émile. *Jean Calvin, les Hommes Et les Choses de Son Temps, V: La Pensée Ecclésiastique Et la Pensée Politique de Calvin.* Lausanne: G. Bridel & C., 1917.

Fetscher, Iring. *Rousseaus politische Philosophie: Zur Geschichte des demokratischen Freiheitsbegriffs.* Frankfurt: Suhrkamp, 1975.

Goyau, Georges. *Une Ville-Église: Genève(1535-1907)*, I. Paris: Perrin, 1919.

Häuser, Henri. *Les débuts du capitalisme*. Paris: Alcan, 1927.

Hobbes, Thomas. *Leviathan*, I. Richard Tuck (ed.)(Cambridge: Cambridge University Press, 1991),

Hooker, Richard. *Of the Laws of Ecclesiastical Polity* VIII, ed. by Raymond Aaron Houk. New York: Columbia University Press, 1931.

Lagarde, Georges. *Recherches sur l'Esprit Politique de la Réforme*. Paris: Auguste Picard. 1926.

Lukacs, Gyorgy. 반성완 역. 『소설의 이론』. 서울: 심설당, 1998.

Luther, Martin. Works III, ed. by C. M. Jacobs. Philadelphia: Fortress Press, 1961.

Mackinnon, James. Calvin and the Reformation. New York: Longman's, 1936.

Marx, Karl and F. Engels. *The German Ideology*, ed. by Christopher John Arthur. New York: International Publishers, 1947.

McGrath, Alister. *A Life of John Calvin: A Study in the Shaping of Western Culture*. Oxford : B. Blackwell, 1990.

McNeill, J. T.. "The Democratic Element in Calvin's Thought." *Church History* 18(1949).

McNeill, John T.. "Natural Law in the Teaching of the Reformers." *Journal of Religion* 26(1946).

McNeill, John Thomas. *The History and Character of Calvinism*. Oxford: Oxford University Press, 1970.

Neumann, Franz. *The Democratic and The Authoritarian State: Essays in Political and Legal Theory*. ed. and with preface by Herbert Marcuse. Glencoe: The Free Press, 1966.

Rousseau, J. J.. *On the Social Contract with Geneva Manuscript and Political Economy.* R. D. Masters(ed.). New York: Saint Martin's Press, 1978.

Weber, Max. *Die Protestantische Ethik I: Eine Aufsatzsammulung.* J. Wickelmann(Hrsg.). Hamburg: Guterslohner Verlag, 1991.

Wendel, François. *Calvin: The Origin and Development of his Religious Thought*, trans. by Philip Mairet. New York: Harper & Row, 1963.

Wolin, Sheldon. "Calvin and the Reformation: The Political Education of Protestantism." *American Political Science Review* 51(1957).

Zanta, Léontine. *La Renaissance du Stoïcisme au XVIe siècle*. Paris: Slatkine Reprints, 1975.

제5장

칼뱅의 비판자 카스텔리옹의 평화윤리 사상

1. 서론

16세기 종교개혁운동은 당대의 서구의 개혁적인 지식인들에게 진리의 중요성과 자유의 개념에 대해 새로운 해석을 가능케 하는 지적 풍토를 제공해 주었다. 그러나 다른 한편 급격한 종교적 변화로 인해 오히려 억압과 학살의 풍조를 만연케 하였다. 다시 말해 가톨릭 진영에서뿐만 아니라 종교개혁을 성공적으로 수행한 지역에서도 교리적인 정통이 수립됨으로써 교권을 손에 쥔 자들이 정치권력의 힘을 빌려 다른 견해(이단)에 대해 종교적으로는 물론 정치적 박해까지 자행된 것이다. 말하자면 16세기는 교황의 절대권력은 약화되었으나 여전히 한 국가 사회 내에 존재하는 종교적 다른 견해는 교회의 획일주의적인 정신문화를 위협하는 것이었고 그것은 나아가 국가 사회의 존립의 걸림돌로 인식되었기에 이단으로 규정된다는 것은 종교적이고 정치 · 사회적으로 마땅히 제거해야 할 반역죄로 통용되었던 것이다.[1] 그렇기에 가톨릭 국가에서 이단으로 박해받았던 개신교 자신도 교파 국가를 성립시키면서 규정된 정통과 다른 견해에 대해서 이단으로 박해하는 길을 걷게 되었다.[2] 이단에 대한 개신교 정통주의의 견해는 자신들만이 유일한 구원의 진리

---

1 Wilbur Jordan, *The Development of Religious Toleration in England From the Ascension of James I to the Convention of the Long Parliament*. vol. II (Cambridge: Harvard University Press, 1936), 129.

2 Joseph Lecler & Marius François Valkhoffk, *Les Premiers défenseurs de la liberté religieuse* (Paris: Les Éditions du Cerf, 1969), 26-28.

를 소유했기에 다른 견해는 개인의 영혼을 파멸시키는 것은 물론 국가와 사회를 타락시키는 까닭에, 이단을 박해하고 박멸하는 것이 하느님을 기쁘게 하는 선한 일이라 확신해 마지않았다.[3] 그런 점에서 16세기는 종교적 불관용의 시대이자 가톨릭이나 개신교 어느 쪽에서건 종교재판이 성행하던 전근대적 비인간의 시대, 인간보다 종교가 중심인 시대였다 할 것이다. 특히나 종교개혁의 성지인 주네브에는 "하느님이 자신에게 선악을 판단할 은총을 주셨다"(Dieu m'a fait la grâce de déclarer ce qu'est bon et mauvais)[4]고 확신하는 성서해석에서 무오류의 칼뱅이 군림하고 있었다. 교리에 대한 학술적인 이의 제기도 하느님의 종을 모독하는 것이며 그것은 곧 하느님의 명예에 대한 모독이자 사탄의 하수인으로서의 대가를 치러야 했다.

그럼에도 불구하고 종교적 진리를 위해서는 잔혹한 박해를 불사하는 암흑시대에 한 줄기의 빛이 있었다. 카스텔리옹은 그 시대를 거슬러서 감히 "종교적 관용"을 주장하고 신앙 문제에 대해 다른 견해를 소유한 자들을 정치적으로 박해하려는 교권주의의 횡포와 그와 관련된 양심의 자유에 대한 박탈, 그리고 종교 문제에 대한 세속 권력의 개입과 폭력 행사에 저항한 그리스도교 신앙의 진정한 수호자였다.[5]

서구에서는 카스텔리옹에 대한 연구가 활발하게 전개되었으나 국내에서는 아직도 미진한 상태에 머물러 있다. 급진적 종교개혁운동의 관점에서 신비주의와 복음주의적 이성주의자(the evangelical Rationalist)로서의 카스텔리옹의 사상을 소개한 강남수의 연구,[6] 세르베투스의 처형을

---

3 Harold Grimm, *The Reformation Era 1500-1650* (London: Macmillan Pub. Com., 1973), 588.

4 Aubeterre에게 보내는 편지. Letters françaises. vol. 1. 389. 강요 서문?

5 Joseph Lecler & Marius François Valkhoffk, *Les Premiers défenseurs de la liberté religieuse* (Paris: Les Éditions du Cerf, 1969), 118.

6 강남수, "카스텔리오의 종교적 급진사상", 홍치모 외, 『急進宗教改革史論』 (서울: 느티나무, 1993), 131-153.

둘러싸고 벌어진 칼뱅과 카스텔리옹의 양심의 자유의 문제에 대한 이견을 소개한 박건택의 연구,[7] 세르베투스 사건에서 칼뱅은 박해자, 세르베투스는 순교자, 카스텔리옹은 관용의 옹호자로 평가되는 현실에 문제의식을 갖고 16세기라는 시대정신과 칼뱅의 진리에 대한 열정을 고려해야 할 것을 촉구하는 칼뱅 친화적인 박경수의 연구,[8] 카스텔리옹의 생애와 그의 주요 저작을 간략하게 소개한 역시 박경수의 연구,[9] 그리고 끝으로 이성과 믿음의 관계를 중심으로 카스텔리옹과 칼뱅/베즈의 이단논쟁을 다룬 연구[10]가 거의 전부라 할 수 있다. 이 연구들의 특징은 칼뱅의 독단적 교조주의가 생산하는 反인간주의에 주목하기보다는 교리 우선주의의 시대적 당위성을 더 부각시킴으로써 카스텔리옹의 사상이 제대로 소개되지 못한 한국 그리스도교의 현실에서 그의 종교적 관용 사상에 대한 건전한 논의가 차단되고 있다는 인상을 지울 수 없다.

사실 오늘날도 한국 개신교에서 칼뱅이 양심의 자유에 기초한 종교개혁의 원리를 배신하고 칼뱅 자신이 가톨릭교회를 비판했던 그 폭력과 불관용의 죄를 스스로 범했다고 공개적으로 말하는 것은 지극히 조심스럽고 부담스럽기 그지없다. 그러나 여기서는 종교개혁 500주년을 맞이해 아웃사이더 종교개혁자 카스텔리옹의 사상이 갖는 위대함을 그의 주요 저술을 중심으로 소개하고 그 의미를 되새기고자 한다. 먼저, 리옹의 삼위일체 대학에서 학문적 능력을 인정받은 인문주의자 카스텔리옹이

---

7 박건택, “칼뱅과 카스텔리옹에 있어서 양심의 자유”, 『신학지남』 66(2)(1999), 66-97. 박건택은 결론부분에서 칼뱅은 자신의 신학에 충실했을 뿐이며, 칼뱅의 『세네카 관용론 주석』에서처럼 칼뱅의 관용은 잔인성과 동정심의 중용이었기에 의도적 잔인성이 아니라 인간적 동정심에 쉽게 빠져들지 않는 중용적인 엄격한 잔인성이었음을 강조함으로써 칼뱅에 대한 신학적 윤리적 판단은 유보하고 있다.

8 박경수, “마카엘 세르베투스 사건에 대한 재평가: 칼뱅은 프로테스탄트 불관용의 대표자였는가?” 『한국기독교교회』 17(2005), 51-79.

9 박경수, “세바스티앙 카스텔리옹의 생애와 저작들-16세기 관용론을 중심으로”, 『한국기독교사학회지』 31(2012), 73-104.

10 양신혜, “카스텔리오의 종교적 관용의 신학적 토대로서의 이성에 대한 이해”, 『성경과 신학』 74(2015), 1-31.

종교개혁운동에 뛰어들어 칼뱅의 추종자가 되는 과정과 칼뱅과 갈등의 씨앗이 싹트는 계기를 검토한다. 칼뱅과 카스텔리옹의 본격적인 대결은 세르베투스가 주네브에서 화형당하는 사건이 크나큰 계기로 자리하는바, 세르베투스의 처형을 둘러싼 칼뱅과 카스텔리옹의 논쟁이 다루어질 것이다. 둘째, 세르베투스의 처형 사건으로 촉발된 종교적 관용에 대한 카스텔리옹과 칼뱅과 칼뱅의 추종자 베즈의 견해를 소개하고, 이를 통해 카스텔리옹이 이단에 대한 왜곡된 개념과 세상의 혼란에 대한 책임을 이단이 아니라 종교적 광신과 불관용에서 찾고 있다는 것에 주목한다. 셋째, 카스텔리옹의 평화주의 윤리 사상을 논구할 것이다. 특히 프랑스에서 위그노 전쟁이 발발하자 즉각 발표한 『황폐해진 프랑스에 대한 충고』를 통해 그가 얼마나 세계 평화를 염원하고 촉구했는지를 규명한다. 온갖 형태의 근본주의가 지구촌 곳곳에서 똬리를 틀고 기회만 주어지면 야만성을 여지없이 드러내는 오늘날 16세기의 카스텔리옹의 관용의 정신과 평화사상은 여전히 귀를 기울여야 할 위대한 사상임에 틀림없다.

카스텔리옹의 사상을 이해하기 위해서 먼저 우선적으로 검토되어야 할 자료가 그에 관한 전기이다. 그 첫 번째가 두 권으로 된 페흐디낭 뷔송(Ferdianand Buisson)의 기념비적인 카스텔리옹 전기다(1892). 에띠엔느 지랑(Etienne Giran)은 뷔송이 알지 못했던 몇 가지 사실을 추가했고 보다 더 논쟁적인 전기를 썼다(1914). 그는 1944년 레지스탕스 활동을 벌이던 중에 아들과 함께 부헨발트에서 사망했다. 구기스베르크(Hans Rudolf Guggisberg)도 매우 중요한 전기를 썼으며(1997), 들로흐모(Delormeu)의 전기(1965)는 학문적으로 카스텔리옹을 널리 알리는 데 기여했다. 여기서는 뷔송, 지랑, 구기스베르크의 전기와 언제나 논쟁과 화제의 중심에 서 있는 츠바이크(Stefan Zweig)의 『폭력에 대항하는 양심』(*Castellio gegen Calvin, oder ein Gewissen gegen die Gewalt*)[11]을 참고할 것이다.

---

11 Stefan Zweig, *Castellio gegen Calvin, oder ein Gewissen gegen die Gewalt* (Frankfurt: S. Fischer Verlag GmbH, 1987), 74-75.

2. 종교개혁의 아웃사이더 카스텔리옹

카스텔리옹은 1515년 사보이 공국에 속한 작은 마을에서 태어났다. 그의 어린 시절에 대해서는 알려진 바가 없고 칼뱅보다 6살 어리고 루터보다는 32살 아래라 칼뱅과 같이 종교개혁의 제2세대에 속한 인물로 보면 된다. 그는 교육을 제대로 받지 못했지만 근면하고 성실하며 온화한 농부의 집안에서 태어났으며 20살이 되어 리옹의 트리니티 대학에서 공부하게 된다.[12] 당대 지적인 세계의 중심 중의 하나였던 리옹에서 5년간 수학하면서 라틴어, 헬라어, 히브리어 같은 고전어와 고전 문화에 정통하게 되었으며, 이후 이탈리아어와 독일어를 상당한 수준으로 습득하였다. 당시의 유행에 따라 라틴시(詩)에 탐닉했으며 자신의 이름도 샤티용(Châtillon) 또는 샤테용(Chataillon)에서 라틴 식으로 카스탈리오(Sebastianus Castalio), 나중에는 프랑스 식으로 카스텔리옹(Sébastien Castellion)이 되었다. 프랑스어로 성서를 번역했을 때 그의 이름은 샤테용(Chateillon)이었다. 리옹에서 보인 그의 학문적 열정과 탁월성으로 인해 모든 학문 영역에서 광범위한 평판을 얻었고 인문학자 신학자 모든 이들로부터 가장 뛰어난 학생으로 인정을 받았다.

그러나 카스텔리옹은 고대 그리스 로마의 고전인문주의를 갱신하고 체계적인 교육을 통해 세계를 구원하려는 길 대신 독일에서 시작된

12 카스텔리옹의 리옹 시절은 다음의 글을 참조하라. Han Rudolf Guggisberg, *Sebastian Castellio, 1515-1563: Humanist and Defender of Religious Toleration in a Confessional Age*, tans. & ed. by Bruce Gordon (Alershot: Ashgate, 2003), 11-24.

종교개혁의 길에 헌신하기로 결심하게 되었다. 리옹에서 루터의 신앙을 추종하던 자들이 화형을 당하는 장면을 목격하고 나서, 한편으로는 종교재판의 잔혹성과 다른 한편으로 이단으로 처형된 자들의 용감한 태도에 깊은 감명을 받게 되었다. 1540년 그는 종교개혁자로서 자유롭게 호흡할 수 있는 곳을 찾아 칼뱅이 머물고 있던 스트라스부르로 향했다. 『기독교강요』(1536년 라틴어판/1538년 프랑스어판) 서문을 통해 프랑수아 1세에게 종교적 관용과 신앙의 자유를 요구한 젊은 칼뱅은 프랑스 종교개혁운동의 명실상부한 영웅이었으며 다른 한편 종교개혁의 적들에게는 최고의 이단자였다. 1538년 칼뱅은 그가 주네브 시에 강요한 교리적이고 도덕적인 강제에 대한 시민들과 시의회의 반발로 추방된 이후 스트라스부르에 머물고 있었기에 카스텔리옹은 자연스레 칼뱅과 조우할 수 있었다. 칼뱅은 자신의 아내가 종교개혁운동의 전도자 양성을 위해 운영하는 학교 기숙사에 머물 수 있도록 배려했고, 칼뱅이 곧바로 하게나우 공의회, 레겐스부르크 공의회에 소환되어 집을 비운 사이 역병이 발생하자 카스텔리옹은 칼뱅의 가족을 헌신적으로 돌봐주었다. 1541년 칼뱅이 주네브로 재입성했을 때 파렐의 강력한 추천으로 젊은 카스텔리옹은 저명한 교육자 코르디에(Mathurin Cordier)의 후임으로 주네브 초등교육 기관인 "리브 콜라주"(collège de la Rive)의 교장에 임명된다. 또한 방되브르(Vandoeuvres) 교구의 설교까지 담당하게 되어 27살의 청년에게는 과도한 부담이 아닐 수 없었으며 이 모든 일에 대한 보수는 지극히 미미한 수준이었다.[13]

카스텔리옹의 교사 활동은 매우 성공적이었다. 특히 학생들의 라틴어 학습 교본으로 성서 이야기를 라틴어 대화 형식으로 꾸며진 교본인 『거룩한 대화』(*Dialogi Sacri*)를 통해 그는 오랫동안 개신교 세계의 명성을 얻게 되었다. 이 책은 라틴어 입문 교재라기보다 어린 학생들을 성서에

---

13 *Ibid.*, 27-29.

보다 접근하기 용이하게 성서의 역사를 이해시켜 주네브 시의 그리스도교 교육의 토대를 세우려는 의도에서 집필된 것이다. 그것의 교육적 가치로 인해 그리스도교 세계에서 널리 애독되었다. 놀라운 것은 초등 수준의 교본에 카스텔리옹의 기본 사상, 사랑만이 참된 경건의 유일한 기준이라는 것, 그리고 그리스도교의 참된 생명은 율법의 문자에 있는 것이 아니라 도덕적이어야 한다는 사상이 이미 녹아 있다는 점이다.[14]

칼뱅과의 밀월 관계는 2년을 채 넘기지 못했다. 첫 번째 갈등의 요인은 칼뱅이 카스텔리옹이 작업하는 성서번역의 검열자로 자처한 일에서부터 비롯되었다. 카스텔리옹은 라틴어 신약성서 번역의 일부분을 칼뱅에게 보여주면서 출판 허락을 부탁했다. 주네브에서는 칼뱅의 동의나 허락 없이 책을 인쇄할 수 없던 현실에서 불가피한 선택이었다. 그러나 이미 주네브에서 자신이 서문 작업에 직접 참여한 성서가 번역되어 있고 그것을 공인된 성서로 인식하고 있었던 칼뱅에게 새로운 성서 번역의 시도는 불손함으로 인식되었기에 카스텔리옹의 번역에 대한 토론이나 조언보다는 그것에 대한 일방적인 수정을 요구했다. 대화할 의사가 전혀 없는 칼뱅의 독단적인 검열자의 모습에서 극심한 모욕감을 느끼기에 충분했다.[15]

두 번째 갈등 요인은 카스텔리옹이 자신이 방되브르 교회에서 설교를 담당하고 있었기에 공식적인 목사로 인정해줄 것으로 요청했고 시의회는 즉각 허락했으나 칼뱅은 두 가지의 교리적 이유를 문제 삼아 거부했다. 칼뱅은 카스텔리옹이 구약의 아가서를 그리스도의 교회 사랑이라

---

14 *Ibid.*, 32-33.

15 칼뱅이 피에르 비레(Pierre Viret)에게 보낸 편지를 보면 카스텔리옹의 성서 번역이 얼마나 칼뱅의 심기를 불편하게 했는지가 드러난다. "지금 우리 세바스티앙의 망상을 한번 들어보세요. 그는 웃기기도 하거니와 분노케 합니다. 사흘 전에 내게로 오더니 자신의 신약성서 번역판을 출간하도록 허가해달라고 부탁하더군요." Stefan Zweig, *Castellio gegen Calvin, oder ein Gewissen gegen die Gewalt* (Frankfurt: S. Fischer Verlag GmbH, 1987), 79-80.

해석하지 않고 세속적인 연애시로 보았다는 점에서 성서의 권위를 훼손했다는 점과 사도신경에서 그리스도가 지옥으로 내려갔다는 고백에 대한 견해가 자신과 다르다는 점을 부각시켜 카스텔리옹의 목사직을 허락하지 않았다.[16]

세 번째 갈등 요인은 주네브 교회 목사들의 위선적인 오만에 대한 공개적인 비판으로 인해 발생했다. 주네브에 페스트가 기승을 부렸을 당시(1542-1545) 목사들이 보여준 비굴한 태도 때문이었다. 주네브의 종교당국은 모든 환자는 사흘 이내 목사를 침대로 불러야 할 것을 엄격하게 요구했으나 정작 전염병이 창궐했을 때 종교적 위안을 주기보다는 페스트 병원으로 보내 거기서 죽게 내버려 두었다. 오히려 시 당국이 죽어가는 가련한 영혼들을 위해 한 명의 성직자라도 파송해주길 간청했으나, 칼뱅은 그 위상을 고려하여 면제되었고 실제적으로 카스텔리옹 이외에 자원하는 자가 없었다. 하지만 카스텔리옹은 치리회(consistory)[17] 소속이 아니라는 이유로 돌보는 임무가 허락되지 않았다.[18] 그런데 목사들 자신 만이 신의 말씀을 이해할 수 있고 다른 견해를 가진 자들에 대해서는 비난과 저주를 그치지 않는 그들이 바울 서신에 대해 공개적으로 주해를 하는 자리에서 카스텔리옹은 하느님의 종이라면 다른 사람들을 검열하고 심판하지만 말고 한 번쯤 자기 자신을 검토해야 할 필요가 있지 않겠는가라는 문제를 제기했다.[19] 그러나 칼뱅은 이러한 비판이나 도덕

---

16 Roland Bainton, *The Travail of Religious Liberty* (Philadelphia: Westminster Press, 1951), 17.

17 칼뱅은 스트라스부르에 체류하던 시기의 경험을 바탕으로 개혁된 그리스도교 세계가 생존하기 위해서는 권징이 필수적이라 보고 치리회를 고안했다. 치리회의 주요 기능은 주네브에 확립된 종교 질서에 위협이 될 정도로 잘못된 신앙을 가진 사람들, 목회적으로 도덕적으로 용납되기 어려운 행위를 하는 사람들을 치리하는 기구였다. Alister McGrath, *A Life of John Calvin: A Study in the Shaping of Western Culture* (Oxford : B. Blackwell, 1990), 113.

18 *Castellio gegen Calvin*, 71.

19 *Castellio gegen Calvin*, 85-86.

적 토론을 규율위반으로 간주하고 치리회가 아니라 세속 법정에 "카스텔리옹은 성직자의 체면을 훼손시켰다"는 죄목으로 고소해버렸다.[20] 카스텔리옹은 자신에게 허락된 자유와 권한이 너무도 제한되어 있었다는 것을 절실하게 느끼고 있었기에, 이미 통제적인 학교에서 자신의 역할에 깊은 회의를 느끼고 있었던 차였다. 카스텔리옹은 시당국에 사직을 청원했고 주네브 시는 수락함으로써 칼뱅의 뜻은 관철되었다.

칼뱅의 영향력 아래 있는 스위스 도시들은 어느 곳에서도 카스텔리옹에게 설교하고 연구하는 일자리를 내어주지 않았기에 그의 가족은 극빈 상태에서 허덕여야 했다. 수년이 흐른 후에야 바젤의 한 출판사에 취직해 교정 보는 일, 바젤 대학 헬라어 강사, 가정교사, 번역, 막일 등으로도 많은 식구들을 부양하기엔 턱없이 부족했다. 밤낮으로 노동하는 와중에도 그는 라틴어, 프랑스어 성서번역을 게을리 하지 않았다.[21] 하지만 1551년 라틴어 성서가 출판되는 그 순간부터 바젤에서 비교적 안정적인 삶을 영위했던 카스텔리옹은 칼뱅과 그의 충복인 베즈의 집요하고 끊임없는 공격을 숨을 거두는 순간까지 견뎌내야 했다. 분명 그것은 공정하지 못한 싸움이었으며 종교적이면서도 동시에 정치적으로 완벽하게 기울어진 운동장에서의 싸움이었다. 칼뱅과 베즈는 스위스 도시 그 어디에서도 카스텔리옹을 검열하고 감시할 수 있었으며 그의 주장을 철저하게 봉쇄할 수 있는 권력을 소유하고 있었다. 그 결과 카스텔리옹의 사고를 담은 저술들은 대부분 생전에 출판될 수 없었으며, 『의심과 신뢰의 기술에 관하여』(*De arte dubitandi et confidendi*)의 경우는 1981년에 이르러서야 제대로 출판되는 수난을 겪어야 했다. 심지어 오늘날에도 신학 분야에서조차 그의 이름을 모르는 것이 전혀 부끄럽지 않은 사태로 치부될 만큼 카스텔리옹은 칼뱅의 후예들에 의해 철저하게 억압당하고 외면되어왔다 할 것이다.

---

20 *Castellio gegen Calvin*, 87.

21 *Castellio gegen Calvin*, 90-91.

3. 성서번역

칼뱅의 방해로 주네브에서 빛을 보지 못했던 라틴어 번역 성서가 1551년 바젤에서 출판할 수 있게 되었다. 성서의 서문은 영국의 어린 왕 에드워드 6세에게 헌정된 것이라 밝히고 있다. 그 서문은 카스텔리옹이 군주에게 고상한 생각을 전할 수 있는 하나의 기회가 될 수 있었다. 그는 성서에 16세기의 주요 작품의 서문으로 구성된 영예를 제공하여 자신의 생각을 발전시키기 위해서도 성서 번역은 성스럽고 위대한 일이 아닐 수 없었다. 불과 15년 전에 칼뱅 역시 종교 개혁을 촉진하고 박해자들을 비난하는 계기를 활용하기 위해 『기독교강요』를 프랑스 군주 프랑수아 1세에게 헌정한 것이 사실이다. 하지만 가톨릭 국가에서 이단자들에 대한 박해는 끊이지 않았다. 그런 와중에 종교개혁 교회는 개혁교회와 견해를 달리하는 개혁자들에게는 어떤 태도를 취할 것인가가 문제가 되었다. 특히 재세례파에 대한 박해는 가톨릭교회와 마찬가지로 주류 종교개혁교회에서도 종교적 · 정치적으로 가해졌다. 바로 이 지점에서 칼뱅은 가톨릭교회로부터 박해받는 이단자가 아니라 박해의 새로운 주체로 나서게 된다.[22]

---

22 주네브에서 칼뱅이 통치한 지 5년 동안 도시국가 주네브에서 13명이 교수형, 10명이 참수형, 35명이 화형, 76명 추방당했다. 형벌을 피해 도주한 수를 포함시키지 않았다는 것을 고려해야 하고, 극심한 고문에 스스로 자살을 택하는 사람도 적지 않았다. 우리는 프랑스 작가 발자크의 말 "칼뱅의 종교적 테러가 프랑스 혁명의 피의 축제보다 오히려 더욱 잔혹했다"는 지적을 가볍게 여겨선 안 된다. *Castellio gegen Calvin,* 64-65. 그리고 칼뱅이 주네브 시에 부여한 『교회훈령』(*Disziplin*)이 얼마나 억압적이고 야만적이었는지는

카스텔리옹이 서문을 쓰게 된 배경은 영국의 귀족들이 저명한 교회의 교사들과 상의를 한 후에 종교개혁운동에 대해 우호적인 입장을 취하기 시작했기 때문이다. 이것은 카스텔리옹이 왕과 그의 측근에게 관용의 이상을 제시 할 수 있는 좋은 기회를 제공했다. 물론 카스텔리옹이 18세기 피에르 베일리(Pierre Bayle)와 함께 사용되기 시작한 근대적인 의미의 관용(tolérance)이라는 표현을 사용한 것은 아니다. 카스텔리옹은 지배적인 종교적 정통성과 다른 견해를 갖고 있는 사람들에 대해 온유, 사려 깊음, 절제로 대할 것을 촉구했다. "영적인 싸움에 실제 무기를 사용하고자 한다는 것이 말이나 되는 것입니까?"[23] "우리나라는 터키인과 유대인이 살도록 허용하고 심지어 사악한 삶을 사는 사람들과도 함께 더불어 살아가고 있습니다. 그러하기에 우리와 같은 그리스도의 이름을 고백하고 아무에게도 해를 끼치지 않으면서 그들이 생각하는 것을 말하거나 행하는 것이 허용되지 않아 자신들의 뜻과 다른 말을 하고 행하느니 차라리 목숨을 버리는 것이 낫다고 여기는 용감한 자들을 적어도 우리와 더불어 살도록 허용하지 않으면 안 됩니다."[24] 이러한 주장은 어린 왕을 호위했던 썸머셋 공작에게 보냈던 칼뱅의 편지와는 사뭇 대조되는 것이다.

> 왕이시여, 제가 듣기로 당신께는 왕과 왕국에 반역하는 두 부류의 역도들이 있다고 합니다. 한 부류는 복음 뒤에 자신을 감추고 모든 것을 혼란에 빠뜨리려는 광신의 무리들이며, 다른 부류는 로마의 적

시의회 기록이 잘 보여주며, 특히 칼뱅의 사상에 대한 의심과 비판은 가장 가혹한 처벌이 주어진 것을 알 수 있다. *Castellio gegen Calvin,* 65-67. 물론 칼뱅의 옹호자들은 주네브 시의회의 문서가 공개되면 칼뱅에 대한 오해가 풀릴 수 있는 가능성을 비치고 있다. 필자도 시의회 문서들이 국내 칼뱅 전문가들에 의해 하루 빨리 소개되어 칼뱅에 대한 의심이 해소되길 고대하는 바이다.

23 Ferdinand Buisson, *Sébastien Castellion, sa vie et son œuvre(1515-1563)* vol.1 (Geneva: Droz, 2010), 306.

24 Buisson vol.1, 307.

그리스도에게 미신적으로 복종할 것을 끊임없이 강요하는 자들입니다. 그런 자들이 왕과 신을 공격할 때 당신에게 위임된 칼로 그들을 처벌함이 마땅합니다.[25]

카스텔리옹은 서문을 통해 종교적 관용의 옹호자로서 자신의 정체성을 분명하게 드러낸 셈이다. 신앙에 대해 다른 견해를 가진 자들을 박해하는 것은 그리스도에 대한 잘못된 신앙적 열심에서 비롯된 것이며 그것은 그리스도의 가르침과 삶에 대한 명백한 오해라고 주장했다. 최악의 사태는 박해자들이 박해행위를 그리스도를 위한 열정으로 주의 명령과 이름으로 실천한다고 우기는 것이다. 이것을 카스텔리옹은 "늑대의 잔인함을 양의 옷으로 위장하는 짓"이라 비판한다.[26]

다른 한편으로 살인, 강간, 도둑질과 같은 자연법적인 문제는 하느님의 뜻을 명확하게 분별할 수 있지만 종교적이고 교리적인 문제에 관해서는 모호함이 내재하고 있기에 쉽게 분별하기 어렵다. 이런 모호함과 애매성에도 불구하고 견해의 다름을 이유로 박해하고 살해하는 것은 도덕적으로 정당화될 수 없는 것이다. 그렇기에 "이런 경우 사랑이 아니고서는 합의에 이를 수 없다. 사랑만이 모든 논쟁을 불식시킬 수 있으며 무지를 추방할 수 있다."[27]고 호소한다. 카스텔리옹의 라틴어 성서 서문의 끝맺음은 다음과 같이 경건하고 진지하다.

저는 하느님이 보내신 선지자로서가 아니라 싸움과 증오를 혐오하는 평범한 사람으로서 당신께 말합니다. 제가 바라는 바는 논쟁으로 실천되는 것이 아니라 사랑으로 선을 행함으로써 실천되는 종교,

25 Buisson vol.1, 308.

26 Sébastien Castellion, "Preface to the Latin Bible, Dedicated to Edward VI," *Concerning Heretics*, trans. & ed. Roland Bainton (New York:), 213.

27 *Ibid.*, 215.

외적인 실천이 아니라 심령의 경건이 존중되는 종교여야 한다는 것입니다 … 왕이시여, 이 책을 환대해주소서! 당신이 누리시기 원한다면 반드시 해야 하는 것처럼 여분의 시간을 가지셔야 합니다. 경건하고 독실한 마음에서 우러난 이 거룩한 글을 읽으십시오. 불멸의 하느님에 대해 죽을 운명에 놓인 책임적인 인간으로서 통치하기 위해 스스로 준비하십시오. 바라옵건대 모세의 온화함, 다윗의 충실함, 그리고 솔로몬의 지혜가 당신에게 있기를 기원합니다.[28]

이 서문은 세르베투스가 1553년 처형되던 날 또는 그 전날 주네브에서 출판되었다. 이는 칼뱅의 비인간성을 비판하는 스위스의 여러 지역에서부터 불만의 다양한 예시들이 주네브에서의 세르베투스 스캔들에 추가되었다는 것을 의미한다. 우리는 세르베투스 사건으로 들어가기 전에 카스텔리옹의 프랑스어 번역 성서를 논의할 필요가 있다.

라틴어 번역 성서가 지나치게 우아한 키케로 스타일의 문체라는 비판에도 불구하고 카스텔리옹 생전에만도 수차례 발행되었던 반면, 프랑스어 번역판 성서는 최근에 재 발행되기[29] 이전 단 한 차례 발행되었을 뿐이다. 라틴 번역 성서와 달리, 프랑스 앙리 2세에게 헌정된 프랑스어 번역 성서는 서민을 위한 것이었으며, 카스텔리옹의 비방자들이 비아냥거렸던 대로 '걸인들'을 위한 성서였다. 17세기 가톨릭 근대 주석의 선구자 리처드 사이먼(Richard Simon)은 자신의 『구약성서 비판사』(*Critical History of th Old Testament*)에서 프랑스어 번역 성서를 극찬하고 있으며 19세기 프랑스어 성서번역 분야의 권위자 두앙(Douen)은 카스텔리옹의 성서

28 Buisson vol.1, 308

29 카스텔리옹의 2005년 프랑스어 번역 성서는 부분적으로 현대적 수정을 가한 개정판이다. Sébastien Castellion, *La Bilbe nouvellement translatée, par Sébastien Castellion,* preface by Pierre Gibert and Jacques Roubaud, notes and commentary by Marie-Christine Gomez-Géraud (Pairs: Bayard, 2005).

가 사실상 제대로 된 최초의 프랑스어 성서라 말했다.[30] 성서 원어와 프랑스어 모두에 관한 그의 저작의 질은 원문을 당대의 불어로 번역하는 데서 나타나는 창의성에 대한 약간의 비판에도 불구하고 오늘날도 여전히 인정받고 있다. 특히 창세기 번역의 최근 어휘 및 통사론 연구에 따르면 단어들의 권위보다는 텍스트의 의미를 훨씬 고려한 것으로 드러난다. "중요한 것은 번역자가 문자에 복종하느냐 성령에 복종하느냐의 선택을 정하는 것이다. 바로 여기서 카스텔리옹을 16세기 유일하고 진정한 새로운 번역의 저자이자 개척자로 만드는 주요한 분기점들을 발견하게 된다."[31] "수많은 주와 주석은 프랑스어 성서, 특히 서문의 문장을 풍부하게 한다. 사람이 육체와 영혼으로 만들어져 육신이 영혼의 집인 것처럼 성서는 말과 성령으로 만들어져서 그 말은 마치 성령을 넣어두는 상자, 용기, 또는 껍질과 같은 것이다."[32] 최초의 프랑스어 성서인 르페브르 데타쁠(Lefevre d'Etaples), 올리베땅(Olivetan), 카스텔리옹의 것을 비교해 보면, 카스텔리옹의 성서가 오늘날의 주석적 기준에 잘 부합한다는 것을 보여준다. 결국 그의 번역은 주네브에서 사용되던 성서를 재개정할 필요를 드러내주었고 칼뱅과 베즈는 이 일을 계속 착수해나갔다. 칼뱅과 베즈의 신약성서는 1559년 10월 10일자 서문과 함께 1560년 초에 발행되었다. 거기엔 온갖 변덕스럽고 무모한 마음을 즐겁게 해주려고 사탄이 선택한 도구인 번역가 카스텔리옹에 대한 충격적인 비난을 담고 있는데,[33] 과연 이것이 성서의 서문일 수 있을까 필자의 눈을 의심케 한다.

30 Buisson vol.1, 436. 그러나 뷔송 자신은 카스텔리옹의 성서에 대한 평가에 크게 적극적이지는 않았다.

31 Sébastien Castellion, *La Genèse*, 1555, with an introduction by Carine Skupien Dekens (Geneva: Droz, 2003), 45. 서문을 쓴 C. Dekens가 인용한 챔버스(Betty Chambers)의 말 참조.

32 Castellion, *La Bilbe nouvellement translatée, par Sébastien Castellion,* 96.

33 Buisson vol. II. 251.

> 우리의 원수 사탄은 하느님의 말씀을 전하는 것을 과거처럼 방해할 수 없다는 사실을 눈치 채고 이제는 더욱 치명적인 방식으로 공격해오고 있습니다. 오랫동안 성서의 프랑스어 번역판이 없었습니다. 아무튼 제대로 된 프랑스어 번역 성서는 없었습니다. 그러나 사탄은 지금 경박하고 뻔뻔스런 사람들의 수만큼이나 많은 번역자들을 찾아내었습니다. 하느님께서 즉각 제지시키지 않으시면 더 많은 번역자들이 준동할 형국입니다. 내게 그런 예를 하나 들어 달라고 한다면 나는 카스텔리옹이 번역한 라틴어 성서와 프랑스어 성서를 꼽겠습니다. 그는 감사를 모르는 후안무치한 자로 교회에 잘 알려진 자입니다. 올바른 길로 인도하려는 수고를 수포로 돌리는 자로도 유명합니다. 그러므로 우리는 그이 이름을 침묵함으로 내버려두지 않고 앞으로 모든 그리스도인들에게 사탄이 선택한 그 사람을 조심하라고 경고하는 것이 우리 양심의 의무라 여깁니다.[34]

사실 그 전까지는 칼뱅이 카스텔리옹에 대해 개, 거짓말쟁이, 사기꾼, 신성모독자, 위장된 재세례파, 이단 옹호자, 간부, 사람을 죽음으로 안내하는 자 등 수많은 방식으로 비난을 퍼부었으나 결코 사탄의 하수인이라는 욕은 감히 퍼붓지 못했다. 그러나 신약성서 번역판 서문에서 드디어 사탄으로 규정하기에 이른다. 이러한 극단적 언어폭력의 배후에 자리한 것은 세르베투스 사건이었다.

34 Frédéric Gardy, "Bibliographie des oeuvres théologiques, littéraires, historiques et juridiques de Théodore de Bèze," *Travaux d'Humanisme et Renaissance* XLII, Kevin Bovier, Alain Dufour, Hervé Genton, Avec Béatrice (Geneva: Droz, 1960), 55ff.

4. 세르베투스 사건

1553년 10월 27일 오전 11시 스페인 출신의 신학자이자 지리학자이며 내과의사인 미구엘 세르베투스가 주네브 샹펠 언덕에서 자신의 저술들과 함께 화형 당했다. 세르베투스는 특정한 한 분야에서만 뛰어난 것이 아닌 천재적이고 기발한 학자였으며, 작은 혈액 순환의 발견은 의학적으로도 크게 기여한 바가 있다. 1531년에 삼위일체 교리를 공격하는 내용의 『삼위일체의 오류에 관하여』(*De Trinitatis Erroribus*)라는 소책자를 하게나우에서 출판하기에 이른다. 16세기에 삼위일체 교리를 비판하거는 것은 가톨릭교회 뿐만 아니라 루터를 비롯한 주류 개신교 교회로부터도 박해를 받았다. 단지 폴란드나 트란실바니아에서만 그들에게 관용했다. 훗날 거기서 유니테리안 교회가 출현하여 영국과 미국으로 퍼져나가게 된다.

세르베투스는 미셸 드 빌뇌브(Michel de Villeneuve)라는 가명으로 여러 곳에서 다방면의 학문 분야에서 천재성을 발휘하다 프랑스의 비엔(Vienne)에 정착하게 된다. 그리고 칼뱅이 달가워하지 않는 서신 교환에 집착하던 중 훗날 『기독교재건』(*Christianismi Restitutio*)이라는 제목으로 은밀하게 출판될 소책자의 견본을 칼뱅에게 보내 그로부터 형제애적인 답변을 기대했다. 칼뱅의 『기독교강요』에 정면으로 도전한 그의 저술은 교회의 일치에 우선하여 본래적 교회의 모습으로 돌아갈 것을 촉구하고 있다. 이러한 주장을 모욕적인 도발로 여긴 칼뱅은 세르베투스가 자신과 교류한 편지와 책의 견본을 돌려달라는 요청을 단호히 무시해버리고 세르베투스와의 모든 관계를 단절해버렸다. 후일 칼뱅과 세르베투스가 주고받은 편지와 책의 내용이 밀고 됨으로써[35] 세르베투스는 신분이 발각되어 종교재판에 회부되지만 탈옥에 성공하게 된다. 알 수 없는 이유로 세르베투스는 주네브로 가서 거기서 예배에 참석했다가 현장에서 체포되고 투옥되어 이단재판에서 결정적인 역할을 했던 칼뱅의 심문을 받았다. 물론 화형 선고는 칼뱅이 내린 것이 아니라 주네브 시의회가 결정한 모양새를 갖추고, 또한 취리히의 불링거, 베른의 할러(Haller), 비텐베르크의 멜랑히톤까지 처형에 동의한 것이지만,[36] 그리고 결정적인 것은 칼뱅의 변명에도 불구하고 화형이 아닌 추방을 제안했더라면 그리되었을 수 있었던 것이 당시 주네브에서의 칼뱅의 위상이었다.[37] 칼뱅이 주네브 시의 치리회를 주도하던 1542-1546년의 4년간은 칼뱅의 권력이 절정에 달해 있을 시기이다. 그의 최종 목표는 주네브 시에 신정일치 제도를 확립하여 교회와 시정(市政)을 신앙의 엄격한 규율로 통치하는 것이었다.[38]

---

35 칼뱅의 비서 귀욤 드 트리에(Guillaume de Trie)가 독실한 가톨릭 신자였던 사촌에게 쓴 편지의 내용을 보면 우연스런 사적인 편지가 아니라 이단에 대한 밀고의 의도가 분명하다. "그 어디에서도 화형 받아 마땅한 이단을 그곳(가톨릭 진영)에서 보호해주고 있다는 것입니다 … 내가 언급하는 그 사람은 당신들이 인정하지 않는 모든 교회에서 정죄되었습니다. 그러나 당신들은 포용하고 있습니다. 말할 수 없이 신성모독으로 넘쳐나는 그 사람의 책까지 출판해주고 있으면서 말입니다 … 그런 사람들은 평범하게 죽여서는 안 되고 잔인하게 화형시켜야 합니다." Jean Calvin, *Ioannis Calvini opera quae supersunt omnia*(앞으로 CO로 표시), 59 vols (Brunsvigae: C.A. Schwetschke, 1866-1900), (https://archive-ouverte.unige.ch/unige) CO VIII, 836-837.

36 Willem Spijker, *Calvin: Biographie und Theologie*, trans. Hinrich Stövesandt (Göttingen: Vandenhöck und Ruperecht, 2001), 180f.

37 이에 대해 칼뱅의 옹호자들은 칼뱅의 주네브에서의 위상을 과소평가하는 경향이 있다. 그 이유로 1553년에 칼뱅은 시의 권력을 완전히 장악하지 못했다는 것이다. 그러나 그런 주장은 칼뱅이 세르베투스에 대한 비엔 종교당국에 대한 밀고 등 칼뱅의 정치적 음모를 완전 무시함으로써 칼뱅을 미화시키려는 의도로 보인다. 그러나 그 어떤 변명으로도 칼뱅의 세르베투스의 살해에 대한 도덕적 정당성은 확보될 수 없다. 세르베투스 사건 이전에 이미 도미니크 수도사 출신 종교개혁자 볼섹이 예정론에 대해 이견을 보이자 즉각 감금하고 추방시킨 사건에서 볼 수 있듯이 칼뱅은 자신의 이론에 반대하는 자들을 이단이나 국사범으로 취급했던 것을 간과해선 안 된다. Stefan Zweig, *Castellio gegen Calvin*, 118-119.

38 柏井園, 『基督教史』(東京: 日本基督教興文協会, 1957), 363.

칼뱅은 인구 13,000명의 주네브 시를 세 교구로 구분하고 시민들을 일요일에 세 번(새벽, 정오, 오후) 예배에 출석하게 했으며, 만일 이유 없이 결석하는 자는 벌금이 부과되었으며 성실하지 않은 신자들을 위해 그들을 담당하는 직분제도를 만들었다.[39] 치리회는 목사 5명, 장로 12명, 총 17명으로 구성된 조직체로서 주네브의 신정일치 제도를 실시하기 위한 중추기관이었으며 규율과 시민의 도덕을 관장하는 최고의 의결기관이었다. 칼뱅은 목사로서 한 사람의 회원에 불과했으나 '성서의 해석자'로서 최고의 권위를 가진 존재였으며 실제로 치리회를 좌지우지할 수 있는 판사의 역할까지 겸하고 있었다. 그의 성서 해석 여하에 따라 모든 죄의 유 · 무죄가 결정되었다.[40] 그는 시정을 엄격하게 관리하여 음주, 방탕, 저속한 노래 등을 금하였으며, 교회의 규율을 엄격하게 하기 위해 투옥, 추방, 심지어는 사형도 불사했다. 춤춘 자들을 투옥하고, 설교 시간에 웃은 자도 투옥시켰고, 부모를 구타한 자는 참수했으며, 축귀행위를 하는 자도 사형에 처했다. 이와 같이 칼뱅이 치리회에서 막강한 위세를 떨치던 4년간 76명을 추방했고 58명을 처형하였다. 처형의 사유는 대개 예정설, 성서의 권위 문제, 삼위일체설, 유아세례, 성만찬 등의 해석에서 칼뱅의 입장과 달리하는 경우가 대부분이었다. 특히 성서해석에서 칼뱅과 단 한 구절만이라도 일치되지 않으면 이단으로 낙인찍혀 숙청의 대상이 되었다.[41] 칼뱅은 스트라스부르에서 재세례파들과 접촉한 경험이 있었기 때문에, 철저하게 유아세례를 정통 교리로 수호했다. 유아세례는 중세 교회의 관행이 아니라 초대교회의 전통이며, 구약성서의 할례의식과 마찬가지로 외형적 표식을 통해 남아들이 언약 공동체의 일원이 되었음을 공포하는 것이라 주장했던 츠빙글리의 생각을 철저하게 계

---

39 Sidney Houghton, *Sketches from Church History* (Edinburgh: Banner of Truth Trust, 1980), 188.

40 柏井園, 『基督教史』, 364.

41 *Ibid*..

승했다.[42] 따라서 유아세례를 부정하는 것은 할례를 받지 않은 유대인이 언약 공동체에서 불이익을 당하는 것과 마찬가지의 불이익을 당할 수밖에 없다는 근거에서 재세례파들을 이단으로 처벌할 수 있었던 것이다. 또한 신의 절대주권의 신봉자인 칼뱅은 역시 부권의 신성불가침을 고수했는데, 아버지를 구타한 어린이를 교수형에 처했던 것을 예로 들 수 있으며, 칼뱅 자신의 존엄과 권위에 도전하는 행위에 대해 엄벌에 처하였다. 특히 자신에게 "칼뱅 씨"(Monsieur Calvin)[43]라 정중히 부르지 않는 사람조차도 처벌하였으며 자신의 설교나 훈계에 비판적인 자들은 3일간의 빵과 물을 금지시켰다. 그뤼에(Gruet)는 자신의 책에 칼뱅의 주장을 어리석은 교리라고 썼다는 이유로 반역과 모욕죄로 참수를 당했으며 칼뱅의 치리회의 파문권에 도전했다는 이유로 베르텔리외(Berthelieu)와 그의 지지자들 역시 교수형에 처해졌다.[44] 말하자면 세르베투스 사건은 칼뱅의 공에 비해 지극히 사소한 과오에 해당하는 것이 아니라 칼뱅의 독재에서 벌어진 사건 중에 하나였다고 보는 것이 옳을 것이다.

그럼에도 불구하고 오늘날도 여전히 칼뱅의 정치적 역할을 무한히 과소평가함으로써, 즉 주네브시의 종교와 정치를 완전히 분리시킴으로써 칼뱅의 전제적 사고나 행태를 순화시킴으로써 최고의 종교개혁가의 이미지에 흠이 가지 않게 하려는 눈물겨운 노력을 흔치 않게 목도할 수 있다. 필자의 견지에선 그 대표적인 인물이 맥그라스(A. McGrath)나 킹던(Robert Kingdon)이라 사려된다. 그들은 주네브 시에서는 칼뱅에 의한 공포정치가 아예 불가능했다고 세르베투스 말고는 종교적인 이유로 처형된 사람이 없었으며, 그 이외의 정치적 과오에 칼뱅을 결부시키는 것은 칼뱅의 평판을 떨어뜨리려는 불순한 의도인 마냥 비판하며 확실하게 친

---

42 A. McGrath, *A Life of John Calvin: A Study in the Shaping of Western Culture,* 173-174.

43 칼뱅 각하, 또는 친애하는 칼뱅 씨 등의 의미일 수 있다.

44 칼뱅의 독선에 관한 이야기는 다음을 참고하라. Gordon Taylor, *Sex In History* (New York: Ballantine, 1954), 158-165.

(親) 칼뱅적 입장에 굳게 선다.[45] 그들의 주장은 이렇게 요약된다. 우선 주네브는 제정일치의 신정국가가 아니었다는 것이다. 거의 모든 권력이 정치 세력에게 넘어간 상태였고, 주네브는 의회의 결의에 따라 나라를 다스리던 자유도시 국가였음을 강조한다. 따라서 일개 목회자인 칼뱅이 권력을 갖고 있었다 한들 누구를 죽이고 투옥시킬 수 있는 권한은 없었다는 것이다. 그리고 이구동성으로 난민 신분의 칼뱅은 주네브 입성 23년 만에 겨우 2등 시민권을 얻을 만큼 대단한 신분도 아니었다는 점을 강조한다. 또한 칼뱅이 설립한 주네브 치리회 역시 무소불위의 권력을 휘두르는 기관이 아니었으며, 이 치리회는 오직 주네브 신자들의 경건한 삶을 위한 것이었다는 것이다. 칼뱅은 치리회의 단순한 조언자로서 조언을 했을 뿐이고, 치리회 역시 그의 조언을 참고만 했을 뿐이기에, 치리회의 공식적인 자리를 차지하지 못한 칼뱅과 치리회의 과도해 보이는 예상치 못했던 행동과는 연계하기 어렵다는 것이다. 치리회의 최고 징계는 파문(수찬정지)이었지만, 출교라는 징벌의 집행은 시의회의 소관이었고 또한 시민들을 강제 추방하고 투옥하며 사형에 처할 어떤 권한 역시 시의회 소관이었다는 점이다. 따라서 주네브에서 58명의 시민이 참수, 화형 등의 잔혹한 방법으로 처형된 것과 숱한 고문 사건은 사실상 치리회와 무관하며 더욱이 칼뱅과는 전혀 관련이 없다는 주장이 되겠다.[46]

하지만 주네브 형법이나 민법의 기록에는 가혹한 처벌은 고사하고 기소하는 것조차 칼뱅이 연루되었다는 증거가 하나도 없다는 과감한 실정법적 주장은 억지 주장이라는 심증을 갖게 한다. 주네브를 칼뱅이 군림하던 완벽한 신정정치체제라 단정하기도 어렵겠지만, 맥그라스나 킹던의 주장처럼 주네브가 정치와 종교가 분리되었기에 칼뱅의 역할은 미미했다는 주장도 수긍하기 어렵다. 페랭(Ami Perrin)파라 불리던 자유파

45 A. McGrath, *A Life of John Calvin: A Study in the Shaping of Western Culture,* 105-106.

46 Consistoire de Genève, *Registers of the Consistory of Geneva in the time of Calvin*, vol. 1: 1542-1544, Robert Kingdon et al(ed.), (Grand Rapids: Eerdmans, 2002) 참고.

(Libertins)가 권력을 잡고 있었을 때 시의회와 갈등을 빚은 것은 사실이지만, 칼뱅파가 승리한 1555년까지 칼뱅이 정치적 역할을 무시해도 될 만큼 비중 없는 인물이었다고 보는 것은 근거가 빈약하다. 필자는 칼뱅의 공포정치는 오히려 자연스러운 것이라 여긴다. 결벽증에 가까운 완벽주의는 지극히 고상한 경건심과 절제와 수양의 결과였지만, 이런 사람이 자기 기분에 맞는 세상을 만들려고 하는 경우 그 엄격함의 수준은 범인들이 견딜 수 있는 차원을 넘어서게 되는 것은 당연하다. 약간의 흐트러짐이나 방종도 불신앙이나 부패 또는 인격적 파탄으로 비추어지기 십상이고 자신의 생각과 생활방식만이 선이며 악마의 유혹을 극복하기 위해서는 모든 사람이 자신처럼 살아야만 한다고 굳게 믿기 때문이다. 그 결과는 지나친 엄격함과 이에 필연적으로 수반되는 과격한 억압이다. 아무튼 세르베투스의 재판과 선고를 둘러싼 사실들은 종교개혁사의 불명예에 해당한다. 칼뱅의 후예들은 1903년 샹펠 언덕에 속죄의 기념비를 세움으로써 과거의 잘못이 칼뱅 시대의 과오였다고 너무나 손쉬운 사과를 선택했다. 그러나 그 냉혹했던 시대에도 엄연히 관용과 양심의 자유를 주장했던 자들이 권력을 가질 정도로 조직화되지는 못했음에도 불구하고 적지 않은 수가 존재했다는 점에서 16세기의 시대적 상황의 탓으로만 돌리는 것은 명백한 오류다. 종교개혁자 대다수가 세르베투스의 처형에 동조했다하더라도 몽벨리아르(Montbéliard)에 종교개혁 사상을 이식했으며 1535년까지는 칼뱅파에 속해 있었던 피에르 투상(Pierre Toussaint)은 세르베투스가 체포되어 이단으로 판결난 사건을 바라보면서 열성적인 칼뱅의 추종자 파렐에게 "우리는 종교적인 문제에 사법적 판결을 할 권리가 없다는 것이 저의 판단입니다."[47]라고 항의하며 칼뱅의 이단 박해를 반대했고 심지어는 주네브의 개혁자가 하느님을 악의 주인

47 Buisson vol. I, 344.

공(author)으로 만들고 있다고 비판했다.[48] 말하자면 칼뱅의 종교적 폭력에 카스텔리옹 한 사람만 분개한 것이 아니었던 것이다. 칼뱅 이상으로 웅변술이 뛰어나고 해박하며 용감한 카스텔리옹이 칼뱅의 비판자로서 그와의 위험천만한 논쟁에 뛰어들어 칼뱅과 그의 추종자들이 종교개혁 운동의 순수한 이상을 왜곡하고 양심적으로 생각하고 말할 수 있는 자유를 훼손하는 것을 막아내고자 했던 것이다.

세르베투스의 처형은 명백한 불법이었다.[49] 재판과정에서 세르베투스는 자신을 방어할 수 있는 가능성이 완전히 차단당했으며, 그를 투옥시키기 위한 실제적인 조건들이 완전 무시되었고, 그에게는 변호인도 피의자로서의 최소한의 인권도 허용되지 않았다. 재판 절차는 엉터리였으며 당대의 주네브 시의 법조차 지켜지지 않았다. 법적으로 원고는 피고인과 함께 감금되어 있었어야 했지만 칼뱅은 세르베투스와 같은 조건에서가 아니라 다른 사람이 칼뱅의 요구 사항을 이행하도록 위임하고 빠져나갔으며, 결과적으로 다른 재판들에서와 마찬가지로 칼뱅의 역할에 대한 법적 시비 거리를 사전에 차단했다. 물론 재판 진행과정에서 세르베투스가 처형을 피할 수도 있는 방향으로 흐르자 자신이 직접 고소인으로 나서서 심문자를 자처했다. 이 모든 과정에서 칼뱅은 권력과 동떨어진 순수한 성직자가 아니었다.

칼뱅의 교리와 교회에 대한 사랑과 열정과 관계없이 칼뱅은 오랫동안 세르베투스에 대한 증오심을 품고 있었던 것이 사실이다. 1546년 파렐에게 쓴 편지에서 칼뱅은 다음과 같이 말하고 있다. "만일 세르베투스

---

48 Guggisberg, *Sebastian Castellio, 1515-1563*, 121.

49 세르베투스는 주네브를 처음 방문한 외국인이었다. 그는 그곳에서 체포당할 아무런 죄를 지은 적이 없었다. 그가 쓴 책들은 전부 주네브 밖에서 출판되었으며 주네브에서 이단 사상을 공개적으로 펼친 적이 없었다. 법을 누구보다 잘 아는 칼뱅이 세르베투스를 사전에 고소도 하지 않은 채 기습적으로 체포한 것은 완벽한 불법이며 독재적 발상이라 말할 수밖에 없다. 츠바이크는 이를 두고 나폴레옹의 앙기앙 공작 기습살해 사건에 비견하고 있다. Stefan Zweig, *Castellio gegen Calvin,* 114.

가 주네브로 온다면, 그때 저에게 조금의 영향력이라도 있다면 그는 결코 자신의 목숨을 구할 길이 없게 할 것입니다."[50] 그리고 무엇보다 최악인 것은 가톨릭교회와 그것의 종교재판을 그토록 혐오했던 종교개혁운동의 지도자 칼뱅이 역시 개인적으로 나서지 않고 자신의 비서를 시켜 세르베투스가 칼뱅에게 썼던 편지 17통과 1553년 초에 인쇄 된 책자를 로마가톨릭의 종교재판을 위해 일했던 비서의 사촌에게 전달하게 했다는 것이다. 이것은 칼뱅이 세르베투스와 주고받은 편지와 원고를 종교재판의 증거자료로 제출해서 그를 어떤 처지로 내몰고자 했는지를 명백하게 보여주는 경우라 하겠다(세르베투스가 트리에와는 단 한통의 편지도 주고받지 않았음을 복기하면 그 증거물이 누구에게서 나왔는지 명확하다). 1553년 6월 17일 세르베투스를 산채로 불태워 죽일 것을 선고한 주네브 시민법정의 판결은 칼뱅이 제공한 종교재판의 보고서 자료를 근거로 한 것이었다.[51] 자신의 라이벌을 제거하기 위해 최악의 적에게 넘겨주는 것보다 더 비열한 행위는 없을 것이다. 칼뱅이 세르베투스를 죽음으로 몰고 가기 위해 보여준 노력을 통해 칼뱅에게 있어서 목적은 수단을 얼마든지 정당화할 수 있다는 것을 적나라하게 보여준 예라 하겠다.[52] 이 대목에서 츠바이크가 왜 칼뱅에 대해 그토록 분노했는지 그리고 적지 않은 개신교인들이 당시의 관용이나 양심의 자유가 통용되지 않았던 시대정신을 고려함에도 불구하고 칼뱅에 분노할 수밖에 없는지의 이유가 드러난다.

---

50 Buisson vol. I, 336; CO, XII, 767.

51 Roland Bainton, *Michel Servet, hérétique et martyr* (Geneva: Droz, 1953), 95-99.

52 칼뱅의 비서 트리에의 한 편지에서 칼뱅을 옹호하는 듯한 내용이 발견된다. 그러나 그 내용을 보면 오히려 칼뱅이 세르베투스 처형에 적극적으로 개입했음을 보여주는 증거가 된다. "나는 칼뱅 선생에게서 그대들에게 보내는 것을 가까스로 얻어 낼 수 있었습니다. 그에게 있어서 의무적인 것이란, 사법적 권력을 지니지 못한 자의 경우 이런 방식으로 이단을 추적하기보다 오히려 교리로 그들을 설득시키는 것입니다." 세르베투스와의 편지와 책의 원고를 이단을 입증하는 증거물로 넘긴 자가 바로 칼뱅임을 드러내주는 편지의 내용인 것이다. CO VIII, 842.

> 개신교 지도자들 중 어느 누구도 결정적인 조치, 즉 다른 견해를 가진 사람이나 자의적으로 생각하는 사람을 법정으로 끌고 나가야 할 것을 규정지으려 하지는 않았다. 그들의 내면에서는 그들 자신이 교황과 황제들에 대항하는 정신적인 혁명가로서, 내면의 확신을 가장 고귀한 인간의 권리라고 고백했던 시절에 대한 기억이 아직 남아 있었기 때문이다. 그러므로 그들에게는 개신교가 종교재판을 도입한다는 것은 불가능한 일로 여겼다. 그런데 칼뱅이 세르베투스를 화형시킴으로써 이러한 세계사의 첫발을 내딛은 것이 되고 말았다. 그는 개신교가 쟁취해온 '그리스도인의 자유'(Freiheit des Christenmenschen)의 권리를 단번에 제거시켜버렸다. 이 단 한 번의 도약으로 가톨릭교회를 능가하게 되었다. 가톨릭교회는 독자적인 사고를 한다는 이유만으로 사람을 산 채로 화형시킬 때까지 일천 년 이상을 주저해왔다. 그러나 칼뱅은 통치한지 겨우 십수년 만에 그의 정신적 독재가 행한 이 가장 저급한 행위를 통해 개신교의 명예를 지워버리고 말았다.[53]

칼뱅이 몇몇 스위스 도시와 여러 신학자들에 대한 자문을 통해 제출한 세르베투스의 문제에 대해 그 치명적 요소를 정확히 인지하고 있었다. 뷔송에 의해 재검토된 바는 칼뱅의 자문이 애당초 기대했던 것보다 주네브 외의 지역에서 영향력이 덜 미쳤고 주네브의 결정에 매우 호의적이지 않았으며 나아가 대체적인 반응이 사형선고를 명확히 지시하는 정도도 아니었다는 사실을 보여준다.[54]

---

53 *Castellio gegen Calvin*, 137.

54 스위스의 모든 교회가 세르베투스의 견해가 죄악이라 선언한 것은 사실이다. 그러나 칼뱅은 세르베투스가 투옥되어 비인간적 조건에 처해 있는 동안 취리히, 바젤, 베른, 샤프하우젠 등의 그리스도교 지도자들에게 수없이 많은 편지를 써서 처형을 피할 수 없게끔 조처를 취해놓았다. 그러나 주요 도시 네 곳의 교회 지도부가 엄격하게 다루는 것엔 동의했지만 화형으로 처형하라는 요구를 한 것은 아니었다. 베른시의 의견은 "그러나 동시

5. 양심의 자유 논쟁

세르베투스의 처형으로 확산되는 자신에 대한 비난 소문과 이탈리아출신 망명자 들 사이에서 굳건히 자리한 세르베투스 가르침의 영향력을 일소하기 위해 칼뱅은 즉각적으로 대응하지 않으면 안 되었다.[55] 경건의 교리(*pietas doctrina*)가 흔들리게 되면 종교도 참된 교회도 존재할 수 없다[56]는 것이 칼뱅의 불변의 확고부동한 믿음이었기에 그런 불미스런 소문은 결코 용납될 수 없었다. 따라서 칼뱅은 1554년 2월 라틴어와 프랑스어로 된 『정통신앙의 옹호』(*Defensio othodoxae fidei contra Michaelis Serveti*)를 통해 책임을 당국에 전가하면서, 동시에 이단을 화형시킨 당국의 정당성을 옹호했다. 먼저 칼뱅 자신은 폭력에 대해 혐오하는 사람이라는 것을 강조하기 위해 가톨릭교회의 종교재판의 잔혹성에 탄식하고나서 자신은 "남몰래 끊임없이 세르베투스를 더 나은 생각으로 이끌기 위해 애셨다"[57]고 변명한다. 결국 세르베투스를 잔혹하게 처형한 장본인은 칼뱅 자신이 아니라 당국이라는 것이다. 그리고 난후 당국의 이단자 세르베투스의 처형은 옳았다는 점을 강변한다. 당국의 위정자는 종교를 수호할 책임이 하나님으로부터 주어졌기에 세속적인 책임만 감당한다면 그

에 그리스도교 당국(christlichen Magistrat)에 어울릴 법 하지 않는 방식으로는 처리하지 말아 주십시오."라는 경고까지 담고 있다. Stefan Zweig, *Castellio gegen Calvin*, 124-125.

55 CO VIII, 461.

56 CO VIII, 464.

57 Stefan Zweig, *Castellio gegen Calvin*, 141.

것은 미숙아나 다름없다는 것이다.[58] 칼뱅은 주장의 전거를 성서에서 찾았다. 구약의 느부갓네살 왕이 어떻게 하느님의 영광의 수호자가 되었는지를 보여주고 특히 신명기 13장 6-16을 통해 참된 종교에서 벗어난 이단을 처벌하는 것이 그 무엇보다 최상의 성스러운 하느님의 명령이라 단정한다. 여기에는 부모자식간의 사랑이나 우정 그리고 인간애가 개입할 여지가 없을 정도로 엄중한 것이기에 이단 처벌을 반대하거나 관용적 태도를 보이는 것은 이단(배교자)과 공범에 다름 아님을 명확히 하고 있다.[59] 칼뱅은 또한 신약성서의 바울서신과 목회서신을 근거로 진리를 수호하기 위해선 이단을 처벌하는 검이 위정자의 손에 주어졌음을 재차 강조하여[60] 세르베투스의 처형을 합리화 한다.

그러나 칼뱅의 의도는 완벽하게 달성되지 못했다. 베른의 시의원 추어킨덴(Nicolas Zurkinden)은 다음과 같이 항변하고 있기 때문이다.

> 나는 공개적으로 고백합니다. 신앙운동의 적들에 대한 사형은 가능한 한 제한되어야 하고, 스스로 오류를 선택한 사람들에게도 역시 극히 제한적으로만 사형판결을 내려야 한다고 믿습니다. 폭력 사용을 반대하는 성서 구절들뿐만 아니라 특히 이 도시에서 재세례파에게 행하는 사례들을 보고 이렇게 생각하게 되었습니다. 80세의 노인과 그녀의 딸이 처형장으로 함께 끌려가는 것을 보았는데, 그 딸은 여섯 아이의 어머니였습니다. 그들은 아이들에게 유아세례를 거부한 것 말고는 아무런 범죄를 저지르지 않았습니다. 이러한 사례를 보고 나는 사법기관이 당신이 제시한 한계도 지키지 않고, 아주 작은 잘못을 엄청난 범죄인 양 벌을 주게 되지 않을까 두렵습니다. 그래서 당국이 칼을 엄격하고 무자비하게 휘두르기보단 차라리 지나

58 CO VIII, 474.

59 CO VIII, 475-476.

60 CO VIII. 478-479.

칠 정도로 온건하게 처리하는 잘못을 저지르는 쪽이 더 낫다는 생각에 이르게 되었습니다 … 나 역시 신앙의 적수들을 억압하기 위해 칼을 사용하는 것을 가능한 억제해야 한다고 생각하는 사람 중에 하나입니다 … 나 자신에 관해 말하자면, 지극히 마땅하게 처형될 이유가 없는 사람의 피를 손에 묻히느니 차라리 나 자신의 피를 흘리는 것이 나을 것입니다.[61]

칼뱅의 『정통신앙의 옹호』가 출판된 지 한 달 만에 카스텔리옹은 바젤에서 『이단에 관하여』(*De Haereticis an sint persequendi*)를 벨리우스(Martinus Bellius) 또는 베이예(Marin Bellie)라는 이름으로 각각 라틴어와 프랑스어로 출판했다. 이 글은 초대교회에서부터 당대에 이르기까지 명성 있는 교회 교사들의 이단 문제를 다룬 견해를 모은 것이다. 그리고 편저자는 마지막 부분에 자신의 글 세 편을, 각각 카스텔리옹, 클라인베르크(Georg Kleinberg), 몽포르(Basile Montfort)라는 이름으로 다른 의견을 가진 자들도 살아갈 권리가 있다는 점을 주장했다. 교부들과 에라스뮈스, 루터, 칼뱅의 글을 인용하고 있는데, 특히 벨리우스는 칼뱅이 『기독교강요』초판본에서 프랑수아 왕에게 간곡히 애원을 담은 헌사, 즉 억울하게 중상당하여 교회로부터 파문당하고 투옥되어 조롱받고 고문당하고 죽임을 당하거나 추방당한 자들은 결코 사회에 소요를 일으키는 불순한 자들이 아니라 왕에게 충성을 다하는 신실한 신민들이자 복음의 수호자들이기에 그들을 칼로써 박해하고 그들의 인간성의 권리가 부정되어선 안 된다는 그 내용을 각인시켰다.[62] 여기서 우리는 카스텔리옹이 내리는 이단의 개

61 Buisson vol. I, 352.

62 "지극히 위대하시고 지극히 슬기로우시며 지극히 그리스도교적인 프랑스의 왕 프랑수아 폐하께 장 칼뱅은 주 안에서 평강과 문안을 드리옵나이다 … 한 번도 들어보지도 않고 이 교리에 대해 피비린내 나는 선고를 내리는 것은 순전한 폭력인 것입니다. 부당하게도 그것을 반역과 악행으로 고발하는 것은 사기입니다 … 그리스도의 대의는 폐하의 왕국에서 철저하게 유린당하고 있는데, 이는 폐하께서 승인하신 것이라기보다는 어떤 바

념이 주목된다. 칼뱅과 같은 종교재판관들은 성서를 근거로 이단을 규정하지만 카스텔리옹은 성서에서 이단자라는 개념을 찾을 수 없다고 한다. 물론 성서에 하느님을 비방하는 자와 그들에 대한 형벌에 관한 언급은 있다. 그러나 세르베투스 사건에서 보듯, 이단은 결코 하느님을 부인하거나 모욕하는 자들이 아니다. 이단으로 박해했던 재세례파 그리스도인들은 자신들이 오히려 참된 그리스도인들이라 주장하며 예수 그리스도를 가장 고귀한 모범으로 믿고 따르는 사람들이다. 터키인이나 유대인이나 이방인을 이단이라고 부르지도 않는다. 그렇기에 이단이란 오직 그리스도교 내부에서 이루어지는 잘못을 말한다. 그렇다면 참된 그리스도교의 정통적 견해는 무엇인가. 가톨릭, 루터, 칼뱅, 츠빙글리, 재세례파, 후스 중에서 과연 누가 하느님 말씀을 절대적으로 올바르게 해석할 수 있는가. 이에 카스텔리옹은 답한다.

> 인간은 지식으로 또는 지식에 대한 잘못된 견해로 교만해지고 다른 사람들을 경멸합니다. 교만은 잔인함과 박해를 수반하기에 어느 누구도 자신과 다른 견해를 가진 것에 대해 인내하지 않으려 합니다. 견해라는 것이 사람의 수만큼 많을진대, 그럼에도 불구하고 어떤 분파가 다른 분파들을 정죄하고 홀로 주도권을 잡고자 합니다. 그러므로 지금까지 알려지지 않고 수백 년 동안 논쟁거리가 되어왔으나 명료하게 드러나지 않은 문제에 관해 권력을 가진 자들과 다른 견해를 가졌다는 이유로 그들을 추방하고, 쇠사슬로 묶어 투옥시키고,

---

리새인들의 폭정에 의한 것입니다 … 현재 폐하의 마음은 사실상 우리를 떠나 등을 돌린 상태이며 진노하시고 계십니다. 그러나 만일 폐하께서 차분하고 안정된 기분으로 우리의 이 고백을 한 번 읽어만 주신다면 우리는 폐하의 은총을 회복할 자신이 있음을 감히 덧붙입니다." Calvin, CO I, "Pontentissimo illustrissimoque Monarchae, Francisco Francorum Regi Christianissimo, Principi ac Domino suo sibi observando Ioannes Calvinus pacem ac salutem in Domino," 9-26; Castellion, "Concerning Heretics," *Concerning Heretics*, 203.

불태우고, 교수대에 목을 매는 형벌을 가하고 끔찍한 분노를 가하는 일들이 자행되어 왔던 것입니다.[63]

하느님의 말씀을 해석하는 사람은 부족할 수도 있고 오류를 범할 수도 있기에, 상호간의 관용이 첫 번째 의무라는 것이다.

하느님 한 분 계신 것이 분명한 것처럼, 모든 것이 그토록 명료하고 분명하다면 모든 그리스도인들은 모든 일에서 의견 일치를 볼 수 있을 것입니다. 하느님 한 분이 계시다는 인식에서는 모든 민족들이 의견 차이를 보이지 않는 것처럼 말입니다. 그렇지만 모든 것이 확실하지 않고 혼란스럽기 때문에 그리스도인들은 서로 정죄해서는 안 됩니다. 우리가 이교도보다 더 지혜롭다면, 우리는 더 선량하고 동정심을 가져야 하는 것입니다.[64]

말하자면 이단이란 절대적인 개념이 아니라 상대적인 개념이라는 것이다. 가톨릭에서는 칼뱅파가 이단이고 칼뱅파에서는 가톨릭이 이단이다. 마찬가지로 칼뱅파에서는 재세례파가 이단이 되며 프랑스에서 참된 신앙인은 주네브에서 이단이 될 수도 있으며 반대의 경우도 마찬가지다.[65] 어떤 나라에서는 화형당한 종교적 범죄자가 다른 나라에서는 순교자로 칭송될 수 있다.

그대는 어떤 도시나 지방에서는 참된 신앙을 가진 사람이지만 바로

63 *Concerning Heretics*, 122-123.

64 *Concerning Heretics*, 132-133.

65 재세례파는 가톨릭의 이단이며 주류 종교개혁파들의 이단이다. 이단의 이단인 셈인데, 재세례파의 경우만 그런 것이 아니다. 존 웨슬리는 영국 국교회에서 이단으로 추방했는데, 가톨릭도 그를 이단으로 규정했다. 웨슬리의 감리교 역시 이단의 이단인 셈이다. 정통과 이단의 규정 그 자체가 옳고 그름의 기준이 결코 될 수 없다는 사실이 명백하다.

옆 지방에서는 이단자로 몰려서 쫓기는 신세가 될 것입니다. 그러므로 오늘날 방해받지 않고 살고 싶은 사람은 도시와 나라들의 숫자만큼 많은 확신과 종교를 가져야 할 것입니다.[66]

그렇게 해서 카스텔리옹은 이단의 개념에 대해 다음과 같은 무모하리만큼 용기 있는 결론에 이른다. 우리는 견해가 다른 사람들을 이단이라 부르고 이는 바로 진리에 대한 무지에서 비롯된 것이다.[67] 수없이 많은 그리스도인들이 하느님과 국가에 범죄하지 않았는데도 불구하고 교수형에 처해지고, 수장당하고, 화형당하고 있다는 것은 하느님을 모독하는 것은 바로 박해자들이라는 것을 방증해준다. 당국은 시민들에게 질서를 위해 법의 준수를 요구할 권리가 있다. 그러나 당국자가 개인의 내면에까지 침범해 생각하는 권리를 빼앗은 것은 월권이다. "우리 자신의 내면을 다스릴 수 있을 때에만 우리는 평화롭게 살 수 있으며, 견해의 차이에도 서로 이해하고, 마침내 신앙의 일치에 이를 때까지 서로 사랑과 평화의 약속을 보장해 줄 수 있기 때문이다."[68] 카스텔리옹에게서 세상의 혼란에 대한 책임은 이단에게 있는 것이 아니라 종교적 광신과 불관용에 있는 것이다. 광신자들은 언제나 자신의 종교와 신앙만이 진리라고 오만하게 고집하며 다른 견해를 심판하고 징벌할 수 있는 권리를 하느님이 부여한 것이라 주장한다.

교회의 설교자들이 가져야 할 권리를 여기서 분명하게 말할 수 있습니다. 그들은 하느님의 말씀을 관리하고 알리는 사람들이기 때문에 모든 일을 감행할 권리가 있고, 이 세계의 위인이나 모든 권력자를 강요하여 하느님의 권위 앞에 머리 숙여 자기에게 봉사하도록

66 *Concerning Heretics*, 159.

67 *Concerning Heretics*, 132.

68 *Concerning Heretics*, 133.

> 만들 권한을 가집니다. 그들은 가장 높은 사람부터 가장 낮은 사람에 이르기까지 모든 사람에게 명령할 수 있으며, 하느님의 법령을 세울 수 있고, 사탄의 왕국을 쳐부술 권한을 가지게 됩니다. 그들은 양들을 보살피고 늑대를 멸절시켜야 하며, 복종하는 자들을 격려하고 가르치고, 반항하는 자들을 고소하고 멸절시킬 권한을 갖습니다. 그들은 결합할 수도 해체할 수도 있으며, 번개와 천둥을 내리칠 수도 있습니다. 하지만 이 모든 일은 하느님의 말씀에 따라 이루어져야 합니다.[69]

카스텔리옹은 바로 이러한 오만한 광신적 교조주의를 불관용이자 반 윤리라 탄핵하고 있는 것이다. 이러한 오만과 야만의 탈출구는 오직 종교적 관용이다. 칼뱅이 위정자들 향해 이단을 제거하기 위해 칼을 들어야 한다고 설파하고 있을 때, 카스텔리옹은 클라인베르크의 이름을 빌려 이렇게 호소한다.

> 온건함의 편을 드시고 살인을 교사하는 자들의 말에 귀를 기울이지 마십시오. 여러분이 하느님 앞에서 심판받아야 할 때, 그들이 여러분 곁에서 여러분을 도울 수는 없을 것이기 때문입니다. 그들은 자신들의 처지를 살피기에도 급급해 할 것입니다. 제 말을 들으십시오. 그리스도께서 지금 여기에 계신다면, 그분은 절대로 여러분께 그리스도의 이름으로 고백하는 사람들을 죽이라고 하지는 않을 것입니다. 비록 그들이 몇 가지 점에서 오류를 범했을 뿐 아니라 설령 오류를 아무리 범했다 할지라도 말입니다.[70]

---

69 Emile Doumergue, *Calvin, le Predicateur de Geneve. Edition Atar, Corraterie 12,* Geneve, 1909, 29. in Leroy Nixon, *John Calvin: Expository Preacher* (Michigan: William B, Eerdman Pub. Co., 1950), 58에서 재인용.

70 *Concerning Heretics*, 219-220.

카스텔리옹은 불관용의 대명사인 학살행위를 하느님의 명예를 위해 하는 일이고 그것은 그리스도의 뜻을 따르는 것이라 핑계를 대지만 그런 행위 자체가 하느님에 대한 모독이요 그리스도의 정신을 욕보이는 것이라 강변하는 것이다.

> 하느님 아버지의 거룩한 이름으로 간구드립니다. 당신은 모든 요구와 계율에서 당신을 가르치는 선생들이 요구하는 것과 정확하게 일치하지 않은 자들은 수장시켜 죽이고, 창자가 튀어나오도록 꼬챙이로 찌르고, 소금을 뿌리고 문지르고, 칼로 찢고, 불에 태우고, 죽을 때까지 가능한 천천히 온갖 방법으로 고통을 주라고 명령하십니까? 오 그리스도시여, 진정 그러한 짓을 허락하셨습니까? 그와 같이 사람들의 가죽을 벗기고 절단 내는 살상을 저지른 이 사람들이 진정 당신의 대리자들이란 말입니까? … 당신께서 이런 일을 하신다고, 사탄의 교사로 이런 일을 하신다고 주장하는 이 무서운 신성모독이여. 악마의 의지력, 악마나 만들어낼 만한 그런 일들을 그리스도께 떠넘기는 이런 인간들의 수치스런 뻔뻔함이여![71]

카스텔리옹이 말하는 참된 그리스도교는 교리를 정확하게 준수하는 데 있는 것이 아니라 그리스도인들이 그리스도의 가르침대로 서로 사랑하는 순수한 도덕적 삶에 존재한다는 것이었다.

나아가 카스텔리옹(클라인베르크)은 위정자는 강도나 배신자나 거짓 증인 같은 자들은 처벌할 수 있지만, 종교 문제나 신학적 교리 문제에 칼을 사용해서는 안 된다고 말한다. 마치 의사가 다른 의사와 논쟁하면서 자신의 견해를 옹호하기 위해 칼에 의존하려는 행위가 터무니없는 것과 마찬가지로 신학자가 자신의 논리를 변증하기 위해 말이 아닌 위정자의

---

71 *Concerning Heretics*, 134-135.

무력을 필요로 한다는 것은 언어도단이라는 것이다. "훌륭한 의사는 위정자의 도움 없이 자신의 견해를 펼칠 수 있는데 신학자는 왜 그렇게 할 수 없는가?"라고 반문한다.[72]

또한 몽포르의 이름으로는 이단은 신성모독자와 다르다는 것과 신성모독자는 처벌받아 마땅한 존재들이지만, 사실상 율법에 따라 처벌받아야 할 최악의 신성모독자는 입술로는 하느님을 고백하면서도 삶으로는 하느님을 부정하는 자들이라고 통렬하게 선언한다.[73] 헤센의 영주 빌헬름에 대한 헌사로 된 프랑스어 판에서 그의 이단에 대한 종교적 관용 정신은 절정에 달한다.

> 이단으로 의심되는 한 명의 선한 사람을 죽이는 것보다는 수백 수십만의 이단을 살려두는 것이 나을 것입니다. 우리는 선지자들, 사도들, 순교자들 그리고 심지어 우리 주 예수 그리스도께서도 거짓 선지자, 거짓 사도, 신성 모독자 그리고 이단이라는 구실로 처형되셨습니다.[74]

그의 간절한 호소는 세속권력과 결탁함으로써 발생하는 종교의 폭력을 최소한으로 줄이겠다는 의도로 파악될 수 있다. 그 이상으로 행사되는 힘의 사용은 하느님에 대한 월권이자 하느님의 영역을 침범하는 죄로 간주하려는 의도였을 것이다. 이단에 대한 관용을 호소하고 교회는 영적인 칼의 사용에 스스로를 제한해야 하며 위정자는 견해를 달리하는 이단을 처형해서는 안 되고 하느님의 진리를 거부하고 모독하는 자들에 한해 처벌하더라도 부득이 한 경우 최후의 수단으로 추방을 선

72 *Concerning Heretics*, 220-221.

73 *Concerning Heretics*, 229.

74 Castellion, *Concerning Heretics*, trans. and ed. Roland Bainton (New York: Columbia Univ. Press, 1935), 139.

택해야 한다는 카스텔리옹의 글은 과연 16세기 최고의 "종교적 관용의 시금석"[75]이라 해도 전혀 손색이 없을 것이다.

그러나 칼뱅의 위탁을 받은 베즈는 1554년 9월 카스텔리옹의 『이단에 관하여』를 논박하는 글 『反벨리우스론』(*L'Anti-Bellius*)[76]을 발표해서 카스텔리옹처럼 종교적 자유를 말하는 자들을 양떼를 늑대에게 넘겨 잡아먹히게 하는 사악한 자들이라 고발하고 이단들은 부모를 살해하는 것보다 천 배나 더 나쁜 범죄자라는 점을 분명히 함으로써 세르베투스의 처형의 정당성을 옹호했고 카스텔리옹의 양심의 자유에 대해 명백하게 반대했다.[77] 베즈의 논리는 이단에 대해 관용한다면 삼위일체나 성찬, 칭의 등과 관련된 그리스도교의 구원의 진리는 무의미한 것이 되는 것이며 따라서 그리스도교는 이단이나 무신론자들의 노리개로 전락하고 만다는 것이다.[78] 그러하기에 위정자들은 양심에 명령할 수는 없지만, 말씀의 교리가 충실하게 밝혀지도록 교회를 지원할 의무가 있기에, 교회의 평화와 질서를 어지럽히는 자들을 억압하고 처벌할 의무가 있으며 그 의무를 충실히 따르지 않는 것이 하나님의 말씀에 반역하는 것이요 교회를 파괴하는 행위라고 주장했다.[79]

카스텔리옹은 『칼뱅의 글 논박』(*Contra libellum Calvini*)[80]에서 자신의

---

75 Hans Hillerbrand, *Christendom divided: The Protestant Reformation* (New York: Corpus, 1971), 89.

76 원제목은 『위정자의 이단 처벌권』(*De haereticis a civili magistratu puniendis libellus, adversus Martini Bellii farraginem et novorum Academicorum sectam*)이지만 일반적으로 *L'Anti-Bellius*라 불리고, 영어로는 *The Romonstrator: Sebatien Castellio*로 번역되어 베인튼의 *The Travil of Religious Liberty* (New York: Harper, 1958)에도 수록되어 있다.

77 여기서 베즈의 유명한 "양심의 자유는 악마의 학설"(Libertas conscientiae diabolicum dogma)이라는 주장과 "독자적으로 사유하는 불손보다는 차라리 불과 칼로 멸절시키자"는 주장이 펼쳐진다. *Castellio gegen Calvin,* 164.

78 Buisson vol. I, 359.

79 Buisson vol. II, 27.

80 이러한 즉각적인 답변은 바젤에서 검열로 인해 오히려 칼뱅과 베즈에게는 알려지지 않았다. 바젤의 검열관들이 카스텔리옹이 로마서 주석에서 칼뱅의 이중예정론에 의문을

『이단에 관하여』와 사사건건 부딪히는 칼뱅의 『정통신앙의 옹호』에 대해 응답했다. 칼뱅이 이단을 처벌하는 데 무력을 사용하는 것을 위정자의 의무로 여긴데 대해 카스텔리옹은 칼뱅의 글을 인용함으로써 칼뱅의 견해를 반박한다. 『기독교강요』의 "이단자를 죽이는 것은 범죄행위다. 쇠와 불로 그들을 파멸시키는 것은 인문주의의 모든 원칙을 부인하는 행동이다."라는 대목을 적시하면서 분명히 말한다.

> 이제 누구든지 칼뱅이 과거에 한 설명과 오늘날의 그의 글과 행동을 비교해보십시오. 그러면 그의 현재와 과거가 마치 빛과 어둠처럼 얼마나 다른지를 알 수 있을 것입니다 … 그는 자신이 한때 세웠던 법칙을 부인하고 죽음을 촉구하고 있습니다 … 칼뱅은 다른 사람들이 자신의 일관되지 않음과 신념의 변화를 세상에 분명하게 드러낼 것이 두려워 그들을 죽음으로 내몰려고 한다는 사실이 얼마나 놀랍습니까? 그는 옳지 못한 행동을 했기 때문에 명료함을 겁내는 것입니다.[81]

그리고 세르베투스가 칼이 아니라 펜으로 공격했을 뿐인데 공권력을 동원하여 칼과 불로 대응한 것은 잘못이라는 것이다.[82] 말하자면 카스텔리옹의 일관된 주장은 양심의 자유를 옹호하며 신앙이 다르다는 이유로 살인을 해서는 안 된다는 것이다. "한 인간을 죽이는 것은 결코 교

제기했기에 그를 항상 예의주시하고 있었던 까닭이다. 카스텔리옹 사후 그의 문헌들은 소시누스(Fausto Socinus)에게 넘겨졌고 훗날 화란 항의파들이 문서들을 보관했으며 1612년에 네덜란드에서 첫 출간하게 된다. 『칼뱅의 글 논박』은 베인튼의 *Concerning Heretics*에 "Reply to Calvin's Book"이라는 제목으로 번역되어 있으며, 특히 1998년 에티엔 바릴리에(Étienne Barilier)의 번역을 통해 새로운 프랑스어 판본으로 탄생했다.

81 *Castellio gegen Calvin,* 175.

82 Castellion, "Reply to Calvin's Book", *Concerning Heretics,* 268.

리를 수호하는 것이 아니라 그냥 살인일 뿐이다."[83] 살해한 것을 변명하기 위해 아무리 거창한 종교적 진리를 명분으로 포장한다고 해도 그것의 책임을 면할 수 없다. 살인은 언제나 살인인 것이다. 그렇기에 그리스도교 신앙의 본질은 교리 수호에 있는 것이 아니라 삶에 있는 것이고 진정한 그리스도인의 삶의 기준은 윤리에 있어야 한다는 것을 재확인한다. 카스텔이옹이 살던 시대는 구약의 시대가 아니라 신약의 시대이기에 더더욱 그렇다. 율법의 시대가 아닌 은혜의 시대에 칼뱅처럼 구약(신명기 13장 6-9절)의 엄격한 형벌의 율법을 삶에 적용하는 것은 하느님 말씀에 대한 존중이 아니라 시대착오적이며 악의적이라 지적한다.[84]

또다시 카스텔리옹은 베즈의 『反벨리우스론』에 『위정자의 처벌 불가론』(*De haereticis a civili magistratu non puniendis*)으로 맞섰다. 살아서 출판하지 못했던 이 원고 역시 1929년 공개되었고 1971년에야 출판될 수 있었다.[85] 카스텔리옹은 신성모독자와 이단자를 구분하고 신성모독자는 위정자의 처벌이 가해질 수 있지만 교리적인 견해를 달리하는 이단은 처벌되어서는 안 된다는 점을 재 강조하였다. 물론 카스텔리옹의 관용은 오늘날에 비해 매우 제한적이다. 그리스도인들은 무슬림이나 유대인들을 정죄해서는 안 된다고 하면서도 상반되게도 무신론자나 배교자는 그리스도교 국가에서 살 수 없다. 왜냐하면 그들은 이단자이기에 그러한 것이 아니라 자연종교를 위배하는 행위로 인해 종교가 없는 무신론자 그리고 신성을 모독하는 배교자이기 때문이다. 그럼에도 불구하고 카스텔리옹의 관용은 무신론자나 배교자의 처형이 아니라 추방까지는 허용했다.[86]

---

83 Castellion, "Reply to Calvin's Book", *Concerning Heretics,* 271.

84 Castellion, "Reply to Calvin's Book", *Concerning Heretics,* 281.

85 카스텔리옹의 수고(手稿)는 16세기 전문연구가 브루노 베커(Bruno Becker)가 1938년 로테르담에 소재한 레몬스트란트 교회 도서관에서 발견하였고 1971년에 이르러서야 출판되었다.

86 Castellion, *De haereticis non puniendis* (Geneva: Droz, 1971), 7.

바릴리에(Étienne Barilier)가 정확하게 지적한 대로 16세기에 무신론은 교리적으로 선택할 수 있는 사항이 아니었고 신성모독은 지고의 선에 대한 위반이자 신의 진노를 불러일으키는 행위로 확고하게 인식되었다는 점을 고려해야 한다. "16세기 사람들에게서 불신앙이란 그것이 실제로 존재하는 한 어떤 식으로든 오늘날 우리의 불신앙과 비교 될 수 있다고 가정하는 것 자체가 터무니없고 불합리한 일이 아닐 수 없다."[87] 카스텔리옹의 관용은 칼뱅의 관용 이상으로 그 시대의 사회적 종교적 맥락에서 이해되지 않으면 안 된다.

87 Lucien Febvre, *Le problème de l'incroyance au 16ème siècle* (Paris: Albin Michel, 1988), 424.

6. 평화주의 윤리

카스텔리옹의 신학사상은 교리 중심이 아니라 윤리 중심이다. 칼뱅이 교리의 순수성과 절대성을 강조했던 것과 극명하게 대비된다 할 것이다. 칼뱅이 교리를 척도삼아 이단을 규정하고 하느님의 명예와 교회의 일치를 명분으로 기꺼이 처벌하고 박해할 수 있었지만, 카스텔리옹에게서 교리란 성서의 본질에 해당하는 보편적인 신앙에 비해 부수적인 것에 불과한 것이다. 그가 어떤 신앙 고백이 무엇이든 어떤 분파에 속했든 모든 사람들이 믿어야 하는 신앙은 십자가에 달려 죽은 예수를 믿는 것이었다. 물론 보편적 신앙에는 여러 교리들이 포함 될 수도 있다. 그러나 더 중요한 것은 교리의 내용이나 정확성의 인식보다는 윤리적으로 그것을 실천해 낼 수 있는가 하는 것이 신앙의 참된 기준이 되는 것이다.[88] 삶에서 윤리적으로 드러나지 않은 신앙은 탁월한 교리의 고백에도 불구하고 참된 신앙과는 무관한 것이다. 그래서 카스텔리옹은 그리스도인이 정말 터키인들이나 유대인들보다 진리를 더 잘 안다고 한다면 그들보다 윤리적으로 더 선하고 더 자비로움을 보여야 한다는 것이다.[89] "그리스도교가 최상의 종교라는 것을 입증하는 길은 그것이 훌륭

---

88 Elisabeth Hirsch, "Castellio's 'De Arte Dubitandi' and the Problem of Religious Liberty," 247-248.

89 Castellion, "Dedication by Martin Bellius to Duke Christoph of Württemberg," *Concerning Heretics*, 133.

한 사람들을 만들어 낼 수 있는가에 있다."[90] 이 논리는 그리스도교와 타 종교와의 관계에서 뿐만 아니라 신앙의 이름으로 무자비한 박해를 서슴지 않는 가톨릭과 개신교 양측에 촉구하는 신앙의 진리이기도 하다. 주관적으로 차이를 보이는 교리적 진리는 다양한 차이가 있을 뿐만 아니라 거기엔 오류가 있을 수 있다. 하지만 윤리적 범주는 모든 사람이 수긍할 수 있는 보편적인 기준이 될 수 있는 것이다. 진리를 잘 아는 현명하는 자는 자비로운 자이다. 남을 정죄하고 불관용적인 자들은 진리를 제대로 안다고 할 수 없다. 참된 진리에 이를 때까지는 관용하며 서로 사랑해야 하는 것이다.[91]

카스텔리옹은 인간의 선한 양심에 호소하며 교리에 관해서는 이성에 근거해야함을 주장했다. 생전에 출판될 수 없었던 『의심과 신뢰의 기술에 관하여』(*De arte dubitandi et confidendi*)는 종교개혁의 개혁이 영속적이어야 함을 촉구하면서 종교개혁시대의 신학적 가치에 도전했던 글이다. 칼뱅을 필두로 한 종교개혁신학의 성서절대주의에 문제를 제기하면서 성서는 모호한 부분도 있을 뿐만 아니라 오류까지 있을 수 있다고 용기 있게 주장했다. 종교의 진리에선 성서가 결정적인 기준이 되는 것이 아니라 감각과 지성의 도움을 받은 이성이 그 역할을 해야 한다는 것이다.[92] 성서의 확실함과 모호함을 식별하는 능력인 이성은 "하느님의 딸"이자 "하느님의 영원한 말씀과 같은 것"이라는 표현까지 서슴지 않았다.[93] 카스텔리옹은 종교개혁의 지도자들이 성서중심의 개신교에서 성서해석의 절대권 권한을 소유하고 스스로가 신앙적 진리의 최종 판단

90 Castellion, "Concerning Doubt and Belief," Bainton, *Concerning Heretics*, 287.

91 Castellion, *De haereticis non puniendis*, 25ff.

92 Castellion, "Concerning Doubt and Belief," Bainton, *Concerning Heretics*, 294.

93 "이성은 말하자면 하느님의 딸이라 할 수 있고, 문자나 예전 그리고 세상이 창조되기 전부터 존재했으며 세상은 변할지언정 하느님처럼 지속되고 폐하여지지 않을 것이다. 이성은 하느님의 영원한 하느님의 말씀이라 말하고 싶다 … 헬라문명에서는 로고스라고도 불린다." Castellion, "Concerning Doubt and Belief," Bainton, *Concerning Heretics*, 297.

자로 군림하면서 불관용의 反신앙적 행태를 비판할 수 있는 준거로 신앙주의를 넘어서는 보편적 이성을 내세운 것이다. 이러한 점에서 카스텔리옹은 인문주의적 개혁신학자라 할 수 있으며, "자유 개신교의 선구자"[94]라 부를 수 있겠다.

재세례파 신학의 거두 윌리엄스(George Williams)는 카스텔리옹의 이성주의 배후에는 중세말의 내적 경건을 강조하는 독일 신비주의 전통의 맥이 흐르고 있다고 지적한다. 중세 독일 신비주의와의 접촉은 중세교회로부터의 이탈의 조건이 된다는 것인바, 신비주의의 특징이 反교리주의, 말하자면 내적인 경험에 입각하여 하느님과의 개인적이고 직접적인 교통에 의해서만 모든 것에 확신을 갖고자 하는 경향을 말한다. 이 같은 경험은 전통적인 가치기준을 의심하게 되고 교회의 절대적인 교리체계에 비판적인 힘을 가할 수 있는 요소를 내포하는 것이었다.[95]

카스텔리옹의 신비주의적 경향은 그가 1557년 라틴어와 프랑스어로 번역했던 작자 미상의 신비주의 문헌 『독일신학』(*Theologia Deutsch*)[96]에 붙인 서문에서 잘 드러난다. "그리스도교 신앙은 지금 바로 이 세상에서

---

94 Joseph Lecler. *Toleration and the Reformation*, vol. 1, 359.

95 George Williams, *The Radical Reformation* (Philadelphia: The Westminster Press, 1962), 823.

96 14세기 말 타울러(Johannes Tauler)의 영향을 받은 익명의 독일 신학자들이 쓴 신비주의적인 성격의 소논문들로서 루터가 "독일신학"이라 명명했다. 독일 신비주의는 가짜 디오니시우적 신비주의(신플라톤주의적 경향을 띠고 직관을 중시)나, 라틴 신비주의(베르나르, 보나벤투라처럼 순수한 명상을 중시)와는 달리 주관적 정신 체험을 교육과 서적 보급 및 학교 설립을 통해 타인에게 전달하려 하였기에 사변적 신비주의가 아닌 실천적 신비주의라 불린다. 특히 『독일신학』에 가장 큰 영향을 미친 타울러는 에크하르트(Meister Eckhart)가 신의 현존재의 경험을 마음과 생각에 국한시켜 세상으로부터의 도피주의에 흐를 것을 비판하여, 신과의 합일을 내면에서 외적 삶의 영역으로 넓힐 것을 주장했다. 다른 신비주의자들에게 '자기포기'는 개인적이었지만 타울러에게는 이웃을 섬기고 자선을 베푸는 것이었다. 따라서『독일신학』역시 현실로부터의 도피가 아니라 인간과의 관계에서 도덕적 책임이 강조되며, 독일 신비주의는 도덕적인 혁신 운동으로 이어지게 되었다. Martin Luther, *Theologia Deutsch,* 노진준 역, 『마르틴 루터의 독일신학』(서울: 은성, 1991), 152-154 참고.

전능의 가능성을 보여주는 것"[97]이라 말하면서 기존의 정통 교리 체제하에서 형편없는 죄인으로 무기력하게 살 수밖에 없는 인간들에게 이성에 의한 주관적인 실천 능력을 고양시킴으로써, 보다 나은 세상을 만들 수 있는 자율적 주체로 거듭나길 바라고 있다. 카스테리옹은 신앙의 경험에 대해, 경험은 언어로 전달할 수 있는 것이 아니기에 신앙의 경험이 없는 자를 언어로 가르칠 수 없으며, 의심을 통해 판명된 참된 지식만이 감정적으로 경험될 수 있다고 보았던 것이다.[98] 이런 진술은 성서 무오류에 대한 맹목적인 신앙을 강요하는 권위주의적인 교권체제와 성직자들에 대한 도전의 의미를 갖는다. 말하자면 교리의 정통주의자들은 가르칠 수 없고 경험되어야 할 내용을 강제로 가르치고 주입시키려 하면서 하느님의 신비를 훼손할 수 있다고 이해한 것이다.

카스텔리옹은 그리스도의 영으로 신실하게 살고자 노력했기에 자신의 신학적 경쟁자들을 인격적으로 모욕한 적이 없었다. 심지어 그는 칼뱅처럼 자신의 견해만을 유일한 진리로 여기고, 어떤 일에 대해서나 자신의 주장을 완벽하고 논쟁의 여지가 없는 것으로 강요한 적이 없었다. 라틴어 번역 성서 서문에서 볼 수 있듯이 그는 학문적 · 인격적 겸손함의 덕을 갖추었기에 열린 신학의 자세를 견지할 수 있었다. 그래서 그는 자신이 성서의 모든 구절을 다 이해한 것은 아니며, 따라서 독자가 자신의 번역을 절대적인 것으로 믿어서는 안 된다고 경고하고 있다. 성서에는 모순이 적지 않기에 자기의 해석은 하나의 해석일 뿐 절대적인 것이 될 수 없다는 것을 주지시켰다.[99]

그는 종교개혁진영의 평화주의자로서 동시대인들이 종교적인 이유로 만행을 저지르는 것에 반대했고 모두가 평화롭게 상호존중하며 살

97 Steven Ozment, *Mysticism and Dissent: Religious Ideology and Social Protest in the Sixteenth Century* (New Haven: Yale University Press, 1973), 39.

98 *Ibid.*, 40-44.

99 Castellion, "Preface to the French Bible," *Concerning Heretics*, 258.

수 있기를 염원했다. 프랑스에서 프로테스탄트에 대한 박해는 프랑수아 1세 때부터 확고했으며 그를 이은 앙리 2세는 위그노 박해에 더욱 충실했다. 그러나 앙리 2세가 마상 경기에 불의의 사고로 사망하자 이탈리아 메디치가 출신의 왕비 카뜨린이 어린 왕들(프랑수아 2세, 샤를 9세)을 섭정하게 되었다. 이탈리아 출신이기에 권력에 한계가 있었던 카뜨린은 프랑수아 1세 때부터 권력의 중심으로 부상했던 강경파 가톨릭 귀족 귀즈와 동맹하게 되었다.

위그노들은 30년간 박해를 받아오다가 1560년 3월 앙부아즈(Amboise) 음모, 즉 어린 프랑수아 2세를 납치하고 위그노(Huguenots)[100] 귀족을 왕위에 앉히려던 쿠데타가 실패로 끝나버리는 사건이 발생했다. 1562년 칙령으로 개신교도들을 안심시키고 도시 밖에서의 종교의식과 가정예배를 허용하는 척했다. 그러나 귀즈 공작의 군사들이 창고에서 예배드리던 위그노들을 기습 공격하면서 일명 바시 학살 사건(Massacre of Vassy)이 일어나게 되었다. 이후 모두 세 차례 걸친 전쟁이 벌어지게 되었고 양측은 평화 협상에 합의하기에 이르렀다. 하지만 위그노는 종교의 자유를 요구하고 있었고, 정부는 요구를 인정하지 않은 채 불안정한 평화가 유지된 셈이다. 그러나 귀즈와 카뜨린은 위그노를 척결하기 위한 음모를 치밀하게 꾸몄다. 1572년 8월 24일 성 바르톨로메 축일 전날 밤이 바로 대학살의 거사일이었다. 위그노파의 핵심 인사들은 나바르의 왕인 앙리의 결혼식을 축하하기 위해 파리에 머물고 있었던 터였다. 이들 중에는 에스파니아 함대를 물리친 국민적 영웅 가르파르 드 콜리니 제독도 포함되어 있었다. 가톨릭측 군대의 기습 공격으로 축일이 저물

---

100 위그노란 칼뱅주의를 추종하던 프랑스 개신교도를 일컫는 말인데, 독일어의 '동맹'(Eidgenossen)에서 파생된 말로 알려져 있다. 이들은 수적으로는 당시 프랑스 인구의 10분의 1도 안되었지만 프랑스 남부를 중심으로 일부 귀족, 부유한 상공업 시민, 부농들이 주류를 이루어 강력한 세력을 형성하고 있었다. 이 지역은 13세기 이단으로 낙인찍힌 알비파가 득세하던 곳으로 전통적으로 반 가톨릭적 성향이 강한 지역적 특수성도 있었다.

기까지 불과 반나절 동안 파리에서만 콜리니 제독을 포함한 2000여 명의 위그노가 학살되었고, 오를레앙, 모, 트르와 같은 지방에서도 수천 명의 위그노가 무참히 살해되었다. 이 광란의 학살극은 9월, 10월까지 전국적으로 이어져 2만 명의 위그노들이 목숨을 잃었다. 이것이 바로 그리스도교역사에서 지울 수 없는 오점을 남긴 성 바르톨로메 대학살 사건이다. 이 사건에 대해 "광신적이고 어떠한 검토의 과정도 거치지 않은 신앙이 가져온 공포가 어떠한 결과를 가져왔는지를 보여준 완벽한 본보기 일뿐 아니라, 신에 대한 경배의 차이가 이웃에 대한 무차별적 학살도 용인되었다는 점에서 참혹한 것이었다"[101]는 역사학자 디펜도르프(Barbara Diefendorf)의 말에 우리는 어떠한 이의도 제기할 수 없을 것이다. 대학살이 완료된 이후, 그 일에 동참한 가톨릭 병사들은 영웅 대접을 받았고, 콜리니 제독의 머리를 잘라 교황 그레고리 13세에게 진상되었으며, 교황은 감사의 뜻으로 샤를 9세에게 금장미를 선사했으며 교회에서 일제히 신께 찬미의 노래(Te deum)를 부를 것을 명령했다[102]는 대목에서 종교에 내재한 반인륜적 폭력성에 다시금 통탄하지 않을 수 없다.

위그노들에게 가톨릭교회는 신뢰할 수 없으며 잔혹 무도한 집단으로 인식되기 충분했기에 전국적으로 저항하려는 움직임이 가시화되었고 결국 프랑스는 다시 종교전쟁의 소용돌이에 빠져들게 되었던 것이다. 위그노의 공격이 의외로 강력하게 전개되고 학살자 귀즈의 처형 요구가 거세지자 카뜨린은 셋째 아들 앙리 3세를 사주해 1588년 귀즈를 제거했다. 그러자 가톨릭 강경파들은 왕을 암살하려는 음모를 꾸미고 거사에 성공하게 되었다. 그리고 같은 해 카뜨린 역시 사망했다. 위그노를 학살했던 세력들이 일거에 사라지게 되자 자연스레 앙리 4세가 등장하게 됨으로써 부르봉 왕조가 시작된 셈이다. 외양적으로는 위그노의

101 Joseph Cummins, *The World's Bloodiest History*, 제효영 역, 『잔혹한 세계사』 (서울: 시그마북스, 2011), 60.

102 *Ibid.*, 74.

완벽한 승리처럼 보인다. 하지만 위그노 신자인 앙리 나바르가 앙리 4세로 권좌에 오른 것은 과격한 가톨릭파 귀즈 공작의 노선에 반대하던 온건파 가톨릭 귀족들의 정치력이 크게 작용한 것이므로 위그노의 승리라 단정할 수 없었다. 낭트 칙령(1598년)으로 일부 지역에 한해서만 위그노들의 신앙의 자유가 보장되었으며 가톨릭 측에 대한 화해의 방안으로 앙리 4세가 가톨릭으로 개종한 것도 그들의 역할이었다.[103] 낭트 칙령으로 36년간 지속되던 종교전쟁은 일단 종식되었으나, 1685년 루이 14세가 등극하자 낭트 칙령을 취소하고 위그노들을 다시 박해하기 시작함으로써 40만 명에 이르는 위그노가 해외로 망명하게 되었다[퐁텐블로 칙령(Edict of Fontainebleau)]. 하지만 비참했던 프랑스의 위그노전쟁은 유럽을 초토화시킨 종교전쟁에 비하면 그 정도가 오히려 약했다 할 것이다.

종교문제를 구실로 한 약탈이나 살인 범죄가 점증하고 급기야 종교전쟁이 발발하자 카스텔리옹은 『황폐해진 프랑스에 대한 충고』(*Conseil à la France Désolée*)를 애끓는 심정으로 발표했다. 여기서 그는 프랑스에서 가톨릭과 개신교의 두 종교가 공존하고 평화롭기 위해서는 오직 종교적 관용밖에는 없다는 것을 강조했다.[104] 프랑스의 황폐의 원인은 양심을 억압하는 종교 때문인데, 개신교 신앙의 자유로운 양심을 인정하지 않고 박해하는 가톨릭과 박해에 맞서 폭력적인 방식으로 맞서는 개신교 양측 모두의 책임이라는 것이다. 종교전쟁은 양심의 억압에서 비롯된 것이며, 과거나 당대의 역사에서 무력으로 양심을 억압하려고 했던 시

103 위그노 전쟁이 예상보다 지루하게 진행되자 프랑스에서는 새로운 정치 세력이 나타났다. 양 극단을 비판하면서 중재하는 세력이었다. 이들은 정치파(politique)라 불렸는데, 여기에는 귀즈의 광신적이고 과격한 태도에 불만을 품은 가톨릭 온건파도 포함이 되었다. 대체로 이들은 전통 귀족 출신도 아니고 보수적인 가톨릭과도 일정 거리를 두었으며, 전쟁 중에 국정 능력을 검증받은 세력이었다. 이들이 사실상 새로운 프랑스 부르봉 왕조의 신진 관료 집단을 이루게 되었으며, 프랑스가 절대왕정의 국가로 발돋움하는 데 초석을 놓았던 것이다. George Rothrock, "Some Aspects of Early Bourbon Policy toward the Huguenots," *Church History* 29(1)(1960), 17-24.

104 Castellion, "Councel to France," *Concerning Heretics*, 258-260.

기보다는 평화로웠던 시절이 훨씬 인간에게 이로웠다는 것을 많은 예를 통해 보여주고자 했다. 만일 가톨릭측이 루터주의를 궤멸시키려고 노심초사하지 않았다면 1562년 종교전쟁 발발 당시와 같은 정도의 위축된 위상을 유지하지 않았을 것이고 박해는 더 많은 반란과 저항만을 낳았을 뿐이었으며, 반대로 개신교는 그리스도와 사도들이 준 영적 무기를 사용하기를 포기하고 폭력으로 저항함으로써 복음과는 거리가 먼 길을 가고 말았다는 것이다. 예컨대 종교개혁자 츠빙글리가 스위스의 가톨릭 주들과 전쟁을 벌이는 대신 평화를 선택했더라면 츠빙글리파의 종교적 위상은 당시보다 훨씬 높아졌을 것이고 본인 자신도 카펠 전투에서 전사하지 않았을 것이라고 지적했다.[105] 양심의 억압을 통해 참된 신앙을 유지하거나 전파시킬 수 있다고 생각하는 것은 커다란 오산이며 그런 방식으로는 위선적인 가짜 그리스도인들만 양산할 뿐이다.[106]

종교전쟁의 원인으로 복음과 거리가 먼 가톨릭과 개신교 양측의 불관용의 태도에 있음을 비판하는 카스텔리옹이 개신교를 향해 강하게 복기시키는 바는, 복음 때문에 과거 가톨릭으로부터 극심한 박해를 받았던 개신교가 이제는 자신들의 믿음을 공유하지 않는 그리스도인들을 칼로써 박해함으로써 가톨릭을 전철을 밟고 있음을 지적하는 것이다. 그는 서로 학살을 자행하는 가톨릭교회과 개신교회 양측에 서로 관용하고 인정하지 않으면 공멸되고 말 것임을 호소한다. "한 마디로 오늘날 그리스도교는 헤아릴 수 없을 만큼 많은 분파로 분열되어 있습니다. 각각의 분파는 자신들만은 참되다고 여기고 나머지는 이단이라 여깁니다. 만일

---

105 Castellion, "Councel to France," *Concerning Heretics*, 260-261.

106 카스텔리옹은 스페인에서 양심의 자유를 거슬러 강압으로 세례를 받게 했던 사라센들과 유대인이 어떻게 되었는가를 주지시킨다. 16세기 당시 이미 사라센들과 유대인들은 원래 종교로 돌아가고 과거보다 더 그리스도교와 멀어지고 말았다는 것이다. 그럼에도 깨닫지 못하는 자들은 "포도주가 약간 담겨 있는 병에 물을 많이 부으면 포도주 양이 늘어날 것이라고 믿는 어리석은 인간이다. 포도주가 늘어나기는커녕 처음의 포도주마저 망쳐버리고 마는데 말이다." Castellion, "Councel to France," *Concerning Heretics*, 262.

우리가 이단에 대한 박해의 율법을 적용시킨다면, 적을 완전히 멸절시켰던 미디안 전쟁이라도 치르자는 것입니까 … ."[107] 종교전쟁의 비극은 신앙적 양심에 대한 폭력적인 탄압에서 비롯된 것이다. 양측의 획일적인 교리에 의한 양심의 강탈 행위는 그것을 통해 인간성의 파멸을 자초하고 마는 것이다.

『황폐해진 프랑스에 대한 충고』은 가톨릭과 개신교 양측으로부터, 특히 1563년 리옹에서 개혁교회 공의회로부터 정죄되었다. 이 책에 대한 칼뱅의 추종자 베즈의 적대감이 고스란히 반영된 결과였다. 혹자는 시대를 앞선 카스텔리옹의 종교적 관용과 평화의 외침은 당시로서는 너무나 급진적이고 비현실적이었으며 칼뱅과 그의 추종자들이 훨씬 현실적이었다고 평한다. 그러나 이러한 비판은 설득력이 약하다. 왜냐하면 곧바로 1598년 앙리 4세가 무력을 사용하지 않고 낭트 칙령을 발표함으로써 그의 이상을 평화적으로 실현시켰기 때문이다. 그가 가톨릭으로 개종하는 유연함을 보이지 않았다면 왕이 될 수도 없었을 것이고 그 역사적인 칙령은 조인되지 못했을 것이다. 어떻게 보면 칼뱅과 베즈에 의해 정당화 된 교리주의가 종교전쟁을 앞당긴 제일의 원인이라 해도 무방하다. 종교개혁자들의 정당전쟁의 신학에 정면으로 맞섰던 카스텔리옹의 용기는 20세기 간디, 루터 킹 목사 등 그 어떤 평화주의 사상가들보다 더 위대한 평화 사상가라 평해도 전혀 무리가 없다.

양심의 자유를 위한 투쟁, 즉 위정자들이 종교적인 문제로 처벌하는 것에 대한 거부, 재세례파에 대한 잔혹한 박해가 결코 반복되어서는 안 된다는 탄원을 비롯한 그의 사상 전체가 주네브 종교개혁자들의 집요한 증오의 대상이 되기에 충분했다. 칼뱅의 생각과 일치되지 않는 팜플렛은 모든 것이 의심의 대상이 될 수밖에 없었고, 치밀한 사전 검열이 자유로운 출판을 허용하지도 않았다. 더욱이 인문주의자들의 사이에

---

107 *Ibid.*, 262.

서 카스텔리옹의 평판이 좋아질수록 그에 대한 증오심은 더욱 확고해져갔다. 1557년 11월 1일에 칼뱅의 동지인 멜랑히톤이 자신의 동지인 칼뱅을 격노시켰던 카스텔리옹에게 보낸 편지에서 영원한 우정(*aeterna amicitia*)으로 하나가 되길 바라며, 언젠가는 직접 만나서 공유하는 관심사에 대해 나눌 수 있기를 고대하고 있다.[108] 1558년 1월 칼뱅은 "증오와 질투에 시달리는 진흙투성이 녀석(불량배 *nebulo*)이 신의 불가사의한 선견지명에 관한 장 칼뱅의 교리를 감히 왜곡시키려 애쓰고 있는" 사태에 맞서 논쟁 문서 『불량배의 중상모략』(*Calumniae nebolonis cujusdam*)을 발표했다. 오직 상대를 모욕할 목적으로 쓰여 진 이글에서 카스텔리옹을 불경건 신성모독자, 어릿광대, 심지어 도적이라고까지 비난하며 "하느님이 너 사탄을 제거해주시길 바란다."는 것으로 끝을 맺는다.[109] 그러나 카스텔리옹은 칼뱅에게 진심어린 말과 더불어 정중하게 응답했다.

> 그 어떤 경건이나 지혜로도 당신이 하신 그런 증오에 사무친 풍자를 만들어내지 못할 것이라 말씀드리고 싶군요. 당신이 거짓 비난을 하고 하느님의 종에게 스스로 부당하다는 것을 드러내게 되면 당신의 이웃과 하느님에 대해 죄를 짓는 것입니다. 그럼으로써 당신이 복음의 진보를 방해하고 당신 자신이 여러 나라에서 종교개혁으로 말미암게 되는 나쁜 평판의 주된 원인이 되고 있는 것입니다.[110]

카스텔리옹에 쏟아지던 모든 저주와 비난은 1563년 12월 29일 숨을 거둠과 동시에 종결될 수 있었다. 48세로 생을 마감할 당시 건강은

---

108 Guggisberg, *Sebastian Castellio, 1515-1563.* 141. 물론 이 편지에서 멜랑히톤이 카스텔리옹의 칼뱅 비판을 옹호하거나 이단에 대한 관용의 문제를 직접 피력한 것은 아니다.

109 *Castellio gegen Calvin,* 192.

110 Étienne Giran, *Sébastien Castellion et la Réforme Calviniste: Les Deux Réformes* (Haarlem: Théolib, 2010), 276.

최악의 상태였고 이미 준비되고 있던 새로운 혐의로 인해 바젤에서의 추방은 기정사실화 되어있었다. 카스텔리옹을 이단의 옹호자로 몰기 위해 정통주의자들이 혈안이 되어 있을 그 무렵 카스텔리옹과 친분 관계를 유지하고 있었던 자들에 대한 잇단 개신교식 마녀사냥에 의해 카스텔리옹은 수렁의 나락으로 떨어졌다. 더 이상 바젤의 대학에서도 그를 보호해줄 수 없는 지경에 이르고 말았다. 바젤에서 명망을 누리며 살다가 죽은 장 드 브뤼헤(Jean de Brugge)라는 인물이 대대적인 재세례파 학살에서 교묘히 빠져나간 재세례파 지도자 다비드 요리스(David Joris)였다는 사실이 밝혀졌다. 바젤 시는 무덤 속의 시체를 두고 이단 문서와 함께 화형에 처해버렸는데, 바로 카스텔리옹은 요리스와 평소의 친분 관계에 있었다는 것이며 카스텔리옹의 저서 『이단에 관하여』의 출판을 도운 자 역시 요리스였다는 혐의가 제기되었기 때문이었다.[111]

설상가상으로 카스텔리옹은 이탈리아의 명 설교자로 종교재판을 피해 바젤에 망명한 오치노(Bernardino Chino)의 친구임도 드러나게 되었다. 특히 그의 『30개의 대화』(*Dialogi triginta*)는 모세의 율법에 근거해 일부다처제를 권장하지는 않았지만 성서적으로 허용될 수도 있다는 주장으로 개신교 측을 경악시킨 인물이었다. 그런데 그의 책을 라틴어로 번역한 자가 공교롭게도 카스텔리옹이었던 것이다. 이제 칼뱅과 베즈의 고발죄목들이 무고가 아니라 요리스 및 오치노 사건을 통해 명확한 사실로 드러나게 되었고 종교재판은 피할 수 없는 현실이 되었다. 카스텔리옹의 운명은 최소한 오치노의 운명을 답습할 수밖에 없게 되었다. 오치노는 종교개혁에 헌신했고 그래서 주네브에서 환대받았던 자였으나 정통교리의 잣대에서 의심받게 되자 주네브는 물론 스위스의 모든 개신교 지역에서 추방당하는 운명에 처하게 되었다.[112] 그러나 카스텔리옹이 오

111 Guggisberg, *Sebastian Castellio, 1515-1563.* 149-150.

112 불링거는 스위스의 어떠한 개혁교회에서도 오치노에게 머물 곳을 제공해서는 안 된다는 교회령을 엄중히 선포했기에 그는 추운 겨울 어린 아들을 데리고 스위스를 떠나 프

치노의 길을 걷지 않게 된 것은 오직 그의 때 이른 죽음이라는 행운 덕분이라 할 수 있겠다.

랑크푸르트, 뉘른베르크를 거쳐 폴란드에 도착했으나 거기서 수개월 후 다시 강제 추방되어 1565년 슐라카우에 있는 모라비안 재세례파 공동체에서 숨을 거둔다. Guggisberg, *Sebastian Castellio, 1515-1563*, 200.

7. 결론

카스텔리옹은 영웅심에 사로잡힌 자가 아니며 학문적인 연구와 평화에 대한 열망으로 하나님과 동시대인들에게 헌신하길 원했던 16세기의 지성인이다. 그의 진가는 사후에 빛을 발하게 되었으며 네덜란드 개혁파의 항의파들(Remonstrants)과 알미니우스주의자들이 그의 사상을 자신들의 입장을 방어하는 논리로 사용했으며 그의 소중한 저술들이 소실되지 않고 보전되는 데 기여했다.

한국교회 신학자들은 여전히 칼뱅과 그의 추종자들이 종교적으로 견해를 달리하는 자들에게 가했던 폭력에 보다 관대함을 보이고 나아가 그것에 대해 신학적으로 정당화하려는 경향이 농후하다. 노골적인 정당화에서 몇 걸음 후퇴하여 "그것(칼뱅의 오류)은 판단의 잘못이었지 심정의 잘못은 아니었다. 따라서 비록 그 행위가 정당화될 수는 없다고 하더라도 그 당시의 시대정신에 따라 용서되어야 할"[113] 오류였다는 샤프(Phillip Schaff)의 논지를 즐겨 인용하기도 한다. 그러나 이러한 변명은 전형적인 심정윤리의 무책임성을 드러내주는 궤변일 뿐이다. 신앙적으로 다른 견해를 가진 자들을 박해하고 처형하는 것이 당대의 공적인 규범과 지배적인 정서에 합치되는 행위였기에 엄격한 의무감으로 자신의 역할에 충실했던 칼뱅을 옹호하는 논리로는 어느 시대를 막론하고 자기 직무에 성실한 지극히 평범한 예루살렘의 아이히만들을 비판할 논거를 상실한

113 Phillip Schaff, *History of the Christian Church*. Vol. VIII, 690.

다. 역사는 승리한 자들이 기록한 역사이기에 승리한 자들의 행위는 정당화되어야 하는가? 그에 대한 오늘날의 섣부른 옹호는 또 다른 칼뱅적 폭력을 양산하는 거름 역할을 할런지도 모른다. 가톨릭이 위그노들에게 가한 대량학살이든, 가톨릭과 프로테스탄트가 재세례파에 가한 학살이든, 나치의 유대인 대량학살이나 스탈린의 학살이든, 이승만 정권의 이데올로기를 위한 민간인 학살이나 전두환의 광주 학살 등 모든 역사적인 학살에는 그 피해자의 수적 규모와 무관하게 나름대로의 이유 없는 학살은 없다. 가장 상투적인 명분이 그때는 그것이 최선이었고 더 나은 결과를 위해 불가피했다는 궤변이다. 국가 발전을 위해, 종교의 진리를 수호하기 위해 일어났던 하나의 유감스러운 사태였을 뿐이라는 식의 역사 왜곡이다. 설령 학살사건이 있었다하더라도 그 책임은 최고 책임자에게 지울 수 있는 것이 아니라 사악한 하수인들이나 부하들이 저지른 우발적 행위라는 식으로 변호하는 것 역시 또 다른 폭력이 아닐 수 없다. 그런 맥락에서 필자는 권위있는 학자의 말을 인용하면서 학살이나 폭력의 책임을 물어야 할 인간 군상들을 옹호하는 이들의 생각에서 폭력을 감지하는 것이다. 히틀러나 스탈린, 이승만에 못지않게, 칼뱅의 종교적 폭력 역시 오늘도 내일도 언제나 비판하고 성찰해야 할 윤리적 주제이다. 학문적으로는 물론, 세계 시민이 과거와 현재의 집단 폭력과 학살에 대한 비판적 성찰과 더욱 명확하고 확고한 반대 의지를 고양시킬 수 있는 세계시민교육이 구현되지 않는다면 인류사의 비극은 앞으로도 얼마든지 재현될 가능성이 농후하다.

칼뱅이 서구 역사에 미친 영향력은 카스텔리옹에 비할 수 없이 위대했다는 점을 역설하는 역사학자 래비스(Ernest Lavisse)는 두 사람을 다음과 같이 평가한다.

> 그(카스텔리옹)는 아무 것도 구성한 것이 없다. 그는 확고한 신앙인이라 할 수 없다. 그의 예수 그리스도에 대한 신앙은 모호하다. 그와

> 대조적으로 칼뱅은 교리문답과 확고한 교리가 없이는 하나님의 교회가 존립할 수 없다는 것을 정확히 이해하고 있었다. 이것이 칼뱅의 강점이다. 그는 엄청난 일을 했다. 스코틀랜드, 네덜란드, 프랑스, 미국의 개혁교회는 칼뱅에게 신세지고 있다.[114]

하지만 필자는 래비스같은 역사학자들에게 이렇게 말해주고 싶다. 카스텔리옹은 교회를 세우려고 주장한 적이 없었으며, 단지 복음을 사랑하고 그것이 제대로 실천되기만을 원했던 것이고 이와 반대로 칼뱅은 관용의 정신 보다는 자신의 확고한 신념에 바탕 한 위대한 업적(하나님의 영광을 위한 일이라 확신해 마지않는)을 성취하고자 했을 뿐이라고. 그런데 칼뱅의 과도한 자기 확신은 그것이 종교개혁의 명분, 즉 복음 안에서의 자유함을 훼손시킨 독선과 아집이었다는 점을 깨닫지 못했던 것이라고 말이다. 카스텔리옹의 신앙이 불순하다거나 일관성이 없다는 주장은 카스텔리옹 사상에 대한 무지나 비주류 종교개혁사상사 진반에 내한 몰이해에서 비롯된 것이리라. 『의심과 신뢰의 기술에 관하여』는 비록 칼뱅의 철의 장막을 뚫지는 못했으나 명백하고 확고한 성인을 위한 교리문답서임에 틀림없다. 캐버넬(Patrick Cabanel)은 프랑스 개신교사에서 세르베투스 사건에서의 카스텔리옹의 저항을 의미 있게 다루면서도 래비스의 견해에 동조하는 듯한 인상을 준다. "(카스텔리옹과 칼뱅 중에서) 자유를 위해 가장 많은 일을 한 사람은 누구인가? 자신의 유산을 저술에서만 끌어 모을 수 있는 패배한 선구자 카스텔리옹인가? 아니면 가톨릭 종교의 프랑스 옆구리에 도시적 박차를 가하고 누구도 침묵할 수 없게 하는 아이디어를 주입시킨 폭력적인 승리자 칼뱅인가?"[115] 이 물음에 그리스도교의

---

114 Patrick Cabanel, "Le Calvin de Ferdinand Buisson," *Bulletin de la Société d'Histoire du Protestantisme Français*, 1(2009), 276.

115 Patrick Cabanel, *Histoire des protestants en France: XVIe-XXIe siècle* (Paris: Fayard, 2012), 65.

양대 이념의 긴장이 놓여있다. 복음적 삶이 교회제도에 우선되어야 하는가 아니면 교회제도가 복음적 삶에 우선되어야 하는가이다. 안식일이 인간을 위해 존재하는가 아니면 인간이 안식을 위해 존재하는가의 물음은 그리스도교의 영원한 물음이다. 그리고 복음은 우리에게 그것의 정답을 명확하게 알려주고 있다.

카스텔리옹 저술들이 교회의 성립이라는 명분과 그로 인해 가해진 폭력으로 말미암아 사후 오랜 시간이 흐른 이후에야 빛을 볼 수 있었다는 점을 고려할 때 역사학자들이 취하는 객관적 중립성이 과연 카스텔리옹의 사상과 칼뱅 사상을 제대로 비교할 수 있을지 의문이다. 요구되는 교리에 순종하고 예배참석이 의무적이었을 때의 교회는 번성했었음에 틀림없다. 그러나 이제는 상황이 크게 달라졌다. 20세기에 접어들자 가톨릭이 대다수가 되고 개신교가 쇠퇴한 스위스의 개신교를 고려할 때,[116] 그리고 서구에서 아마도 칼뱅과 가톨릭 권력자들의 폭력으로 기인된 세속화로 인해 개신교회나 가톨릭교회 모두 공동화 되어버린 현상을 고려해 볼 때 카스텔리옹의 사상은 더욱 반향을 일으킨다.

카스텔리옹의 양심의 자유와 종교적 자유에 대한 옹호는 제2차 바티칸 공의회 이후의 가톨릭에도 도전을 준 것이 사실이다. 19세기까지만 해도 교황령 국가에서는 반체제 인사들이 잔인한 처형을 당하거나 강제노동 또는 추방의 형벌을 받았다. 마짜텔로(Mazzatello)라 불리는 악명 높은 처형방식은 교황령 국가에서 1870년까지 실제 시행되었다.[117] 카스텔리옹이 19세기를 살았다면 죄인이 지은 범죄가 어떠하든 그런 야만적인 처형에 분명히 반대했을 것이다. 그리스도인이냐 아니냐의 여부

116 현재 스위스의 종교 분포는 가톨릭(46%), 개신교(40%), 기타(7%), 무종교(7%) 등으로 구성되어 있다. http://overseas.mofat.go.kr/참조.

117 메기번(Megivern)은 마짜텔로(죄수의 머리를 둔기로 내리쳐 두개골을 부수어 죽이는 형)가 교황령 국가가 "잔혹 행위를 두고 다른 국가와 경쟁하고 경우에 따라서는 그들을 능가하기 위해 특별하게 고안한 것"이라 지적한다. James Megivern, *The Death Penalty: An Historical and Theological Survey* (New Jersey: Paulist Press, 1997), 155.

를 차치하고서라도 최소한 선량한 시민이라면 인간의 존엄성 침해에 반대하고 저항하는 일은 인류의 공동 과업임을 동의할 것이다. 카스텔리옹이 『황폐해진 프랑스에 대한 충고』에서 견지했던 에큐메니칼 정신은 오늘날 인간의 존엄성을 위협하는 전 지구적 도전에 모든 그리스도인들은 물론 모든 인류가 함께 대처해야 할 것을 현실적으로 요청한다.

참고문헌

강남수. “카스텔리오의 종교적 급진사상.” 홍치모 외. 『急進宗教改革史論』. 서울: 느티나무, 1993.

박건택. “칼뱅과 카스텔리옹에 있어서 양심의 자유.” 『신학지남』 66(2)(1999).

박경수. “마카엘 세르베투스 사건에 대한 재평가: 칼뱅은 프로테스탄트 불관용의 대표자였는가?” 『한국기독교교회』 17(2005).

박경수. “세바스티앙 카스텔리옹의 생애와 저작들-16세기 관용론을 중심으로.” 『한국기독교사학회지』 31(2012).

양신혜. “카스텔리오의 종교적 관용의 신학적 토대로서의 이성에 대한 이해.” 『성경과 신학』 74(2015).

Bainton, Roland. *Michel Servet, hérétique et martyr*. Geneva: Droz, 1953.

Bainton, Roland. *The Travail of Religious Liberty*. Philadelphia: Westminster Press, 1951.

Buisson, Ferdinand. Sébastien Castellion, sa vie et son œuvre(1515-1563) vol.1. Geneva: Droz, 2010.

Cabanel, Patrick. “Le Calvin de Ferdinand Buisson.” *Bulletin de la Société d'Histoire du Protestantisme Français* 1(2009).

Cabanel, Patrick. *Histoire des protestants en France: XVIe-XXIe siècle*. Paris: Fayard, 2012.

Calvin, Jean. *Ioannis Calvini opera quae supersunt omnia* (Brunsvigae: C.A. Schwetschke, 1866-1900). (https://archive-ouverte.unige.ch/unige)

Castellion, Sébastien. *Concerning Heretics*, trans. and ed. Roland Bainton. New York: Columbia Univ. Press, 1935.

Castellion, Sébastien. *De haereticis non puniendis*. Geneva: Droz, 1971.

Consistoire de Genève. *Registers of the Consistory of Geneva in the time of Calvin*. vol. 1: 1542-1544. Robert Kingdon et al(ed.). Grand Rapids: Eerdmans, 2002.

Cummins, Joseph. *The World's Bloodiest History*. 제효영 역. 『잔혹한 세계사』. 서울: 시그마북스, 2011.

Grimm, Harold. *The Reformation Era 1500-1650*. London: Macmillan Pub. Com., 1973.

Guggisberg, Hans. *Sebastian Castellio, 1515-1563*, trans. and ed. Bruce Gorden Vermont: Ashgate Publishing Co., 2003.

Hillerbrand, Hans. *Christendom divided: The Protestant Reformation*. New York: Corpus, 1971.

Hirsch, Elisabeth. “Castellio's ‘De Arte Dubitandi’ and the Problem of Religious Liberty.” in B. Baker. *Autour de Michel Servet et de Sébastien Castellion*. Haarlem:

H.D. Tjeenk Willink, 1953.

Jordan, Wilbur. *The Development of Religious Toleration in England From the Ascension of James I to the Convention of the Long Parliament*. vol. II. Cambridge: Harvard University Press, 1936.

Lecler, Joseph. *Toleration and the Reformation.* vol. 1. New York: New York Association Press, 1960.

Lecler, Joseph. & Marius François Valkhoffk. *Les Premiers défenseurs de la liberté religieuse*. Paris: Les Éditions du Cerf, 1969.

Luther, Martin. *Theologia Deutsch.* 노진준 역. 『마르틴 루터의 독일신학』. 서울: 은성, 1991.

McGrath, Alister. *A Life of John Calvin: A Study in the Shaping of Western Culture.* Oxford : B. Blackwell, 1990.

Ozment, Steven. *Mysticism and Dissent: Religious Ideology and Social Protest in the Sixteenth Century*. New Haven: Yale University Press, 1973.

Rothrock, George. "Some Aspects of Early Bourbon Policy toward the Huguenots." *Church History* 29(1)(1960),

Spijker, Willem. *Calvin: Biographie und Theologie*, trans. Hinrich Stövesandt. Göttingen: Vandenhöck und Ruperecht, 2001.

Williams, George. *The Radical Reformation*. Philadelphia: The Westminster Press, 1962.

Zweig, Stefan. *Castellio gegen Calvin, oder ein Gewissen gegen die Gewalt*. Frankfurt: S. Fischer Verlag GmbH, 1987.

제6장

칼뱅윤리의 현대적 이해

매킨타이어의 근대성 비판 테제를 중심으로

1. 서론

매킨타이어(Alasdair MacIntyre)는 피기스(J. N. Figgis)의 말을 인용해, "종교개혁 이후 사상 처음으로 '절대적 개인'(the Absolute Individual)이 '절대 국가'(the Absolute State)를 마주하게 되었다"고 주장한다.[1] 말하자면 종교, 정치, 경제의 영역에서 개인이 주체로 당당히 등장하게 된 결정적 이유가 종교개혁이라는 것이다. 이제 개인은 자신을 창조한 신, 그리고 자신이 속한 정치적 경제적 질서를 마주하고 있는 주체로 정의되고, 모든 영역에서 윗사람과 아랫사람을 묶어주는 그물망을 통해서가 아니라 한 사람의 독립된 주체로서 국가와 관계를 맺는 존재로 격상되었다. 이것은 또한 '도덕적 주체'(moral agent)라는 새로운 정체성의 대두를 의미하기도 했다. 개인은 모든 사회적 속성을 벗어던지고 '개인 그 자체'로서 신 앞에, 도덕적 가치 앞에 서게 되었다. 그 당연한 귀결로서 모든 것은 자신의 개인적 선택에 의존하며 개인은 그러 할 주권을 지닌 존재로 부각되었다.[2] 역사적으로 "모든 인간들에게 최소한의 동등한 권리와 자유를 요구하는" 교의는 프로테스탄트가 이루어낸 업적이며, 나아가 그들은 기존 질서에 대한 비판을 통해 중산층의 새로운 경제 활동을 지지하는 과정에서 '유용성'과 개인의 '이익'이라는 개념을 의심할 필요가 없는 확실한 가치로 확립시켰다는 평가를 받는다. 그래서 근대성 관련 논자들은 프

---

1 Alasdair MacIntyre, *A Short History of Ethics* (New York: Routledge & Kegan Paul, 1998), 120.

2 *Ibid.*, 120-124.

로테스탄트에 의해 배태된 개인주의는 자본주의를 확립시킴으로 해서 전통 사회의 생활방식을 붕괴시켰을 뿐만 아니라, 그것에 함축되어 있는 규범 또한 와해시켰다고 주장한다. 그 결과, 예컨대 전통사회에서는 행복을 의무와 관련지어 '사회생활의 형식을 지배하는 기준에 비추어 이해할 수 있는 만족'이라고 정의했다면, 이제 더 이상 이러한 규정은 의미를 갖지 못하게 되었으며, 그 대신 행복은 개인의 심리적 측면에서 정의되어, 개인의 취향이 행복을 규정하게 되었다. 결국 프로테스탄트 사회의 중산층 문화는 개인의 자율적 가치와 개인의 심리적 현상을 최우선 가치로 삼는 강력한 인간유형을 만들어냈다는 것이다.[3]

매킨타이어에 앞서 마리탱(Jacques Maritain)도 근대정신의 어두운 면과 프로테스탄트 정신과 결부시켰다.

> 칸트주의자들은 칸트적 자율성에 찌들고, 프로테스탄트들은 내적인 자유에 대한 관심으로 고통당하고 있으며, 니체주의자들은 선악을 뛰어넘으려는 노력으로 인해 등골이 휘고 있으며, 프로이트 추종자들은 프로이트의 컴플렉스를 도야하고 리비도를 승화시키고 있다 … 이 모든 비참한 세계는 자신의 개성을 찾고 있다. 그러나 복음의 약속과는 정반대로, 그들은 문을 두드리나 누구도 열어주는 이가 없고, 찾고 있으나 아무 것도 찾은 것이 없다.[4]

그리고 마리탱에 영향을 받은 매킨타이어 역시 일반적으로는 근대성 그리고 특별하게는 프로테스탄트에 대해 비판적 시각을 견지하고 있다.[5] 그들은 공통적으로 근대성(modernity)에 대한 광범위한 비판을 가했

---

3 Peter Berger/ 이원희 역, 『자본주의 혁명』(서울: 지문사, 1990), 136.

4 Jacques Maritain, *Three Reformers: Luther-Descartes-Rousseau* (New York: Charles Scribner's Sons, 1928), 19.

5 실제로 매킨타이어는 『덕의 이후』(*After Virtue*)에서 가장 존경하고 자신에게 가장 많은

고, 계몽주의와 계몽주의 이후의 사상에 대해 공감적 태도를 보이고 있다. 그들이 공유하고 있는 생각은, 근대적 인간의 자아 이해에는 문제가 있다는 것이며, 그것의 철학적인 문제는 아리스토텔레스-토미즘적인 자아 이해를 포기한 것에서부터 비롯되었다는 것이고, 그리고 그러한 것들이 근대성의 도덕적 문제를 배태시키는 데 프로테스탄트가 중요한 역할을 감당했다는 것이다.

매킨타이어의 이론은 프로테스탄트나 가톨릭 윤리를 막론하고 "덕의 윤리", "성격 윤리", "이야기 윤리", "행위보다는 존재의 도덕성"등의 주제로 많은 논의들이 있어왔다. 이러한 흐름은 매킨타이어의 "근대성 비판"테제와 맞물려 그의 입장을 더욱 강화시키는 역할을 해왔다. 그럼에도 불구하고 매킨타이어의 논의가 적어도 가톨릭 전통과는 친화성이 있으나, 프로테스탄트에 대해서는 거리감을 유지해 온 것이 사실이다. 근대성 비판과 극복의 자원으로 루터나 칼뱅 같은 종교개혁가들에게서는 찾지 않고 있으며, 결국 프로테스탄트는 근대성의 위기 현실에서 대안적 가능성이 아니라 문제 그 자체일 뿐으로 여겨진다. 비록 『덕의 이후』(*After Virtue*) "2판 후기"에서, 이것은 자신의 담론에서 다양한 방식으로 추가되고 수정할 필요가 있는 여러 부분들 중의 하나라고 고백하고 있음에도 불구하고,[6] 종교개혁 사상에 대한 해석적 관심은 보이지 않고 있다.

이 장에서는 매킨타이어의 근대성 비판 담론이나 공동체주의 논의에 대해 기본적인 공감을 전제하면서도, 근대성과 프로테스탄트의 연관성에 관한 매킨타이어의 주장에 대해서는 비판적 읽기를 시도하고자 한다. 매킨타이어가 충분히 드러내지 못한 프로테스탄트 윤리의 의미가 비판을 통해 드러날 것이다. 이런 맥락에서 프로테스탄트 사상 중에서

가르침을 준 사람이 마리탱임을 밝히고 있다. Alasdair MacIntyre, *After Virtue: A Study in Moral Theory* (Notre Dame: University of Notre Dame Press, 1984), 260.

6 A. MacIntyre, *After Virtue,* 278.

도 특히 칼뱅 윤리사상은 매킨타이어가 생각하는 것보다는 훨씬 주목받을 가치가 있음이 주장될 것이다. 필자의 주장과 발상에 빛을 던져준 학자는 부스마(W. J. Bouwsma)다. 비록 이 장에서 부스마의 주장을 상론하는 것은 아니지만, 칼뱅의 사상에는 자본주의적이고도 그리스도교사회의 주의의 양면성이 공존하고 있다는 점을 설득력 있게 고찰한 점이 필자로 하여금 칼뱅 사상의 양면성을 파악하는 데 상당한 통찰을 주었다 하겠다.[7] 먼저 그의 근대성 비판, 즉 실패한 계몽정신의 비판에서 중요한 개념인 "이모티비즘"과 "이모티비즘적 자아"의 개념이 분석된다. 그리고 이것을 종교개혁사상과 연관시키는 그의 담론에 나타난 프로테스탄트 윤리에 대한 오해와 부절적성에 대한 논의가 다루어진다. 이 과정을 통해 종교개혁가 칼뱅의 인간이해에서 나타난 자아가 이모티비즘적 자아를 대체할 수 있는 하나의 가능성으로 모색될 것이다.

7 부스마는 칼뱅이 사유 재산제를 옹호하고 빈부 격차를 용인하고 노동을 존중하고 나태와 시간 낭비를 비판하고 검약을 공조하는 등 분명 자본주의 발달에 기여한 측면이 있다는 점을 인정한 관점에서서는 막스 베버의 프로테스탄트 윤리와 자본주의 정신의 선택적 친화성의 테제를 수긍한다. 그러나 동시에 칼뱅은 개인에 대한 공동체의 우위를 주장하고 교회의 사회사업을 장려하고 모든 인간은 이웃을 돕는 청지기로 임명되었다고 보는 등 공동체주의를 강조한 것 역시 타당하다는 것이다. 한마디로 칼뱅의 사상은 개인의 자유를 강조하는 인문주의적 요소와 복음에 근거해 사랑의 사회성을 강조하는 사회적이고 공동체주의적인 요소가 함께 공존하고 있다는 주장이다. W. J. Bouwsma, *John Calvin: A Sixteenth Century Portrait* (New York: Oxford University Press, 1988), 191.

2. 이모티비즘과 이모티비즘적 자아

매킨타이어는 종교개혁사상이 근대의 주요한 도덕 개념의 발전을 촉발시킨 것으로 보고 있다. 매킨타이어에 따르면, 루터는 십계명에서만 타당한 도덕 규칙을 발견할 수 있다고 보았는데, 이는 달리 말해 오캄적 관점에서 그것이 신의 명령이라는 것 이외에 합리적인 근거를 제시하거나 정당화해야 할 필요가 없는 것으로 이해되는 것과 맥을 같이 한다. 오컴은 계시를 도덕의 기반으로 삼고자 했는데, 이는 그가 신학적으로 '본성에 의거해서 알 수 있는 것'에 제한을 가한다는 사실과 부합된다. 다시 말해 자연신학의 논변에 대한 철학적 회의가 신학적 신앙주의(fideism)와 결합됨으로써 신의 은총과 계시를 통해서만 신의 뜻을 알 수 있게 되는 것이다.[8]

중세에는 십계명은 인간이 본성적으로 열망하는 자신의 목적을 지향하도록 정초된 것으로 이해되었다. 그 시대는 신이 명령한 것과 인간이 자신의 본성적 열망을 합리적으로 숙고한 것을 기초로 하여 자신이 하고자 결단하는 것 사이에 심각한 골이 형성되지 않았다. 그러나 루터에서 그러한 중세적 개념은 거부된다. 인간의 욕망은 전적으로 타락한 우리 본성의 한 부분이다. 그래서 인간이 원하는 것과 신이 인간으로 하여금 행하도록 명령하는 것 사이에는 자연스런 반목이 자리한다. 옳은 것을 행하는 것은 신의 자의적인 명령에 순종하는 것인바, 그것은 필연

8 A. MacIntyre, *A Short History of Ethics*, 121.

적으로 우리가 이성과 자연적 의지에 맞서서 행동해야 함을 의미하는 것이다.[9]

루터가 강조한 것은 그 자체로 선한 삶에 대한 아리스토텔레스-토미즘적인 개념과의 결별을 의미한다. 매킨타이어가 파악한대로, 루터는 도덕의 기준에 대한 원천과 범위를 대안적으로 설명했을 뿐 아니라 도덕적 행위의 가치를 평가 절하시켰다. 신의 의지만이 마땅히 해야 할 바를 우리에게 계시해준다. 그러나 신의 명령은 우리가 어떻게 살아야 하는가에 관한 정보를 주는 것으로 해석되지는 않는다. 그렇기에 루터의 "오직 믿음으로만"의 교리는 매킨타이어에게 신의 명령에서 행위를 촉구하는 부분을 소홀하게 만드는 것처럼 보이게 한다. 신의 명령을 통해 우리는 행위로는 신을 만족시킬 수 없다는 인간적 무능함을 인식할 수 있게 된 것이다.

매킨타이어에 따르면, 루터의 이신칭의 교리는 세속세계가 자신의 원리에 의해 움지어 나기게 함으로써 실세적으로 세속적인 행위의 자율성을 재가하는 효력을 갖는다.[10] 그리스도인들은 세속적인 영역에서의 도덕적 행위를 통해 구원을 이루려고 노력해서는 안 되며, 심지어 사악한 위정자에게도 반역해서는 안 된다. 그런데 정말 중요한 것은 가이사가 다스리는 세상에 대해서는 근심할 필요가 없는 개인의 내적인 상태, 즉 칭의된 상태이다.[11]

매킨타이어는 칼뱅의 노동윤리에서도 같은 주제를 발견한다. 루터와 마찬가지로 칼뱅 역시 신의 계명이 우리가 바라는 목적으로 이끌어 주도록 고안된 것이 아니라 우주적 독재자의 자의적인 절대명령으로 이해되었다는 것이다. 그는 세속 영역에 대한 루터와 칼뱅의 외양적인 견

9 *Ibid.*, 122.

10 *Ibid.*.

11 *Ibid.*, 121.

해 차이에도 불구하고 양자 사이에서 내적인 일치를 보고 있다. 왜냐하면 프로테스탄트 교회가 해석하고 있는 바와 같이 위정자도 예외 없이 신정적인 규범에 복종해야 한다는 것이 칼뱅의 주장이라는 점과는 달리, 실제로 실천적 수준에서는 세속적 위정자에게 독자적인 권위를 부여했다는 것이다. 칼뱅주의자들은 성적인 비행이나 주일 엄수가 세속적인 권위에 의해 규정되기를 원했으나, 그러한 범주를 벗어날 경우 정치적이고 경제적인 삶 자체에 대해서는 근본적인 견제를 가하지 않았기에, 따라서 "칼뱅주의의 역사는 경제적인 분야에서 자율성을 점진적으로 실현시킨 역사"라 할 수 있다는 것이다.[12]

맥킨타이어에 따르면 바로 이런 흐름에서 도덕적 주체를 위한 하나의 새로운 정체성이 부상하게 되었다는 것이다.[13] 그 주체가 이제 모든 사회적 성격을 다 벗어내고 신 앞에서 단독으로 서게 되었다. "인간이 뭔가를 바라고 필요로 한다는 사실은 16세기에 이르러 도덕적 주체가 선택할 수 있는 기준 또는 이성적으로 사고할 수 있는 주요 전제가 더 이상 될 수 없다." 그래서 인간은 수많은 도덕적 사회적 정책들 가운데서 혼자 고독하게 선택하지 않을 수 없게 되었다.[14] 종교개혁은 신과 세속적 사회 질서 앞에서 어떠한 사회적 정체성도 없이 서있는 "개인"을 출현시킨 동인이 된 것이다.

매킨타이어는 아리스토텔레스 윤리적 기획을 세 가지 체계로 정리한다. "우연히 현실적으로 존재하는 것으로서의 인간 본성 개념(우연성으로서의 인간), 그들의 본성을 달성하면 그렇게 될 수 있는 것으로서의 인간 본성의 개념(가능성으로서의 인간), 그리고 인간행위를 지배하는 윤리적 규칙"[15]이 그것이다. 인간본성에 적합한 규범적 개념에 주어진 실행 가능

12 *Ibid*., 123-124.

13 *Ibid*., 124.

14 *Ibid*., 126.

15 A. MacIntyre, *After Virtue*, 52.

한 기획인 아리스토텔레스 윤리학은 우연히 현실적으로 존재하는 것으로서의 인간본성(현실적 인간본성)에서 그들의 본성을 달성하면 그렇게 될 수 있는 것으로서의 인간본성(가능적 인간본성)의 단계로 고양되는 데 필요한 수단으로서 인간행위를 지배하는 윤리적 규칙을 도출하는 것이었다. 이 합리적인 윤리적 규칙은 그것이 중세의 토미즘적 관점에서는 신의 뜻에 자문을 구하고 자신의 본성을 합리적으로 성찰함으로써 발견될 수 있다고 여겨지던 것인데, 그것은 자신의 참된 본성 실현과 참된 목적 달성을 위한 안내와 가르침에 필수적인 것이었다.[16]

그러나 종교개혁사상은 이러한 중세적 합의를 수용하지 않았다는 점이다. 인간은 타락으로 인해 오히려 목적에 대한 분별력을 상실했기에 이성적 윤리의 교훈에 접근할 능력을 상실하고 말았다. 그렇기에 윤리적 교훈들은 오직 신적 계명에 의해 우리에게 소통될 때 비로소 그것이 인식될 수 있게 된 것이다.[17]

여기서 중요한 변화는 프로테스탄트가 도덕적 교훈에 대한 이성적 접근을 용인하지 않았다는 것이며, 이러한 신학은 이성으로써는 본질이나 행위적 가능성을 인식할 수 없다고 본다는 데 있다.[18] 이성은 도덕적 삶에서 우리가 추구하는 목적에 대한 수단을 추정하는 정도에서만 봉사할 수 있지만, 우리가 목적을 선택하는 데서는 도움을 줄 수 없다. 종교개혁 사상가들은 도덕적 텔로스에 대한 선택의 지침을 신적 계명에서 찾았던 것이다.

그러나 일단 신의 의지가 도덕적 삶과 무관한 것으로 세속적 사상가들에 의해 판단되는 순간, 이제부터 이성은 인간이 자의적으로 선택한 목적에만 충실할 수 있게 된다. 계몽주의와 계몽주의 이후 도덕사상

16 *Ibid.*, 52-53.

17 *Ibid.*, 53.

18 *Ibid.*, 54.

에 관한 매킨타이어의 이해는 도덕적 전략의 선택을 목적에 대한 이성적 파악에 정초시키려는 모든 시도는 — 그것이 관습의 이름으로든, 순수이성이든 아니면 교육받지 않은 인간 욕망이든 — 결국 실패로 끝날 수밖에 없다는 사실을 보여주는 데 모아진다.[19]

그리하여 오늘날 도덕 언어가 처한 현재 상황은 도덕 언어가 이해될 수 있는 콘텍스트에서 추상화된 단편들만 보유하고 있을 뿐이다. 이것은 오늘날의 도덕이 심각한 무질서 상태, 아마도 맥락을 잃어버린 카오스 상태에 있다는 것을 말한다. 오늘날 수많은 도덕적 쟁점에 대해서 대립 · 상충 · 갈등하는 도덕적 입장들을 견지하는 사람들 사이에서 벌어지는 논쟁들로 포위되어 있으나, 진행되고 있는 그 쟁점들에 대해서는 합의에 이를 수 있는 어떠한 합리적 방법도 없다는 것이다.[20] 각각의 전제가 다른 전제들과 전혀 다른 규범적 혹은 가치 평가적 개념을 사용하는 이런 상황을 그는 '개념적 통약불가능성'(conceptual incommensurability)으로 명명한다.[21]

그런데도 불구하고 서로는 자기의 주장을 어떤 비인격적 합리성을 가진 논증으로서 제시한다. 즉 서로의 관계나 구체적인 상황 속에서 자기가 주장하는 도덕적 입장을 상대방이 따르기를 요구하는 방식이 아니라 그런 것과는 독립적인, 가령 의무라든가 선한 결과와 같은 어떤 객관적 근거가 자기의 주장 속에 있다고 우긴다는 것이다. 그런데 각자의 도

19 매킨타이어에 따르면, 계몽주의 기획은 윤리적으로 실패할 수밖에 없다. 계몽주의는 중세의 신학을 세속적으로 거부하고 아리스토텔레스주의를 과학적으로 철학적으로 거부함에 따라 바로 '목적을 실현하면 가능한 인간'의 관념을 제거해버리고 말았기 때문이다. 참된 윤리학이 갖추어야 할 세 가지 요소 중 하나인 이 관념을 제거하면 목적론적 맥락이 박탈된 일련의 명령과 교육되지 않는 현재의 인간본성에 대한 견해만 남게 된다. 계몽주의는 도덕의 계율을 인간본성에 대한 진술로부터 연역하거나 인간본성의 특징적 성격에 호소함으로써 정당화하려는 시도인데, 이런 계율은 인간본성에 결코 복종하지 않는 계율이기에 계몽주의는 실패할 수밖에 없다는 것이다.

20 *Ibid.*, 6.

21 *Ibid.*, 8.

덕적 주장에서 사용되는 개념들은 서로 다른 전통으로부터 비롯된 것이어서 실제로 각자는 대립적인 신념이나 소망을 단순히 주장하고 있을 뿐 결국 도덕적 가치에 관해 화해할 수 없는 상태에 이르게 된다. 이런 화해할 수 없는 대립은 현대의 도덕문화가 전통으로부터 단절되었기 때문이고, 대신 그 자리에 개인적인 선호와 감정들이 대체되면서 도덕적 가치들이 다원화되었으며 나아가 이것들은 서로 모순을 일으키게 된다는 것이다. 매킨타이어는 이런 도덕적 현실을 이모티비즘(emotivism)으로 규정한다.[22] 그리고 이러한 이모티비즘으로부터 비롯되는 자아를 매킨타이어는 "이모티비즘적 자아"(emotivist self)[23]라고 부른다. 그런데 이모티비즘적 자아는 다음과 같은 두 가지 특징을 갖는다. 그것은 한편으로는 사회적 구현과 전적으로 분리되고 다른 한편으로는 그것 자신의 어떠한 합리적 역사도 결핍되어 있다는 것이다. 왜냐하면 그것은 무엇보다 판단에 있어서 어떠한 궁극적 표준도 없기 때문에 그러하다.[24]

이모티비즘적 자아가 사회적 구현과 분리되어 있다고 하는 의미는 다음과 같이 설명된다. 이모티비즘적 자아는 도덕적 동인을 한 사람 개인의 느낌과 태도의 표현에서 찾는 자아를 의미한다고 할 때, 이것은 개

---

22 *Ibid.*, 19-20. 매킨타이어는 근대 문화 내에서 도덕적 무질서 내지 불일치를 가져온 주요 요인들 중 하나로 지목하는 것이 이모티비즘이며, 『덕의 이후』에서 다루고 있는 주요 주제 중의 하나다. 그러나 매킨타이어의 '이모티비즘'은 통상적으로 우리가 사용하는 개념과는 다르다. 통상 이모티비즘은 에이어나 스티븐슨과 같은 20세기 초의 논리실증주의적 이론을 지칭하는 것이나, 매킨타이어는 18세기 흄의 도덕이론으로부터 무어(G. E. Moore)의 직관주의, 현대의 이모티비즘 이론에 해당하는 램지(F. P. Ramsey), 던캔-존스(Austin Duncan-Jones) 그리고 스티븐슨(C. L. Stevenson)을 포괄적으로 다루고 있다. 즉 도덕에 있어서 정서의 중요성을 인정한 경우까지도 이모티비즘에 포함시켰다 볼 수 있다. 특히 근대 초 이후로 도덕적 합리적 정당화에 실패한 경우는 모두 이모티비즘적 도덕문화의 범주로 다루고 있다(*Ibid.*, 36-38).

23 'emotivism', 'emotivist self'를 우리말로 번역하는 데 어려움이 있다. '정의주의', '정서주의', '감정주의' 등으로 번역 되고 있으나 도저히 그 의미를 살리기 어렵기에, 필자는 김태길 교수처럼 발음에 따라 '이모티비즘', '이모티비즘적 자아'라고 번역한다. 김태길, 『倫理學』(서울: 박영사, 1987), 219.

24 *Ibid.*, 30-31.

인주의적 자유에 기초하고 있는 자아로 이해될 수 있다.[25] 그리고 이러한 자아의 사회적 구현은 이모티비즘의 사회적 내용 및 사회적 맥락을 통해 설명될 수 있다. 여기서 이모티비즘의 사회적 내용은 이모티비즘이 조작적인(manipulative) 사회적 관계들과 비조작적인(non-manipulative) 사회적 관계들 사이의 어떤 순전한 구별의 제거를 수반하는 것이다.[26] 비조작적 사회관계의 특징은 다음과 같이 파악된다. 하나는 사회적 행위가 합리적 행위자에 의해 이루어지는 경우이고, 다른 하나는 상대방에게 의견은 제시하지만 강요적인 영향력을 행사하지 않는 경우이다. 그렇다면 조작적 사회관계의 특징은 행위자의 비합리적인 행위와 상대방에 대한 강요적인 영향이라 할 수 있다. 그런데 이러한 조작적 사회관계와 비조작적 사회관계의 엄연한 구별을 폐기해버리는 것이 이모티비즘의 사회적 내용이라는 것이다.

이모티비즘적 자아는 자신이 수용하는 어떤 도덕관과도 무조건적으로 동일시될 수 없다. 그런 관점을 평가할 합리적 기준이 없으므로, 평가될 수 있는 평가대상에 대한 어떤 한계 개념도 결여하고 있다. 이때 모든 것은 관점 자체를 포함해서 오로지 자아가 채택한 관점으로부터만 비판될 수 있을 것이다. 그래서 도덕 주체가 되기 위해서는, 관련된 모든 상황, 즉 공동체로부터 그리고 그가 소유하고 있는 모든 특징으로부터 거리를 두어야 하며, 그것 모두를 오로지 보편적이고 추상적인 관점, 곧 어떤 사회적 특수성으로부터 분리된 관점에서 판단될 수 있는 것으로 간주해야 한다. 따라서 실제로 도덕 행위자가 될 수 있는 능력은 자아가 구체적 현실에서 채택하는 어떤 사회적 역할이나 관행보다는 자아 그 자체에 있다. 도덕적 판단을 소유하고 행사하는 원천은 오로지 추상

---

25 *Ibid.*, 32-33.

26 *Ibid.*, 22.

적이고 "유령적 자아"(ghostly I) 속에서만 발견될 수 있다.[27]

결국 매킨타이어에 의하면, 근대적 도덕성은 토대를 결여하고 있을 뿐 아니라 근대의 도덕 언어는 단지 "자의적 의지와 욕망의 선호"일 뿐이다.[28] 계몽의 기획은 도덕성에 대한 확고한 토대를 제공하지 못할 뿐 아니라 또한 도구적 이성을 통하여 도덕성으로 대체하고자 하는 개인의 욕망을 충족시키려는 그의 약속조차도 이행할 수 없다는 점에서, 단지 "니체냐 아리스토텔레스냐"라는 양자택일적 윤리적 선택지만을 우리에게 남겨놓는다는 것이다.[29] 계몽주의의 자율적 도덕주체는 우리가 선택한 것을 초월하여서는 어떠한 삶의 의미도 없다고 간주하는 니체냐 아니면 도덕적 의미는 인간본성의 규범적 개념에 의해 제공된다는 아리스토텔레스로의 회귀냐를 선택해야 하는데, 인간본성을 거부하면서 전통적 도덕성을 유지하려는 계몽주의 기획은 실패했기에, 니체를 포기하고 아리스토텔레스를 수용할 것을 권고한다. 왜냐하면 진리의지를 권력의지로 대체하는 니체의 윤리하은 결국 도덕적 가치평가가 주관적 의지에 따른 해석에 불과하다는 극단적 관점주의와, 이러한 도덕 관점들은 서로 통약불가능하기 때문에 공통적 이성을 부정하는 비합리주의로 귀결될 것이기 때문이다.

27 *Ibid.*, 33.

28 *Ibid.*, 71.

29 *Ibid.*, 109ff.

3. 이모티비즘적 자아와 칼뱅 윤리

근대적 자아의 개념의 형성과 그것의 형성에 미친 프로테스탄트의 영향에 대한 매킨타이어의 주장을 살펴보면 역사적인 단계를 설정하고 있음을 알 수 있다. 중세적 자아이해, 종교개혁적 자아이해, 그리고 근대적 자아이해가 그것이다. 인간의 정체성에 대한 이해는 인간의 사회적 역할과 밀접한 관련이 있다. 매킨타이어의 말대로 "인간은 자신을 타인들과의 관계 속에 위치시키고 동일시함으로써 기존의 일정한 서술방식으로 자신을 정의한다."[30] 중세의 자아는 자신의 가족, 집안, 가문, 종족, 도시, 민족, 왕국의 일원으로서 세계와 마주하는 자아이기에 이러한 것들과 떨어져 존재한다는 것은 생각할 수 없다.[31] 자신이 맡은 역할에서 소외감이나 갈등 같은 경험은 발생하지 않았고 자아와 역할 사이의 괴리감도 존재하지 않았다. 부화뇌동하는 당위들도 없었으며, 의무는 사회적 역할과 연관된 기대행위와 일치되었다. 역할이 없는 의무는 없었으며, 어떠한 의무와 무관한 역할도 없었다.

그러나 앞에서 살펴본 바와 같이 근대적 자아가 이모티비즘적 자아라는 판단은 도덕의 정당화를 목표로 했던 근대적 계몽의 기획이 실패했다는 확신을 근간으로 이루어진 것이며, 이런 자아는 또한 '니체적인 자아'이기도 하다. 오늘날 우리는 고프만, 헤어 그리고 사르트르의 도덕

30 A. MacIntyre, *A Short History of Ethics,* 124.

31 A. MacIntyre, *After Virtue,* 172.

이론에서도 '니체적 자아'를 만날 수 있는데, 이를 통해 명시적이고 섬세한 방식으로 우리 자신의 궁극적인 선택에 아무런 기준이 없는 것처럼 여겨지게 하고 그리고 우리 자신의 힘으로 도덕규칙의 새로운 선의 목록을 직접 만들 것을 조장한다.[32]

그런데 바로 여기서 매킨타이어의 이모티비즘적 자아와 종교개혁 사상과의 관련성 주장에 대해 해명되어야 할 바가 있다. 매킨타이어에 의하면 종교개혁에서부터 도덕적 의미를 지닌 세 가지 중요한 개념이 부상한다. 즉 "첫째 그 요구에 있어서는 무조건적이면서도, 합리적으로는 전혀 정당화할 수 없는 '도덕규칙'이라는 개념, 둘째 선택에 있어서의 주권자로서 '도덕적 주체'라는 개념, 그리고 끝으로 그 나름의 규범을 가지고 있으며, 그에 대해서 나름대로 정당화가 가능한 '세속적 권력의 영역'이라는 개념"[33]이 그것이다. 도덕 규칙의 무조건성과 그것에 대한 합리적 정당화의 포기는 신의 계명은 전적으로 신의 자의에 달린 문제라는 종교개혁가들의 주장에 반영되어 나타난다. 도덕 주체의 근대적 권력 개념은 신 앞에서의 어떤 역할도 없이 적나라하게 드러나 있는 종교개혁적인 자아관에 상응한다. 그리고 세속 영역의 자율성은 정치 · 경제적 질서를 교회의 통제에서 벗어나게 하려던 종교개혁가들의 세속화 노력과 상응을 이루고 있다.

그러나 매킨타이어의 종교개혁 사상에 대한 주장이 종교개혁 사상에 대한 바른 이해에 기초하고 있는지 의문이 든다. 먼저 과연 종교개혁자들이 신의 계명을 신의 자의적인 것으로 그리고 합리적 정당화가 필요 없는 것으로 인식했는가를 검토할 필요가 있다. 이러한 주장은 적어도 칼뱅의 경우에는 부합되기 어려운 측면이 있다. 칼뱅의 『기독교강요』 십계명에 관한 주석은 신의 명령에 대한 매킨타이어의 논조에 부합

---

32 *Ibid.*, 113-114.

33 A. MacIntyre, *A Short History of Ethics,* 126-127.

되지 않는다. 칼뱅은 "각각의 계명에서 우리는 그것이 관심하는 바를 면밀히 검토하지 않으면 안 된다. 그리고 난후 율법수여자가 거기서 스스로 즐거워하거나 그렇지 않은 것으로 입증하고 있는 바를 찾을 때까지 그것의 목적을 열심히 찾아내지 않으면 안 된다."[34] 고 말하며, 나아가 우리는 신의 율법을 마치 그것이 단지 무미건조하고 보잘 것 없는 최소한의 기본적인 것들로 이루어져 있는 것으로 다루어서는 안 되며, 율법이 모든 사랑과 경건의 의무를 나타내는 방식을 이해하려고 노력해야 한다고 주장한다.[35]

둘째, 신의 계명에 합리적 정당화가 내재하는 지에 대한 칼뱅의 견해와 신은 그가 명령한 것에 대해 합리적 정당성을 가지고 있는지에 대해서도 검토해야 한다. 신의 계명이 신의 관점으로부터 자의적인 것이라는 점에서 신은 자신의 명령에 대한 근거를 갖고 있다고 말할 수 있을 것이다. 인간은 신의 근거를 완벽하게는 아니지만 이해할 수 있다. 칼뱅의 신앙에 따르면, 신은 성서에 나타난 명시적 계명과 별도로 자신의 도덕적 의지를 나타낸다. "신은 자연법에서는 너무 모호했던 것에 대해 보다 확실한 증거를 주기 위해, 우리의 무기력을 떨쳐내고 우리의 마음과 기억을 더욱 강력하게 일깨우기 위해 우리에게 기록된 법을 제정해 주었다."[36] 이 말을 칼뱅은 인간은 우주적 독재자의 자의적인 절대명령에 이성을 배제한 채 무조건적이고 맹목적으로 따를 것을 요구한다고 간주하는 것으로 해석하는 것은 다분히 억지적이라 여겨진다. 일반계시에서 드러나는 신의 의지를 파악하기 위해서 요청되는 것은 결국 이성일 수 밖에 없다. 물론 신의 계명은 그리스도인의 삶에서 독단적인 것으로 도전해 올 수도 있다. 하지만 은혜 가운데서 자라나는 과정, 즉 성화되어가

34 John Calvin, *Institutes of the Christian Religion* II, tran. by Ford Lewis Battles (Philadelphia: The Westminster Press, 1960), 8. 8.

35 *Institutes* II, 11. 51.

36 *Institutes* II, 8. 1.

는 과정을 통해 신자들은 신이 우리를 향한 목적과 통전성을 점차적으로 이해하게 된다.

그리고 매킨타이어는 신 앞에서 어떤 역할도 배제된 자아는 종교개혁자들의 탓이 크다고 했는데, 중세의 수도원의 영성가들이 신 앞에서 역할이 박탈된 자아가 아니라고 주장할 만한 근거가 없다. 물론 매킨타이어는 중세 그리스도인은 천상의 공동체의 표상인 지상 교회에서 각자의 역할을 맡고 있다고 여길 수 있고, 공동체적 의미에서 고독한 은둔자는 지상 나라의 거주자일 뿐 아니라 공동체의 일원이라 여긴다.[37] 하지만 이러한 분석이 왜 종교개혁자들에게는 적용되지 않는 것인지에 대해서는 별다른 해명이 없다. 갑작스럽게 종교개혁에 이르러 일체 신 앞에만 단독으로 선 '무연고적 자아'(unencumbered self)가 등장하게 되었다는 것이다. 그러나 정의로운 공동체의 보전이 칼뱅의 궁극적인 목적이었다고 해석하는 비엘러(Andre Bieler)는 그리스도인의 삶은 상호현상이며, 개인적인 삶 같은 것이 존재한다고 믿는 것 자체가 속임수이며 사기적인 종교의 망상이라고까지 주장한다.[38] 그리고 종교개혁과 근대성의 인식에 있어서도 트뢸치(Ernst Tröltsch)는 매킨타이어와 관점이 다르다. 근대의 경제적 상황의 기초를 받아들인 그리스도교 사회적 교리가 칼뱅주의 윤리라는 것이다.[39] 그리고 중요한 것은 그는 종교개혁 사상, 심지어 칼뱅주의까지도 중세와의 연속선상에서 파악하고 있다. 그는 중세의 가톨릭 문화의 특징을 권위주의와 금욕주의로 들었다. 즉, 교회를 통해 신의 권위가 시행되고, 모든 덕은 신과 연결되었으며, 금욕주의는 신 안에서 모

37 A. MacIntyre, *After Virtue,* 173.

38 Andre Bieler, *The Social Humanism of Calvin*, tran. by Paul Fuhrmann (Richmond: John Knox Press, 1964), 19.

39 트뢸치의 주안점은 그리스도교의 발생, 성장, 변모 그리고 근대에 이르러 나타난 성장을 결정하는 사회적 조건을 규명하는 일이었다. Ernst Tröltsch, *The Social Teachings of the Christian Churches*, vol. II, trans. by Olive Wyon (Louisville: John Knox Press, 1992), 648-650.

든 삶의 활동이 집약된 것이라 할 수 있다는 것이다. 그러나 근대 문화는 중세기 문화와는 정반대로 권위주의를 개인주의로 대체하고, 금욕주의는 세속주의에 의하여 대체되고 말았기에, 근대적 삶에서는 원죄라는 개념, 초월자에 의한 구원이라는 개념은 문제되지 않으며, 인간의 삶은 그 자체의 목적을 갖게 되고, 삶의 이상은 오로지 현세적 삶을 지향하게 되는 것이다. 이러한 관점에서 심지어 "세계내적 금욕주의"(intramundane asceticism)를 강조하고 있는 칼뱅주의 역시 곧바로 근대가 아니라 중세와 차이를 갖기는 하지만 여전히 중세의 연장으로 파악해야 한다고 보는 것이다.[40] 해석하는 관점에 따라 종교개혁은 근대성과의 불연속, 중세와의 연속성의 맥락에서도 이해될 수 있는 것이다.

셋째, 앞에서 매킨타이어가 종교개혁의 탓으로 돌렸던 세 번째 개념에 대해 살펴보자. 종교개혁이 과연 세속 영역이 자율화되어가는 과정을 조장했는지의 여부이다. 이에 대한 답은 프로테스탄트가 과연 정치적 질서를 무엇으로부터 그리고 무엇을 위해서 해방시키고자 했는가의 물음이 선행되지 않으면 안 된다. 종교개혁자들은 세속을 세속의 방식에게 맡기기를 원했기에 결과적으로 세속 권력은 어떠한 제재도 받지 않고 효율적으로 자신의 일을 수행할 수 있게 되었다는 것이다. 매킨타이어의 논지는 칼뱅에게 기계적으로 적용되고 있다.

> 칼뱅의 경우, 칼뱅 자신이 주장한 신정정치론(theocracy)에 의해 성직자가 위정자보다 우월한 지위를 가지기는 하지만, 도덕이나 종교적 관습과 직접적으로 충돌하지만 않는다면 모든 단계에 있어서 세속적 행위의 자율성이 인정된다. 성관계가 결혼이라는 범위 내로 제한되고 주일 성수가 강제적으로 시행되기만 한다면, 정치적이고 경제적인 활동은 전혀 제한 없이 효율적으로 진행될 수 있는 것이다. 말

---

40 *Ibid.*, 607.

할 수 없을 정도로 드러나게 부도덕한 행위만이 비난을 받는 것이다.[41]

그러나 매킨타이어의 칼뱅의 신정정치에 대한 편협한 이해에 동의하기 힘들다. 신정적 규범은 실제로 사회적 삶에 훨씬 광범위하게 적용되었기 때문이다. 칼뱅은 교회 권력과 세속 권력의 분리를 원했지만, 세속 권력을 신의 주권 밖에 설정하지 않았다. 중세의 사회-정치신학은 교권 우월론을 통해 신정주의적 일원론이 견지되었으며, 루터에게서는 극단적 이원론, 즉 세속 현실사회와 영적 왕국을 구분하는 경향성이 농후했다. 그러나 칼뱅은 오히려 이 양 입장을 비판적으로 극복하려 했다. 두 세계, 즉 현실사회와 이상사회인 신국은 구별은 되지만 분리되지 않는 불가분의 관계를 지니고 있었다고 보았기에, 칼뱅은 매우 적극적으로 현실사회를 보았고, 이를 신국의 정신으로 변혁시키려고 했던 것이다. 칼뱅에게서 교회, 현실적인 국가사회(시민정부), 이상적인 신국사회(영적정부)는 서로 밀접한 연계성을 지닌다. 곧 교회와 국가사회는 현실사회를 신국 사회로 만들기 위한 매개적 도구가 되는 것이다. 칼뱅은 교회와 국가사회의 관계를 영혼과 몸의 관계로 비유적으로 설명하는 바, 교회나 국가 사회는 서로 구별되지만 분리되는 것이 아니라 마치 교회가 사회에 둘러싸인 동심원 구조를 이루는 것으로 파악한다. 양자는 서로 조화를 이루며 협력하는 관계로, 양자 모두 신의 기관인 것이다. 양자는 모두 죄의 저지를 위해 노력해야 하는 제도이며, 전자가 특별 은총에 속하는 영역이라면 후자는 일반 은총의 영역에 속한다 하겠다. 양자 모두 적극적으로 도덕적 이상을 추구해 사회를 신국으로 변혁시키려 하는데, 교회가 직접적으로 행동한다면 국가는 간접적으로 행동한다. 즉, 교회가 직접적으로 신국을 건설할 의무가 있으며, 국가의 역할은 교회의 신

41 A. MacIntyre, *A Short History of Ethics,* 119-120.

국 건설을 위해 장애 요소를 제거해야 할 의무가 주어진 것이다.[42] 칼뱅은 세속의 시민정부 통치를 긍정하여 교회 공동체와 함께 이 두 기관이 사회를 성화하고 신국으로 변혁시키는 임무를 지니고 있다는 급진적인 사회사상을 피력했기에, 리츨(Albrecht Ritschl)도 칼뱅에게 있어서 신국을 대변하는 은총의 기관인 불가시적 교회와 권징에 의해 질서가 유지되는 시민정부 사이의 구별이 루터만큼 뚜렷하게 보이지 않는다고 주장했던 것이다.[43]

세속적인 정부에 속하는 정치적인 일이 교회에 위임된 복음적 사명은 아니지만, 군주나 권력자는 언제나 신에게 자문을 구해야 하며 신의 말씀에 자신을 일치시켜야 한다는 것이 칼뱅의 생각이었다.[44] 칼뱅에게서는 교회 권력이든 세속 권력이든 자신의 방식에 독자적으로 맡겨진 것은 없다. 군주나 설교자는 언제나 직접적인 책무를 느끼며 신 앞에 서 있어야 하는 것이다. 결국 칼뱅에게서 세속 권력이 교회의 영향으로부터 벗어난 목적은 독자적 권력 행사에 있는 것이 아니라 교회의 중재적 도움 없이도 신의 뜻을 실천하는 데 있었다 하겠다.

매킨타이어는 프로테스탄트적 자아 문제에 대해 깊은 논의를 전개하지는 않았다. 그럼에도 불구하고 여전히 답해야 할 물음은 남는다. 매

---

42 이 구조를 그림으로 표현해보면, 맨 안쪽의 원에는 교회를, 두 번째 원에는 국가사회를, 맨 바깥쪽 원은 신국사회를 그려볼 수 있다. 따라서 이 세 주체는 중심이 하나이듯 신의 통치를 받으며, 바로 이런 점에서 루터의 두왕국론과는 거리가 있는 것이다. 교회, 즉 내적인 원의 삶의 양식이 점차 외적인 원으로 확대되는 것이 칼뱅이 제시한 기독교 사회의 목표라 할 수 있다. 필립 홀트롭은 이런 점에서 칼뱅을 민주주의자로 보거나 신정적 독재자의 전형으로 보거나 또는 자본주의의 창시자로 보거나 기독교사회주의자의 주창자로 이해하는 것은 칼뱅 정치사상의 동심원적 구조의 몰이해에서 비롯된 것이라 주장한다. Philip Holtrop, *Theologia pietatis: Notes on selected passages in Calvin's Institutes*, 박희석/이길상 역, 『기독교강요연구핸드북』 (서울: 크리스챤다이제스트, 1997), 381-382.

43 Albrecht Ritschl, "Luthertum und Calvinismus," *Geschichte des Pietismus*, vol. 1 (Bonn: Nabu, 2012), 61-80.

44 W. Fred Graham, *The Constructive Revolutionary: John Calvin and his Socio-Economic Impact* (Richmond: John Knox Press, 1971), 158-159.

킨타이어의 주장처럼 종교개혁자들이 세속권력에게 자신의 독자적 방식을 추구하도록 방기하지는 않았다 하더라도 전통과 역사성 그리고 공동체성을 경시하는 개인주의적인 프로테스탄트적 자아는 도덕적 주체의 타자에 대한 책임의식을 약화시켰다고 여길 여지를 남겨둔 것에 대해서는 해명될 필요가 있다.

4. 칼뱅의 도덕적 자아

이모티비즘적 사회의 특징을 매킨타이어는 '이모티비즘적 도덕문화'(emotivistic moral culture)로 상정하고 있다.[45] 이는 도덕이 과학이나 미학으로부터 분리되고 독립되면서 도덕문화가 형성되었다는 것을 말한다. 물론 이러한 도덕의 분리와 독립이 본격적인 문화적 재앙의 시작이었음은 물론이다. 달리 말해 이는 도덕적 · 합리적 정당화에 대한 실패의 상황이 도래한 것을 의미한다. 이모티비즘적 도덕문화는 도덕판단이 개인의 자의적 선호 및 태도에 기초하는 것으로 여기기 때문에 결국 어떠한 도덕적 일치도 이룰 수 없게 된 문화가 되는 셈이다. 그런데 이모티비즘적 문화를 배태하는 데 주요한 역할을 한 것이 바로 개인(individual)의 고안이었다는 것이다. 위계와 목적론에서 해방된 개별적인 도덕적 주체는 스스로를 그의 도덕적 권위에 있어서 주관자로 받아들였고 또한 도덕철학자들에 의해서도 당연시되었다는 것이다.[46] 이것이 바로 철학사의 사건들이 있었던 당시의 도덕문화가 개인주의적 성향을 강력하게 소지하였으며 이로부터 이모티비즘적 도덕문화가 형성되었다고 보는 것이다. 이어서 매킨타이어는 다른 한편 부분적으로 변형 · 계승된 도덕성의 규칙들이 그것들의 오래된 목적론적 성격과 하나의 궁극적으로 신성한 법의 표현으로서의 훨씬 더 오래된 범주적 성격이 박탈된 채 어떤 새로운

---

45 A. MacIntyre, *After Virtue*, 37-38.

46 *Ibid*., 59-60.

지위를 발견해야 할 상황이 도래했다고 말한다. 여기서 이에 대한 대안으로 등장한 첫 번째 기획이 공리주의고 두 번째가 칸트를 추종하려는 시도들이었다. 그러나 불행히도 이들 모두는 실패하고 말았다는 것이 매킨타이어의 주장이다.[47]

이렇게 볼 때 '이모티비즘적 자아'라는 것은 그가 비판하는 대상 및 관점을 통해 볼 때 근대이래로 지속되어온 개인주의의 전반적인 조류를 지시하고 있는 것으로 이해할 수 있다. 결국 그의 근대성 비판은 개인주의 비판과 맞물려 있다는 것을 알 수 있다. 그래서 매킨타이어는 궁극적으로 조작적-비조작적 사회관계의 분리를 폐기하려는 이모티비즘을 극복하기 위해서는 도덕적 합리성이 전통과 결부되어야 하며, 공동체적 자아에 중심을 두는 공동체주의 도덕을 주장하게 되는 것이다. 인간의 자아 확립의 가능성은 인간이 공동체의 삶 속에서 목적성을 갖고 선을 추구하며, 또 특정한 사회와 동일성을 지닌 사람으로서 이해될 때 이루어진다는 것이다. 이것이 도덕의 출발점이 된다. 인간의 자아는 공동체 안에서 공동체를 통하여 확립될 수 있고 도덕적 삶을 실현할 수 있다. 그래서 인간의 삶은 공동체의 삶 속에서 이해될 수 있으며, 또 발전되어야 한다는 것이다. 따라서 그는 아리스토텔레스와 아우구스티누스, 그리고 그들을 결합시킨 토마스 아퀴나스의 전통에 터하여 인간의 도덕적 정체성을 논구했던 것이다.[48]

그러나 토미즘은 공동체주의이고 프로테스탄트는 개인주의라는

---

47 매킨타이어에 의하면, 근대적 개인은 자신의 이기주의적 욕망과 합리적 능력을 지닌 합리적 이기주의자이다. 그런데 이들의 욕망에의 호소는 결국 도덕적 허구에 기초해 있기 때문에 실패로 끝난다는 것이다. 말하자면, 공리주의는 "유용성"의 허구에 기초해 개인들의 행복의 극대화하기 위해 고안된 관료조직을 특권화하고, 칸트주의는 "권리"라는 허구에 기초해 원자론적 개인을 우선적으로 취급하게 된다. 그리고 양자의 대립과 논쟁은 통약불가능한 논증의 짝을 이루기 때문에 대립할 수밖에 없는 것이다. *After Virtue*, 62-72.

48 A. MacIntyre, *Three Rival Versions of Moral Enquiry* (Notre Dame: University of Notre Dame Press, 1990), 196.

매킨타이어의 주장은 과장된 측면이 크다. 이에 대한 해명을 위해 토미즘의 인간이해와 칼뱅의 인간이해를 검토하는 것은 유의미하다. 주지하는 바와 같이 토미즘 신학에서는 신의 계시와 자연이성, 그리고 명문화된 신의 법과 자연법 간의 밀접한 관계를 상정한다. 그래서 명료하게 사유하고 이성을 따르는 사람에게는 성서의 계시에 의존함으로써 신자들이 얻을 수 있는 것과 유사한 것들을 인식할 가능성이 상당히 열려있다. 자연적인 이성은 의심의 대상이 아니라 신뢰의 대상이다. 그런데 이에 반해 종교개혁가들은 타락한 이성에 대한 근거 없는 낙관은 위험하다는 생각을 근본적으로 견지한다. 그들은 자연 이성에 완전한 자율을 부여하는 것은 계시의 의미를 약화시키는 것이라 여겼으며,[49] 중세교회야말로 신의 계시와는 독립적으로 기능하는 자연이성에 합법성을 부여함으로서 문화적으로 세속주의에 항복하는 길을 열어놓았다고 보았다. 그래서 그들은 계시된 진리와 상관없이 작동하는 이성과 신의 은총에 의해 붙잡혀 거듭난 이성 사이에서 선택의 기로에 놓였던 것이고 결국 이 넘기 어려운 간극으로 인해 중세는 해체의 길로 들어서게 된 것이자, 근대란 사실상 중세의 아슬아슬하게 봉합되었던 화해가 사실상 와해된 사태를 말한다. 그런데 종교개혁가들의 우려대로, 초월적인 도움을 받지 않은 이성의 능력에 대해 낙관적인 생각을 갖고 있던 세속 사상가들은 현실적으로 더 이상 실효성과 영향력을 발휘하지 못하는 토미즘의 계시적 보충을 불필요하게 여긴 것이다. 중세는 이성에 계시를 보충한 반면, 세속적 근대 사상가들은 이성에 다양한 실체론적인 가설들을 보충함으로써 계시와 무관하게 기능하는 자연이성의 능력에 대한 신뢰를 부각시켰다.

중요한 것은 매킨타이어가 파악한 것과는 달리, 종교개혁가들은 오히려 중세적 사유와 실천에서 모종의 위험스런 경향을 발견하고 이러한 위험성을 극복할 수 있는 방식으로 인간의 목적에 대한 이해, 이성의 역

---

49 J. Calvin, *Institutes.* I. 3. 2.

할, 신의 본성, 그리고 인간적 자아의 도덕적 입장 등을 해명하고자 한 것이라 할 수 있다. 칼뱅의 경우 이성이 인간의 목적을 그리스도교적으로 이해하는 데 있어서 중요한 역할을 할 수 있다는 생각에 결코 부정적이지만은 않았음에도 불구하고, 매킨타이어는 인간의 목적을 발견할 수 있는 이성의 능력에 대한 칼뱅의 견해를 소홀하게 취급하고 있다.

> 이성은 — 새로운 신학이 주장하는 바에 따르면 — 인간의 참된 목적에 대한 어떤 이해도 제공할 수 없다. 그런 이성의 능력은 아담의 타락과 함께 상실되었다. 칼뱅의 견해대로 '아담이 순수한 채로 남아 있었다면'(Si Adam integer stetisset) 이성은 아마 아리스토텔레스가 부여한 역할을 수행할 수 있었을 것이다. 그러나 지금 이성은 우리의 열정을 지도하기에는 너무 무능력하다(흄의 견해들이 칼뱅주의로 양육 받은 사람의 견해라는 사실이 중요하지 않은 것이 아니다).[50]

그러나 정작 칼뱅에서는 매킨타이어의 주장처럼 이성의 능력에 대한 불신이 그렇게 강하게 나타나지 않는다. 심지어 죄악에 빠진 이후에도 이성은 계속해서 역할을 하고 있다고 주장하기 때문이다. 실제로 칼뱅은 이런 저런 철학자들에게서 만날 수 있는 신에 대한 진술들은 그것이 비록 언제나 우리를 현혹시키는 모종의 상상을 야기 시키지만 탁월하고 적절한 진술을 읽어낼 수 있다는 것을 부인하지 않았다. 그들은 단지 신의 자비하심이 없이는 인간의 이해가 한없는 혼돈으로 충만해 있다는 것을 의식하지 못할 뿐이다.[51]

칼뱅에게는 타락한 인간 이성에 양면성이 존재한다는 것이다. 이성은 신과 합당한 관계를 유지할 때만, 즉 우리를 향한 신의 자비하심을 확

50 A. MacIntyre, *After Virtue,* 53-54.

51 J. Calvin, *Institutes.* II. 2. 18.

신하고 있을 때 효과적으로 기능할 수 있다. 올바른 인식은 신에 대한 믿음에서 비롯된다. 그러나 중요한 것은 신앙이 없는 자들조차 신의 임재로부터 자신을 완벽하게 분리시킬 수 없다는 것이다. 예컨대 철학자의 신 인식은 마치 칠흑 같은 밤에 번갯불이 번득이는 순간 시야가 확보되었다가 한 걸음 내딛기도 전에 다시 한 치도 앞을 볼 수 없는 여행자와 같은 것이다.[52] 그러니까 신앙이 없는 자들의 신과 선한 삶에 대한 인식은 불완전하더라도 이러한 번갯불에 의해 밝혀지는 것이다. 칼뱅은 이런 식으로 이성을 반대한 것이 아니라 오히려 이성에 역동성을 부여하였다. 칼뱅에서 중요한 것은 신앙과 이성의 대립이 아니라, 신앙적 이성이냐 비신앙적 이성이냐의 갈등이었던 셈이다.

그리고 칼뱅의 도덕적 자아에서 무엇보다 중요한 것은 신의 은혜로 그리스도 안에서 거듭난 그리스도인의 "자기 부정"의 삶의 양식이다.[53] 자기 부정의 삶을 사는 거듭난 그리스도인은 자기사랑에서 신과 이웃 사랑으로 전환된다. 말하자면 신의 화해와 그리스도의 구속으로 인해 타락한 인간성과 자연 질서 전체가 회복되었기에 온 인류를 포함하여 모든 인간들 사이에서 무차별한 '거룩한 교제'가 발생되는 것이다. 이점에서 신의 은혜로 회복된 인간의 새로운 본성은 개인주의적인 것이 아니라 철저하게 공동체적인 것임이 분명해진다.[54] 바로 여기서 이웃사랑인 '상호소통'(mutual communication)과 '상호의무'(reciprocal duty)가 요청되는 것이다. 이는 진정으로 신을 우러러 볼 때 가능해 지는 것으로서 모든 인간이 동일한 인간본성을 지니고 있다는 인식에 이르는 것이다.[55] 비록 타락했다고 하더라도 모든 인간에게 신의 형상이 잠재되어 있다는 것을

---

52 *Ibid.*.

53 J. Calvin, *Institutes,* III. 7.

54 Jane Douglass, "Calvin's Relation to Social and Economic Change", *Church and Society* 74 (1984), 127.

55 J. Calvin, *Institutes,* III. 7. 6.

인식한 그리스도인들은 상호소통의 대상에서 제외시킬 수 있는 이웃은 존재할 수 없는 것이다. 그래서 칼뱅은 다음과 같이 선포할 수 있었다: "우리는 사람들이 그들 자체로서 받아 마땅한 것을 보는 대신, 모든 사람들에게 있고, 우리가 마땅히 경의와 사랑을 드려야 하는 바 신의 형상을 주목해야 한다."[56] "사람이 신의 형상으로 창조되어 있는 까닭에서 우리의 동료에 대한 죄는 어느 것이나 신을 해치는 것으로 간주되는 행동으로 여겨야 한다."[57] 복음이 지니고 있는 이웃사랑의 계명은 바로 이러한 자연적인 인간관에 근거하고 있으며 칼뱅의 상호소통은 그러한 무차별한 박애로부터 출발하게 되는 것이다. 칼뱅은 서구인과 비서구인, 소위 문명인과 야만인조차도 갈라놓지 않았으며, 타자와의 상호소통에서 타자를 자기 자신처럼 사랑하는 신국적 이상사회를 지향하게 되었다.

> 우리에게 전혀 낯선 사람들일지라도 가난하고 멸시받는 자들, 스스로를 도울 능력이 전혀 없는 악자들, 그리고 자기들의 짐에 눌려 신음하는 자들에게서 우리는 거울로 보는 것처럼 우리 자신의 얼굴을 볼 수밖에 없게 되어 있다. 아프리카의 무어인이나 야만인을 다룸에 있어서도 그의 존재가 사람이라고 하는 바로 그 사실로 말미암아 그가 우리의 형제요, 우리의 이웃임을 볼 수 있는 거울을 그의 몸에 지니고 있다.[58]

칼뱅에게서 "자기 부정"은 단순한 자기포기가 아니라 자신을 신과 이웃을 위해 바치는 것을 의미하며 그것이 그리스도 안에서 거듭난 그리스도인의 본질이기에 개인주의나 이모티비즘적 자아와는 무관하며

---

56 *Ibid.*.

57 J. Calvin, *Sermons on 2 Samuel* (Edinburgh: The Banner of Truth Trust, 1998), 2:14-17.

58 J. Calvin, *Sermons on Galatians* (Edinburgh: The Banner of Truth Trust, 1997), 6:9-11.

진정한 공동체적 연대를 이룰 수 있는 도덕적 자아가 아닐 수 없다.

끝으로 매킨타이어가 세속적인 이모티비즘적 자아와 나란히 세워 놓았던 주장, 즉 신 앞에서 직접적으로 마주하고 있는 프로테스탄트의 비합리적인(전통과 유리된) 자아의 문제에 대해서도 해명할 필요가 있다. 근대성과 개인주의를 결부시키고 심지어는 자본주의의 정신과도 결부시키는 베버 테제[59]는 차치하고서라도, 종교개혁 정신을 소중하게 여기는 프로테스탄트는 개인과 신의 직접적인 관계를 매우 중요하게 여기는 것이 사실이다. 종교개혁가들의 견해와 아무런 기준도 없이 임의적인 선택을 가능케 하는 근대 이모티비즘적 자아의 벌거벗은 의지를 나란히 세워두는 방식이 전적으로 잘못된 이해라고만 단정할 수는 없다. 그러나 매킨타이어의 주장에는 고전적인 전통과 근대적 방식, 그리고 아리스토텔레스(토미즘)적 사유와 근대적 사유 사이에 너무 극단적 이분법이 작동된다. 이러한 흑백논리로 인해 프로테스탄트는 근대적 사유의 편으로 분류될 수밖에 없었던 것이다.

프로테스탄트는 오히려 고전적인 전통과 근대성이 공유하고 있는 주제에 대해 공히 비판적 입장을 취한다. 매킨타이어 식으로 고전적 전통과 근대적 사유만 대화가 요청되는 것이 아니라, 고전적 전통과 근대적 사유 그리고 프로테스탄트의 대화 역시 요청될 필요가 있다. 매킨타이어가 주장한 종교개혁 사상과 근대성의 유사성은 도덕적 자아를 실제적으로 검토할 때 드러나는 차이들을 고려해 볼 때 너무 피상적 수준에

59 베버는 자본주의 정신의 결정적인 요소가 칼뱅주의의 종교적 윤리의 부산물로서 나타난 것이라는 가설적 테제를 제시하였다. 베버에 따르면 칼뱅의 예정론은 어떤 사람은 신에 의해 선택되고 어떤 사람은 신에 의해 유기되는 것은 전적으로 신의 절대주권에 속한 문제이기에 인간의 힘으로는 어쩔 수 없는 사태이다. 따라서 불안한 인간은 자신이 선택되었는지의 여부에 관심하게 되고 선택의 징표를 찾게 된다는 것이다. 자신이 선택된 자임을 확신하기 위해 금욕적 노동에 충실하게 된다고 베버는 주장한다. 요컨대 칼뱅의 예정론과 직업윤리가 이 세상의 직업에서 금욕적인 인간형을 만들었고, 결국은 자본주의의 발달의 주요한 동인이 되었다는 것이다. Max Weber, *The Protestant ethic and the spirit of capitalism*, trans. by Talcott Parsons (New York: Routledge, 2001), 111-112.

머물고 있다.

매킨타이어의 주장과 달리 칼뱅은 근대 이모티비즘적 자아에 대한 선구적 비판자라 할 수 있다. 근대적 이모티비즘적 자아의 유령과도 같은 "자신만은 모든 심판에서 제외시키고 자신의 변덕을 법으로 간주하기를 바라는 전제적인 방식의 통치자가 되려는 자"를 칼뱅은 묘사하고 있다.[60] 이것이 구체적으로 교황을 겨냥하고 있는 것으로 해석할 수 있지만, 매킨타이어의 논지를 유사하게 적용시켜 본다면, 칼뱅은 이미 근대적 자아의 성격을 이해하고 비판했다는 증거로 제시하는 데 무리가 없을 것으로 본다. 칼뱅은 "자신에 대한 만족을 신뢰하라고 말하는 것은 선악을 아는 신과 같이 될 것이라던 뱀의 거짓말을 되풀이하는 짓이다."라고 말한다.[61] 신의 형상을 닮은 인간은 신과 같이 되려는 유혹을 받는다. 칼뱅은 어쩌면 신의 형상을 닮은 인간이 신과 같이 되려는 인간의 모습에서, 근대 이모티비즘적 자아, 즉 모든 평가적 판단 그리고 보다 특수하게 모든 도덕적 펀딘은 선호의 표현들 즉 태도와 느낌의 표현들 이외에 아무것도 아니라고 여기며 또한 모든 가치판단을 비합리적으로 주장하면서 윤리적 상대주의에 허덕이는 도덕적 자아를 신학적으로 이미 간파했는지도 모른다.

60 J. Calvin, *Institutes,* IV. 7. 21.

61 J. Calvin, *Institutes,* II. 2. 10.

5. 결론

중세에서 근대로 서구사회의 전환을 가져오는 데 가장 결정적인 역할을 한 것 중의 하나가 종교개혁의 역사적 사건이었다는 데에 이견이 있을 수 없다. 종교개혁 사조를 통하여 서구인들은 비인간적인 교회적 구속으로부터 벗어날 수 있는 계기가 마련되었으며 이는 철학과 정치사상에로 접목되고 종국에는 개인의 소중함에 입각한 윤리와 도덕이론의 정립에도 영향을 미치게 된 사실에 대해 부정하기 어렵다.

그러나 매킨타이어가 비판한 근대 이모티비즘적 자아와 종교개혁적 자아의 원초적 연관은 무리가 따르는 주장임을 알 수 있다. 종교개혁적 관점에서 보면 이모티비즘적 자아야 말로 중세와 완벽히 단절된 자아가 아니라 중세적인 자아의 변종이라 할 수 있다. 자아는 신이 자신과 교제하기 위해 창조한 자아이기에 자아는 신을 온전히 닮을 때 자신의 정체성을 인식할 수 있다. 그러나 이 자아는 신의 임재로부터 벗어나려고 노력한 결과, 어떤 경우에는 이런 저런 사회적 역할에 자신을 고착화시켜 버렸고(중세), 어떤 때는 과감하게 자신의 주어진 역할을 집어 던지기도 한 것이다(근대). 중세적인 주어진 역할에 매몰된 자아 이해와 고정된 역할을 거부하는 근대적 자아 이해 모두다 칼뱅의 비판 대상이며, 칼뱅은 양자와는 다른 길을 걸었다고 할 수 있다. 자아는 철저하게 신의 피조물이며, 계시된 규범의 관점에서 다른 모든 선택을 평가하고 상대화시킬 수 있는 신적 소명을 받은 주체적인 존재다. 동시에 이 자아는 신 앞에서만 서있는 고립된 자아가 아니라 철저하게 공동체적이며 이웃에 헌신하는 청지기로 살아야 하는 존재이다. 물론 칼뱅과 칼뱅주의만이 이러한 자아를 확립했다는 주장에 대해서는 또 다른 논쟁을 야기할 수 있을 것이다. 하지만 칼뱅을 포함한 종교개혁자들이 중세적 관점에 맞섰기에 근대로 분류되어야 하며, 오늘날 근대적 위기가 도래했으니 그 원인이 종교개혁에 있다는 논리는 종교개혁사상에 대한 오독이자 논리적 비약이 아닐 수 없다.

인간을 그리스도에게로 향하게 하는 대신 오히려 종교 그 자체를 목적으로 삼고 인간을 교회에 예속시키고 비인간화시켰던 중세 그리스도교로부터 인간의 본질을 회복시키고자 새로운 길을 열었던 프로테스탄트는 — 계몽의 기획이 지극히 의심되는 탈근대적 상황에서 — 자율성의 이름으로 타자에 대한 폭력적 동일시를 자행하는 근대적 자아가 인간의 참된 자아가 아니라 인간 본성의 거짓된 그림자라는 통찰을 요청한다. 따라서 매킨타이어가 보여준 열정 이상으로 도덕적 자아와 현대 도덕의 위기 극복을 위해 더욱 강화된 프로테스탄트 윤리적 성찰이 필요할 것이다.

끝으로 부연하고 싶은 것은 공동체주의에서 문제시하는 자유주의의 근대적 자아에 관한 논의가 갖는 유의미성 역시 숙고되어야 한다는 점이다. 필시 근대적 자아는 공동체주의가 자칫 빠지기 쉬운 집단주의에 대한 비판적 관점을 제공해준다는 것을 간과해서는 안 될 것이다. 개인의 자유와 안녕을 기준으로 사회 공동체 질서를 평가하고 비판하는 것은 대단히 중요한 일이다. 바로 여기서 강압적이고 폭력적인 국가에 저항할 수 있는 시민 불복종과 저항권의 근거가 마련되는 것이다. 오히려 자유주의자들이 공동체주의에 대해 갖는 의구심은 정통성 평가의 객관성과 독립성을 제시하지 못한다는 점에 있다. 공동체주의는 늘상 사회적 질서의 맥락에서 정치적 정통성의 규범을 구하지만, 기존의 사회구조와 권력 관계에 대한 무비판적인 승인으로 끝나는 경향이 농후하다 하겠다.

홉스, 몽테스키외, 로크, 볼테르, 루소, 칸트로 이어지는 근대 계몽 사상에서 문제 삼는 인간은 언제나 '개인적 인간'이고 '개인의 자유'다. 개인적 인간의 생명과 자유 그리고 존엄이 서구 근대사상의 요체라 할 수 있다. 결코 무시되어서는 안 되는 이 바탕에서만 국가든 교회든 공동체의 목적과 운영이 평가되어야 한다. 만일 이것이 무시된다면 그것이 아무리 허울 좋은 절대적 권위의 아우라를 끼고 있다 하더라도 반근대요, 반계몽이라 부를 수밖에 없는 것은 이미 서구의 역사가 이를 증명해 준다 하겠다. 공동체주의가 원리적으로는 개인적 주체성의 완성을 전제로 하고 있다 손치더라도 자칫 수직적이고 강제적인 통합의 틈새가 약간이라도 벌어진다면 자아의 희생, 수많은 개인들의 자유와 인권이 사정없이 파괴되는 일은 막을 길이 없었다는 것이 역사로부터 배운 교훈이다. 오늘날도 여전히 전체주의적인 맹목적 애국심이나 신앙심의 폐해를 열광주의적인 근본주의자들의 행태를 통해서 목도할 수 있다는 점에서도 우리는 공동체주의에 대한 자유주의의 비판 역시 경청할 필요가 있어 보인다.

참고문헌

김태길. 『倫理學』. 서울: 박영사, 1987.

Bieler, Andre. *The Social Humanism of Calvin*, tran. by Paul Fuhrmann. Richmond: John Knox Press, 1964.

Bouwsma, W. J.. *John Calvin: A Sixteenth Century Portrait.* New York: Oxford University Press, 1988.

Calvin, John. *Institutes of the Christian Religion* I/II/III/IV. Philadelphia: The Westminster Press, 1960.

______. *Sermons on 2 Samuel.* Edinburgh: The Banner of Truth Trust, 1998.

______. *Sermons on Galatians.* Edinburgh: The Banner of Truth Trust, 1997.

Douglass, Jane. "Calvin's Relation to Social and Economic Change." *Church and Society* 74 (1984).

Holtrop, Philip. *Theologia pietatis: Notes on selected passages in Calvin's Institutes.* 박희석/ 이길상 역. 『기독교강요연구핸드북』. 서울: 크리스챤다이제스트, 1997.

Graham, W. Fred. *The Constructive Revolutionary: John Calvin and his Socio-Economic Impact* (Richmond: John Knox Press, 1971), 158-159.

MacIntyre, Alasdair. *A Short History of Ethics.* New York: Routledge & Kegan Paul, 1998.

______. *After Virtue: A Study in Moral Theory.* Notre Dame: University of Notre Dame Press, 1984.

______. *Three Rival Versions of Moral Enquiry.* Notre Dame: University of Notre Dame Press, 1990.

Maritain, Jacques. *Three Reformers: Luther-Descartes-Rousseau.* New York: Charles Scribner's Sons, 1928.

Peter Berger/ 이원희 역. 『자본주의 혁명』. 서울: 지문사, 1990.

Ritschl, Albrecht. "Luthertum und Calvinismus," *Geschichte des Pietismus*, vol. I . Bonn: Nabu, 2012.

Tröltsch, Ernst. *The Social Teachings of the Christian Churches* vol. II. trans. by Olive Wyon. Louisville: John Knox Press, 1992.

Weber, Max. *The Protestant ethic and the spirit of capitalism*, trans. by Talcott Parsons. New York: Routledge, 2001.

제7장

메노 시몬스와 평화주의적 재세례파 종교개혁

1. 서론

18세기 그리스도교 역사학자 요한 로렌츠(Johann Lorenz von Mosheim)는 네덜란드 재세례파의 평화주의로의 급격한 전환에 대해 주목하고 교회사적으로 그 원인을 찾고자 했다. 그가 살았던 당대를 고려할 때 객관적이고 공정한 연구가 보장되었음에도 불구하고 급진파 종교개혁에 대한 여전한 편견으로 인해 로렌츠는 만족할 만한 분석을 제공하지는 못했다. 한편으로는 급격한 변화의 원인을 메노 시몬스의 "감동적인 설교"와 "도덕적 고결성"에서 찾았으나, 다른 한편으로는 그것이 메노 제자들의 "무지함과 단순함"에 기인하는 것으로 간주했다.[1]

하지만 네덜란드 재세례파가 그렇게 급격하게 변화된 이유가 무엇인가에 대한 우리의 관심에서 로렌츠의 분석은 여전히 유용한 측면이 있는데, 즉 인간 메노의 회심과 폭력혁명 운동의 절대 비폭력 평화운동으로의 변화 사이에 모종의 관련성이 있다는 것을 어렴풋이 인식하고는 있었다는 것이다. 본 연구의 관심사는 네덜란드 재세례파의 변화를 가져온 이유를 가톨릭 사제였던 메노가 평화주의 재세례파 종교개혁자로

---

1 John Lawrence Mosheim, *An Ecclesiastical History, Ancient and Modern* vol. 4., trans. Archibald Maclaine (New York: Collins and Co., 1824), 440-441. 로렌츠는 재세례파 신앙이 오늘날 사회의 역사가들이 의미 있게 붙잡고 있어야 할 상식적인 인간의 종교라는 주장은 역사가들이 버려야 할 구시대적 편견이라 판단했다. 신분이 낮은 계층의 기원을 부각시키는 것이 역사가의 생색내기의 기회가 되어선 안 된다는 것이다. 왜냐하면 그런 기회가 주어지면 낮은 계층의 사람들이 오히려 애지중지 고귀한 특권 속에서 자란 사람들보다 더 높게 부상될 수 있기 때문이라 여겼다.

변신한 것에서 찾는 데 있는데, 메노의 회심의 문제는 뮌스터파, 즉 혁명적 멜키오르파와 평화적인 멜키오르파 양쪽으로 연관되어 논의되는 것도 사실이다. 메노가 혁명적인 뮌스터파와 최소한 연루되어 있다는 혐의는 1525년 6월 "새예루살렘"의 붕괴와 더불어 제기되었으며, 평화적인 멜키오르파와의 관련성 여부도 메노가 그 사태에 직접적인 책임이 없다는 것을 주장하기 시작한 중요한 국면에서 메노의 옹호자들에 의해 제기되었다. 그럼에도 불구하고 실제로는 수세기 동안 메노와 뮌스터파와의 관련성은 메노의 동지와 적들 모두에게 주요 관심사가 되어왔다. 그의 적들은 주로 비난 목적으로 메노가 혐오의 대상이던 뮌스터파와 밀접한 관련성이 있다는 것을 확신했는데, 1535년 부활절 볼스바르트(Bolsward)의 오래된 수도원(Old Cloister) 봉기 사건으로 친동생(Peter Simons)이 처형되었다는 사실은 그 관련 의혹에 더 확실한 심증을 주기 충분했다. 따라서 메노는 평생 그러한 혐의나 고발에 대해 변명해야 했고, 메노의 옹호자들은 주류의 관헌적 종교개혁자들이 세계사에 각인시킨 역사적 해석으로 인해 메노의 오명을 지우는 데 에너지를 소모할 수밖에 없었다.

그러한 비난과 공격에 맞서기 위해 네덜란드 재세례파의 순교를 연구한 반 브라흐트(Van Braght)는 루터가 교황 레오10세의 파문의 위협을 맞서기 위해 사용했던 주장을 차용했다.[2] 교황의 주장에 맞서기 위해 루터는 오히려 가톨릭교회가 본래적인 그리스도의 가르침으로부터 멀어지게 했다고 비판하면서, "현재 이단이라고 불리는 자들이 그리스도인들이자 스스로 그리스도인이라 부르는 자들이 이단이다"라고 오히려 교황을 기소했다는 점을 상기시켰다.[3] 이러한 혁명적 발상이 이단자 루터

---

2 Alberto Ferreiro(ed.), *The Devil, Heresy and Witchcraft in the Middle Ages* (Leiden: E. J. Brill, 1998), 165-197.

3 Martin Luther, *Sermons of Martin Luther* vol. 1, ed. and trans. John Nicholas Lenker (Grand Rapids: Baker Book House, 1983), 14-15.

를 참된 그리스도인으로, 합법적이고 참된 종교운동의 선구자로 바꾸어 버렸다는 것이다. 그러한 주장이 루터를 이단의 혐의에서 자유롭게 할 수 있다면 메노는 왜 뮌스터파의 공모자라는 혐의에서 자유로울 수 없는지를 문제 삼았던 것이다. 그리고 흥미로운 것은 반 브라흐트가 16세기 재세례파의 선구자로 왈도파(Waldenses)를 선택했다는 것이다. 왜냐하면 적어도 그들의 상당수가 신도들에게 재세례를 베푼 것으로 보여졌기 때문이다. 근대 즉 18세기 네덜란드에서 이런 생각이 어느 정도 부담 없이 통용되고 있었다는 근거를 로렌츠의 교회사를 통해 확인할 수 있다.[4]

반 브라흐트가 루터의 주장을 채택한 이유는 메노를 사도시대로 거슬러 올라가는 정통 계보에 배치시킴으로써 뮌스터파와 같은 폭력주의적 이단과의 연루 혐의에서 벗어나길 바랐던 것이다. "오늘날까지 1세기 이상 동안 사람들은 혐오스럽게도 재세례파 교인들이 잘못된 정신에서 비롯되었으며, 혹자는 참된 재세례파에서는 결코 인정한 적이 없는 해괴한 신앙 및 행동을 보인 뮌스터파 같은 데에서 비롯되었다고 주장하기도 한다"[5]라는 대목에서도 그의 심정을 읽을 수 있다. 19세기 중반 무렵까지 재세례파의 기원에 적용된 왈도파적 관련성에 대한 주장이 메노파 진영에서 거의 도전받지 않았던 것이 사실이다.[6] 그러나 부르크하

---

4 로렌츠의 기록에 따르면, "현재 메노파들은 스스로를 로마 가톨릭의 독재적 우두머리들로부터 극심하게 억압받았던 왈도파의 후예들로 여길 뿐 아니라, 더욱이 존경받는 순교자의 순수한 후예로 자처하여, 한편으로는 모든 반역의 원칙에 대항해서, 다른 한편으로는 모든 형태의 광신주의적 유혹에 저항하는 태도를 견지하고 있다." John Lawrence Mosheim, *An Ecclesiastical History* 4, 427-428.

5 Thieleman J. Van Braght, *The Bloody Theater or Martyrs' Mirror*, trans. by Joseph F. Sohm (Scottdale: Mennonite Publishing House, 1950), 17. 이후 이 책은 『순교자들의 거울』로 약칭함. 이 책은 1660년에 네덜란드어로 처음 출판되었는데, 초기 네덜란드 순교자 서적을 포함함은 물론 비망록, 간증문, 법적 기록문 및 재세례파 신앙고백이나 연대기에서 발췌한 글 등을 광범위하게 망라하고 있다. 재세례파들에게 끼친 이 책의 공헌은 실로 지대하다 할 것이다.

6 왈도파 관련 가설의 대략은 다음과 같다. 메노의 시대 훨씬 이전부터 재세례파들은 존재했다는 것인데, 종교개혁 운동이 시작되기 훨씬 이전부터 왈도파, 위클리프, 얀 후스, 그리고 하느님께서 종교개혁의 일을 예비하셨던 길을 따라는 자들을 통해 진전이 이루어

르트(Paul Burckhardt)의 연구를 통해 이런 주장은 크게 도전받았으며 메노파 학자들은 메노를 뮌스터파에서 구출시키기 위해 다른 곳을 주목하게 되었는데, 그것이 바로 평화로운 멜키오르파였다.[7]

그러나 디르크 필립스(Dirk Philips)와 오베 필립스(Obbe Philips) 형제가 1540년 혁명 운동에서 이탈함과 동시에 평화로운 멜키오르파조차도 뮌스터파에 돌이킬 수 없을 정도로 교리적으로 오염되었다는 주장[8]을 통해 메노와 평화로운 멜키오르파와의 연관성 역시 비판적으로 검토되어야 할 필요성이 요청되고 있다. 메노의 뮌스터파와의 연루 혐의가 논란이 되는 만큼 메노와 평화로운 멜키오르파와의 관련성도 문제시 되어야 할 것으로 보인다.

이 장에서는 메노의 지적 · 신학적 발전의 문제와 그의 신학적 실천으로서의 회심의 문제라는 두 가지 초점을 중심으로 전개될 것이다. 첫째, 종교개혁운동에서 메노의 위상을 고찰하기 위해 관헌적 종교개혁 운동의 교리 중심의 신앙과 인문주의 종교개혁의 실천 중심의 신앙을 비교할 것이다. 루터와 같은 관헌 주도적 개혁의 입장과 에라스뮈스 같은 그리스도교 인문주의적 입장의 차이는 유아세례와 관련하여도 두드러진 차이를 보이기에 이후 재세례를 둘러싼 논의와 관련되어 중요한 의미를 지닌다 하겠다. 둘째, 메노가 속했던 네덜란드 재세례파의 평화주의로의 대전환이 멜키오르파의 뮌스터 참극으로 인해, 운명적으로 평

져 왔다는 것이다. 메노의 글 어디에서 왈도파에 대한 언급이 없지만, 메노의 정신과 매우 유사한 왈도파의 무리들이 오직 그리스도를 따르는 순결한 삶을 살았고 십자가를 지는 것에 두려움이 없었기에 교회로부터 극심한 박해를 받아왔다는 것이다. 수많은 순교자를 배출한 그들은 정처 없이 유리하다가 네덜란드로 흘러들어와 정착하게 되었다는 것인데, 메노의 가르침을 따르던 자들의 운명 역시 그러했다는 가설이다.

7 John Horsch, "Menno Simons Verhältnis zu der Münsterischen Sekte," *Deutsch-amerikanische Zeitschrift für Theologie und Kirche* 32(1911), 80-87 참고. 여기서 호르쉬는 뮌스터파 이외에도 또 다른 재세례파 집단이 그 당시에 네덜란드에 머물었다는 사실을 제시하고 있다.

8 George Williams and Angel Mergal, eds., *Spiritual and Anabaptist Writers* (Philadelphia: The Westminster Press, 1957), 206-225. 이 논문에서 오베 필립스의 고백을 참고하라.

화적 멜키오르파로 전향한 형제들과의 만남을 중대한 원인에서 기인된 것으로 알려져 있는데, 이 점에 대한 비판적 고찰을 통해 변화의 원동력을 오히려 메노의 신학적 삶과 그의 회심의 체험에서 찾고자 한다. 끝으로 필자는 메노의 성서해석과 인문주의자 에라스뮈스의 성서해석의 유사성을 통해, 네덜란드 재세례파의 세례 교리의 신앙적 확신이 에라스뮈스와 깊이 관련된 것으로 주장하고자 한다. 에라스뮈스의 마태복음 28장의 소위 "위대한 그리스도의 사명" 본문과 사도행전의 세례 본문의 성서해석[9]을 통해 메노는 멜키오르파나 평화적인 멜키오르파와의 영향을 넘어 네덜란드 재세례파의 대전환에 신학적인 삶으로 기여한 최고의 공헌자라는 점을 드러낼 것이다.

9 에라스뮈스는 그리스도의 사명을 해석하기 위해 처음으로 그 본문을 다룬 니케아 회의 이전의 시대, 즉 사도시대로 돌아가서 그 문제를 근원적으로 따지고 있다. 에라스뮈스는 "예수는 무엇을 말씀하셨는가?" "제자들은 무엇을 듣고 무엇을 행했는가?"를 물으며, 가르치고나서, 세례를 주고, 그리고 다시 가르쳤다는 패러다임을 제시했다. 첫째 복음은 예수가 누구인지 강조하면서 그의 죽으심과 십자가의 의미, 그리고 그의 부활하심의 목적을 가르쳐야 한다는 것이다. 그리고 이해하고 회개를 한 이후에야 세례가 베풀어져야 하며, 그 이후 다시 그리스도의 명령대로 세례받은 그리스도인으로서 실천해야 할 순결한 삶을 가르쳐야 한다는 것이다. 물론 포용적이었던 인문주의자 에라스뮈스는 이러한 성서의 이상적인 교회 공동체의 상을 옹호했지만, 현실적으로는 재세례파가 거부했던 가톨릭의 유아세례 교리를 교리적으로 거부하지는 않았다. Abraham Friesen, *Erasmus, the Anabaptists and the Great Commission* (Grand Rapids: Eerdmans, 1998), 3장 참고.

2. 인문주의적 종교개혁과 관헌적 종교개혁

종교개혁운동에서 메노의 위상을 살펴보기 전에 인문주의적 종교개혁운동과 관헌적 종교개혁운동의 차이를 고찰하는 것이 도움을 줄 것이다. 루터와 같은 관헌주도적 개혁의 입장과 에라스뮈스 같은 그리스도교 인문주의적 입장의 차이는 성례적 은총, 특히 유아세례와 관련하여도 두드러진 차이를 보인다. 주지하듯 유아세례는 관헌적 종교개혁자들에 의해 거부되지 않았기에,[10] 가톨릭 신앙에서 프로테스탄트 신앙으로의 전환은 새로운 삶의 변화보다는 새로운 그리스도교적 교리를 지적으로 동의하고 준수하는 것이 요구됨을 의미했다. 왜냐하면 성례적 은총으로 무엇을 하든지,[11] 유아세례의 효력이 유지되는 한, 세례 받은 어

---

10 그러나 처음엔 관헌적 종교개혁가들 사이에서도 유아세례의 효력에 대한 의문이 있었다. 부처가 루터에게 쓴 편지를 보면, 부처는 성인의 세례만이 초대교회의 신앙과 그리스도를 아는 자는 세례 받아야 한다고 명령하는 성서의 가르침에 훨씬 부합되는 것임에도 불구하고, 세례 받을 때 그리스도를 고백하는 것은 그들이 신앙적 교리를 배우고 난 이후에 가능한 것임에도 불구하고, 그리고 오직 성인 세례를 통해서만이 세례에서 기만적인 신앙이 개입될 여지가 없음에도 불구하고, 어린이를 신앙적으로 가르치기 위해서는 유아세례를 베풀어야 한다고 주장한다. John Horsch, *Infant Baptism: Its Origin Among Protestants and the Arguments Advanced For and Against It* (Scottdale: Mennonite Publishing House, 1917), 23에서 재인용.

11 루터는 초기 설교와 논문 "교회의 바벨론 포로"의 논의에서 다음과 같이 말한다. "그리스도께서 말씀하셨다. 믿고 세례 받은 자는 구원을 받을 것이고, 믿지 않는 자는 저주를 받을 것이다." 여기서 루터가 강조하는 바는, 성례에서는 심지어 성례와 무관할 정도로 구원을 위해서는 신앙이 필수적이라는 사실이다. Luther, *Reformation Writings of Martin Luther* I, trans, and ed. Bertram Lee Wolf (New York: Philosophical Library, Inc., 1953), 265.

린이는 어떤 방식으로든 그리스도인으로 간주되어야 하기 때문이다.

그러나 그러한 교리적 가정에 대해 에라스뮈스는 "우리의 삶의 양식을 고대의 법에 억지로 끼워 맞추는 것처럼" 누군가를 억지로 믿게 하려고 "하늘의 가르침"을 끌어오는 행위에 대해 거듭해서 비판하고 있다.[12] 그리고 에라스뮈스는 1522년 라틴어 신약성서 번역의 서문에서 사춘기 나이의 어린 아이들에게 그리스도교 신앙을 가르친 후 다시 세례를 베풀 것을 권고했는데,[13] 왜냐하면 사람들이 세례를 받았음에도 불구하고 "여전히 어둠에 침잠해있다"고 파악한 것이다.[14] 마찬가지로, 은총의 수단으로의 유아세례에도 불구하고 그리고 개혁자들이 행했던 그 밖의 모든 조처에도 불구하고, 세례 받은 자들 중에서 극히 일부만이 그리스도인의 삶을 사는 것이 현실이었기 때문이다. 그러므로 객관적으로 말하면, 유아세례에서 거듭남과 실존적 의미에서 그리스도인이 된다는 것의 상관관계는 거의 없다고 말할 수 있을 것이다.

그래서 츠빙글리도 초기에 이러한 깨달음을 통해 전통적인 성례에 대한 가톨릭적 정의를 내적이고 영적인 현실의 외적 표시로 파악하고 그에 맞섰던 것이다. 그리고 보다 구체적으로 외적 표지의 적용이 내적인 영적 실재를 보장한다는 세례-중생의 가톨릭 교리에 맞섰다 하겠다. 가톨릭적 확신은 츠빙글리에게 전혀 타당성이 없어 보였다. 왜냐하면 비록 그리스도교 세계의 모든 사람들이 물세례의 외적 표지를 받는다 하더라도, 영적 실재 즉 내적인 영적 거듭남 또는 중생은 설령 있다하더라도 결코 검증될 수 있는 성질의 것이 아니었기 때문이다.[15] 그래서

12 Desiderius Erasmus, *The Praise of Folly and Other Writings* (New York: WW Norton & Co., 1989), 123. 에라스뮈스가 노골적으로 표현한 것은 아니겠지만, 가톨릭교회에 대한 그의 비판이 함의하는 것은 유아세례의 효력에 대한 문제 제기가 아닐 수 없다.

13 *Ibid.*, 135-136.

14 *Ibid.*, 137.

15 Ulrich Zwingli, *Commentary on True and False Religion*, ed., Samuel Macauley Jackson and Clarence Nevin Heller (New York: Labyrinth, 1929), 182-183.

츠빙글리는 다음과 같이 주장한다.

> 우리가 새로운 사람이 되면, 말하자면 우리가 하느님과 이웃을 사랑한다면, 우리는 죄로부터 물러서고, 그리스도로 옷 입게 되며, 날마다 완전한 사람으로 자라게 되고 성령의 활동으로 인해 변화 받게 된다. 그러나 누가 이런 변화를 생각하지 않겠는가? 그러나 만일 잠시 동안 죄로부터의 자유함을 얻음으로 누리던 기쁨을, 환각에서 벗어나자마자, 개가 토한 것을 도로 먹은 것처럼(잠 26:11) 미련하게도 옛 모습으로 되돌아 가버리고 만다면, 우리가 고작 물의 경외심이나 얻을 수 있을 뿐 심령의 변화를 전혀 느끼지 못한다는 것은 자명하다. 그러므로 많은 사람들이 세례를 받는 동안 물의 경외심 외에 아무것도 느끼지 못하고 또한 죄사함, 즉 심령의 구원을 전혀 느끼지 못하면서 세례를 받는다.[16]

주지하는 바와 같이 정통적 교리에 대한 강조는 끊임없는 분쟁으로 이어진 것이 사실이다. 보다 평화로운 공존을 지향하는 거듭난 그리스도인의 삶이란, 루터와 그의 추종자들로부터 스콜라주의라 비난을 받았던 에라스뮈스가 자신의 『엔키리디온』의 첫 문장을 "이 책은 신학적 논쟁이 아닌 신학적 삶으로 인도하고자 한다"로 시작했을 때 이미 교리주의 신앙의 문제점을 염두에 두었다 하겠다. 그리스도교 인문주의적 관점에서 볼 때, 신앙적으로 비본질적인 문제를 두고 엄격한 정통의 교리에 집중함으로 인해 얻을 수 있는 것은 단지 끊임없이 이어지는 비생산적인 논쟁과 다툼밖에 없음을 직시한 것이다. 그래서 에라스뮈스는 대신 그리스도인들을 신학적인 삶으로, 실제로 그리스도를 닮는 삶으로 인도하기를 원했으며, 교리적 논쟁은 그러한 신앙의 본질적 문제를 안

---

16 *Ibid.*.

전하게 숙고하는 차원으로만 국한시키길 원했던 것이다.[17]

그러나 루터주의는 가톨릭과의 외적인 논쟁을 내부적 논쟁으로 확산시키면서 종교개혁의 생동력을 스스로 상실시키고 말았다. 개신교 교회로서의 확고한 위상 강화와 더불어 종교개혁 진영 자체가 분열되어 열린 토론과 설득보다는 서로에 대한 비난과 정죄가 고조되었기 때문이다. 특히 루터 사후 루터주의 내부에서 새로운 스콜라주의가 부활됨으로써, 그러한 지루한 중세적 스콜라논쟁이 종교개혁 운동 진영 내에서 재현되고 말았던 것이다. 나아가 거의 종교개혁의 초기부터 박해와 전쟁이 수반됨으로써, 정통주의 교리에 대한 강조는 결국 관용의 적이라는 오명을 쓰게 된 역사적 과정을 밟게 되었다 할 수 있다. 그래서 경험주의자 로크는 자신의 (거의 17세기 후반의 재세례파 문건이라 말해도 무방한) 관용에 관한 편지에서 다음과 같이 말하게 된 것이다.

> … 나는 관용이 참된 교회를 결정하는 주요 특징이 될 것으로 생각한다 … 무엇을 위해서든지 사람들은 오래된 장소와 이름, 또는 그것들의 화려한 외적 예배를 자랑한다. 그리고 다른 사람들은 자신들의 원칙에 따르는 종교개혁을 자랑한다. 그리고 모든 이들은 자신의 신앙의 정통성을 자랑한다. 왜냐하면 모든 것이 자신에게는 정통이기 때문이다. 이런 것들과 이런 성질의 다른 것들 역시 그리스도의 교회의 표지가 아니라 오히려 서로에 대해 권력을 행사하고 제국으로 군림하고자 분투하는 인간들의 표지라 해야 할 것이다 … 참된 그리스도교의 사역은 전혀 별개의 것이다 … 어떤 인간이든 삶의 거룩함이 없이 그리스도인의 이름을 찬탈하는 행위는 전혀 무의미할 뿐이다.[18]

---

17 Erasmus, *The Colloquies of Erasmus*, trans. Craig R. Thompson (Chicago: University of Chicago Press, 1965), 177.

18 John Locke, *A Letter Concerning Toleration*, ed. John Tully (Indianapolis: Hackett Pub., 1983), 23.

3. 신학적인 삶

가톨릭 사제 신분이었던 메노의 신학적 전개는 가톨릭 미사에 대한 종교개혁 신학적 의심, 즉 종교개혁 초기에 제기되었던 교리 문제와 함께 시작되었다 할 수 있다. 1525년부터 시작된, 화체설에 관한 초기의 의심은 성만찬과 관련하여 신약성서에 대한 검토로 이끌었다.[19] 그가 가톨릭교회의 교리와 전통에의 복종에서부터의 자유를 의미하는 "오직 성서만으로"의 종교개혁의 원칙에 영향을 받지 않았다면 그렇게 할 수 없었을 것이다. 1531년 재세례의 죄목으로 재단사 지케 프리르크스(Sicke Freerks)가 처형될 때도 해오던 성서연구(이 시기에 유아세례를 위한 성서적 정당성을 찾고 있었다)를 계속할 수밖에 없었을 것이다. 그는 루터에게, 그리고 다시 부처와 불링거에게 자문을 구했지만 성서에서 유아세례를 확증할 수 있는 근거를 찾을 수 없었다.[20] 1532년 그가 새로운 임지 비트마르줌(Witmarsum)으로 부임했을 때, 그는 성서에 대한 상당한 지식을 얻었으며

19 Menno Simons, *The Complete Writings of Menno Simons(1496-1561)*, ed. by J. C. Wenger, trans. by L. Verduin (Scottdale: Herald Press, 1956), 668.

20 유아세례 교리의 성서적 근거를 살펴보면, 관헌적 종교개혁가들과 메노의 차이를 보다 분명하게 알 수 있다. 관헌적 종교개혁측은 두 언약을 관통하는 하나의 언약이 있다는 연속성의 원리에 입각해서 구약의 할례의식을 모형으로 신약의 유아세례를 정당화할 수 있었다. 그러나 이 문제에 대해서 메노는 구 언약은 육신에 속한 것이고 그리스도인의 규범성은 철저하게 영에 속한 새 언약에 있는 것으로 이해했기에 유아세례의 근거를 성서에서 발견할 수 없었던 것이다. 즉 메노가 유아세례를 거부했던 이유는 오직 유아세례에 대해 그리스도나 사도들의 적극적인 명령이 없었다는 점이다. 그것은 단순히 교회가 고안한 예식일 뿐인데, 그런 것에 은총의 의미를 부여하는 것은 하나님 앞에서 가증한 행위나 다름없다고 본 것이다.

이 시기에 이미 복음주의 설교자로 불리기 시작했다. 그리고 약 1년 후 성인세례가 그 지역에 도입되었는데, 아마도 1534년에 뮌스터파 사람들이 방문한 것으로 보인다. 메노는 그들의 신앙적 열정에도 불구하고 교리적으로 문제가 있음을 인식했다. 메노는 그들과 사적으로 공개적으로 논쟁했고, 그들의 가르침에 반대했다.

1535년에서부터 1539년 사이의 뮌스터의 대혼란을 고려할 때 그 어간에 성서적 연구에 집중했다고 보기는 어렵다는 점에서, 그는 이미 1525년부터 성서연구를 집중적으로 시작했고, 1534년 사이에 나름의 신학적 체계를 정립하게 되었으며, 이러한 지식을 통해 교회뿐 아니라 종교개혁자들의 글에까지 비판적인 안목을 갖게 된 것으로 볼 수 있다. 그러므로 관헌적 종교개혁자들의 성만찬과 유아세례에 관한 교리에 일방적으로 설득되지 않았던 메노[21]가 오랜 성서연구 이후 1534-1535년 어간에 갑자기 성실한 신학적 연구의 태도를 포기하고 관헌적 종교개혁가들의 이론보다 훨씬 조잡한 뮌스터파의 교리에 설득되기는 불가능하다. 심지어 메노가 뮌스터파 사람들을 만났을 때 그들이 교리적으로 오류가 있다고 확신했음에도 불구하고, 메노가 어떤 식으로든 뮌스터파의 영향을 받았다고 주장하는 것은 당대나 그 이후의 가톨릭이나 관헌적 종교개혁 진영의 무지에서 비롯된 오해이거나 악의적 왜곡이라 단언할

---

21 관헌적인 개혁파는 국가교회의 형태를 유지했는데, 교회의 입장에서는 유아세례보다 더 심각한 문제가 성만찬에 대한 재세례파들의 태도였다. 재세례파는 가톨릭교회나 개혁교회의 성만찬이 거짓된 경배를 조장한다 여겼기 때문이다. 메노는 물질적인 빵과 포도주를 문자적으로 예수의 살과 피로 간주하는 것에 동의하지 않았다. 이점에서는 츠빙글리처럼 성만찬은 그리스도의 희생적 고난과 구원의 교훈적 상징이요 기념으로 이해했다. 메노는 『기독교교리의 기초』에서 성만찬의 의미를 그리스도께서 우리를 사랑하신다는 위대한 증거요 언약이기에 만찬에 하나의 빵이 되어 참여한 그리스도인들은 일치와 사랑과 평화를 실제의 삶에서 보여주어야 한다고 주장했다. 따라서 만찬의 진정한 의미는 만찬에 참여하는 자들이 서로 용서하고, 서로 섬기면서 분쟁과 다툼을 그쳐야 하는 것이다. 필요하면 이를 위해 순교할 각오가 되어 있는 내적 상태를 갖추는 것이 중요했다. 특이한 것은 성서적으로 만찬과 세족식을 함께 거행했다는 점이다. *The Complete Writings of Menno Simons,* 144-148.

수 있다.

그러나 성서에 관한 지식과 신학적인 교양에도 불구하고 친 동생의 죽음이라는 실존적 위기에 봉착했을 때 메노는 자신의 학식으로는 그러한 도전에 응전하기 어렵다는 사실을 깨닫게 되었다. 아마도 자신의 동생의 처형 소식을 듣자마자 곧 메노는 처음으로 라이덴의 얀 보이켈스(Jan Beuckels van Leyden)를 공격하고 비난하는 글(『얀 보이켈스의 신성모독에 대항하여』 이후 『신성모독』으로 약칭)을 직접 쓰기 시작했을 것이다. 죄책감과 분노로 쓰인 그 글은 새 예루살렘의 왕, 얀 보이켈스에 대한 직접적인 공격이었다. 메노는 회심의 체험 이후 그런 식의 공격적인 글을 다시는 쓰지 않았다. 사실상 그 글이 세상에 드러난 것도, 메노가 출판한 것이 아니라 나중에 그의 딸의 글들 가운데서 발견되었기에 1627년에야 처음으로 출판될 수 있었던 것이다. 그것이 적시에 출판되었다면 뮌스터파와의 연루 의혹으로부터 자유로울 수 있었을 텐데, 메노는 그러지 않았다.

그 글이 메노의 생애 동안 출판되지 않았다는 사실이 함의하는 바를 주목하는 것도 유의미하다. 메노가 폭력혁명과 어떤 식으로든 관련이 있었다면, 얀 보이켈스를 공격하는 것이 자신에 대한 혐의를 불식시키는 데 도움이 되었을 것이다. 심지어 나중에 메노가 뮌스터파 혐의로 공격을 받았을 때조차 자신의 결백을 증명하기 위해 대부분의 자신의 가까운 지인이나 추종자들에게도 그 글을 보여주지 않았다[22]는 것은 나중에 그의 심령의 변화, 즉 회심이 갖는 의미를 논의할 때 그 진정성이 드러날 것이다.

만일 메노의 『신성모독』이 실제로 1535년 3월 말에서 6월 24, 25일 사이에, 다시 말해 볼스바르트 근처의 오래된 수도원 봉기 사건과 뮌스터의 파멸 사이에 실제로 쓰여진 것이라면, 메노는 6월 말 폭력 혁

---

22 몇 년 후, 1560년 오베 필립스가 고백서를 썼을 때, 멜키오르파나 뮌스터파 사상의 영향을 받은 자들을 거론했을 때 메노는 언급하지 않았다. 또한 메노가 거듭해서 뮌스터파와의 공모 혐의에 대해 거듭해서 부정했을 때도 그는 메노를 비난하지 않았다.

명이 몰락을 향해 치닫고 있기 전에 인쇄하기란 거의 불가능했을 것이다.[23] 그럼에도 불구하고, 메노는 파베르(Gellius Faber)에게 보내는 답신에서, "하느님과 사람에 의해 이미 비난받고 정죄받은 자를 내입으로 책망하고 정죄하고 싶지 않습니다", 그리고 뮌스터 사건의 주제에 관해 단지 "우리가 이 문제로 너무도 광포하게 침해받고 있기 때문입니다"라고 쓰고 있는 것에 비추어, 1535년 말과 1536년 초 메노는 아직 이 문제에 연루되어 공격받고 있지 않은 상태에서 하느님과 사람들에 의해 얀 보이켈스와 뮌스터파 사람들에 대한 판단은 이미 종결되었다 여기는 듯 보인다. 그들의 예언은 성취되지 않았으며, 하느님은 그들의 예언을 입증해주시지 않았으며, 이제 모든 사람들이 그 문제의 진실과 폭력 세력들에게 어떤 심판이 임했는지 알게 된 것이다. 그러므로 파베르에게 한 그의 진술대로 메노는 자신의 글을 세상에 내놓을 이유가 더 이상 없었고, 더욱이 종교개혁운동 내부의 적들이 당한 참상을 두고 환호를 지를 이유는 더더욱 없었던 것이다.[24]

바로 여기서 우리가 한 걸음 더 나아가 주목해야 하는 것은 글의 발표를 포기한 이유를 심령의 변화와 연결시켜 보는 것이다. 메노의 발표를 포기하게 한 강한 동기를 종교개혁자들의 위대한 원칙이었던 "오직 성서만으로"에서 찾을 수 있겠다. 아직도 1534-1535년의 악몽이 생생할 무렵이었던 1539년에 쓴 『그리스도인의 세례』에서 메노는 "주의 말씀(마태복음의 산상수훈)에 따라 그처럼 삐뚤어지고, 반항적이고 말싸움하기를 좋아하는 사람들에게는 답하지 않기로" 결심했다고 쓰고 있다. 메노

23 Abraham Friesen, "Menno and Münster: The Man and the Movement," in *Menno Simons: A Reappraisal,* ed. Gerald R. Brunk (Harrisonburg: Eastern Mennonite College, 1992), 142-144.

24 그보다 십수 년 전 일어났던 루터의 경우와 비교해보라. 농민전쟁이 비극적인 결말로 막을 내렸을 때 뮌처와 농민들의 죄악을 공개적으로 저주했던 루터에게서는 메노와 같은 절제심이란 도저히 찾아 볼 수 없다. Martin Luther, *D. Martin Luthers Werke: Kiritische Gesamtausgabe Schriften*(Weimarer Ausgabe) (Weimar: Hermann Böhlaus Nachfolger, 1970). 18: 344-361, 362-374.

는 적절한 때 적합한 성서 말씀으로 삶의 위기 순간을 맞선 것처럼 보인다.[25] 메노의 자서전에서처럼 메노의 말을 그 자신의 상황에 적용해 본다면, 그가 지역 사회에서 복음의 대변자로 어떻게 활약했는지 그리고 뮌스터파 사람들이 그 곳에 왔을 때 어떻게 그들과 사적이고 공개적으로 토론을 했는지를 이야기하는 대목에서 이러한 성서 말씀은 엄청나게 중요한 역할을 한 것으로 보인다.

메노는 스스로에 대해 무엇이 옳은지를 알고 있고 정통의 교리를 알고 있으면서도, 수많은 사람들이 거짓된 예언자들에 의해 길을 잃고 방황한 결과 수많은 고귀한 영혼들이 무참히 목숨을 잃었을 때 자신의 수입이나 명성에 대한 두려움 때문에 아무런 조처도 취하지 않은 자신의 위선에 대해 자책했다.

> 비록 잘못 인도된 사람들이었지만 이들의 피가 굳어버린 후에도, 그 피는 내 가슴에 너무나 뜨거운 흔적을 남겼기 때문에 나는 그 피에 맞설 수도 없었다. 나는 성결되지 못하고 육체적인 내 삶을 반성하게 되었고, 맛을 잃은 소금처럼 경건의 가면을 쓴 채로 매일 행하는 위선적인 교리와 우상숭배를 생각해 보게 되었다. 이 열광적인 사람들은 비록 잘못된 생각에 빠져들었지만 자신의 교리와 신앙을 위해 기꺼이 목숨과 재산을 바쳤다는 사실을 직시하게 되었다 … 나 자신은 편안한 삶을 유지하면서 육신적인 안락을 누리고, 그리스도의 십자가를 피하기 위해 그 가증함을 묵인하는 상태였다. 이런 것들을 볼 때 내 양심은 더 이상 견딜 수 없을 정도로 나를 괴롭혔다. 나는 이런 생각을 했다. 비참한 인간인 나, 나는 대체 무엇을 하고 있는가? … 육신의 형벌이 두려워서 진리의 기초를 적나라하게 밝히지

---

25 Abraham Friesen, "Anabaptism and monasticism: A Study in the Development of parallel Historical patterns," *Journal of Mennonite Studies* 6(1988), 176-178, 187-189 참고.

> 않는다면, 또 내 모든 능력을 다해서 바로 가르치기만 하면 맡은 바 의무를 기쁘게 수행할 양떼들임에도 내가 그들을 그리스도의 참된 초장으로 인도하지 못하고 방황하게 한다면 어떻게 될 것인가? 오 그들의 흘린 피가, 비록 범죄 중에 흘린 피일지라도, 전능자의 심판대 앞에서 나를 향해 벌떡 일어나 나의 불쌍하고 비참한 영혼을 향해 형벌을 촉구하지 않겠는가?[26]

말일 자신이 용기를 갖고 믿음을 드러냈다면, 그리하여 가톨릭교회의 교리와 예전들을 포기하고, 잘못된 길을 가고 있는 양들의 목자가 되었더라면 아마도 이러한 비극을 막을 수 있지 않았겠는가라고 자책했던 것이다. 또한 교황 제도의 폐해에 대해 비판한 것은 사실이지만 그리스도의 십자가를 져야 하는 두려움 때문에 가톨릭교회와의 관계를 과감하게 끊지 못했던 자신의 비겁함에 대한 자책도 그에 못지않았던 것이다. 위선감과 죄책감에 압도된 메노는 하느님 앞에서 깨어졌고 자신의 죄를 자백했으며, 성령의 능력으로 하느님으로부터 새로운 심령을 받았다. 이제 메노는 신학적인 지식 그 자체만으로는 삶을 변화시킬 수 없다는 것과 그것에만 매달리는 것은 우리와 견해를 달리하는 형제들을 향해 이단이라 비난하고 정죄하고 죽이는 것으로 안내할 뿐이라는 것을 깨닫게 되었다. 신학적 지식은 메노의 옛 삶을 조금도 변화시키지 못했기에 그것이 그리스도인 됨에 필수적인 것이라 간주할 수 없었던 것이다. 이제 메노는 심령과 의지의 변화의 중요성을 간파한 것이다. 심령과 의지가 하느님에게 복종해야 했고, 올바른 신학적 지식에는 반드시 회심이 수반되어야 했다.

여기서 중요한 것은 메노의 지적이고 신학적인 발전과 이해, 그리고 그가 깨달은 신학적 진리에 전적으로 헌신하려는 감정적이고 의지적

---

26 *The Complete Writings of Menno Simons*, 670-671.

인 결단을 구별해서 고찰할 필요가 있다는 것이지 메노의 회심에 대한 강조를 그의 신학적 발전과 무관한 것으로 여겨서는 안 된다는 것을 분명히 하고자 한다. 메노는 최소한 9년, 10년 이상 성서와 루터, 부처 그리고 수많은 종교개혁자들의 글을 연구하고 나서 스스로 깨달음에 이른 것이 바로 신학적 통찰을 지식의 수준에서 실천하는 삶으로 전환시킨 것이라 하겠다. 신학적 통찰과 삶의 일치에 대한 위대한 깨달음은 어떠한 문제적 집단과의 접촉과 무관하게 독자적으로 이룬 것이기에, 뮌스터파나 평화로운 멜키오르파와 같은 다른 개혁운동과의 만남을 통한 신학사상의 변화가 원인이 되어 마침 체험의 결과를 가져온 것은 아니라 할 수 있겠다.

이 점은 19세기 네덜란드 메노파 학자 크리스티안 제프(Christiàan Sepp)와 쉐퍼(J. G. de Hoop Scheffer)의 논쟁을 통해서도 설명될 수 있다. 제프는 메노의 『신성모독』이 후대에 경건하게 날조된 글이라 주장했다. 1535-1536년 어간에 메노는 필립스 형제와 더불어 멜키오르와 얀 마티스, 얀 보이켈스, 그리고 혁명적인 추종자들 사이의 사상적 전쟁터에서 신학적으로 자신의 방법을 모색하기 위해 고군분투하고 있었는데, 당시 상황은 오베가 『신앙고백』(*Confession*)에서 보여주는 것처럼 처절한 상황이었다는 것이다. "우리는 모두 어린아이처럼 전적으로 교활함이 없었고 죽음의 위험 가운데서 매일 우리와 함께 했고 박해당해야 했던 우리의 형제들이 우리를 배신할 줄 몰랐다."[27] "그리고 여전히 우리 불쌍한 사람들은 눈을 뜰 수가 없었다. 왜냐하면 모든 것이 너무도 생경하게 벌어져서 거짓말과 불분명한 것에 우리의 손을 댈 수 없었기 때문이다."[28] 그리고 재세례파들이 참혹한 장면에 대한 묘사는 훗날 그로 하여금 재세례파 운동에서 벗어나게 하는 하나의 원인이 되었을 것으로 해석되기

---

27 George Williams and Angel Mergal, eds., "Confession," *Spiritual and Anabaptist Writers*, 217.

28 *Ibid*., 222-223.

도 한다.

> 일부는 질식사했고, 일부는 창에 찔려 죽었다. 다른 사람들은 참수 당했고, 나머지는 바퀴형틀에서 몸을 거열(車裂) 당했다. 처형이 끝난 후 나는 함께 여행하던 몇몇 형제들과 함께 시신들을 보았고 그 가운데 서 있었다. 나는 그 시체더미 속에서 우리에게 세례를 베풀고, 부르심과 약속을 선포하였던 세 분을 찾아보고 싶었다. 그러나 전혀 식별할 수 없었다. 불과 연기에 너무도 무참히 그을려 있었기 때문이었다. 바퀴형틀에서 몸을 찢긴 분들은 누가 누군지 전혀 분별할 수조차 없었다.[29]

아무튼 제프의 주장의 핵심은 그러한 처절하고 참혹한 대혼란의 상태에서는 그 누구도 『신성모독』과 같은 글을 쓸 수 없었을 것이라는 점에 놓여있다. 그래서 메노 글의 1646년과 1681년 판 전집의 끝에 초기 편집자들이 그 글을 삽입했을 것이라고 주장했던 것이다. 환언하면, 제프는 『신성모독』이 너무도 메노의 성숙한 신학 사상을 드러내고 있기에 의심한다는 것이며, 실제로 메노가 쓴 것이라 해도, 1535년에는 상황 상 작성되기 어렵다는 주장이다.[30] 그러나 제프의 주장에 대해 쉐퍼는 방언상으로나 언어표현적으로 『신성모독』은 메노의 글일 수밖에 없다고 반박했다.[31] 그러므로 논쟁의 승자가 누구냐를 차치하고서, 1535년 메노가 그 글을 직접 썼다면, 필연적으로 메노가 글을 작성했을 당시 신학적으로 상당한 수준에 도달했다고 추론할 수밖에 없으며, 그것은 또한 신학적 수준과 깊이에서 1534년과 1535년 메노가 필립스 형제와도 상당

---

29 *Ibid.*, 219.

30 Christiàan Sepp, *Geschiedkundige Nasporinge* (Leiden: Breuk & Smits, 1873), 127-130.

31 J. G. de Hoop Scheffer, *Eenige Opmerkinge en Mededeelingen Betrefende Menno Simons* (Leiden: E.J. Brill, 1881), 1-29.

한 격차가 있었다는 점을 말해준다 하겠다.

앞선 논의는 자연스럽게 메노와 평화로운 멜키오르파의 연관성에 대한 물음으로 이끌어준다. 이 연관성이 제프의 주된 관심사로 자리하고 있는데, 왜냐하면 메노가 뮌스터파와 무관하다는 것[32]을 주장하기 위해서 그는 메노와 필립스 형제의 관련성과 유사성을 훨씬 더 강하게 확립시지 않으면 안 되었기 때문이다. 아마도 메노파 학자들이 평화로운 멜키오르파와 메노를 연결시키려고 노력했던 유일한 이유는 초기 과격한 재세례파와의 연루 혐의에 대한 과도한 부담감 때문이었을 것이다.

이런 맥락에서 멜키오르파의 성육신 교리에 대한 메노의 평가를 주목할 필요가 있다.[33] 그리스도의 성육신 교리만 따로 때서 본다면, 메노

---

32 Christiàan Sepp, *Geschiedkundige Nasporinge*, 132-133, 제프의 글은 그의 재세례파 조상들은 누군가가 어디에서 메노와 뮌스터파의 연관성을 찾아낼까 거의 병적으로 반응하고 있다는 것을 보여준다.

33 성육신 교리를 근거로 메노와 멜키오르파의 관계는 더 이상 논쟁의 여지가 없다는 주장도 있다. 멜키오르는 "말씀이 육신이 되었다"는 성육신 교리에 대해 성자 하느님께서 육신을 취한 것이 아니라 그 분 자신이 육신이 되신 것이라고 주장했다. 이 말은 성자가 마리아에게서 그의 몸을 받은 것이 아니라 마리아가 성자의 몸을 성령으로 말미암아 받아 출산했다는 의미이다. 그렇기에 성자의 실체는 마리아로부터 취한 것은 아무 것도 없다. 다만 "천상의 육신"(celestial flesh)이 "물이 수도관을 통하듯" 출생한 것이다. 이에 대해 가톨릭 사제였던 메노는 깊은 고민의 과정을 거치고 나서야 동의하게 된다. 메노 역시 성자의 수태와 관련해 마리아의 수태에 적극적인 역할을 인정하지 않았다. 그리스도는 새로운 피조물인 반면, 마리아는 옛 피조물에 속한 자이기 때문이다. 마리아는 성부가 성자를 세상에 보내기 위해 사용했던 도구에 불과했던 것이다. 이런 맥락에서 멜키오르나 메노는 한편으로 가톨릭의 성모의 무흠수태 교리(이를 정당화시키기 위해 마리아의 어머니 안나가 초자연적인 잉태를 하여 원죄로부터 차단되어 마리아를 낳았기에 성모는 무흠하게 성자를 낳았다는 교리)를 배격했다 했으며, 다른 한편으로는 관헌적 개혁파가 일반적으로 주장하는 바, 성자는 완전한 인성을 소유했음에도 불구하고 원죄가 없는 것은 성령께서 아담으로부터 유전된 죄의 씨앗을 정결케 했다는 주장에 대해서도 참 하느님이자 참 인간인 성자의 전 존재는 천상에 기원이 있는 것이지, 지상에 기원이 있는 것이 아니라는 논리로 비판했다. 하지만 성육신 교리에 관해 메노가 전적으로 동의한 것만은 아니다. 멜키오르와 달리 메노는 성자께서 마리아의 태에서 정상적으로 영양을 공급받았다고 발육되었다고 명시적으로 밝혔다. 영원한 말씀이신 성자는 "성령에 의해 잉태되고 성령으로부터 오셨으나, 여느 아이들처럼 어머니 마리아 태 속에서 영양을 공급받고 자란 것"이라 주장했다. 네덜란드 재세례파의 주요 신학적 주제를 다룬 다음의 글을 참고하라. William Keeny, *The Development of Dutch Anabaptist Thought and Practice from 1539-1564* (Nieuwkoop: B. de Graaf, 1968), 91-92, 207-209.

가 멜키오르 호프만의 신학에 동조했다는 주장이 완전히 근거 없는 것이라 단정할 수 없다. 실제로 메노는 뮌스터파라는 혐의에 대해 반박할 때마다 그들을 처음 만났을 때부터 그들의 가르침에 대해 반박했던 구체적인 정황을 언급한다. 그럼에도 메노는 이 대목에서 단 한 번도 그들의 성육신 교리에 대해서 언급을 한 적이 없다. 심지어 발표하지 않은 글 『신성모독』에서조차 그렇게 하지 않았다. 이러한 사실을 근거로 메노는 멜키오르의 성육신 교리에 동조한 것이라 당연시되기도 한다. 그러나 그렇다하더라도 멜키오르파와의 관련성을 성육신 교리 하나만으로 단정할 수 없다는 주장이 메노의 글에 대한 보다 세밀한 접근을 통해 제기되고 있다. 바로 메노의 『참된 신앙고백과 가장 거룩한 성육신의 성서적 교훈』이 그 실마리를 제공해준다.

> 우리의 사랑하는 주 예수 그리스도의 성육신의 문제가 형제들에 의해 처음 언급되었을 때, 나는 그것을 경청하고 나서 내가 그 문제에서 잘못을 저지르고 하느님 보시기에 악의에 찬 불신앙에 들지 않을까 두려운 마음이 들었다. 세례 받은 후 이 조항 때문에 마음이 너무도 혼란스러워져서 며칠 동안 염려로 가득 찬 영혼으로 인해 며칠 동안 먹을 수도 마실 수도 없었다. 하느님 아버지께 당신의 자비와 은총으로 불쌍한 죄인인 나에게 보여주실 것과 내가 비록 극도로 약해빠졌지만, 고통 받는 양심의 위로를 위해 그의 거룩한 이름으로 당신의 복된 의지와 기쁨을 갈망할 수 있기를 너무도 간절히 간청하고 기도하지 않을 수 없었다.[34]

이 인용문은 메노와 멜키오르파의 성육신 교리를 접했을 때의 심경과 그 후 한 동안 침잠하게 된 이유를 통해 메노와 평화로운 멜키오르파

---

34 *The Complete Writings of Menno Simons*, 525.

의 관계를 해명해준다. 우선 메노는 멜키오르파의 성육신 교리에 관해 형제들, 즉 필립스 형제들로부터 들었다고 말하고 있다는 점이다. 그러나 보다 주목을 끄는 것은 멜키오르파의 교리를 처음 접했을 때 그것에 대한 감정의 표현이 영혼의 극심한 고통을 받았다는 대목이다. 그는 "너무도 간절히", "마음에 두려움을 느끼며", 괴로운 양심에 시달리고 있고, 심지어 악의에 찬 불신앙에 들지 않을까 염려하고 있다. 이 교리와 관련하여 사용된 표현을 보게 되면, 새로운 진리를 발견하거나 계시를 받은 사람들이 전형적으로 나타내는 기쁨 같은 것이 전혀 드러나 있지 않다. 예를 들어, 메노의 표현은 1545년 루터가 "하느님의 의"에 대한 바울의 이해를 깨닫고 나서 전율에 휩싸였다는 회고의 표현과는 너무도 대조적이다. 복음을 발견한 루터는 고통 받는 양심에서 해방되어 평화로운 상태가 되었으나, 메노는 멜키오르파의 성육신 교리를 통해 정반대의 상태에 빠지고 말았다. 이 대목에서 로렌츠는 메노가 성육신 교리에 관한 자신의 난처한 심경을 고통스럽게 에둘러 표현한 것이라 주장했다.[35]

메노가 멜키오르파의 성육신 교리를 수용하는 것에 관해 그러한 감정을 고백할 수밖에 없다면, 그는 어려운 상황에서 그것을 받아들이도록 권유받았음에 분명하다. "세례 받은 이후 우리는 이 조항으로 인해 심적으로 너무도 힘들었다"는 대목에서 어떤 암시를 얻을 수 있다. 문자대로라면 메노는 오베에게 세례 받은 이후에 그 성육신 교리를 듣게 되었다는 말이다. 그렇다 한다면, 왜 견디기 어려운 양심적인 고통을 호소할 수밖에 없는지에 대한 설명이 될 수 있을 것이다. 메노는 여전히 그 교리에 동의하기 힘든 측면이 있지만 그렇다고 해서 받았던 재세례를

35 "그러나 메노는 이러한 의견을 불변하게 견지하지 않은 것처럼 인정받아야 했다. 여러 곳에서 그는 자신의 입장을 모호하게 표현하고 있으며… 심지어 어떤 경우에는 일관성을 상실하기도 한다." John Lawrence Mosheim, *An Ecclesiastical History, Ancient and Modern* IV, 456.

취소할 수 없었던 것이다.[36]

메노가 세례 받은 후 식음을 폐할 정도로 얼마간 모든 사람으로부터 은둔했던 것을 성서에서 그 해답을 찾고자 노력한 것으로 해석되기도 한다.[37] 메노는 화체설에 대해 의심을 품게 되었을 때, 그리고 그가 최초로 재세례파 사상을 접하게 되었을 때, 그리고 그 자신이 회심을 경험했을 때 했던 것처럼, 메노는 성육신 교리에 대한 구체적인 해답을 찾기 위해 성서연구에 몰두했다는 것이다. 위에 기술된 것과 같은 사건은 금식하며 "너무도 절실하게" 하느님께 기도하고 간청하기 위해 은둔할 충분한 이유가 될 것이다.

후에 오베는 "우리 형제는 그러한 선동적인 영감과 거짓 예언에 결코 마음을 두지 않았기 때문에 모든 폭동주의자들"[38]에 저항했다고 고백했다. 오베의 진술의 진실성을 수용한다면, 메노와 뮌스터파의 연루 의혹은 전혀 성립될 수 없다. 중요한 것은 필립스 형제가 신학적으로 한계를 느끼고 혼란을 느꼈을 때 메노를 방문했다는 것이다. 그들은 영적인 절망감과 혼란에서 헤어나기 힘들었을 것임이 분명하다. 비록 메노가 그들과 신앙의 일부를 공유하고 있다하더라도 그들이 메노에게 찾아간 것은 메노가 평화로운 멜키오르파의 일원이기 때문이 아니라, 『신성모독』에서 언급한 바와 같이 메노가 뮌스터파의 노선에 반대했기에 그를 찾아간 것이라 할 수 있겠다.

메노의 평화주의로의 대전환은 메노가 세례받기 전 사실상 평화로운 멜키오르파에 속했다는 주장과 더불어, 그 원인이 처절하게 참패한

---

36 그는 이전에 루터의 성만찬 교리나 루터 및 다른 종교개혁자들의 유아세례 교리를 수용하지 않았다. 그런데 성육신 교리에 대한 고민은 그럴 수밖에 없었던 특별한 상황이 있었을 것이다. 메노의 행동양식을 볼 때, 틀림없이 새로 접한 가르침에 대해 적지 않은 시간을 성서적으로 숙고했을 것으로 본다.

37 Cornelius Krahn, *Dutch Anabaptism: Origin, Spread, Life and Thought(1450-1600)* (Hague: Martinus Nijhoff, 1968), 173.

38 "Confession," *Spiritual and Anabaptist Writers*, 209.

뮌스터파 종교개혁운동과 연결되어 있다는 주장과 맥을 같이 하여 논의되고 있다. 그러나 과연 운동의 처절한 실패가 네덜란드 재세례파의 획기적인 전환의 제일 원인이라는 주장에 동의하기 쉽지 않다. 왜냐하면 정반대의 예도 있었기 때문이다. 바텐부르크의 얀(Jan van Batenburg)의 추종자들은 얀이 죽고 나서도 실패로 인해 전향을 한 것이 아니라 자신들과 뜻을 같이 하지 않는 "불경건한 자들"에 대한 공격을 멈추지 않았다.[39] 심지어 다비드 요리스(David Joris)도 게오르그 브뤼헤(Georg van Bruges)처럼 바젤로 도주하여 위장된 신분으로 뮌스터파 운동을 계속했다. 요리스는 얀 보이켈스를 실패한 다윗으로 보고 자신이 참된 다윗이라 주장하며 급진적인 성령주의 운동을 펼쳤다. 성서는 외적인 예식들과 마찬가지로 하찮은 것에 불과하며 직접적인 성령의 인도하심이 구원 문제에서 중요한 것이라 주장하고 많은 저술 활동을 통해서도 추종자들을 지도하였다.

> 신앙이란 성령의 능력과 진리의 능력 안에서 드러나는 것이다. 신앙은 단순히 성서 이야기를 전해주는 데서 생기지 않고, 사도와 선지자들의 기적 이야기에 있지도 않으며, 그리스도의 외형적 십자가에 대한 물리적 입증에서 비롯되는 것도 아니다. 그리스도의 성육신, 죽으심, 부활, 혹은 재림 이야기를 떠든다고 해서 신앙이 계시되는 것은 결코 아니다.[40]

---

39 바텐부르크 추종자들은 일부다처주의와 믿지 않는 자에 대한 무력 사용을 옹호하는 재세례파였다. 특히 바텐부르크가 처형당한 이후로는 더욱 과격하게 변해 자신의 종파에 속하지 않은 자들을 이교도로 규정했고, 그들을 강탈해 생계를 꾸리는 데 아무런 문제를 삼지 않았으며, 이것이 오히려 하나님을 기쁘시게 하는 일이라 여겼다. 이들은 네덜란드 전역에 걸쳐 교회와 마을을 약탈하고 무고한 사람들을 학살하였다. 추격과 박해를 피해 남은 자들은 프리슬란트(Friesland)로 숨어들었고 거기의 메노파 공동체에 흡수되어 소멸된 것으로 알려져 있다. *Global Anabaptist Mennonite Encyclopedia Online* 참고.

40 Roland Bainton, *David Joris: Wiedertäufer and Kämpfer für Toleranz im 16. Jahrhundert* (Leipzig: M. Heinsius Nachfolger, 1937), 80.

이러한 신앙 운동으로 인해 네덜란드에서 가혹한 박해가 이어졌음은 물론이며, 메노는 거짓 교사들로 인한 폐해에 대해 심각한 우려를 나타내기도 했다.[41] 그리고 무엇보다 중요한 것은 필립스 형제는 1534년 3월쯤 혁명운동의 파산을 조기에 인식하고 그 운동과 결별한 유일한 자들로서 자신들이 받은 상처와 충격을 회복하는 방법을 찾지 못하고 방황하고 있었다는 것이다. 1540년 필립스 형제의 전향은 그들의 절망감의 웅변적인 증언이다.

그러므로 우리는 내적인 의심과 혼란으로 가득 찬 운동, 즉 자신의 내부의 문제로 인해 탈선해버린 운동을 변화시킬 수 있었던 신학과 힘이 무엇인가를 묻지 않을 수 없다. 갱신의 원동력으로 참담만 실패만을 지목하는 것으로는 충분치 않다. 실제로 변화와 변혁은 현실적인 상황과 마지못한 타협을 통해 이루어질 수도 있지만, 그보다 외부적인 어떤 힘에 의해 이루어질 가능성이 크다. 말자하면, 평화로운 멜키오르파의 변화는 자신들에게 기원하지 않은 어떤 힘에 의해 연유된 것이라 볼 수 있겠다. 필자는 바로 그것을 메노의 회심의 체험에게서 찾고자 한다. 이를 입증하기 위해 메노의 독자적인 지적 신학적 발전과 아울러 근본적인 변화를 가져온 힘의 원천을 다음 장에서 확인할 것이다.

41 "많은 사람들이 불순한 분파에 유혹되었다가 또 다른 잘못된 분파에 빠져든다. 처음에는 뮌스터파였다가 다음엔 바텐부르크파 이제는 요리스파가 되었다." *Spiritual and Anabaptist Writers*, 215-217 참고.

4. 메노의 제자도와 에라스뮈스

필자는 메노의 회심의 체험이 새로운 신학, 제자도를 실천할 수 있는 힘을 제공했다고 본다. 이러한 주장은 1536년 『영적 부활』과 1537년 『중생』이 뒷받침해준다. 이 두 글은 메노의 회심의 체험을 반영하고 있는데, 그것들은 과거 그가 경험했던 것에 대해 성서적으로 해명했던 것을 다시 한 번 시도한 결과인 것처럼 보인다. 즉 그는 새로운 문제적인 상황과 부딪힐 때마다 언제나 지혜를 구하기 위해 성서로 돌아갔다. 메노는 회심의 체험에 의한 변화에 대해 1536년 『영적 부활』의 앞부분에서 이렇게 말하고 있다.

> 성서는 두 가지 부활을 가르칩니다. 즉 마지막 때 죽음으로부터의 육체적 부활과 죄와 죽음으로부터 새로운 삶과 심령의 변화라는 영적 부활이 그것입니다. 사람이 죄의 몸을 죽이고 땅에 묻어버리고 다시 하느님 안에서의 의로워진 새로운 삶으로 다시 살아나야 한다는 것은 모든 성서에서 명백하게 가르치고 있습니다.[42]

이런 생각을 멜키오르파가 공유했다 보기는 어렵다. 우리가 앞에서 이미 보았듯, "그들은 수많은 신성모독을 가르치고 있으며 다른 사람들을 이단이나 불신자라고 매도하고 자신들의 신념을 수용하지 않거나 의

---

42 *The Complete Writings of Menno Simons*, 179.

지하지 않는 자들을 저주하는 것이야 말로 참되고 순수하고 신성한 것이라 간주했다"고 오베가 고백했기에 우리는 멜키오르파에서 회심에 대한 진정성을 찾기는 어려운 것으로 보인다. 1537년에 메노는 『중생』에서 이 주제를 다시 언급하고 있는데, 글의 처음부터 메노는 도덕적 개혁뿐 아니라 도덕적 혁명을 추구하고 있음을 분명히 한다.

> 사랑하는 자들이여 말해보십시오. 성서에서 불신앙적이고 불순종적이며, 육적인 인간, 간음하고 부도덕하고, 술취하며, 탐욕적이고, 우상숭배적이며, 과장하기를 즐기는 인간들이 그리스도 왕국과 그분의 공로와 죽으심과 흘린 피로 연합을 이룬 그의 교회의 유일한 약속을 가지고 있다는 성령의 참된 증언 그리고 여러분의 양심의 기준을 언제 어디서 읽었는지 말입니다. 그렇습니다. 나는 여러분에게 진실을 말합니다. 우리는 성서 어디에서도 그것을 찾을 수 없습니다.[43]

그래서 메노의 『재세례파』는 시작부터 "여러분은 거듭나야 합니다"로 시작된다. 멜키오르의 가르침이나 추종자들이 벌인 반란과 혁명은 개인이나 사회의 본질을 결코 변화시키지 못했고 오직 무서운 재난을 가져다 줄뿐이었다.

메노의 그리스도를 따르는 제자도의 핵심은 중생, 성령의 능력으로 인한 거듭남인데 이는 철저하게 성서적 근거를 갖고 있다. 신학적 맥락은 스위스와 남부 독일 재세례파들이 수용한 것과 같은 원천에서 비롯되어 메노에 이른 것인데, 그런 차원에서 에라스뮈스의 마태복음과 사도행전 주해, 특히 마태복음 28: 18-20의 그리스도의 위대한 사명에 대한 해설이 메노의 『기독교교리의 기초』(*Fundamentboek*)에 미친 영향을 살

43 *Ibid.*, 123.

펴보는 것은 대단히 중요하다. 메노는 사도행전에서 베드로의 오순절 설교의 세례 관련 본문을 통해 그리스도의 지상 최대의 명령을 해석하고 있는데, 이것은 1522년과 1523년 각각 마태복음과 사도행전 주해에서 에라스뮈스가 시도했던 해설이다.[44] 에라스뮈스는 325년 니케아 공의회에서 교부들이 이미 사도행전의 세례 구절(사도행전 2장에서 베드로의 오순절 설교, 사도행전 8장에서 빌립과 에티오피아 내시의 만남, 사도행전 10장에서 백부장 고넬료의 회심과 세례, 사도행전 19장에서 세례요한에게서 세례받은 12명의 에베소 제자들에 대한 바울의 재세례)과 마태복음의 그리스도의 최종 명령이 긴밀한 관계가 있다는 것을 언급한 사실에 주목했다. 특히 베드로의 오순절 설교는 에라스뮈스에게 주의 명령을 해석할 수 있는 틀을 제공한 것이었다. 그래서 에라스뮈스는 사도행전 주해 서문에서 베드로의 설교를 다음과 같이 소개하고 있다.

> 그것은 주님께서 제자들에세 명령하신 것이다. 주께서 제자들에게 모든 사람들을 가르치고, 세례를 주고, 그리고 그들이 주께서 제자들에게 명령하신 모든 것을 지킬 수 있게 가르치라고 말씀하셨다. 복음의 근간이자 첫 시작은 세례 받는 것이라 가르쳐야 한다. 만일 누가 이러한 근간과 원리를 믿지 않으려 한다면, 그에게 세례는 아무런 효력도 없을 것이다. 그리고 세례 받은 자들이 주의 가르침에 따라 살고 더욱 완전함에 이르도록 가르쳐야 하는 것이다.[45]

사도행전 8장 주해에서 에라스뮈스는 기독론에 집중했다.[46] 즉 그

---

44 Abraham Friesen, *Erasmus, the Anabaptists and the Great Commission,* 특히 3장 참고.

45 *Erasmi Opera Omnia*, VII, eds. John Bateman (Amsterdam: Huygens instituut, 1997), 647.https://magistervenemus.wordpress.com/opera-omnia-erasmi/2020년 1월 27일 검색

46 에라스뮈스는 세례받기 전에 반드시 인식하고 받아들여야 할 제1원리가 그리스도에 관한 지식이라 보았고, 그러하기에 제자들은 "하느님의 어린양"으로서의 그리스도, 하느

리스도는 동정녀와 성령으로 태어난 하느님의 아들이라는 점, 그리스도는 인류의 죄를 위해 죽으신 참된 유월절 양이었다는 것, 그리고 그는 하늘로 올라가셨고 곧 산 자와 죽은 자를 심판하러 곧 오실 것이라는 점, 그리스도께서는 사도들의 심령과 입술을 감동시킨 그 성령을 보내 나사렛 예수가 믿음과 세례를 통해 삶의 주인이자 샘물이요 온 세상의 축복이라는 것을 담대하게 선포하게 했다는 것이다. 그렇기에 마태복음 28장 18-20절의 주해에서 다음과 같이 연결된다.

> 그리스도께서 제자들에게 이것들을 가르치신 후, 그들은 그리스도께서 그들을 가르치신 것을 믿게 되었고, 자신들의 이전의 삶을 회개했으며 복음의 원리를 기꺼이 수용하게 되었다. 그리고 나서 아버지, 아들, 성령의 이름으로 그들에게 세례를 주었다. 이러한 거룩한 징표로 인한 자신을 죽임으로 말미암아 그들은 자신들의 모든 더러움으로부터 자유롭게 되었으며 이제 하느님의 자녀에 속하게 되었음을 믿게 되었다.[47]

에라스뮈스에게서 온전한 제자도는 구원을 위해 복음의 신앙을 고백하고 세례 받는 것만이 전부가 아니고, 완전한 복음적 경건을 향해 전진할 수 있도록, 그리스도께서 제자들에게 말씀하신 모든 것을 제자들은 물론 회심한 자들도 지킬 수 있도록 가르쳐야 한다는 것이다.

만츠(Felix Manz)와 함께 취리히 개혁교회에 의해 처형당한 초기 재세례파 순교자 후브마이어(Balthasar Hubmaier)의 글을 보게 되면, 에라스뮈스는 세례가 어린 아이를 위한 것이 아니라 신앙으로 교육받은 사람들을 위해 그리스도께서 제정한 것이라는 사실을 공개적으로 강조하고

님, 성령, 죽은 자의 부활과 교회의 본질에 관한 가르침을 최우선으로 행해야함을 강조했다.

47 *Erasmi Opera Omnia*, VII, 146.

있다고 언급한다.[48] 말하자면, 후브마이어는 그리스도의 사명에 대한 에라스뮈스의 주해를 통해 그리스도의 위대한 사명에 순종하게 된다는 것이다.

> 에라스뮈스는 사도행전에 관해 다음과 같이 쓰고 있습니다. "주님은 복음적인 목자들에게 명령하셨다. 가서 모든 사람들을 가르치고, 세례를 주고, 내가 너희에게 명한 모든 것을 지키도록 가르치라. 세례 받은 자에게 가장 중요한 복음적 진리를 가르치라. 만일 이것을 믿지 않으면, 그의 세례는 헛된 것이 되고 말 것이다." 친애하는 독자 여러분, 사도행전 8장(빌립과 에티오피아 내시의 이야기)와 다른 많은 말씀에 대한 그(에라스뮈스)의 주해를 읽어보기 바랍니다.[49]

사도행전 베드로 설교의 세례 구절을 통한 그리스도의 위대한 사명에 대한 해석은 스위스, 남부 독일 그리고 후터를 추종하던 재세례파의 거의 모든 글과 이후 메노를 추종하는 네덜란드 재세례파들에게서 찾을 수 있다. 에라스뮈스 성서 주해의 내용은 뮌처나 칼슈타트, 신비주의적 재세례파나 멜키오르파의 글에서는 발견할 수 없는 대목이다. 말하자면 한스 후트, 멜키오르, 로트만 그리고 뮌스터파, 다비드 요리스 같은 영향력있는 지도자들은 성서의 예언적이고 종말론적인 경향으로 기울어지는 것을 보게 된다. 종말론이 그들의 사상에서 중심을 차지하게 되자마자 그리스도를 따르는 제자도는 유지되기 어렵게 되는 것은 당연하다 하겠다. 신약성서보다 구약성서가 표준적으로 대체되고 실천되었을 때 결과는 폭력성을 띨 수밖에 없었으며, 이에 대해 메노는 그러한 종말론적 경도에 대해 부정적인 반응을 보이면서 그리스도의 제자도를 더

48 "Old and New Believers on Baptism," in *Balthasar Hubmaier, Theologian of Anabaptism*, ed. by H. Wayne Pipkin and John Yoder (Scottdale: Herald Press, 1989), 255.

49 *Ibid.*, 255-256.

욱 공고히 한 것으로 볼 수 있다. 또한 여기서 반드시 주지하고 넘어가야 할 것은, 메노의 제자도의 사명으로서의 세례 이해 역시 멜키오르와 요리스와의 분명한 차이를 보이고 있다는 점이다. 메노는 세례같은 외적인 인습적인 예식은 일시적으로 중지시켜야 한다는 멜키오르의 주장이나 세례같은 형식적인 인습은 완전히 무의미하기에 폐지해버려야 한다는 요리스의 주장에 동의하지 않았다. 메노는 "만일 우리가 죄사함을 그리스도의 보혈에 돌리지 않고 세례 덕분으로 돌린다면, 금송아지를 만들어 그리스도의 자리에 두고자 하는 것과 같다"[50]라고 주장했음에도 불구하고, 츠빙글리의 상징과 상징물의 구별의 논리를 이용하여 메노는 세례를 복음에 대한 순종의 상징으로 이해했다. 말하자면, 세례는 철저한 삶의 변화, 옛 사람을 벗어버리고 새로운 삶으로 들어가는 처절한 결단이다. 만일 발각이 되어 가족과 소유물을 다 잃고, 추방당해 유랑하는 신세가 되거나 극심한 고문을 당하고 처형을 당하더라도 그리스도의 제자로서 기꺼이 고난의 삶을 살겠다는 진지하고도 엄숙한 결단을 의미했다. 세례 받은 경건한 자들이 어떤 대가를 치르게 되었는지에 대한 메노의 처절한 증언은 세례 교리에 관한 논증을 비교적 객관적으로 무덤덤하게 들여다보는 오늘의 그리스도인들에게 세례의 진정한 의미를 깊이 성찰하는 계기가 될 수도 있을 것이다.

> 얼마나 많은 경건한 하느님의 자녀들이 하느님에 대한 증거와 양심에 대한 증거로 인해 지난 몇 해 동안 가정과 소유물을 강탈당함으로써 다시는 만날 수 없는 분들이 되고 말았는가! 그들이 소유했던 한 줌도 되지 않는 재산과 생계수단이 만족할 줄 모르는 탐욕스런 황제의 금고를 차곡하게 채웠다. 얼마난 많은 형제들이 배신당하고, 도시와 시골에서 추방되고 쇠사슬에 매여 고문을 당했던가? 얼마나

50 *The Complete Writings of Menno Simons*, 243.

많은 자녀들이 부모를 잃고 불쌍한 고아 신세로 전락하고 말았는가? 어떤 이들은 비인간적인 고문과 폭력을 당했고, 어떤 이는 교수형을 당했고, 어떤 이들은 산 채로 화형을 당했고, 어떤 이들은 자기 손에 자신의 창자를 들고서도 하느님의 말씀을 능력있게 고백했다. 효수 당한 이들은 공중의 새들의 먹이가 되었고, 물고기의 밥이 되기도 했다 … 또 다른 형제들은 궁핍과 비참과 불편함 가운데 바울의 말처럼 산으로, 광야로, 굴 속으로, 혹은 땅의 갈라진 틈으로 이리저리 유리하였다. 이 나라에서 저 나라로, 이 도시에서 저 도시로, 모든 사람들에게 증오의 대상이 되고, 모략을 당하고, 조롱당하고, 명예를 짓밟히며, 업신여김을 당하며, 이단자라는 손가락질을 받으며 부인과 어린 자녀들을 데리고 도망 다녀야만 했다 … 추운 겨울에도 … [51]

에라스뮈스는 베드로의 오순절 설교 해설에서 자신들이 하느님의 아들을 십자가에 못 박았다는 사실로 인해 심령적으로 충격을 받은 청자들이 회개할 것을 강하게 촉구한 베드로의 주장에 대해 자세하게 설명했다. "그들은 자신들이 살아왔던 삶에 대해 회개했으며, 복음적 원리에 따라 나아갈 준비가 되었다." 복음의 기쁜 소식이 선포되었을 때 적절한 반응이 회개와 회심이라는 것을 에라스뮈스는 분명히 하고 있다. "슐라이트하임 신앙고백"(Schleitheim Confession) 역시, "삶에 대한 회개와 변화의 가르침을 받고, 그리스도로 말미암아 자신들의 죄악이 사해졌다고 진실로 믿는 모든 자들과 그리고 예수 그리스도의 부활에서 걸어가고 그와 함께 죽음에 장사되기를 열망하며 그래서 부활될 것을 믿는 모든 자들에게 세례를 베풀어야 한다"[52]고 천명한다. 그러나 재세례파가

51 *Ibid.*, 599-600.

52 Donald B. Kraybill, *Concise Encyclopedia of Amish, Brethren, Hutterites, and Mennonites*, (Baltimore: Johns Hopkins University Press, 2010), 184.

이것을 통해 의미 부여하고 싶어 하는 최고의 예는 바로 메노의 회심의 체험에서 볼 수 있을 것이다. 그러므로 재세례파에게 있어서 참된 신앙과 제자도는 예수 그리스도의 가르침을 단순히 받아들이는 것을 넘어 자신의 삶의 방향을 근본적으로 변화시켜서 그리스도의 십자가 아래 두게 하는 데 있었다.

문제는 그렇게 회심한 자들에게만 세례를 베풀어야 한다는 것이다. 바울이 로마서 6장 3절에서 말한 것처럼, 죄와 자아에 대해 죽고 나서 새롭게 중생한 경우에만 세례는 의미가 있을 수 있다. 그러므로 재세례파가 유아세례를 쓸모없는 것보다 더 열등하게 간주한 것을 전혀 비성서적이라거나 비합리적이라 단언할 수 없다. 왜냐하면 1524년에 부처가 루터에게 쓴 것처럼 그렇게 진정한 회심이 없이 세례를 받은 자들은 세례에 잘못된 신앙을 두기 때문이다.[53]

따라서 사도행전 2장에서 보듯 세례를 통해 교회로 입문할 수 있었고, 그런 이후 교회에서는 위대한 사명에서 두 번째 가르침이 이루어졌다. 제자도의 입문 과정에서 "복음의 근본이요 첫 시작", 즉 그리스도의 가르침을 모든 사람들에게 가르치고 했던 반면, 이미 세례를 받았고 교회에 입문한 자들에게는 두 번째 단계의 가르침이 부여되어야 했다. 이 모든 것이 함의하는 바는 앞선 단계를 거치지 않고서는 제자도는 불가능하다는 것이며, 그리스도께서 분부한 명령한 모든 것을 지켜 행하는 것이 필수적으로 수반되어야 하는 것이다. 이런 식으로 재세례파들은 에라스뮈스의 해석에 의존하여 그리스도교 신앙의 다양한 측면을 통전시키고, 궁극적으로 제자도를 구현하고자 한 것이다.

그런데 사실 에라스뮈스의 해석이 후브마이어나 메노에게만 나타난 것은 아니다. 놀라운 것은 베른하르트 로트만(Bernhard Rothmann)의 『두 성례에 관한 신앙고백』(*Confession Concerning the Two Sacraments*)에서도 그의 영

53 John Horsch, *Infant Baptism*, 25에서 재인용.

향이 드러나기 때문이다.[54] 그러나 문제는 순수한 그리스도의 가르침이 1534년 1월과 2월에 얀 보이켈스와 얀 마티스가 각각 뮌스터에 도착하면서 바로 전복되고 말았다는 데 있다. 물론 똑같이 제자도의 근거가 위대한 사명에 대한 에라스뮈스의 주해에 두었음에도 불구하고, 로트만은 얀 보이켈스와 마티스의 멜키오르파적 가르침에 굴복한 반면, 메노는 그것을 거부했다는 사실이 네덜란드 재세례파의 역사를 위해 결정적으로 중요한 의미를 지닌다 하겠다. 메노가 평화로운 멜키오르파 필립스 형제와 접촉하기 전 그는 에라스뮈스의 주해에 근거한 제자도를 확고히 함으로써 뮌스터파의 가르침에 반영된 멜키오르적 이념을 거부했던 것이다.

54 Robert Stupperich(ed.), *Die Schriften* ⊠. *Rothmanns* (Münster: Aschendorffsche Verlagsbuchhandlung, 1970), 161.

5. 결론

1560년경 감옥에서 써서 쾰른 당국에 전달된 토마스 반 임브로이크(Thomas van Imbroeck)[55]의 『신앙고백』[56]은 적어도 네덜란드 재세례파의 지도자들이 세례에 관한 자신들의 주장의 출처를 정확히 알고 있었다는 사실을 적시해준다. 그가 투옥 됐을 때, 에라스뮈스의 7개 성서주해[57] 사

55 재세례파 순교자 토마스 반 임브로이크는 토마스 드루커(Thomas Drucker) 또는 트루덴의 토마스(Thomas of Truden)라고도 알려져 있다. 1557년 12월 23일에 체포되었고, 수차례의 심문과 잔인한 고문, 그리고 1558 년 3월 5일 25세의 나이에 참수되었다. 감옥에서 토마스는 종교재판소 판사에게 자신의 신앙을 명확하게 드러내기 위해 『신앙고백』를 작성하여 제출했으며, 그 사본이 재세례파들에게 은밀하게 전해져 출판되었다. 책의 내용은 메노 사상을 충실하게 담고 있으며, 가톨릭 교리나 관헌적 종교개혁자들의 교의가 아니라 성서의 복음말씀만 진리로 인정함을 분명히 하고 있다. 이것은 이후 국가교회의 박해와 맞선 재세례파의 투쟁에서 매우 중요한 정신적 무기로 작용했다. Thieleman J. Van Braght, 『순교자들의 거울』, 367-371, 378-382.

56 『신앙고백』은 1702년, 1742년 유럽판과 1745년 펜실바니아 Ephrata판 『은쟁반의 황금사과』(*Güldene Aepffel In Silbern Schalen, Oder: Schöne Und Nützliche Worte ... Zur Gottseligkeit*)의 42-126쪽에 수록되어 있다. 세례에 관해 토론한 대목에서, 토마스는 에라스뮈스로부터 받은 재세례파적 해석을 상당히 자세하게 제시했다. 그는 마태복음 28: 18-20과 마가복음 16:16을 근거로 그리스도의 말씀이 그리스도인의 세례 명령과 예식을 완벽하게 표현했다고 주장했으며, 세례보다 가르침과 신앙이 선행되어야함을 계명으로 하고 있다. 더욱이 세례 받기 전에 복음에 대한 입문적 가르침은 위대한 사명에서 말하는 바와 같이 세례 받은 자들이 그리스도께서 명령한 모든 것을 지키고 따르도록 하는 가르침으로 이어졌다. 토마스가 주장했듯이 세례 받은 신자는 결혼하는 신부처럼 자신을 그리스도께 맡겨야 한다. 이어서 로마서 6장에서 묘사한 것처럼 그리스도와 함께 부활해서 살고자 희망한다면 신자는 고통을 당하고 죽을 수 있어야 한다고 주장했다*Ibid.*, 49-51).

57 앞에서 인용한 에라스뮈스총서(*Erasmi Opera Omnia*)의 VII권에 7개의 성서주해가 수록되어 있다.

본을 소장할 가능성이 거의 없다고 가정해보면, 에라스뮈스의 글이 놀라운 정도로 정확하게 인용되었다는 점에서 그의 뇌리에 얼마나 각인되어 있었는가를 방증해준다. 여기서 적어도 우리는 메노가 활동을 하기 시작한 지 대략 25년 쯤 지난 후 네덜란드 재세례파에서 에라스뮈스의 구절에 대한 직접적인 인용이 있다는 것을 알 수 있다. 이후 이 에라스뮈스의 인용은 수많은 네덜란드 재세례파 순교자들의 신앙고백에서 발견되는데, 그들 대부분은 교육 수준이 높지 않았다는 것이 확실하다.[58] 그 사실은 메노의 신학이 재세례파 운동 지도자들의 마음에서 멜키오르의 신학을 밀어냈을 뿐 아니라 그러한 개혁운동에 침투해서 개별자들의 심령을 변화시키는 데까지 깊은 영향을 미쳤다는 의미로 해석할 수 있다. 물론 이러한 상황이 메노와 얀 바텐부르크나 다비드 요리스와 같은 과격파 및 메노와 평화로운 멜키오르파 사이에서 아무런 갈등 없이 전개되었다고 주장하는 것은 아니다. 이미 살펴 본 바와 같이 메노와 평화로운 멜키오르파와의 갈등은 멜키오르파의 성육신 교리에 관한 메노의 고뇌에 반영되어있다.

메노에서 유래한 네덜란드 재세례파의 변화를 일으킨 결정적인 또 다른 요소는 『순교자들의 거울』을 관통하는 회심에 대한 강력한 강조를 다시 지적하지 않을 수 없다. 위에서 언급한 메노 자신의 신앙 체험과 초기의 글 『영적인 부활』과 『중생』을 바탕으로 해서, 또한 "너희는 거듭나지 않으면 안 된다"는 거듭 반복되는 메노의 설교와 결부되어 회심을 강조한 것은 그의 글을 읽고 그의 설교를 듣는 이들에게 막대한 영향력을 행사했었음이 분명하다.

그리스도의 제자도에 대한 에라스뮈스의 해석과 메노의 중생에 대한 강조는 혁명 이후의 네덜란드 재세례파를 지탱한 두 기둥이었다. 당

---

58 Thieleman J. Van Braght, 『순교자들의 거울』, 467-477; 494; 522; 544.

시 개혁 교회는 1529년 슈파이어 제국회의의 결정[59]에 따라 재세례파를 이단으로 규정하고 박해했지만 이들은 뮌스터파의 후예가 아니라는 것이 확실하다. 오히려 그들은 스스로를 "메노의 백성"이라 불렀고[60] 메노가 그들의 교회를 시작한 인물이라 주장했다.[61] 종교재판의 심문관들은 메노의 중요성을 거듭해서 주목했으며, 1542년이 되자 드디어 신성로마제국의 칼 5세는 칙령으로 메노의 목에 현상금을 걸게 되었다. 뮌스터 혁명 이후 네덜란드 재세례파 운동의 방향을 재설정하는 데 결정적으로 중요했던 것은 메노의 『기독교교리의 기초』였는데, 그것이 네덜란드 밖에서도 큰 영향을 미쳤다는 사실이 확인된다. 그것은 1575년에 독일어로 번역되었는데, 뷔르템베르크 공국의 『재세례파역사자료』(*Quellen zur Geschichte der Wiedertäufer*) 1권에 의하면 1582년을 시작으로 메노의 『기독교교리의 기초』를 소장하고 있는 사람에 대한 언급이 반복해서 등장하고 있다.[62] 이러한 언급은 당국이 신자들의 세례를 정당화하고 확산시키는 데 있어서 그 책이 가장 큰 골칫거리가 되었다는 것을 암시한다. 1648년 말쯤 당국은 슈투트가르트 근처의 쇼른도르프(Schorndorf)의 학장인 마티아스 라니우스(M. Matthias Lanius)에게 "우어아흐(Urach)에서는 『기독교교리의 기초』를 허용할 수 없으며, 시민들이 그것으로 인해 신앙적 혼란을 겪지 않도록 철저하게 파괴할 것"을 명령했다.[63] 당국은 닥치는 대로 압수했으며, 다른 재세례파 책 중에서 이 정도의 관심과 주목을 받은 경우는 없었다. 그 책의 의미는 1589년 팔라틴 당국 앞에서 당당하게 심문에

---

59 1529년 4월 슈파이어(Speier) 제국회의는 고대 유스티니아누스 법전을 부활시켜 재세례를 시행한 자들에게 대해 사형에 처할 것을 결의했다.

60 Thieleman J. Van Braght, 『순교자들의 거울』, 1050.

61 *Ibid.*, 996.

62 Gustav Bossert(ed.), *Quellen zur Geschichte der Wiedertäufer* I. Herzogtum Württemberg, (Leipzig: M. Hensius Nachfolger, 1930), 560; 584; 683; 725; 727; 800; 802; 911; 1128.

63 *Ibid.*, 911.

임했던 주에츠(Joerg Suesz)의 신앙고백에서도 찾을 수 있는데, 거기에 『기독교교리의 기초』의 독일어 번역판의 첫 두 문장, 즉 메노가 소개한 그리스도의 위대한 사명에 대한 에라스뮈스의 해석을 포함하고 있기 때문이다.[64]

메노는 혁명 이후의 네덜란드 재세례파에게 가장 큰 영향을 준 인물임에 분명한데, 멜키오르 호프만이 초기 네덜란드 재세례파 운동에 형식적인 영향을 미쳤다는 것으로 인해 과연 메노가 그가 주도했던 운동에 연루되었는가가 관심거리가 되어왔다. 하지만 필자는 메노가 그와는 별도의 다른 지적이고 신학적인 발전을 겪었기 때문에 그 운동의 중심에 섰던 인물로 간주할 수 없다고 결론짓는다. 메노에게는 뮌스터파나 멜키오르파에서는 나타나지 않는 상이한 신학과 회개 운동에 대한 강한 강조를 근거로 제시했다. 뮌스터 참극의 폐허더미와 그 이후로도 멈추지 않은 극심한 박해 속에서도 그리스도의 위대한 사명을 끝까지 평화적으로 고수할 수 있었던 것은 메노가 제공한 이론적이고 실천적인 새로운 신학과 그의 영적인 회심의 체험이 공헌한 바가 크다 할 것이다.

64 Manfred Krebs(ed.), *Quellen zur Geschichte der Täufer* IV, Baden und Pfalz (Gütersloh: V. Bertelsmann Verlag, 1951), 208.

참고문헌

Bainton, Roland. *David Joris: Wiedertäufer and Kämpfer für Toleranz im 16. Jahrhundert.* Leipzig: M. Heinsius Nachfolger, 1937.

Bender, Harold. *Menno Simons' Life and Writing.* Scottdale: Mennonite Publishing House, 1936.

Bateman, John(ed.). *Erasmi Opera Omnia*, VII, Amsterdam: Huygens instituut, 1997. https://magistervenemus.wordpress.com/opera-omnia-erasmi/2020년 1월 27일 검색

Erasmus, Desiderius. *The Praise of Folly and Other Writings.* New York: WW Norton & Co., 1989.

______. *The Colloquies of Erasmus*, trans. by Craig R. Thompson. Chicago: University of Chicago Press, 1965.

Ferreiro, Alberto(ed.). *The Devil, Heresy and Witchcraft in the Middle Ages.* Leiden: E. J. Brill, 1998.

Friesen, Abraham. "Anabaptism and monasticism: A Study in the Development of parallel Historical patterns." *Journal of Mennonite Studies* 6(1988).

______. "Menno and Münster: The Man and the Movement." in Menno Simons: A Reappraisal, ed. by Gerald R. Brunk. Harrisonburg: Eastern Mennonite College, 1992.

______. *Erasmus, the Anabaptists and the Great Commission.* Grand Rapids: Eerdmans, 1998.

Gustav Bossert(ed.), *Quellen zur Geschichte der Wiedertäufer* I. Herzogtum Württemberg. Leipzig: M. Hensius Nachfolger, 1930.

Horsch, John. "Menno Simons Verhältnis zu der Münsterischen Sekte," *Deutsch-amerikanische Zeitschrift für Theologie und Kirch*e 32(1911).

______. *Infant Baptism: Its Origin Among Protestants and the Arguments Advanced For and Against It.* Scottdale: Mennonite Publishing House, 1917.

Hubmaier, Balthasar, "Old and New Believers on Baptism." in *Balthasar Hubmaier, Theologian of Anabaptism*, ed. by H. Wayne Pipkin and John Yoder. Scottdale, PA.: Herald Press, 1989.

Keeny, William. *The Development of Dutch Anabaptist Thought and Practice from 1539-1564.* Nieuwkoop: B. de Graaf, 1968.

Krahn, Cornelius. *Dutch Anabaptism: Origin, Spread, Life and Thought(1450-1600).* Hague: Martinus Nijhoff, 1968.

Kraybill, Donald B.. *Concise Encyclopedia of Amish, Brethren, Hutterites, and Mennonites.*

Baltimore: Johns Hopkins University Press, 2010.

Krebs, Manfred(ed.). *Quellen zur Geschichte der Täufer* IV. Baden und Pfalz. Gütersloh: V. Bertelsmann Verlag, 1951.

Locke, John. *A Letter Concerning Toleration*, ed. by John Tully. Indianapolis: Hackett Pub., 1983.

Luther, Martin. *D. Martin Luthers Werke: Kiritische Gesamtausgabe Schriften*(Weimarer Ausgabe). Weimar: Hermann Böhlaus Nachfolger, 1970.

______. *Sermons of Martin Luther* vol. 1, ed. and trans. by John Nicholas Lenker. Grand Rapids: Baker Book House, 1983.

______. *Reformation Writings of Martin Luther* I, trans, and ed. by Bertram Lee Wolf. New York: Philosophical Library, Inc., 1953.

Mosheim, John Lawrence. *An Ecclesiastical History, Ancient and Modern* vol. 4., trans. by Archibald Maclaine. New York: Collins and Co., 1824.

Scheffer, J. G. de Hoop. *Eenige Opmerkinge en Mededeelingen Betrefende Menno Simons*. Leiden: E.J. Brill, 1881.

Sepp, Christiàan. *Geschiedkundige Nasporinge*. Leiden: Breuk & Smits, 1873.

Simons, Menno. *The Complete Writings of Menno Simons(1496-1561)*. ed. by J. C. Wenger, & trans. by L. Verduin. Scottdale: Herald Press, 1956.

Stupperich, Robert(ed.). *Die Schriften B. Rothmanns*. Münster: Aschendorffsche Verlagsbuchhandlung, 1970.

Van Braght, Thieleman. *The Bloody Theater or Martyrs' Mirror*, trans. by Joseph F. Sohm. Scottdale: Mennonite Publishing House, 1950.

Williams, George and Angel Mergal(ed.). *Spiritual and Anabaptist Writers*. Philadelphia: The Westminster Press, 1957.

Zwingli, Ulrich. *Commentary on True and False Religion*, ed. by Samuel Macauley Jackson and Clarence Nevin Heller. New York: Labyrinth, 1929.

제8장

성서적 재세례파의 해석학

메노 시몬스를 중심으로

1. 서론

종교개혁운동의 현상과 마찬가지로 종교개혁 해석학은 오늘날 진지한 연구의 대상이 되고 있다. 하지만 학계에서는 종교개혁 해석학은 주로 칼뱅과 루터 중심으로 이루어지고 있기에, 16세기 철학과 신학 사상의 다양성을 지나치게 단순화시키는 결과를 초래했다. 사실상 신학계에서 급진 종교개혁자들의 해석적 원리나 방법을 논의한 연구는 미진했던 것이 사실이다. 그리고 설령 있다하더라도 관헌적(magisterial) 종교개혁 측을 대표하는 루터파나 칼뱅파를 중심으로 설정해놓고 그와 비교적 관점에서 급진 종교개혁파의 해석에 관심을 보였다. 세 권으로 된 하우저(Alan Hauser)와 왓슨(Duane Watson)이 편집한 『성서해석의 역사』(*A History of Biblical Interpretation*)는 이런 관점에서 연구된 대표적인 저술이라 할 수 있다.[1] 오이어(John Oyer)는 그것을 루터파적 관점에서 두 해석학적 방법론을 비교하고 있고,[2] 『종교개혁 세계의 안내서』와 『캠브리지 종교개혁 신학 안내서』와 같은 학술서[3]에 실린 글들은 역사적 사건들과 종교개혁

---

1 Alan Hauser & Duane Watson(ed.), *A History of Biblical Interpretation* vol. 1-5 (Grand Rapids: Eerdmans, 2009).

2 John Oyer, *Lutheran Reformers Against Anabaptists: Luther. Melanchthon, and Menius, and the Anabaptists of Central Germany* (Hague: Nijhoff, 1964). https://doi.org/10.1007/978-94-011-9285-9. 2019년 12월 23일 검색.

3 H. J. Goertz, "Radical Religiosity in the German Reformation," in ed. by R. P. Hsia, *A Companion to the Reformation World* (Malden: Blackwell, 2004), 70-8; D. Bagchi & D. C. Steinmetz(ed), *The Cambridge Companion to Reformation Theology* (Cambridge: Cambridge UP, 2004). https://doi.org/10.1017/CCOL0521772249. 2019년 12월 26일

자들의 일반적인 신학적 견해를 기술하고 있는데, 재세례파 해석학적 특징은 간략하게만 언급되어 있을 뿐이다. 재세례파 자체가 하나로 묶일 수 없으며 분파마다의 나름대로의 신학을 전제로 하기에 일관성 있는 성서해석학을 논의하기 어렵다는 지적에도 불구하고, 모든 그룹에서 수용될 수 있는 재세례파 해석학의 체계를 나름대로 제시할 수도 있다는 주장도 존재한다. 이 분야에서 널리 알려진 권위자는 재세례파 연구센터장이며 브리스톨 대학의 재세례파 연구소 센터장이자 영국 재세례파 네트워크 의장을 겸하고 있는 머레이(Stuart Murray)라 할 수 있겠다. 그의 『재세례파 전통의 성서해석학』[4]은 메노의 성서해석 연구에서 반드시 참고해야 할 문헌이라 사료된다.

이 장에서는 16세기 종교개혁운동에서 급진파 종교개혁운동으로 명명되는 재세례파의 성서해석학의 특징을 그 운동의 가장 위대한 지도자 중의 한 명이었던 메노 시몬스(Menno Simons)를 중심으로 해명하고자 한다. 메노의 재세례파 성서해석의 특징과 위상을 보다 잘 드러내기 위해 루터를 중심한 관헌적 종교개혁의 성서해석과의 비교를 시도할 것이다. 메노 및 메노파에 대한 연구가 20세기 들어 메노나이트 진영에서 활발하게 전개되는 것은 사실이지만, 성서해석학의 방법론에 대한 연구는 상대적으로 빈약했다 할 수 있다. 프로테스탄트 역사의 오랜 관습대로 메노파들을 신학적 근거가 희박한 성서주의자로 간단히 매도해버리거나 그들을 초기 급진파 열광주의자들과 유사한 무리로 간주한 나머지 비현실적인 이상주의 집단 정로로 평가절하하기 십상이다. 그러나 메노

검색.

4 S. Murray, *Biblical Interpretation in the Anabaptist Tradition* (Kitchener: Pandora Press. 2000). 머레이는 16세기 재세례파의 성서해석에 대한 연구를 통해 전통으로 지속되어 온 주류 종교개혁자들의 해석을 포함해서 신학적으로 강세를 보여 왔던 역사비평방법의 한계에 대한 지적하고, 그럼으로써 신학과 교회, 신학교와 교회의 간극을 좁혀주고, 무엇보다 역사적으로 친 권력적이던 콘스탄틴 그리스도교가 도외시해왔던 약자들에게 대한 관심의 전환이 요청되는 21세기 상황에서 교회와 그리스도인들을 지도할 수 있는 하나의 대안으로서 재세례파의 성서해석과 실천적 삶의 신앙을 제기한다.

의 성서해석을 중심으로 전개되는 이 글은 메노의 성서해석의 특유성과 일관성을 검토함으로써 프로테스탄트 종교개혁에 대한 이해의 지평을 넓히고자 한다.

2. 성서적 재세례파의 위상

급진파 종교개혁운동[5]은 종교개혁운동에서 특별한 위상을 점하고 있다. 급진파들은 완고한 구세력인 가톨릭교회뿐만 아니라 그들로부터 위협이나 박해를 받았던 계몽되고 나름 교양을 갖춘 종교개혁운동, 즉 주류의 관헌적 종교개혁 측으로부터도 고문이나 처형당하는 박해를 받아야 했다. 루터는 알려진 바와 같이 급진파를 "광신주의자"(Schwärmer)라 명명했고 그들을 분파주의적 이단으로 간주했다.[6] 그러나 근대적 민주주의의 수많은 기본적인 원리, 무엇보다 양심의 자유나 종교적 관용의 정신을 형성하는 데 급진적 종교개혁 운동의 전통이 결정적인 역할을 했다는 주장이 오늘날 상당한 호소력을 갖는 것도 사실이다. 또한 그들은 성서본문의 이해에 대한 독창적인 해석방법, 즉 전통적인 관점과는 상당히 변별성을 갖는 해석방법을 제공하기도 했다. 이 점에 대해 벤더(Harold Bender)는 자신의 『재세례파의 비전』(*Anabaptist Vision*)에서 다음과 같이 말하고 있다.

---

5 "급진적 종교개혁"이라는 용어는 20세기 들어 학문적으로 확립된 개념이다. George Williams, *The Radical Reformation* (Philadelphia: Westminster Press, 1975)에서 윌리엄스는 이 용어의 타당성에 대해 주장한다.

6 루터는 재세례파 종교개혁자들을 어떠한 구별 없이 모두 "광신도"(Shwämer)라 칭했다(*LW* 40, 231). 불링거는 재세례파를 "하느님의 교회를 파괴하는 자들", "악마 원수들"이라 물렀고, 칼뱅은 "광신도들", "미혹하는 자들", "멍청이들", "불한당들", "미친개들"이라 불렀다. 이들에 대해 최초로 좌파 종교개혁자라 칭한 사람이 파스트(Heinold Fast)와 베인튼이며, 각주 6번에서와 같이 벤더 학파의 일원이었던 윌리엄스가 이들에 대해 급진적 종교개혁자(radical reformer)라 불렀다.

> 의심할 바 없이 미국 개신교에서 기본적이고 민주주의에 본질적이라 할 수 있는 양심의 자유, 정교분리, 신앙의 자유의 위대한 원리는 궁극적으로 종교개혁 시기의 재세례파에서 유래된 것이며, 그들이 최초로 그리스도교 세계에 선언했으며 그리스도인들이 그것을 따르도록 도전한 것이다.[7]

급진파 종교개혁은 15, 16세기 유럽사회 전반의 변혁의 맥락에서 기인된 광범위한 변혁운동의 일환이었다. 맥그라스(A. McGrath)는 인문주의, 반성직주의, 팜플렛 제작과 확산을 가능케 했던 인쇄술의 발달, 농민혁명, 수도원 개혁운동, 새로운 헌신운동과 같은 수많은 개혁 운동들과 위클리프, 후스, 사보나롤라와 같은 종교개혁 이전의 개혁자들이 종교개혁자들의 이념과 의제에 자양분을 공급하는 비옥한 토양이 되었음을 복기한다.[8] 종교개혁운동의 초기부터 운동의 주류는 루터파나 칼뱅파와 같은 관헌적 개혁측에 속했던 교회들로 구성되었고, 이들의 운동을 우파적이라 말한다면, 소위 좌파라 말할 수 있는 급진적 개혁측은 운동 내부에서도 이질적으로 취급받았음에도 불구하고 종교개혁운동에서는 매우 적극적이고 능동적이었다는 점을 잊어선 안 된다. 그들 중에서도 뮌처, 츠빅카우 예언자들, 뮌스터파와 같이 예언, 천년왕국, 혁명적 변혁에 열광했던 신비주의 계열과 세르베투스나 소치니(Lelio Sozzini)[9]와 같이

7 Harold Bender, *The Anabaptist Vision* (Scottdale: Herald Press, 1944), 4.

8 Alister McGrath, *The Intellectual Origins of the European Reformation* (Malden: Blackwell pub., 2004), 29-32 참고.

9 이탈리아의 급진적 종교개혁자 렐리오 소치니와 그의 조카 파우스토 소치니(Fausto Sozzini)가 주도한 개혁운동은 공식 교리를 표방하지 않는 비독단주의적 종교개혁운동으로 성서의 개인적 탐구를 강조했다. 성서의 권위를 엄격히 준수하며, 성서 해석에서 전통보다 이성에 의존하고, 교리 형식에 느슨한 태도를 보이며, 삼위일체설은 다신교와 성자 숭배를 거부하는 교회 원칙에 논리적으로 위배된다고 보아 반삼위일체설을 주장하는 것으로 특징지을 수 있다. 소치니주의는 그들이 망명했던 폴란드에서 유행했다가 네덜란드를 거쳐 영국으로 전파되었다.

자유롭게 성서를 해석하고 해석학적으로 역사비판적 방법을 취했던 합리주의 계열로 거칠게 구분해 볼 수 있다.

그러나 역사적으로 좌우로 치우치지 않고 가장 안정된 개혁파는 스위스 형제단과 같은 성서적인 재세례파와 그들과 같은 노선을 걸었던 메노파라 할 수 있다. 사실상 급진파 종교개혁에서는 후대에 가장 큰 영향을 미친 인물은 메노이다. 하지만 메노는 재세례파운동의 해석적 영역에서의 선구자로 볼 수는 없으며, 더군다나 1525년 취리히에서 시작된 재세례파의 창시자도 아니었다. 그는 핑윰(Pingjum)이라는 작은 마을의 사제였고 후에 프리슬란트 비트마르숨(Witmarsum)의 사제로 활동했던 인물이다. 그는 1536년 뮌스터 참극이 끝난 후 재세례파에 합류했다. 그의 가장 큰 공헌은 흩어진 재세례파들을 모으고 운동을 제도화하기 시작했다는 데 있었다. 그는 성서 이해의 해석학적 체계로 형성된 비교적 안정된 신학적 기초와 더불어 교회론, 신앙과 삶의 일치 등의 원칙으로 재세례파를 조직화했다. 그는 개인적으로 체계적인 재세례파 신학을 형성하지 않았지만, 형제들의 공동체로부터 전해들은 신학사상을 자신의 성서이해에 근거해서 재해석했으며, 그것을 다시 저술이나 설교의 형태로 회중들에게 전해주었다. 메노는 "겔리우스 파베르(Gellius Faber)의 출판물에 답하여"에서 자신의 회심에 대해 쓰고 있다.

> 그 일이 일어난 이후, 형제들의 생존 소식을 듣기 전에 지케 즈나이더(Sicke Snijder)라는 하느님을 경외하고 경건한 영웅이 재세례를 받았다는 죄목으로 리우바르덴(Leeuwarden)에서 참수 당했습니다. 재세례에 관한 것을 들었을 때 이상하게 들렸습니다. 나는 성서로 부지런히 검토하고 열심을 다해 숙고해보았지만, 유아세례에 관한 기록을 찾을 수 없었습니다. 이것을 간파한 이후 그것을 나의 목사와 토론했고 많은 대화를 나눈 후 그는 성서에는 유아세례의 근거가 없다는 것을 인정할 수밖에 없었습니다. 여전히 나는 나 자신의 이

해를 신뢰하지 못하고 교회의 오랜 신학적 스승들의 글을 통해 조언을 얻고자 했습니다. 그분들은 어린이들이 세례 받음으로써 그들의 원죄를 씻게 된다고 가르쳐줍니다. 나는 이러한 견해를 성서와 비교했고 마침내 그것은 그리스도께서 흘리신 보혈에 대한 훼손이라는 것을 깨닫게 되었습니다.[10]

메노의 글에서 새로운 해석학적 지평의 제시를 목격할 수 있다. 가톨릭교회의 전통과 그것에 근거한 성서 이해, 그리고 주류적인 관헌적 종교개혁자들의 글에 나타난 해석과 이러한 신학 사상적 유산들을 비판적으로 평가하고, 그것을 성서를 기준으로 비교하고 평가한 것이다. 그의 글은 출판되어 급진 종교개혁 진영에서 널리 읽히게 되어 회중들의 성서이해를 교정 · 확인시켜주었다.

관헌적 종교개혁자들의 성서해석 체계와 비교했을 때, 급진파 종교개혁가의 해석학은 여러 가지 면에서 중요한 차이를 보인다. 첫째, 대체적으로 관헌적 종교개혁자들에 비해 급진파 신학자들은 신학적으로 덜 교육받았고 문화적으로 교양적 수준이 떨어졌다. 루터, 츠빙글리, 칼뱅, 외콜람파디우스, 멜랑히톤 등 대표적인 인물들은 상당한 교육을 받았으며, 고전어에 능통한 자들이었다. 그들의 개혁적 사상은 스콜라철학과 투쟁하는 학문적 배경 하에서 발전된 것이었다. 재세례파 신학자들이 대체적으로 매우 전문적인 신학 교육을 받은 경우는 드물었다는 점과, 농민이나 상인과 같은 평범한 사람들이 갖는 상식이나 인습적인 지혜에 의존하는 경향이 강했다는 점과 비교하면 관헌적 종교개혁가들의 위상이 분명하게 드러난다. 재세례파 진영에서는 가장 세련된 신학자라 할 수 있는 메노조차 시골지역 사제였고, 평화로운 멜키오르파 신학자 디

10 Menno Simons, *The Complete Writings of Menno Simons(1496-1561)*, ed. by J. C. Wenger, trans. by L. Verduin (Scottdale: Herald Press, 1956), 669.

르크 필립스(Dirk Philips)도 지극히 평범한 프란체스코파 수사였고, 악명 높은 멜키오르 호프만(Melchior Hoffman)은 모피업자였다. 당연히 그들은 학문적 분석에 따르지 않았으며, 관헌적 종교개혁가들이 했던 방식으로 성서본문에 대한 비판적 방법론을 계발하기 힘들었다. 대신 그들은 독창적인 방식으로 자신들의 방법론을 형성하기 시작했다. 그것은 루터나 칼뱅, 부처와 같은 주류의 종교개혁자들 사이에서 인기 있었던 특별한 인문주의적 도구 없이 이루어진 것이다. 급진파의 해석체계는 학문하는 대학이 아니라 회중들 속에서 비롯된 측면이 강한데, 오히려 이런 점에서 1세기, 2세기 초기 그리스도인들의 성서 해석의 관행과 사도적 전통에 대한 기록된 표현으로서 신앙 공동체에 나타났던 성서 텍스트가 형성되는 과정을 숙고하도록 이끌어주는 측면이 있다. 그런 점에서 교회적으로 형성된 성서의 정경은 학문 공동체가 아닌 교회 공동체에서 해석되어야 하는 것이었다.

둘째, 급진파의 해석학은 강력한 지배 계급의 정치적 이해관계에서 자유로웠다는 점이다. 현실적으로 국가 통치 하에 있음에도 불구하고, 세상에서 그리스도의 승리와 지배의 관점에서 신약성서를 해석하는 정치적 해석, 즉 교회 권력의 정당화를 암시하는 해석에 동의하지 않았다. 재세례파와는 달리, 관헌적 종교개혁의 해석은 다분히 당대의 사회구조를 유지하려는 해석적 경향이 강하다. 그들은 교회와 국가는 불가분리의 관계에 있으며(루터의 두 왕국론 조차도 결국은 자신의 원리에 충실하지 못했다), 사회와는 사실상 타협적인 관계에 있다고 이해할 수 있다. 좋은 예가 1523년 10월 취리히 시의회에 미사(성만찬 포함)에 관한 논쟁에서 최종 결정권을 부여했던 츠빙글리의 결정이다. 콘라드 그레벨(Conrad Grebel)과 시몬 스툼프(Simon Stumpf)와 같은 츠빙글리의 철저한 추종자들은 이에 대해 종교개혁의 대의명분(개혁된 교회의 최고의 권위은 성서이지 정치권력이 아니다)에 대한 배신이자 정치적 타협으로 간주했다. 하지만 현실적으로 종교개혁가들은 자신들의 후견인들의 이해관계를 고려하지 않으면 안 되었기에 의식적이든 무의식적이든 그러한 정치적 이해관계가 그들의 성서 해석에 영향을 미쳤다는 것을 인정할 수밖에 없다. 유아세례에 관한 논쟁과 그 문제와 관련한 성서본문 해석에서 그런 경향성은 특히 두드러진다. 유아세례에 대한 거부는 불가피하게 전 세계를 그리스도교화시키기보다는 헌신적인 소수파의 교회로 전락시킬지도 모른다는 우려와 맞닿아있다.[11] 의심할 바 없이 정치와 연계된 관헌적 종교개혁가들은 신약성서의 참된 그리스도인들의 공동체와 같은 이상적인 교회를 회복하는 것에는 크게 관심하지 않았다. 차라리 사회 전체를 교회로 포섭해서 하

---

11 "유아세례"의 교리적인 문제에 대해 가톨릭이나 프로테스탄트 양 진영 모두 그토록 히스테리적인 반응을 보였는지의 이유에 대해 필자는 두 가지 점을 제기하고 싶다. 하나는 종교적 교리상의 문제이고 두 번째는 종교 · 정치적인 문제이다. 첫째 그리스도교가 로마제국에 의해 공인되자마자 제국의 종교로서 급격한 위상의 상승과 힘을 얻게 되었으나 교회 자체의 교리적 통일성은 교회 권력 상승 속도를 따라잡기 힘들었다. 그렇기에 국가권력에 편승한 교회가 되는 순간부터 교리적 갈등은 그때부터 본격적으로 노출될 수밖에 없었다. 그 중에 한 예가 "원죄" 교리다. 이 문제를 두고 아우구스티누스와 펠라기우스라는 당대 최고의 교부들이 사생결단의 논쟁을 벌인 것만 봐도 알 수 있다. 물론 아우구스티누스가 승리함으로써 원죄의 교리가 공식적인 교회 교리로 확정되었고 펠라기우스는 이단으로 낙인 찍히게 되었다. 어떻게 보면 원죄야 말로 자신의 죄책을 신에게 전가하는 불경으로 해석될 수 있으나, 원죄를 부정했을 경우 예수 그리스도의 십자가 대속의 의미가 실종되기 쉽다는 약점이 도사리고 있다. 더 중요한 것은 현실적으로 이것은 교회와 성직자의 존재이유와도 직결된다. 원죄가 없다면 유아에게 세례를 줄 이유가 없어진다. 그렇게 되면 교회와 성직자의 존재이유도 사라지게 된다. 결국 교회와 성직자의 존립을 위해서도 원죄의 교리는 고수되어야 하는 것이다. 둘째 종교 · 정치적인 문제로 중세 유럽에서 형성된 "그리스도교 세계"라는 이념의 문제다. 중세의 교회는 종교 조직이면서도 현실에 존재하는 기구였다. 그런데 실제적으로 교회는 순수한 종교 조직이라기보다는 막대한 토지를 지닌 대지주이기도 했기에 사실상 영주들의 관할권 아래 있었다. 교회는 토지를 교회에 기증하고 면세특권 등 막대한 특혜를 제공하는 영주의 영향을 받지 않을 수 없었던 것이다. 중세 초기 샤를마뉴가 정복 전쟁에 열을 올릴 때 정복지의 주민을 통합하는 데 그리스도교만 한 수단이 없었다. 또한 유럽의 역사와 지형에 큰 변동을 초래한 노르만족의 대이동 시기에도 서유럽 국가들은 이민족의 침략을 막아내는 데 개종을 적극적으로 활용하였다. 이민족의 개종을 통해 서유럽 전체가 적으로 종교적으로 한 몸(그리스도교 세계)을 이루게 된 것이다. 따라서 한 몸을 이룬 세계(사회)에서 정치권력은 교회를 지배 수단의 하나로 여기고 자신들의 친인척을 주교나 사제로 임명하는 경우가 다반사로 일어났던 것이며, 그런 점에서 주교 같은 성직자도 실상은 세속적인 정치가라고 보아도 무방했다. 이러한 한 몸을 이룬 "그리스도교 세계"에서 유아세례는 통일성에 중요한 이데올로기적 도구가 될 수 있는 것이기에, 유아세례의 거부는 이러한 통일성을 해치는 불순하고 반역적인 정치 행위로 간주되기 충분했던 것이다.

느님의 말씀으로 그 사회를 변화시키는 것이 훨씬 현실적이고 실용적이라 여겼다. 관헌적 종교개혁의 선교적 패러다임은 교회를 통해 전 사회를 영적이고 이념적으로 지배하려던 정치권력에 의해 든든한 지원을 받게 되었고, 역으로 정치권력은 종교개혁 측으로부터 정치적 지원을 얻을 수 있었던 것이다. 이에 반해 급진적 종교개혁가들은 교회가 세상과 분리된 성도들의 공동체라고 주장했다. 그들의 교회론적 원칙은 분리주의, 즉 죄로 물든 사회와 개인에 대해 자의적으로 폭력을 행사하는 제도로서의 국가로부터 벗어나는 것이었다. 관헌 종교개혁가들이 사회를 안정화시키고 현존하는 권력 질서를 유지시키는 방식으로 성서를 해석했다면, 급진파는 정치적 고려나 권력의 지원 상실에 대한 두려움 없이 성서를 자유롭게, 심지어는 경우에 따라 전복적으로 읽었다 하겠다.

셋째로, 급진파의 해석학은 전체적으로 통전되고 정리된 체계의 부재를 특징으로 한다. 16세기 종교개혁운동이 시작되어 전개되던 시기에 급진주의자를 특징짓는 성서해석은 공식적으로 존재할 수 없는 역사적 현실을 고려하면 충분히 이해될 수 있는 측면이 있다. 그들의 체계라 말할 수 있는 것도 사실은 급진파들의 신앙 고백이나 체포되어 심문받던 재세례파 사람들의 법정 증언, 그리고 그렇게 많지 않은 저술들을 토대로 오늘날에 와서 재구성된 것이다. 또 다른 이유로 급진파 종교개혁운동 내에 잘 교육받은 영향력 있는 지도자가 부족했던 것도 원인이겠지만, 초기 그리스도교의 단순함을 회복하려는 근본주의적인 시도로 교육이나 학습을 경시했던 그들의 태도에 기인한 탓도 있었다. 이러한 근본적인 신학적 의도는 급진파들의 해석적 체계를 규정하는 특징이라 하겠다. 급진파의 그리스도교적 이상은 미래가 아니라 과거에 있었으며, 그것은 명백히 그 운동의 최대의 약점이라 사려 된다.

3. 메노 성서해석학의 특징

하나로 통전되지 못하고 다분히 이질적이고 파편화되어 보이는 급진파의 해석 체계는 모든 그룹에서 수용될 수 있는 틀을 구성해 볼 수 있다. 즉 모든 재세례파 그룹에는 논쟁의 여지가 없는 신학적 교의와 보편적으로 수용되는 성서 이해의 영역이 있기에 재세례파 해석학을 하나의 체계로 말하는 것이 불가능한 것만은 아니라는 점이다. 재세례파 해석학 연구는 20세기 후반에 급속히 발전하기 시작했는데, 이 분야에서 머레이의 연구는 주목할 만한데, 그가 주장하는 재세례파 성서 해석의 원리의 핵심을 정리하면 다음과 같다.[12]

> ① 성서는 자기 해석적이다(성서는 스스로 설명한다). ② 그리스도 중심성(그리스는 성서 이야기의 중심이다). ③ 신약성서는 구약성서를 해석한다. ④ 성령론(성령만이 성서의 문자를 해석할 수 있다). ⑤ 회중이나 공동체에 근거한 해석학(올바른 의미 풀이는 공동체와의 올바른 상호작용에서만 가능하다). ⑥ 순종의 해석학(성서의 의미는 말씀에 대한 순종 속에서만 이해될 수 있다).

또한 벤더는 『재세례파의 비전』에서 재세례파를 특징짓는 세 가지

12 S. Murray, *Biblical Interpretation in the Anabaptist Tradition*, 3장-8장 참고.

기본원칙을 제시했다.[13] 첫째, 제자도로서의 그리스도교이다. 즉 성서에 대한 참된 이해는 해석자의 경건한 삶을 통해 확인되어야 한다. 둘째, 형제애로서의 교회이다. 성서적 교훈이 주는 문자적 이해는 이 운동의 옹호자들을 세상에 물들지 않고 세상으로부터 구분시킨다는 생각으로부터 고난 받는 교회의 개념으로 이끌어주며, 교회공동체의 형제들 간의 참된 희생적 형제애의 요구로 안내한다는 것이다. 셋째, 사랑과 무저항이다. 이 원칙은 모든 종류의 폭력에 대한 거부로 이해되었다. 그것은 신약성서의 이야기를 구약성서의 이야기보다 우선하고 그리스도와 그의 명령을 성서 전체 해석의 결정적인 중심으로 이해하는 것에서 추론된 결과였다.

이 장에서 필자는 머레이와 벤더의 급진파 종교개혁 연구의 성과에 힘입어 메노의 성서해석학의 체계의 기본 원리를 정리해 보고자 한다.

(1) 그리스도 중심주의

메노가 성서본문을 주석하고 이해한 방식을 루터나 심지어 멜키오르 호프만과 같은 다른 재세례파 지도자의 성서에 대한 성찰과 비교해 보면, 메노의 해석은 한편으로 재세례파의 기본적인 원리를 포함하고 있을 뿐 아니라 그것들에 새로운 의미를 부여하면서 고양시키고 있다는 것을 알게 된다. 그리스도 중심의 해석은 메노의 글 전반에서 분명하게 드러나는 특징이다. 메노가 쓴 모든 저서와 팜플렛은 "어느 누구도 다른 기초를 세울 수 없으니, 곧 그리스도시라(고전 3장 11절)"는 모토로 시작된다. 메노는 그리스도가 모든 성서적 계시의 초점이라 간주한 것이다."[14]

---

13 H. Bender, *The Anabaptist Vision,* 20.

14 A. J. Klassen, "The Bible in the Mennonite Brethren Church," *Direction. A Mennonite Brethren Forum,* vol. 2, no. 2(1973), 38.

이러한 점에서 메노는 루터나 다른 종교개혁자들과 입장이 크게 다르지 않았다. 루터 해석학의 특징도 그리스도 중심성인데, 그것은 에라스뮈스의 인문주의적 해석학이나 사변적 해석학과는 다른 것이다. 성서의 모든 구절은 그리스도를 가르치는 바, 루터는 성서의 주된 목적은 그리스도에 관한 계시를 전달해주는 것으로 확증했다. 루터의 "그리스도가 성서의 왕이시다"(*Christus Regnum Scriptura*)는 말보다 그의 성서관을 잘 드러낸 표현도 없을 것이다.

메노 역시 성서 전체를 그리스도 중심성이라는 하나의 초점으로 읽는다. 그는 "성서 전체가 우리를 그리스도에게도 인도하지 않는가? 우리가 그분의 이름으로 세례 받지 않았다면, 어떻게 우리가 그분의 음성을 듣고 말씀에 순종할 수 있겠는가? 여러분이 사도적 교회라는 것이 자랑스럽지 않은가?"라는 수사학적인 물음을 제기한다.[15] 메노는 미크론과의 논쟁에서 다음과 같이 강조한다. "나는 내적으로든 외적으로든, 머리에서부터 발끝까지, 가시적이든 비가시적이든 그리스도 예수 전체가 하느님의 유일하신 참된 아들이시라고 증언해주는 신약성서를 당신에게 읽겠습니다."[16]

그러나 메노의 그리스도 중심성은 성서 전체가 그리스도에 관해 말하고 있다는 의미만은 아니다. 그리스도가 성서 전체의 가장 충실한 해석자이기에, 우리는 그의 말씀만 들어야 하며, 모든 일에서 그분만 따라야 한다고 주장한 것이다. 이런 관점에서 관헌적 종교개혁자들은 그리스도 중심성에서 벗어나 있다는 것이 메노의 비판이다.

> 친구들이여, 여러분은 전능하신 아버지께서 자신의 아들을 증거하시면서 이는 나의 사랑하는 아들이요 내가 기뻐하는 자니. 너희는

15 Menno Simons, *The Complete Writings of Menno Simons(1496-1561)*, ed. by J. C. Wenger, trans. by L. Verduin (Scottdale: Herald Press, 1956), 127

16 *Ibid*., 857.

> 저의 말을 들으라(마17:5)고 계시하시는 오류 없는 말씀과 증언으로 무엇을 하는지 말해주십시오. 그러나 당신은 그분의 영과 말씀 그리고 범례를 거부하고 그들의 정신과 교리와 행동이 심연의 구덩이에서부터 나온 자들, 즉 명백한 적그리스도들과 거짓 선지자들을 따르고 그들의 말에 귀를 기울이고 있습니다.[17]

즉, 우리는 성서에서 그리스도를 만날 뿐 아니라 모세나 다른 누구보다 그분의 말씀만을 경청해야 하는 것이다. 메노와 그의 추종자들은 성서를 이해하기 위해서는 역사비평적인 방법을 사용하기보다는 그리스도가 구약성서에 적용하면서 보여주었던 해석적 방법을 따르는 것이 보다 중요한 것으로 인식했다. 이런 이유로 재세례파의 모형론적인 실제에서는 종종 알레고리 해석 방법이 사용되기도 했다. 알레고리 해석을 경멸했던 루터와 달리, 메노는 구약성서의 이미지를 상당히 자유롭게 다루었으며, 구약본문의 맥락이나 때로는 심지어 문자적 의미까지 고려하지 않았다.

> 온 땅이 홍수로 멸망했습니다. 왜냐하면 하느님의 아들들이 아름다운 인간의 딸들을 보았고 자기들이 좋아하는 모든 여자를 아내로 삼았기 때문입니다. 또한 그들의 마음에 모든 상상과 생각이 지속적으로 악했던 고로 하느님의 성령으로 책망 받지 않을 수 없었기 때문입니다.[18]

역사비평적 관점에서 보면, 메노가 언급한 창세기 본문(창 6: 2-3)에는 홍수의 원인으로 언급된 홍수 이전에 살고 있던 사람들과 대면하는

---

17 *Ibid.*, 216.

18 *Ibid.*, 113.

하느님의 영에 관한 말이나 하느님의 아들들과 인간의 딸의 결혼에 대한 말이라 해석되기 어렵다. 그러나 메노에게는 영적인 도야와 교육적 결론이 중요하지 정확한 주석이 중요한 것이 아니다. 또한 그는 다른 구약성서 본문을 거침없이 자의적으로 해석한다. “다윗이 말하길 주님의 눈에 귀중한 것은 자신의 성도들의 죽음이라고 합니다. 당신께서 박해하시는 분은 나사렛 예수이지 우리가 아닙니다. 따라서 깨어서 삼가 하느님과 그의 말씀을 경외하십시오.”[19] 메노의 관점에서 저자를 다윗이라 간주한 시편 116편 15절 말씀 “성도의 죽는 것을 여호와께서 중히 보시는 도다”는 실제로는 작자 미상임에도 불구하고 재세례파를 박해했던 군주나 귀족 영주에게 말한 말씀으로 이해한다.

메노의 그리스도 중심성은 그리스도의 말씀과 그의 모범이 다른 모든 성서 구절보다 훨씬 중요하다는 사실에 반영되어 있다. 평화주의적으로 그리스도를 본 받고 악에 저항하기 위해 폭력적인 방법에 호소하지 말 것을 명령하는 기본적인 토대는 그리스도 중심적인 이해에 근거한 것이다. 모든 종교개혁자들이 성서 이해에서 모종의 전(前) 이해를 가지고 있었지만, 메노의 경우 그러한 전 이해는 무엇보다 문화나 광범위한 전통, 즉 앞선 전통이나 일반적인 세계관과 같은 전 이해가 아니라 그리스도 중심의 실존적 계시, 즉 철저한 복음으로의 회심에 기초한 것이었다. 메노는 시편 25편에 관한 묵상에서 그 심경을 토로하고 있다. “그래서 불쌍한 죄인인 저는 여러 날을 보냈고, 오 은총의 하느님, 당신의 성령께서 당신의 말씀을 통해 저를 가르치시고 저에게 당신의 뜻을 알게 하셔서 당신의 신비 가운데로 이끄시기 전까지는 당신께서 나의 창조주이시며 구원자라는 것을 깨닫지 못했습니다.”[20]

그러한 증언의 진실성에 대해 학문적으로 평가하기 쉽진 않지만,

---

19 *Ibid.*, 118.

20 *Ibid.*, 77.

그러한 회심의 체험은 메노의 해석학적 지평에서의 질적인 변화와 직결된다. 이것이 성서적 재세례파(biblical anabaptists)에서 가장 주목해야 할 부분인데, 이는 바로 멜키오르 호프만, 라이덴의 얀 보이켈스(Jan Beukels van Leyden), 얀 마티스(Jan Matthys) 그리고 다른 열광주의자들이 주도한 뮌스터파 종교개혁운동과의 대결 국면에서 형성되었다는 점이다. 열광주의자들은 주로 성서의 예언적이고 묵시적인 부분을 그들의 가르침의 핵심으로 정하고 구약성서의 일정 부분을 실현시키고자 했다. 말하자면 그들은 구약성서에서 교회와 국가 관계의 모형을 발견한 것이다. 열광주의자들은 구약에 호소하여 자신들의 검의 사용을 정당화 시키고자 하였다. 실제로 얀 보이켈스는 자신을 하느님께서 세 번째 다윗으로 임명했기에 검을 사용해서 하느님 나라를 도래시키는 임무를 받았다고 주장했다. 이에 대해 메노는 구약의 정당성을 부인하고 새 언약의 규범성을 제시했다. 다윗의 무장은 육신적 이스라엘 백성에나 해당하는 것이기에 신약성서의 진리에 구약의 육신을 적용해서는 안 된다는 것이다. "형상은 실제적 존재로 드러나고 문자는 영으로 드러나는 법입니다. 이런 원리를 취한다면 그리스도인이 어떤 종류의 무기를 잡고 싸워야 하는지 너무도 분명합니다. 좌우의 날선 검인 하느님 말씀을 가져야 하는 것입니다."[21] 이런 식으로 구약에 대한 신약의 실제성의 원칙은 그리스도 중심주의의 논리적 귀결이었다 하겠다.

무력의 힘으로 지상에 하느님 나라를 건설하려고 했던 열광주의자들에게 중심적이고 주도적인 개념이 운동의 주도자 개인에게 계시된 천년왕국적인 사상에 바탕 한 것이었던 반면, 성서적 재세례파들은 스스로를 열광주의자들과 구별 짓기 위해 그리고 그들이 천년왕국의 혁명운동과 무관하다는 점을 강조하기 위해 그리스도 중심주의와 같이 상호 연결된 요소에 의해 철저한 비폭력과 절대 평화를 견지함으로써 구축된

21 *Ibid.*, 42.

것이며, 이것이 메노파가 성서 본문 전체를 해석하는 핵심 키워드로 작동했던 것이다.

(2) 성서 스스로 해석

모든 종교개혁가 들이 전형적으로 인정하는 바는 성서가 스스로 해석한다(*scriptura sui ipsius interpres*)는 원리이다. 루터는 성서에 최고의 권위를 부여하는 데서 그 의미를 찾았다. 포르데(Gerhard Forde)에 따르면, 성서는 의롭게 하고 구원하고 속죄하는 말씀이기에 성서는 독자의 권위 위에서 스스로 해석하는데, 그것은 해석학적 요인이 칭의론과 관련되기에 그러하다.[22] 루터에게 성서가 스스로 해석한다는 주장은 성서의 권위가 해석자의 권위 위에 있다는 것을 의미한다. 하지만 메노에게 이 개념은 전혀 다른 의미를 지니고 있는데, 불분명한 성서 구절들이 더 명확하게 해석되어야 한다는 의미에서 그러하다.

이러한 이해는 급진파들의 성서의 명료성과 이해가능성의 관점에서 비롯된 것이다. 어린 아이와 같은 순수함과 단순함으로 급진파들은 성서의 저자가 사람들에게 자신을 드러내면서 구원의 길과 하늘나라를 보여주고자 한 것이라 믿었다.[23] 이러한 신념을 바탕으로, 메노는 자신이 가장 잘 이해할 수 있는 방식으로 주된 원칙을 제시하고자 하였기에, 다른 시대나 문화에 사는 사람들은 구원의 문제에 있어 그의 견해에 쉽

---

22 Gerhard Forde, *A More Radical Gospel: Essays on Eschatology, Authority, Atonement, and Ecumenism* (Grand Rapids: Eerdmans, 2004), 74.

23 실제로 재세례파 설교자들은 마태복음 11장 25절의 예수의 기도를 근거로 하느님께서는 당신의 진리를 단순한 사람과 어린아이에게 나타내시는 것을 기뻐하신다고 해석했으며, 이를 근거로 성서를 이해하는 자신들의 능력을 변호했으며, 실제로 설교 전에 이 구절을 낭독하기도 했다. Leland Harder, *The Sources of Swiss Anabaptism* (Scottdale: Herald Press, 1985), 381.

게 동의하기 어려운 부분도 있다. 그럼에도 불구하고 만일 우리가 사도적 전통의 기록으로서의 성서가 가장 정확하고 충분한 계시라는 점에 대해 동의한다면, 사실 성서가 명료하고 자기 해석적이라는 생각으로부터 유아세례에 대한 메노의 의구심이 전혀 타당성을 결하고 있다고 단정하기 힘들 것이다.

> 전능하신 하느님의 아들이시며, 영원한 지혜와 진리이신 예수 그리스도, 우리가 신약성서의 유일한 입법자요 교사로 인정하는 그분께서 어린아이들이 세례를 받아야 한다거나 그의 거룩한 사도들이 그것을 가르치고 실천해야 한다고 명령하셨다는 거룩한 진리를 입증할 수 있는 자가 하늘아래 있겠습니까? 만일 그렇다면, 더 이상 우리에게 폭정과 형벌을 강제할 필요가 없는 것입니다. 하느님의 말씀만 보여주세요, 그러면 문제는 해결되는 것입니다.[24]

메노에게 성서본문 자체는 구체적인 교훈과 그것의 진실성에 대한 궁극적인 증거를 포함하고 있다. 16세기에 성서의 명료성과 충분성에 대한 생각은 당대의 수많은 그리스도인들에게 해방적 의미, 즉 성서에 대한 개인적 연구에 강력한 영감과 동기를 부여해주었다. 그러나 바로 이 지점에서 급진파들은 루터파나 칼뱅파와 심각한 불일치를 보이게 되었는데, 관헌적 종교개혁자들은 재세례파들처럼 교육을 제대로 받지 않은 사람들은 성서를 올바로 해석할 수 없다고 생각한 반면 재세례파들은 그에 동의하지 않았다는 점이다. 머레이에 따르면, 재세례파들에게서 학문적인 교육은 해석에 도움보다는 해를 가할 수 있으며, 성서의 의미를 명료화시키는 것이 아니라 오히려 모호하게 할 뿐 아니라, 또한 성서해석에서 교리를 강조하는 것은 성서 연구의 범위를 협소하게 만들

---

24 *The Complete Writings of Menno Simons*, 129.

고 생생한 계시를 박제화 시킬 수 있다고 본 것이다.[25] 말하자면, 재세례파는 관헌적 개혁파들이 종교개혁의 초기에는 성서적인 가르침에 바탕한 원리와 실천에 집중하였지만 시간이 흐를수록 그들이 깨달은 성서적 진리에 순종하는 것을 회피하거나 거부한다는 인상이 짙어지자 비판적인 태도로 변하게 된 것이다. 말하자면 그들의 신학적 연구는 너무도 빈번하게 성서의 진실을 회피하거나 왜곡하는 데 사용되고 있다는 확신이 들게 된 것이다. 심지어 급진파 신학자 마르펙(Pilgram Marpeck)은 관헌적 개혁파 신학자들을 향해 "바리새파 사람들"이라 비판하기도 했으며,[26] 후브마이어(Balthasar Hubmaier) 역시 그들이 얼마나 자신들의 몸을 사리기 위해 혹은 기호에 맞게 성서해석을 왜곡하거나 성서의 급진적 도전을 의도적으로 순화시키는지에 대해 성토했다.[27] 하지만 급진파 자체도 자신들이 인식하지 못했겠지만, 성서해석에 영향을 미칠 수 있는 교리적 가정을 선 이해로 무장하고 있었으며, 이것이 관헌적 종교개혁자들에게 공격의 빌미를 제공한 것도 사실이다. 급진파들은 제대로 교육받지 못했기에 성서해석에는 고전어와 문화사 등에 대한 해박한 지식이 없으면 제대로 해소되지 않는 해석학적 난점이 존재한다는 사실을 제대로 깨닫지 못했다. 말하자면 급진파가 "성서의 명료한 의미"라고 생각한 것이 성서본문의 저자가 의도했거나 암시했던 바와 전혀 동떨어진 의미로 판명될 가능성도 충분했던 것이다. 그렇기에 루터는 해석학의 주요 과제를 성서의 본래적 의미를 찾아내는 것이었고, 그런 점에서 해석의 오류란 본래의 의미의 왜곡이요 상실을 뜻하는 것이었다.

루터의 전제에 비해 급진파는 특이한 전제를 가지고 있었다. 인간

---

25 S. Murray, *Biblical Interpretation in the Anabaptist Tradition*, 42-50.

26 자신의 학문에 대한 자부심과 교만으로 인해 성서의 올바른 이해와 순종에는 실패한 예수 당시의 서기관에 빗대서 관헌적 개혁파 신학자들을 비판한 것이다. William Klassen & Walter Klassen, *The Writings of Pilgram Marpeck* (Scottdale: Herald Press, 1978), 71.

27 Walter Klassen, "Speaking in Simplicity: Balthasar Hubmaier," *Mennonite Quarterly Review* (1966), 142.

이 아닌 신적인 저자가 어떠한 생각이나 사건을 서술하는 것이 아니라 독자에게 영향을 주기 위해 거룩한 성서본문의 의미를 제공했다는 전제이다. 이렇게 되면, 독자가 본문에 참여해서 독자 자신의 시대와 문화를 살아가기 위한 확실한 교훈과 지시를 본문에서 해석해 내는 것이 성서본문의 의미 자체가 되는 것이다. 본문이 서술적이지 않고 교훈적으로 규범적으로 기술되었다는 것으로 이해된다면, 독자는 어떤 의미에서 맥락적으로 이해하는 공동의 저자가 되지 않으면 안 된다. 급진파의 관점에서는 신적인 저자가 본래부터 의미를 충분하게 제공해주었기에 본문이 독자의 실존적 지평에서 적실성을 갖는 것으로 구현될 수 있다. 하지만 여기서 거룩한 본문은 언제나 의도된 방식으로 읽히게 된다는 점도 지적되지 않으면 안 된다.

이러한 내러티브를 충실하게 따르는 자들과 그들을 열렬하게 비판하는 적대자들 양쪽 다 항상 그들의 기대와 전 이해를 가지고 본문을 해석했다 할 수 있다. 이런 관점에서 보면, 메노의 특별한 관심이나 그의 실존적 경험이 어떻게 성서해석에 도입되었는지 그 이유를 이해하기 용이하다. 그러한 해석방법은 원문의 의미에 충실한 해석, 즉 주석(exegisis)과 달리, 원문에 반드시 일치하지 않아도 본문에 자기의 해석을 주입시킨 해석, 즉 자의적 해석(eisegesis)이라 불린다.[28] 자의적 해석은 보통 프로테스탄트 신학자들에 의해 비판을 받는데, 유일한 참된 의미는 원래의 청중들에게 소통되었던 것이라는 점을 하나의 공리로 간주하기 때문이다. 그러나 사실 주석은 이 본문이 실제로 무엇을 의미하는 가를 묻는 반

28 자의적 해석은 자신의 전제, 의제 또는 편견을 해석에 도입하는 해석 방식이다. 그것을 독자가 본문 속으로 들어가는 것을 일컫는데, 사전에 견지하고 있는 관심이나 이해를 입증하고 선 이해를 확증편향을 강화시키기 위해 수행되는 방법으로 알려져 있다. 자의적 해석은 주석과 대조할 때 그 의미가 가장 분명해지는 데, 주석은 저자의 맥락과 발견 가능한 의미에 부합되는 본문의 의미를 도출하고자 하는 반면, 자의적 해석은 독자가 본문에 대한 자신의 해석을 주입시킨다. 그렇기에 주석은 객관적인 경향이 있고 자의적 해석은 주관적인 경향이 있다고 말할 수 있겠다. *The Encyclopedia of Christianity* II (Grand Rapids: Wm. B. Eerdmans, 1999-2003). 237.

면, 자의적 해석은 이 본문에 대해 우리는 무엇을 생각할 수 있는가를 묻는다. 독자적인 자의적 해석은 경우에 따라서는 피상적인 해석일 수도 있지만, 더 엄밀하게는 본문에 대한 재 사고라 할 수도 있다. 메노와 재세례파의 성령론적 관점에서의 성서해석은 주석적인 대신 독자적 자의적 해석 방법론을 채택한 것으로 이해된다. 이러한 해석적 실천은 성령이 성서본문을 기록한 저자들에게 직접 영감을 불어넣어서 쓰도록 했으나 마치 살아있는 사람처럼 동일한 성령이 그 본문을 설명하고 풀어주는 과정에 참여한다는 이해에 기초해있다. 그래서 메노는 "그것은 대학에서 빌려올 수도 가르칠 수도 없는 지혜입니다. 그것은 위로부터만 주어지고 성령을 통해서만 배울 수 있는 것입니다."[29] 또한 "믿음은 성령을 통해서만 이 복음을 받아들입니다."[30]라고 주장하는 것이다. 성령의 역사를 통해 성서는 그리스도를 충실하게 따르는 자들을 위해 자명한 자의적 해석이 된다.

관헌적 종교개혁가 들도 교리적인 문제에 있어서 성서가 명료하고 성령의 자기 해석적이라는 데 십분 동의할 수 있을 것이다. 하지만 윤리적인 문제라든가 교회 구조적인 측면 등에서는 그렇지 않았다. 게다가 그들은 성서 이해의 두 가지 차원, 즉 어떤 독자에게도 이해 가능한 외적이고 객관적인 차원과 성령의 조명을 통해서만 이해될 수 있는 내적이고 영적인 차원을 도입했다. 그러한 구분은 성서를 정식적인 문헌으로 다루고 그것에 모든 학문적 방법을 적용시키는 성서비평의 길을 여는 단초를 제공했다 하겠다. 신적이고 영적인 권위는 본문 그 자체로부터 분리되었고 신앙의 경험적 차원으로 환원되었으며, 그런 경우 해석학의 성령론적 측면은 학문적 방법론으로서 보다는 신앙주의적인 주관적 표현으로 간주되고 말았다.

29 *The Complete Writings of Menno Simons*, 107.

30 *Ibid.*, 115.

(3) 정경적 해석

메노는 교회의 고대전통과 교부들의 가르침에 관해 다음과 같이 말한다. "먼저 그것을 말씀, 성령, 삶, 그리고 그리스도와 그의 거룩한 사도들의 예에 비추어 성서 전체의 참된 내용, 의도, 교리 및 의식인지 아닌지 확인하기 위해 우선적으로 분석하고 면밀하게 검토해보십시오."[31] "성서 전체"라는 표현이 메노의 글 전반에 걸쳐 자주 등장하는데, 그것이 그의 신학적 입장의 핵심에 속한다. 통전적 입장이라는 것은 처음에 두 가지 달라 보이는 해석학적 지평을 모으려는 것이다. 그는 성서말씀의 문자적 이해의 지평과 성령에 의한 영적 해석의 지평을 융합하여 그리스도와 사도들의 모범으로 검토한다. 메노의 생각은 그 결과가 부분적이 아닌 성서 전체의 의미에 부합해야 한다는 것이다. 우리는 "재세례파는 성서본문을 문자적이고 영적인 해석의 이분법을 통해 성서본문을 읽고 그리스도 중심성과 교회 중심성을 통해 통일성을 이루었다"[32]는 슈베르트(Aaron Schubert)의 결론에 동의할 수 있을 것이다. 메노의 통전주의는 관헌적 종교개혁가들과는 달리 성서를 삶과 결합시킬 뿐 아니라 정경으로서의 성서 전체에 주의를 기울인 것으로 보인다.

> 성서 전체, 즉 거룩한 예언자들과 복음사가들과 사도들의 참된 가르침과 증언을 읽고 간구하십시오. 그러면 이러한 경건한 회개를 간절히 받아들이고 행해져야 하며, 만일 그러지 않으면 그 누구도 은총을 받을 수 없으며 하늘나라에도 들어갈 수 없을 것이고 영원히 소

31 *Ibid.*, 404.

32 Aaron Schubert, "Dirk Philips' Letter and Spirit: An Anabaptist Contribution to Reformation Hermeneutics," *Religions* 41(2017), 5. https://doi.org/10.3390/rel8030041. 2020년 1월16일 검색.

망이 없다는 사실을 분명하게 발견할 것입니다.[33]

통전적인 성서해석이란 무엇보다 성서의 부분에 대한 해석이 전체 맥락에서 이루어져야 한다는 것인데, 그 어떤 부분도 서로 모순되지 않게 서로 보완되어야 한다는 것을 의미한다. 페커(Henry Poettcker)는 메노의 해석학에 대해 다음과 같이 말한다. "메노는 성서의 통일성을 유지하고자 한다. 맹세하지 말라는 문제를 둘러싼 마르틴 미크론(Martin Micron)과의 논쟁에서 그는 우려를 표명하는데, 이 문제는 성서의 통일성이 유지되는 방식으로 숙고되어야 올바른 의미를 얻게 된다는 것이다."[34] 오스번(G. Osborne)은 해석을 위한 근본적인 토대로 맥락의 중요성에 대해 "본문에 대한 깊은 의미를 위해 발판(맥락)을 세워야 한다. 튼튼한 발판이 없이는 해석의 체계는 붕괴될 수밖에 없을 것이다."[35]라고 강조한다. 오스번에 따르면, 해석자는 역사적 · 논리적 맥락을 고려하는 것으로 시작하고 나서야 해석의 과정이 시작된다는 것이다. 역사적 맥락은 역사적 상황, 연대와 저자의 문제 및 청중과 구체적인 본문의 목적을 소개하는 것을 의미하며, 논리적인 맥락이란 하나를 이야기의 직접적인 환경으로 끌어들이고, 성서 구절을 본문의 직접적이고 더 큰 이야기에 두는 것을 돕는다. 결과적으로 작은 파편의 의미를 하나 또는 여러 성서의 책들과 연결시키게 되는 것이다.[36] 이런 점에서 보면, 메노는 오늘날의 해석자에게 표준이 되는 이러한 패러다임과는 거리가 멀 수 있다. 그는 성서를 본래적 형식과 역사적 발전의 맥락에서 보는 것이 아니라 전체적인 것

---

33 *The Complete Writings of Menno Simons,* 112.

34 Henry Poettcker, "The Hermeneutics of Menno Simons: An Investigation of the Principles of Interpretation Which Menno Brought to his Study of Scripture," (Princeton: Princeton Theological Seminary, 1961), 126.

35 Grant Osborne, *The hermeneutical spiral: A comprehensive introduction to biblical interpretation* (Westmont: InterVarsity Press, 2010), 37.

36 *Ibid.*, 38-39.

으로 보기 때문이다. 메노의 경우, 본문은 교회가 받아들여서 성서 연구자의 손에 전달된 형식으로 존재한다. 그는 본문의 저자가 누구인지, 어디서 그것을 썼는지, 원래의 독자나 청중은 누구인지 그리고 어떤 편집 과정을 거쳤는지에 관해서는 전혀 관심을 보이지 않았다. 그의 결론들은 하나의 성서 구절에만 의지해서 도출된 것이 아니라, 다양한 역사적인 시기에 여러 저자가 썼던 부분들로 이루어진 본문들을 마치 전체적으로 하나의 문헌인 것처럼 해석한다. 바로 이것이 정경적 해석의 전형적인 특징이라 할 수 있겠다.

메노와는 달리 루터는 "정경 속의 정경"이라는 생각을 견지했다. 그에게 사도 바울과 로마서는 가장 특별하고 중요한 역할을 하고 있다. 루터의 해석학은 믿음으로 의롭게 된다는 교의적 토대에서 전개되고 있다. 루터는 이러한 전 이해의 관점을 통해 신구약 성서를 해석한다. 예컨대 베드로전서에 관한 설교의 시작을 루터는 이렇게 시작한다.

> 그러므로 바울 서신은 마태, 마가, 누가의 글보다 훨씬 위대한 복음입니다. 후자는 그리스도의 행위와 기적의 역사와 관련이 있습니다. 그러나 특히 로마서에서의 바울처럼 그리스도를 통해서 얻는 은혜를 그렇게 훌륭하게 강조한 분은 없습니다.[37]

루터가 이신칭의의 교리적 관점에서 바울서신을 높이 평가한 반면 그 교리와 부딪히는 야고보 서신을 "지푸라기 같은 서신"이라 평가 절하했던 사실에 대해 메노는 노골적으로 반박했다.

---

37 Martin Luther, *Luther's Works* 30, ed. by Jaroslav Pelikan and Helmut T. Lehmann (Saint Louis: Fortress Press and Concordia, 1967), 4.

> 루터파들은 행위의 도움이 없이 오직 믿음만으로 구원을 받는다고 믿고 가르칩니다. 그들은 행위가 불필요하다고 생각하게 될 정도로 이 교리를 강조합니다. 물론 그런 성질의 믿음은 믿음에 동반되는 행위를 관용하지 못할 것입니다. 그러므로 중요하고도 진지한 야고보서를 "지푸라기 같은 서신"으로 간주하고 그렇게 취급한 것입니다. 이 얼마나 교만한 어리석음입니까? 그 교리가 보잘 것 없는 지푸라기라면, 그 서신을 기록하고 가르친 택함 받은 사도요 그리스도의 신실한 종이요 증인인 야고보는 지푸라기 같은 인간이 틀림없을 것입니다. 이것은 명백한 논리입니다. 왜냐하면 교리를 보면 그 사람의 품성을 알 수 있기 때문입니다.[38]

메노는 루터파들의 이신칭의 교리 중심의 신앙에는 율법 폐기론적 경향이 잠재해 있다는 것을 적확하게 파악한 것이다. "그들은 시편을 부르기 시작합니다. 올무가 끊어져서 우리는 자유케 되었으니 주님을 찬양한다고 노래합니다. 그런데 동시에 그들의 취한 입과 코에서는 맥주와 포도주가 흘러내립니다."[39] 메노의 신앙에서는 이렇게 옛 생활을 단호하게 청산하지 못한 상태에서 예수 그리스도를 주님으로 고백하고 헌신하며 따른다는 것은 상상할 수 없는 것이었다.

비록 신약성서의 비중이 구약보다 우월한 것은 사실이지만, 메노는 언제나 성서에 대한 통전적인 입장을 견지하고 있었고 전체로서의 정경에 해석을 근거 지었던 것이다. 20세기 후반에 차일즈(B. S. Childs)를 중심으로 한 정경적 비평(canonical criticism)이 등장했는데, 이는 해석자를 본문 배후의 상황에 대한 탐구로부터 본문 그 자체로 돌려놓으려는 노력의 일환이었다. 정경적 비평이란 성서가 정경화된 과정과 그 결과를 중

---

38 *The Complete Writings of Menno Simons*, 333-334.

39 *Ibid.*, 334.

심으로 그러한 결과를 가져온 "신앙 공동체"의 입장에서 성서를 해석하려는 시도이다. 정경비평은 역사적 비평들처럼 성서 본문 배후에 있는 본문의 역사에 관심을 보이지 않고 성서를 현재 우리가 가지고 있는 최종적인 정경의 성서 그대로 받아들이며, 정경의 성서의 책의 순서나 제목 등의 그대로의 모습에 의미를 두고 있다.[40] 정경비평은 성서 책의 자료들이나 그것을 편집한 저자의 편집방법 또는 신학에 관심을 보이기보다, 단지 성서의 각 책들이 최종적으로 정경화되는 상황에서 그 책들과 신앙공동체가 서로 어떠한 "기능"을 하였는가에 더 관심을 둔다. 즉, 정경비평은 정경으로서의 성서와 그것을 신앙과 실천의 규범으로 받아들인 신앙공동체에 관심을 보이기에, 정경비평에서 성서는 단순한 신학을 위한 학문적인 분석의 대상이라기보다는 교회의 규범으로서 신앙과 실천을 위한 책으로 이해되어진다 하겠다.[41] 성서 해석에서 메노가 취한 체계가 오늘날 정경적 비평이 취한 입장과 매우 유사하며, 현재는 다양한 교파에서 대중성을 확보하고 있다.[42]

당대의 관헌적 종교개혁의 지도자들과 달리, 메노는 참된 의미를 명확성으로 안내하는 학문적 분석이 아니라 명확성의 범주에 대한 실존적 이해와 연결시킨다. 환언하면, 메노는 성서가 절대적인 하나님의 계시라는 것이며 하나님께서 모든 세대의 인간들에게 말씀하길 원하시는 바를 명확하게 전달하고 있다는 것을 확신했다. 메노의 가장 영향력 있는 저술 『기독교교리의 기초』(*Fundamentboek*) 서문의 마지막은 "그리고 …

40 권종선, 『신약성서 해석과 비평』 (대전: 침례신학대학교출판부, 2005), 305.

41 *Ibid.*, 306.

42 정경적 해석학은 개신교는 물론 가톨릭교회나 정교회에서도 관심의 대상이 되어 왔다. 특히 교황 베네딕트 16세는 사도적 권고 『주님의 말씀』(*Verbum Domini*)에서 "본문은 성서 전체의 통일성에 주의를 기울여 해석되어야 합니다. 오늘날 이것을 정경적 주석이라 합니다."라고 강조했다. http://www.vatican.va/content/benedict-xvi/en/apost_exhortations/documents/hf_ben-xvi_exh_20100930_verbum-domini.html. 2020년 1월 19일 검색.

우리는 그리스도 예수 안에서 하느님의 말씀으로부터 분명하게 읽히고 듣게 되고 이해될 수 있는 것 이외에 어떤 다른 입장이나 믿음 또는 교의도 우리는 가질 수도 인식할 수도 없다는 것을 여러분 앞에서 간증하는 바입니다."[43]로 맺는다. "단순한 가르침," "성서에 대한 단순한 이해" 같은 표현이 그의 글 전반에서 사용되고 있는데, 메노는 성서 본문의 진정성에 대해 결코 의문을 제기하지 않으며 그것의 영감 받은 권위에 대해 추호의 의심도 하지 않았다는 것을 의미한다. 그에게 그것은 진리의 자명한 예언의 결과였던 것이며 비판적 분석 없이도 그것의 타당성은 얼마든지 확보될 수 있는 문제였던 것이다. 성서가 최고의 권위라는 확고한 이해는 메노의 신학적 연구를 통한 결론이기도 하지만 보다 중요한 것은 당대의 문화적 교육적 배경 및 세계관과 그가 회심했을 때 개인적으로 체험한 계시의 영향에서 비롯된 것으로 여겨진다. 메노가 회심했을 당시의 고백을 보면, 회심 이전에 그의 동료들과 다른 사제들은 이미 성서에 친숙했지만, 자신은 성서를 읽기 두려워서 망설였다고 고백했다.[44] 메노가 가톨릭 사제였을 때 성서에 대한 직접적 이해는 너무도 어려운 문제였기에 권위 있는 해석자의 중재가 필수적으로 수반되어야 한다고 믿었다. 그러나 가톨릭의 화체설에 대해 의문을 품게 되자 그는 토마스 아퀴나스나 자신이 속했던 교회의 위대한 신학자들로부터 신약성서 본문으로 관심을 돌리게 되었던 것이다.

> 결국 신약성서를 성실하게 검토할 생각을 하게 되었습니다. 얼마 되지 않아 우리가 속아왔다는 것을 깨닫게 되었습니다. 그리고 앞서 말한 성찬의 빵 때문에 고통받아왔던 양심이 어떠한 지시나 명령도 없이 순식간에 자유롭게 되었습니다. 지금까지 루터의 도움을 받았

43 *The Complete Writings of Menno Simons*, 108.

44 *Ibid*., 668

던 것은 사실입니다. 하지만 인간적인 권위를 갖는 명령들이 영원한 죽음에까지 속박할 수는 없습니다.[45]

이 고백은 메노가 성서 본문을 신뢰했을 뿐 아니라 주석가의 선험적인 가정 없이 그것을 전폭적으로 수용했으며, 이후 루터의 과감한 예를 참고하여 자신의 혁명적 이해를 확실하게 했다는 것을 암시해준다. 그래서 메노에게서는 경험에 대한 신뢰를 기반으로 하여 성서 이해에 대한 통전적인 정경적 체계가 형성되었다 하겠다.

(4) 적용가능한 실천으로서의 해석

전체 재세례파 운동의 가장 두드러진 특징 중에 하나는 결국 그 운동 자체와 이후 가장 큰 영향력을 끼쳤던 메노의 실천적 그리스도교의 이념, 즉 그리스도의 삶은 그를 믿고 따르는 자들에게서도 드러나야 한다는 것이라 할 수 있다. 드디어 메노는 성서 안에서 독자의 사회문화적 상황을 변화시키기에 적합한 새로운 의미를 찾고 그러한 의미를 일상적 삶에 적용하는 방법을 알게 하는 적용가능한 해석학 개념에 이르게 되었다. 이러한 원리에 근거해서 메노는 관헌적 종교개혁자들의 성서해석을 의문시하고 비판하게 된 것이다. 루터의 경우는 윤리보다는 신학, 즉 올바른 신학을 위해 종교개혁을 수행했다 말할 수 있다. 그래서 루터는 교회의 도덕적 상태에 세심한 주의를 기울였던 위클리프, 후스와 같은 선배 종교개혁자들을 비판했던 것이다. 루터의 신학적 발견은 하느님께서 죄인을 행위가 아니라 신앙을 통한 그의 은혜로 죄인을 의롭게 여긴다는 깨달음을 체계화시켰다는 데 있다. 그렇기에 루터는 도덕적인 행

45 *Ibid.*, 668.

위를 강조하는 것은 자칫 거룩한 삶으로 구원을 이루려는 시도로 여겨질 수 있기에 이에 대해 매우 회의적이었던 것이다. 루터가 의도한 결과라 할 수는 없지만, 신앙 대 행위, 하느님의 은총 대 인간의 공로의 대립적 성격이 강한 가르침이 지나치게 근본적이었기에 실제로는 그리스도인의 행위의 윤리와 거룩한 삶을 경시하는 결과를 초래하게 되었다 할 수 있다. 루터의 역설적이고 도발적인 진술 "대담하게 죄를 지어라"(*pecca fortiter*)는 종종 부도덕한 행위를 정당화시킬 때 인용된다.[46] 분명한 것은 루터가 그리스도인의 삶이 의롭고 경건해야 한다는 것을 부정하지는 않았다 하더라도 윤리를 희생하면서까지 고집한 이신칭의(以信稱義)의 신학이 결과적으로 루터적인 개신교의 실천적 삶의 차원에서 불행한 전개를 초래한 것을 부인하기 어려울 것이다.

메노는 루터의 해석학적 결과를 검토하고 루터파와 종교개혁자들과의 논쟁을 거친 후 루터의 해석학에 대해 적극적으로 비판하는 입장을 취하게 됨으로써[47] 신학보다는 윤리에 기초한 성서 해석학의 체계를 마련하게 된다. 메노는 "어차피 이 세상은 의가 거주하는 곳이 아니기에 죄를 지을 수밖에 없다"는 루터의 생각에 결코 동의할 수 없었다. 구원이 인간의 행위나 공로가 아니라 신앙으로 인해 주어진다는 데에는 동의할 수 있지만, 신앙 자체는 반드시 선한 행위로 드러나야 한다는 점에서는 일체의 양보도 없었다. 아무리 루터의 이신칭의의 교리가 뛰어나다고 해도, 그런 위대한 교리를 믿는 것 자체가 곧 구원을 담보한다는 생각을 거부했다. 오히려 그러한 교리적 신앙은 거룩한 삶으로 안내하는

46 이 유명한 문구는 멜랑히톤에게 보낸 편지에 등장하는 말인데, 이것은 더 큰 맥락에서 보면, 루터의 진정성을 담은 글이라기보다는 개인적인 죄에 대한 관용의 태도를 읽을 수 있는 대목이다. 이에 대한 포크너(John Faulkner)의 해제도 참고할 만하다. John Faulkner, "Pecca Fortiter," *The American Journal of Theology* 18(4)(1914): 600-604.

47 메노의 "갈리우스 파버의 글에 대한 답변"(Reply to a Publication of Gellius Faber)과 "마르틴 미크론에 대한 답변"(Reply to Martin Micron)을 참고하라. *The Complete Writings of Menno Simons*, 625-782; 835-914.

믿음의 진정한 교리에 장애물이 될 뿐이라고 보았기 때문이다.

> 하나님 앞에서 열납 될 수 있는 참된 신앙은 열매가 없을 수가 없기에 그것은 반드시 열매를 맺고 그것의 본성을 드러낼 수밖에 없습니다. 그것은 끊임없이 사랑으로 역사(役事)하면서, 기꺼이 의 가운데로 들어가며, 육과 혈에 속한 것을 멸하고, 정욕과 욕망을 십자가에 못 박으며, 그리스도의 십자가에서 즐거워하며, 새로워지고 거듭납니다 … 그것이 아무리 학식이 넘치고 현명하고 말에 유창하고 겉으로 화려하고 심지어 기적을 일으킨다 해도 열매를 맺지 못하는 무력한 신앙은 하나님 보시기에 불결하고 죽은 것이나 저주받은 것과 다름없습니다.[48]

메노는 신앙의 행위를 강조한 까닭에 루터파나 칼뱅파로부터 행위를 통한 구원이라는 비판을 받았다. 그러나 메노의 구원론적 순서는 완벽하게 성서적이다. 신앙이 먼저고 그리고 행위가 따를 때 그것을 확인할 수 있으며, 중생 이후 반드시 성화가 뒤따라야 한다. "제자도로서의 그리스도교"의 원리는 머레이가 주장했던 대로 순종의 해석학으로 이르게 한다. 머레이는 재세례파들의 그리스도교적 실천의 중요성을 강조하면서, 16세기 재세례파 지도자 마르펙 같은 경우 해석과 적용의 구별을 거부했다고 주장한다. 재세례파에 따르면, 해석자가 만일 성서의 적용에 대한 책임을 받아들이지 않으면 성서를 설명할 수 없다는 것이다.[49] 재세례파 공동체는 오랫동안 한스 뎅크의 모토대로 "그 누구도 그리스도를 삶으로 따르지 않는다면 그리스도를 진정으로 알 수 없다"는 생각

48 *The Complete Writings of Menno Simons,* 116.

49 S. Murray, "Biblical Interpretation among the Anabaptist Reformers," in ed. by A. J. Hauser, & D. F. Watson, *A History of Biblical Interpretation*. vol. 2 (Grand Rapids: Eerdmans, 2009), 423.

을 유지해왔다.[50]

메노는 자신의 고발자들에게 응답했다. "여러분들은 말합니다. 우리가 무지하고, 배우지도 못했고, 성서도 모른다고 말입니다. 나는 답합니다. 말씀은 단순해서 해석할 필요가 없습니다. 즉 마음을 다하고 영혼을 다하고 힘을 다하여 주 너희 하느님을 사랑하고 너의 이웃을 네 몸과 같이 사랑하라(마 22:39)."[51] 즉 하느님 말씀은 하느님을 사랑하고 이웃을 사랑하라는 명령이기에 해석이 필요 없다는 주장이다. 메노에게서는 교육받은 자가 아니라 사랑하는 자가 성서본문을 정확하게 이해한다는 것이다.

성서적 재세례파들은 성서본문이 교회적이고 종교적인 삶 뿐 아니라 무엇보다 개인적 행위에서 적용되어야 할 것을 주장했다. 메노는 가톨릭 전통처럼 성서의 윤리적 권위가 특별한 성직 계급에만 적용되는 것이 아니라 공동체 내의 모든 그리스도인들에게 적용되어야 함을 주장했다. 또한 메노는 성서에 대한 지적이고 지식적인 이해보다는 실존적 이해를 더 중시했다는 점을 명심하는 것이 중요하다. 메노에게 적용 가능한 이해는 바로 성서의 적실성 문제와 연관되어 있다. 메노는 성서를 "지금 그리고 여기서" 읽는 것이지 "그때 거기서" 말해진 것에 관심하는 것이 아니다. 예컨대, 예수의 말씀 "너희 위선자들아 이사야 선지자가 너희에게 대하여 잘 예언하였다. 그가 일렀으되 이 백성이 입술로는 나를 존경하되 마음은 내게서 멀도다(마 15: 7-8)"에 대해 예수께서 이사야서(사 29:13)를 인용하고 선지자가 1세기 바리새인들에 관해 말하는 것이라 설명한다. 메노 역시 메노와 추종자를 적대하고 정죄하는 당대의 설교자들을 바리새파로 규정하고 있다.

50 C. J. Dyck, "Hermeneutics and Discipleship," in I. B. Horst et al., *De Geest in bet Geding* (Willink: Tjeenk, 1978), 58.

51 *The Complete Writings of Menno Simons,* 214.

… 그들은 뻔뻔하게도 그리스도에게서 그분의 영광과 공로를 박탈하고 그의 양들을 흩어버립니다. 자신들의 기만적인 교리의 검으로 주께서 너무도 사랑하셨고 열심을 다해 찾으셨던 그래서 엄청난 값을 치르고 사셨던 불쌍한 영혼들을 파괴시키고 맙니다. 또한 그들은 우리가 그리스도와 함께 말하고 가르치는 주님의 말씀과 명령에 맞서 싸웁니다. 그들을 내버려 두십시오. 그들은 눈먼 자를 인도하는 눈먼 지도자들입니다.[52]

한편 독자가 문맥을 정확하게 평가하고 적용된 본문의 의도를 따르는 경우, 그러한 접근방법은 매우 생산적이다. 하지만 다른 한편, 그런 방법이 약점이 없는 것은 아닌데, 주요한 약점은 예언적 본문을 고의적으로든 비고의적이든 엉뚱한 수신자에게 적용하거나 누군가의 신학적 편견과 호불호에 정의된 방식으로 이용될 수 있기 때문이다. 이 경우 성서본문이 해석의 내용과 목적을 정의하는 것이 아니라 해석자가 성서본문을 자신의 의도에 억지로 끼워 맞춘 것이라 볼 수 있다. 게다가 그러한 본문 사용은 그것이 쓰인 기본적인 역사적 정황을 무시함으로써 야기된 왜곡된 이해로 이끌거나 정도를 벗어난 알레고리적 환상으로 이끌 수도 있다. 그럼에도 불구하고 성서에 대한 적실성 있는 읽기는 독자로 하여금 자신의 삶의 다양한 정황을 신학적으로 이해할 수 있도록 계발시키고 개인적인 행위를 성서적 관점에서 볼 수 있는 가르침을 주기에 매우 실용적인 것으로 판명된다. 티셀튼(A. Thiselton)의 말을 들어보면, 충분히 메노를 연상할 수 있을 것이다.

우리가 이해하고자 하는 바를 민감하게 인식하고 전유하는 것은 지각하고 사유하며 인식하는 대상을 세밀하게 조사하는 전통적인 방

52 *Ibid.*, 169.

법보다 우위를 갖는다. 푹스(Ernst Fuchs)는 다음과 같이 주장한다. '우리가 본문을 번역하기 전에 본문이 우리를 번역해야 한다.' 본문의 해석자는 자연과학자나 경험주의자의 가정된 입장과 유사한 중립적인 관찰자가 아니다. 가장 온전한 의미에서의 이해는 참여와 자기 개입이 요구되는 것이다.[53]

(5) 공동체적 해석

메노의 또 다른 주목할 만한 특징은 그의 공동체 해석학인데, 이것은 관헌적 종교개혁의 방법론과 완전한 변별성을 갖는 것이다. 루터와 칼뱅과 같은 성공한 관헌적 종교개혁가들은 모든 사람이 성서를 읽을 수 있다고 선언했지만, 실제로는 그들이 옳다고 간주한 읽기만 허용했던 것이 사실이다. 그것은 철저하게 그들의 추종자들이 신앙고백서와 교리문답 및 기타 고백서문서에 대한 복종을 전제로 해서 시행되어야만 하는 것이었다. 급진파들은 교리보다 윤리적이고 실천적인 면을 강조했기에 문헌들의 통일성이나 신앙고백에 구속되지 않았다. 이것의 좋은 예는 소위 순교자들의 회의에서 완성된 슐라이트하임 신앙고백(Schleitheim Confession, 1527)인데, 여기서 교회와 국가 권력의 관계를 명확하게 언급하고 있다.[54] 머레이의 말을 빌리면,

53 A. C. Thiselton, *Hermeneutics: An Introduction* (Grand Rapids: Eerdmans, 2009), 7-8.

54 4항에서 교회는 세상과 분리되어야 함을 천명한다. 세상은 사탄이 심어놓은 온갖 죄악으로 물들어 있기에 그것으로부터 분리되어야 하는 것이 주되신 그리스도의 명령이다. 그렇기에 그리스도인들은 하느님과 연합되지 않은 모든 것으로부터 멀리해야 한다. 그리고 6항에서 세속 국가의 검의 사용, 즉 폭력을 거부한다. 그렇기에 그리스도인은 국가의 통치 임무에 참여해서는 안 된다는 것이다. 세속의 무기는 검이지만 그리스도인의 무기는 영적인 것이다. 그래서 그 누구에게도 육체적 고통을 주는 무력을 행사해서는 안 되며 부득이한 경우 권징의 사용만을 인정한다.

재세례파의 공동체적 해석학은 성령주의자들의 자율적인 개인주의에 대해 동의하지 않았고, 가톨릭의 교회 전통의 권위에 의한 개인적 해석의 극심한 위축에 대해서도 거부했으며, 종교개혁자들의 "오직 성서로만"이 정작 적용되면서는 대부분의 그리스도인들의 자격을 박탈해버리고 사실상 사제적 폭정 대신 설교자의 폭정을 대체해버렸다는 점에서 주류 개혁의 질적 양상에 대해 동의하지 않았다.[55]

공동체 해석학은 거룩함과 연합을 특징으로 하는 재세레파 교회론[56]에 기초해 있다. 재세례파들은 교회가 세상과 분리된 성도들의 공동체로서 세례를 통해 그리스도와 하나가 되었다고 믿었다. 메노는 자신의 글을 통해 교회를 "성서와 니케아 신조가 분명하게 가르치고 제시하는 대로 성도들의 모임이나 회중, 즉 참된 믿음을 통해 하나님이신 그리스도 예수에 의해 거듭나서 신적 본성을 갖게 된 자들, 성령과 말씀과 주님의 모범에 따라 자신의 삶을 기꺼이 규제하려는 자들, 성령에 의해 행동하고 주님으로서 예수 그리스도의 십자가를 기꺼이 감당하려고 하며 그러할 준비가 되어 있는 자들의 모임이나 회중"[57]으로 정의했다.

급진파는 교회를 그리스도에 대한 관계에서 동등한 구성원들의 모임으로 보고 모든 구성원들은 성령의 인도를 받으며 교회의 머리이신 예수와 직접 관계되어 있기 때문에 각각이 해석자로서의 구성원이라 결

55 Murray, "Biblical Interpretation among the Anabaptist Reformers," 418

56 재세레파의 교회론은 츠빙글리의 추종자였다가 그와 결별하는 그레벨의 교회론에서 그 특징이 분명하게 드러난다. 츠빙글리가 교회를 국가교회로 이해했다면, 그레벨은 교회가 국가권력으로부터 자유로운 교회가 성서적 교회라 인식했다. 즉 국가의 강요나 국가의 법에 지배받지 않는 신자들로 구성되는 자유로운 교회가 재세례파들이 추구했던 교회의 이상이었다. Fritz Blanke, "Anabaptism and the Reformation," in *Recovery of the Anabaptist Vision*, ed. by Guy Hershberger (Scottdale: Mennonite Pub., 1957), 59-60.

57 *The Complete Writings of Menno Simons,* 667.

론짓는다. 그렇기에 재세례파 공동체는 영적인 위계질서를 거부했으며 모든 구성원들의 성서이해에 차별을 두지 않았다. 성서의 이해는 구성원들 각자가 주님으로부터 개별적으로 받은 신앙의 수준과 계시에 달려있었다. 그 결과, 공동체의 모든 구성원은 서로에 대해 하느님의 사제로 이해하였기에 만인이 사제로서 예배에 능동적으로 참여할 수 있었다. 그러한 해석의 평등주의가 뛰어난 주석가의 출현을 촉발시키지는 못했지만 구성원들에게 성서에 대한 해석과 서로의 행위를 돌아보게 하고 교정할 수 있는 기회를 제공한 것은 사실이다. 그러므로 성서 본문에 대한 비정상적인 해석이나 이해가 등장했을 경우 그것은 불가피하게 공동체의 판단을 받아야 했다. 공동체의 견해는 개인적 해석을 검토, 수정, 보완 및 강화하는 역할을 감당했다. 이로 인해 내용이 풍부해지고 합의에 이르게 되었으며, 재세례파는 화합이나 합의와 같은 형태를 선호하게 된 것이다.

슐라이트하임 고백은 바로 이 합의에 대해 예시해준다. 이 문서의 제목도 "7개 조항에 관한 하느님의 자녀들의 형제적 연합"[58]으로 되어 있으며 첫 조항을 제외하면 모든 조항은 수동적 목소리가 사용되는 곳에서 "우리는 동의한다"로 시작된다. 그것은 회원들이 자의적으로 모인 것이 아니라 위로부터의 부르심을 듣고 모여서 하나가 되어 성서 이해에서 일치에 이르게 되었다는 것을 암시한다. 이것은 메노와 다른 성서적 재세례파들이 공동체 해석학의 효력을 믿었던 영적 이유를 드러내준다. 그들은 성령이 해석학적 공동체에서 자유롭게 활동하기 때문에, 그리고 성령만이 본문의 참된 의미를 드러낼 수 있기 때문에, 성서는 해석학적 공동체에서 효율적으로 해석될 수 있다고 주장했던 것이다.

58 William Lumpkin, *Baptist Confessions of Faith* (Valley Forge: Judson Press, 1969), 23-31.

4. 결론

16세기 가톨릭은 물론 주류 종교개혁 운동 세력 등 거의 모든 그리스도교 그룹들로부터 급진적 종교개혁이 거부당한 이유들 중에 하나였던 그들의 성서해석적 방법론과 그것에 기초한 원리들에 대해 관심을 기울일 필요가 있다. "주석의 기술이나 그것에 관한 성찰을 훨씬 오랜 역사를 갖지만, 해석학이라는 학문은 사실상 개신교와 더불어 시작되었다"[59]고 말하는 딜타이(Wilhelm Dilthey)에 따르면, 개신교 해석학은 넓은 의미에서 철학적 해석학의 선구자로 이해될 수 있다. 그러나 이 말에는 급진파의 해석학이 고려되지 않은 것이 사실이다. 프로테스탄트 성서해석학의 통전성을 위해서는 급진파의 해석학에 의해 보완될 필요가 있다. 물론 우리는 이러한 해석적 체계에서 본래적 의미 추구의 약점, 본문의 적용적 이해에 대한 강조, 자기 해석적 성격, 진리의 말씀에 대한 복종 등의 장단점을 파악할 수 있었다. 현대의 신학적 철학적 해석학의 엄밀한 기준에서 볼 때 관헌적 종교개혁의 해석학에 비해 적지 않은 약점을 드러내고 있는 것은 사실이지만, 성서적 재세례파의 지도자 메노는 성서본문을 역사적인 측면에서 원래의 독자에게 전한 메시지로 해석하기보다는 적실성의 차원에서 당대의 독자들에게 주는 메시지로 해석했다는 점을 충분히 이해하지 않으면 안 될 것이다.

59 Wilhelm Dilthey, *Hermeneutics and the Study of History: Selected Works*, vol. 4, ed. by R. A. Makkreel and F. Rodi (Princeton: Princeton University Press, 1996), 33.

메노의 성서해석방법론에 관한 이글은 성서에 대한 재세례파의 방법론이 원시적이고 비학문적이라는 편견에 도전하고자 했다. 급진파의 해석학적 원리가 실제로는 전 비평적 해석 방법에 기초하고 있다는 한계에도 불구하고, 지금까지 주목받지 못한 비주류의 급진파 종교개혁운동에 관한 연구를 통해 이론적이고 실천적으로 중요한 신학적 사안을 재발견하는 기회를 얻을 것이며, 또한 다른 한편 현대의 다양한 해석학과 대화할 수 있는 여지를 마련해 줄 것으로 보인다.

끝으로 필자가 진정으로 경의를 표하며 동의하는 바는 말씀의 진리에 실천적으로 복종하지 않으면 진리를 이해했다는 것은 공염불에 불과하다는 메노의 삶의 신앙이다. 여기에 한국 개신교 교회의 개혁을 위한 하나의 소박하고도 강력한 메시지가 담겨있다고 믿는다.

참고문헌

Bagchi, David & David Steinmetz(ed). *The Cambridge Companion to Reformation Theology*. Cambridge: Cambridge UP, 2004.

Bender, Harold. *The Anabaptist Vision*. Scottdale: Herald Press, 1944.

Blanke, Fritz. "Anabaptism and the Reformation." in *Recovery of the Anabaptist Vision*, Guy Hershberger(ed.). Scottdale: Mennonite Pub., 1957.

Dilthey, Wilhelm. *Hermeneutics and the Study of History: Selected Works*, vol. 4. R. A. Makkreel and F. Rodi(ed.). Princeton: Princeton University Press, 1996.

Dyck, Cornelius. "Hermeneutics and Discipleship." in I. B. Horst et al., *De Geest in bet Geding*. Willink: Tjeenk, 1978.

Erwin Fahlbusch(ed.) et al. *The Encyclopedia of Christianity* II. Grand Rapids: Wm. B. Eerdmans, 1999-2003.

Faulkner, John. "Pecca Fortiter." *The American Journal of Theology* 18(4)(1914).

Forde, Gerhard. *A More Radical Gospel: Essays on Eschatology, Authority, Atonement, and Ecumenism.* Grand Rapids: Eerdmans, 2004.

Goertz, Hans-Jürgen. "Radical Religiosity in the German Reformation." in ed. by R. P. Hsia, *A Companion to the Reformation World.* Malden: Blackwell, 2004.

Harder, Leland. *The Sources of Swiss Anabaptism*. Scottdale: Herald Press, 1985.

Hauser, Alan & Duane Watson(ed.). *A History of Biblical Interpretation* vol. 1-5. Grand Rapids: Eerdmans, 2009.

Klassen, Abram. "The Bible in the Mennonite Brethren Church." *Direction. A Mennonite Brethren Forum*. vol. 2, no. 2(1973).

Lumpkin, William. *Baptist Confessions of Faith*. Valley Forge: Judson Press, 1969.

Luther, Martin. *Luther's Works* 30, ed. by Jaroslav Pelikan and Helmut T. Lehmann. Saint Louis: Fortress Press and Concordia, 1967.

McGrath, Alister. *The Intellectual Origins of the European Reformation*. Malden: Blackwell pub., 2004.

Murray, Stuart. "Biblical Interpretation among the Anabaptist Reformers." in A. J. Hauser, & D. F. Watson(ed.). *A History of Biblical Interpretation*. vol. 2. Grand Rapids: Eerdmans, 2009.

Murray, Stuart. *Biblical Interpretation in the Anabaptist Tradition*. Kitchener: Pandora Press. 2000.

Osborne, Grant. *The hermeneutical spiral: A comprehensive introduction to biblical interpretation*. Westmont: InterVarsity Press, 2010.

Oyer, John. *Lutheran Reformers Against Anabaptists: Luther. Melanchthon, and Menius, and the Anabaptists of Central Germany*. Hague: Nijhoff, 1964.

Poettcker, Henry. "The Hermeneutics of Menno Simons: An Investigation of the Principles of Interpretation Which Menno Brought to his Study of Scripture." Princeton: Princeton Theological Seminary, 1961.

Schubert, Aaron. "Dirk Philips' Letter and Spirit: An Anabaptist Contribution to Reformation Hermeneutics." *Religions* 41(2017).

Simons, Menno. *The Complete Writings of Menno Simons(1496-1561)*. J. C. Wenger(ed.). L. Verduin(trans.). Scottdale: Herald Press, 1956.

Thiselton, Anthony. *Hermeneutics: An Introduction*. Grand Rapids: Eerdmans, 2009.

Williams, George. *The Radical Reformation*. Kirksville: Truman State UP, 2000.

권종선. 『신약성서 해석과 비평』. 대전: 침례신학대학교출판부, 2005.

http://www.vatican.va/content/benedict-xvi/en/apost_exhortations/documents/hf_ben-xvi_exh_20100930_verbum-domini.html.

제9장
재세례-메노나이트의 역사와 연구사

1. 서론

종교개혁운동이 진행되는 과정에서 로마가톨릭교회에 대해 반기를 들었던 프로테스탄트라고 해서 모두가 주류 종교개혁자들 즉, 루터, 츠빙글리 그리고 칼뱅이 제시한 대안들에 환호만 한 것은 아니었다. 종교개혁운동들에도 온건파와 과격파, 그리고 중도파 등 여러 유파가 존재했다. 처음에는 동료들이요 동역자들이었던 이들이 비판자에서 적대자로 바뀌어 자기들 나름의 대항운동을 형성했다 하겠다. 칼슈타트(Andreas von Karlstadt)와 뮌처는 1520년대 초에 루터에서 분리해 나갔고 그레벨(Conrad Grebel)과 스위스 형제단은 1523년 츠빙글리의 개혁 속도와 정도에 불만을 갖고 츠빙글리와 관계를 단절했다.[1] 그리고 칼뱅이 직접 천거해서 세웠던 카스텔리옹(Sebastian Castellion)은 칼뱅과 칼뱅주의의 독재에 대해 지성적으로 맞섰다.[2]

프로테스탄트 종교개혁의 분리주의자로 낙인찍힌, 즉 재야 종교개혁운동가들(dissents)은 전통적으로 "급진 종교개혁운동가", "종교개혁운동의 서자"(Stiefkinder der Forschung), "좌파 종교개혁운동가"라 불린다. 그

---

1 Leland Harder, *The Sources of Swiss Anabaptism: The Grebel Letters and Related Documents* (Pennsylvania: Herald Press, 1985). 이 책은 170편의 서신과 문서를 통해 젊은 스위스의 애국자 콘라드 그레벨(Conrad Grebel)이 어떻게 16세기 스위스 재세례파 운동의 영향력 있는 지도자가 되었는가를 보여주고 있다.

2 카스텔리옹은 칼뱅과 그의 추종자들이 세르베투스를 유죄판결하고 처형하는 것에 대해 '종교적 관용'을 부르짖으며 반대했다. 카스텔리옹의 종교개혁운동에 관해서는 다음의 졸고를 참고하라. "카스텔리옹의 평화윤리 사상에 관한 연구," 『기독교사회윤리』 41(2018), 9-40.

리고 이들은 일찍이 트뢸치(Ernst Troeltsch)에 의해 보다 가치중립적인 의미에서 "소종파"라 명명되기 이전까지는 루터, 불링거(Heinlich Bullinger)에 의해 고착된 분리주의자-재세례파-열광주의-무정부주의자의 도식을 통해 소종파는 일방적으로 그리스도교의 이단으로 매도당했다.[3] 이들의 절대적 영향력으로 인해 오랫동안 재세례파의 기원이 뮌처나 츠비카우 예언자들 같은 광신도들처럼 폭력적인 종교개혁운동, 더 나아가 농민전쟁과 같은 정치적 반란 세력과의 연관 속에서 불온시 되어 왔다. 뮌처의 농민혁명과 뮌스터(Münster)에서의 폭력적 사례들은 그 당시에 급진적 종교개혁을 하나의 반란 운동으로 규정지어 그것들을 정죄하기 위한 구실로 역할 한 것이 사실이다. 뮌스터파 사건 이후 재세례파에 대한 박해는 더욱 극심해졌고 그 여파로 독일 내에서는 재세례파들이 거의 멸문지화를 당하는 처지가 되고 말았다.[4] 재세례파나 뮌스터에서의 열광주의적 종말론적 성령주의자가 유아세례를 인정하지 않고 성인세례를 주장했다 치더라도 주류의 관헌적(magisterial) 종교개혁운동이 비주류에 속한 종교개혁운동을 전부 열광주의자나 폭력주의자로 낙인찍은 것은 명백한 오해와 무지에서 비롯된 것이다.[5]

---

3 루터는 재세례파 종교개혁자들을 어떠한 구별 없이 모두 "광신도"(Shwämer)라 칭했다(루터전집 *LW* 40, 231). 불링거는 재세례파를 "신의 교회를 파괴하는 자들", "악마 원수들"이라 불렀고, 칼뱅은 "광신도들", "미혹하는 자들", "멍청이들", "불한당들", "미친개들"이라 불렀다. 이들에 대해 최초로 좌파 종교개혁자라 칭한 사람이 파스트(Heinold Fast)와 베인튼이며, 벤더 학파의 일원이었던 윌리엄스가 이들에 대해 급진적 종교개혁자(radical reformer)라 불렀다.

4 J. M. Stayer, "Christianity in One City: Anabaptist Münster, 1534-1535," in ed. by H. J. Hillerbrand, *Radical tendencies in the Reformation: divergent perspectives* (Kirksville: Sixteenth Century Journal Publishers, 1988), 117-124.

5 심지어 뮌처를 재세례파로 볼 수 있는가 하는 것은 많은 논란이 되어왔다. 그러나 뮌처에게서 유아세례에 대한 부정을 발견하기는 어렵지 않으나, 다음 단계인 성인세례로의 진전은 발견하기 어렵다. 그 이유는 뮌처의 유아세례의 반대 이유에서 분명히 드러난다. 뮌처에게서 강조되는 것은 성령이다. 그에게 있어서 유아세례나 성찬 등 외적인 관행은 신에 의해서 주어진 것이 아니라, 인간에 의해 만들어진 예식에 불과했기 때문이다. 뮌처는 이런 외형적인 의식들을 비난하길 서슴지 않았다. 따라서 뮌처는 이런 외적 의식들을 제거하기 원했고, 그에게는 재세례라는 것도 단순한 '의식' 그 이상도 그 이하도 아니었던

그런데 트뢸치가 루터를 중심으로 한 초기 종교개혁 패러다임이 근대적이라기보다는 여전히 중세적 틀에 갇혀 있다고 보면서, 루터의 종교개혁은 개인의 자유와 자율성을 적극적으로 옹호하지 못하고 여전히 보수적인 "교회 유형"(church-type)으로 남아있는 것으로 보았던 것이다. 루터파나 칼뱅파의 종교개혁은 고작해야 중세의 교회 지배적 문명을 완화시킨 정도에서 머물렀을 뿐이라 평가한 것이다.[6] 특히 종교와 사회에 대한 루터의 견해를 고찰한 부분은 주목할 만하다. 트뢸치는 루터가 세상의 종말에서 살고 있는 것으로 확신하고 그의 추종자들에게 종교로 귀의해 "세상으로부터 멀리 떨어져 있으라"고 역설했던 대단히 보수적인 인물이었던 것으로 평가했던 것이다. 그는 루터가 그리스도인의 한 사람으로서의 충성심과 행동을, 세속사회의 한 구성원으로서의 그것들과 구분 지었던 점을 지적함으로써 자신의 명제를 입증했다. 종교적 인간으로서의 루터는 그리스도인의 마땅한 사랑의 법과 최고의 영적 이상(spiritual ideal)에 순종해야 하지만 또한 다른 차원으로 국가의 한 국민으로서는 비록 그 이상들이 열등한 것으로 보인다 할지라도 세상의 법들과 관습들에 복종해야 한다고 주장했다. 또한 루터는 그리스도인들이 세상의 제도들을 피조된 질서의 표현들로, 그리고 신의 법은 "태양과 비, 폭풍과 바람을 받아들이듯"이 수용하기를 기대했는바 트뢸치는 그러한 루터 신학이 지배세력의 정치적 권위에 무조건적인 복종을 가르친 것이라 주장했다.[7]

그러나 트뢸치는 "소종파"유형이라 분류한 대표적 종교개혁운동인 재세례파와 성령주의자들에게서는 여성이나 가정에서 훨씬 많은 독자

것이다. 진정 중요한 것은 성령을 통한 내적 세례가 인간의 구원에 절대적인 것이라 할 수 있다. Eric W. Gritsch, *Reformer Without a Church: The Life and Thought of Thomas Muentzer1488(?)-1525* (Philadelphia: Fortress Press, 1962), 176.

6 Ernst Tröltsch, *The Social Teaching of the Christian Churches* II, Olive Wyon(trans.) (New York: Macmillan, 1960), 481-482.

7 *Ibid.*, 495-503, 523-544.

성을 허용했다는 측면과, 국가 권력의 지배로부터 자신들의 교회의 자유를 요구했다는 측면에서 루터파와 칼뱅파, 즉 주류의 관헌적 종교개혁자들보다 가정영역 그리고 정치영역에서 더 진보적이었다고 본 것이다.[8] 달리 말해 주류의 세속 권력에 기대어 추진된 종교개혁자들이 철저하게 가부장주의에 함몰되어 있었다면 재세례파같은 소종파들은 시대를 뛰어넘어 가부장주의와 과감하게 단절했으며, 그리고 양심과 내적인 개인의 자유를 강조한 것은 현대적 의미에서의 진보와 자유주의적인 그리스도교의 가치를 전해준 것으로 평가했던 것이다.[9]

여기서는 재세례파-메노나이트 종교개혁운동의 역사적 의의를 고찰하고 오늘날 메노나이트 재세례파의 연구사의 동향을 소개하고자 한다. 메노파는 그들의 유산을 잘 보존 · 계승하고 제도화했다. 벤더(H. Bender)와 그의 이름으로 모인 학파, 요더(John Yoder), 윌리엄스(G. Williams), 왈쩌(M. Walzer), 베인튼(R. Bainton) 등 수많은 학자를 통해 전 세계적으로 큰 영향력을 행시힌 것을 그 예로 늘 수 있다. 먼저 오늘날 재세례파를 대표하는 메노나이트가 갖는 역사적이고 신학적 의의를 해명하고, 둘째, 20세기 들어 재세례파 연구의 르네상스를 가져오게 한 장본인인 벤더 학파를 비롯해 그것을 계승했던 메노 학자들의 연구 성과를 소개할 것이다. 셋째, 벤더 학파의 계승자로서 재세례파 신학을 사회윤리적으로 해명하여 오늘날 가톨릭이든 프로테스탄트든 위기에 직면한 그리스도교에 하나의 등불 역할을 했다고 감히 말해도 지나치지 않은 요더 윤리사상의 의의를 그 중대성에 비추어 별도로 할애하여 논의할 것이다. 아울러 최근 재세례의 연구가 점점 외연을 넓혀나가면서 다방면으로 심화되고 있는 양상을 스케치하는 것으로 결론을 대신하고자 한다.

8 *Ibid.*

9 Ernst Tröltsch, *Protestantism and Progress: A Historical Study of the Relation of Reformation to the Modern World*, trans. by W. Montgomery (New York: G. Putnam's Sons, 1958), 37-38.

이 글의 의의는 지난 수십 년간의 메노파에 대한 역사적 연구는 다양한 초상을 만들어냈다는 점을 보여주는 데 있을 것이다. 20세기 중반, 16세기 재세례파는 물론 후기 메노파 학문의 실체가 교파적 관심에 따라 형성된 것이 사실이다. 주된 관심은 일관성 있고 제대로 정의된 중요한 내러티브를 제공하는 것이었다. 하지만 스토리텔링의 관점이 다양해지고 역사가들이 주제 영역의 연구에서 다양한 렌즈를 사용하기 시작하면서부터 메노파의 모습은 점차 복잡한 양상을 띠게 된 것이다. 세계 각지의 역사가들이 메노파 내러티브에 자신들의 관점적 해석을 더한다면 이러한 추세는 앞으로도 지속될 가능성이 농후하다 할 것이다. 필자가 이 주제에 관심하게 된 것은 16세기의 급진적 종교개혁 운동에 근원을 두고 있는 재세례-메노파 전통의 의의가 이제는 전 세계적으로 이미 주목을 받고 있을 뿐 아니라 신학적이고 윤리적인 동의를 확보하는 데도 상당한 진전이 이루어진 학문적 지형 변화의 탓이 컸던 것으로 사려 된다.

2. 메노나이트 종교개혁운동의 역사적 의의

최초의 재세례파는 1525년 스위스 취리히에서 출현했지만[10], 그들의 개혁사상은 곧바로 오스트리아, 모라비아, 독일, 그리고 네덜란드 주변 일대로 확산되었다. '메노파'(Mennonite)라는 명칭은 1536년 로마 가톨릭 교회를 떠나 재세례파운동에 가담한 네덜란드 종교개혁가 메노 시몬스(Menno Simons)와 관련되어 있다. 그는 종교개혁 운동 과정에서 회중을 조직하고 개혁 단체를 조언하는 중요한 지도적 위치를 점하게 되었다. 1540년대에 네덜란드의 교회 및 국가 당국은 메노의 추종자들을 '메노파'로 규정하기 시작했다. 수세기 전, 이미 메노의 이름은 유럽이나 북미의 여러 재세례파들에 의해 수용되었다. 비교적 최근에는 남반구의 그리스도교 공동체에서도 그의 이름은 채택되기에 이르렀다. 오늘날 약 170만 명의 메노파 그리스도인들이 80개국 이상에 퍼져서 자신의 신앙을 명시적으로 고수하고 있다. 그에 더하여 어떤 사람들은 자신을 종교적인 이유보다는 민족적인 연관성에 무게를 두고 스스로를 메노파로 여

10 재세례파는 16세기 서유럽 국가가 겪고 있었던 종교적, 사회적, 경제적, 정치적 상황에서 발생한 교회 개혁운동의 흐름과 더불어 출현했다. 재세례파 운동은 종교개혁가들의 노력, 인문주의 영향을 받은 성서연구, 미사중심의 예배와 성직자 중심주의로 인해 간과되고 있었던 영적인 갈급함, 그리고 사회적 불안과 더불어 세상의 종말에 대한 신앙 등을 기반으로 하여 시작되었다. 특히 1525년 1월 21일 취리히에서 이루어진 첫 번째 성인세례가 후에 재세례파로 세상에 알려지게 되는 역사적인 사건이 되었다. 재세례파의 시작에 관한 이야기는 "그리스도 안의 형제들"(Brethren in Christ)에 속했던 블랑케(Firtz Blanke)에 의해 전해졌으며, 이에 관해서는 다음의 글을 참고하라. L. Harder(ed.), *The Sources of Swiss Anabaptism,* 341-342; John Yoder, "The turning point in the Zwinglian Reformation," *Mennonite Quarterly Review* 32(1985), 71-85.

기기도 한다. 재세례파나 메노파라는 용어는 다양한 방식으로 사용되고 있으며, 학문적으로도 마찬가지다. 통상 '메노파'라 번역되는 '메노나이트'라는 용어는 종교적 뿌리를 가진 특정 문화나 민족적 전통을 의미할 수도 있고 특정한 종교적 지향이나 교파를 지시하는 경우도 있다. 종종 학자들은 특정한 주제나 전공 분야 연구방법에서 적절한 용어 사용을 사용하게 되는 경우 동일한 이름으로 묶이는 경우도 있다. 마찬가지로 '재세례파'라는 용어도 사용 방식이 다르게 나타난다. 재세례파의 영어적 의미는 다시 세례받은 자(rebaptizer)이다. 이런 이름은 일찍이 16세기부터 유아세례를 받은 자들에게 재세례를 받게 함으로써 불리게 되었다. 오늘날 재세례파는 학문적으로는 아미쉬(Amish), 후터파(Hutterites), 또는 메노파와 같은 16세기 재세례파의 후예들을 지시하는 데 사용된다. 오늘날 특히 신학동네에서는 이 용어가 종종 16세기 재세례파의 신앙과 실천과 연속성을 갖는 특정한 신학적 지향성을 서술하기 위해 사용되지만 16세기적인 것과 굳이 역사적으로 관련되지 않을 수도 있다는 점도 명심할 필요가 있다.

재세례파들이 유아세례 대신 성인세례를 주장하는 이유는 자발적인 판단능력이 없는 갓난아이가 부모와 회중들의 뜻에 따라 은총을 받고 새롭게 거듭난다는 전통적 교리는 실상 모든 개인에게 부여된 신앙의 자유와 자율적 선택권을 말살하게 된다는 데 있다. 성인세례는 유아세례의 의미를 총체적으로 부정하는 것이었고, 성사와 성례를 중심으로 하는 로마가톨릭교회의 교리적 진리에 대한 훼손이었고, 통치자 주도의 즉 관헌적 종교개혁 입장에서도 성서에 배치되는 이단적 교리이자 심각한 종교적 방종으로 간주되었다.[11] 또한 열광주의자들을 제외한 대부분의 재세례파는 타자에 대한 강요를 전제로 한 전쟁을 배격하고 철저한

---

11 Steven Ozment, *The Age of Reform, 1250-1550: An Intellectual and Religious History of Late Medieval and Reformation Europe* (New Haven: Yale University Press, 1980), 331-343.

평화주의를 표방했다. 그리고 신앙의 자유와 교회의 자율성에 대한 그들의 신학적 원리는 참된 교회는 신자들의 자발적 모임이어야 한다는 것이며 그 운영에 있어서는 국가를 포함한 어떠한 외적인 간섭도 배제된 자유로운 공동체를 지향하는 것이었다. 그들에게 있어서 엄격한 교회와 세상의 분리는 신앙의 자유를 위한 전제조건이었다.

1523년 재세례파 그레벨(Conrad Grebel)은 츠빙글리에게 명실상부한 개혁을 이루기 위해서는 취리히 당국과의 단절이 필요함을 촉구하였다.[12] 그레벨은 세속 권력이 신앙의 영역을 침범하는 것은 분명한 월권행위이며 또한 현실적 측면에서 볼 때도 기존질서의 유지를 최우선으로 하고 있는 세속정부가 변혁을 동반하는 개혁을 수용한다는 것은 불가능하다고 본 것이다. 그래서 1525년 스위스 촐리콘(Zollikon)에서 체포된 27명의 재세례파들은 자신들을 투옥한 세속당국의 신앙의 범주에 개입할 권리가 없다고 항변했다.[13] 세속권력의 교회 간섭을 배제하려는 재세례파가 교회의 정치개입도 거부하는 것은 당연했다. 특히 스위스 형제단에서 이러한 경향이 두드러졌는데, 이들은 근본적으로 '그리스도교 왕국'(Corpus Christianum)[14] 신학에 대해 급진적으로 부정하였다. 그런데 재세례파가 보인 이러한 비정치적 성향은 교회와 국가가 각기 침범할 수 없는 고유한 영역을 지니고 있다는 일반적인 이론에 입각한 것만은 아니었다. 대부분의 재세례파들은 더 나아가 세속정부와 세속 정치 자체를 신앙적으로 합당치 않은 대상으로 간주했으며, 따라서 참된 그

---

12 Quentine Skinner, *The Foundations of Modern Political Thought(II): The Age of Reformation* (Cambridge: Cambridge University Press, 2008), 76-78.

13 George Williams, *The Radical Reformation* (Philadelphia: Westminster Press, 1975), 219.

14 *Corpus Christianum*이라는 용어는 교회의 단일성과 영적 및 세속적인 통치의 "왕국"이라는 중세 개념을 나타낸다. 그것에 따르면, 제국과 교황권은 그리스도교 전체를 포괄하는 통일 된 그리스도교 왕국의 내의 두 가지 힘이다. 그리고 보이지 않는 신비의 몸, 통일된 머리는 그리스도이다.

리스도인은 모두 정치적 행위와 절연해야 한다는 일종의 무정부주의적 이념을 견지한 것이다.[15] 그레벨이 루터와 뮌처에 대해 신랄하게 공격한 이유는 이러한 정치사상에서 연원한 것이다. 즉, 루터는 "죄 많은 세상을 다스리는 죄 많은 통치자들"과 야합한 영리한 아첨꾼이 되는 오류를 범했고 뮌처는 신앙인이 지양해야 마땅한 권력 쟁취를 위해 직접 칼을 든 오류를 범했다는 것이다.[16]

취리히 시의회가 처형한 재세례파 만츠(Felix Mantz, 1498-1526)의 죄목 중에 성인세례의 주장도 있었지만 모든 그리스도인들은 권력을 소유하거나 공직을 가져서는 안 된다는 가르침이 포함되어 있었다.[17] 재세례파가 지향한 교회와 세상의 분리 이면에는 정치권력의 폭력의 의존에 대한 불신이 짙게 자리하고 있었던 것이다.

1527년 2월 재세례파 지도자 미하엘 자틀러(Michael Sattler, 1490-1527)의 주도 하에 "슐라이트하임 조항"(*The Schleitheim Articles*)이 발표되었는데 이것은 훗날 복음주의 재세례파의 정치적 좌표 역할을 하게 된다. "우리는 지금까지와 마찬가지로 앞으로도 완전한 평화 안에서 세상의 모든 것과 단절할 것이다"[18]라는 서문의 내용은 재세례파의 무저항 분리주의의 전략을 함축하고 있는 것으로서 이것은 결국 하나의 대안적 사회를 건설하려는 의지의 표현이었다. 이 선언문에 의하면 온전한 신앙인이라면 권력을 소유해서는 안 되는 그 첫 번째 이유는 예수 그리스도의 가르침에서 비롯된다. 사람들은 그리스도를 왕으로 세우고자 했으나 그것이 신의 뜻이 아니기 때문에 그는 이를 거부했다. 권력과 결탁한 교회는

---

15 Hans Jürgen-Goertz, *The Anabaptist*, Trevor Johnson(tran.) (London: Routledge, 1996), 제4장 "Congregation, Government and the New Kingdom," 85-109 참조.

16 Quentin Skinner, *The Foundations of Modern Political Thought*, 77-79.

17 George Williams, *The Radical Reformation*. 242.

18 Michael Sattler, *The Schleitheim Articles*, in Michael Baylor(ed.), *The Radical Reformation -Cambridge Text in the History of Political Thought* (Cambridge: Cambridge University Press, 2000), 173에서 재인용.

"암흑의 올무"(the snares of darkness)에 스스로 걸려드는 행위다. 그 두 번째 이유는 세속적 권력의 본질과 기능이 신의 통치에 비해 상대적으로 저급하기 때문이다. "세속 정부는 육에 의해 존재하나 그리스도인들은 영적인 세계를 추구한다. 그들의 시민권은 이 세상에 있으나 그리스도인의 시민권은 하늘에 있다. 그들은 강철과 쇠로 무기를 삼고 있으나 그리스도인들은 신의 전신갑주, 진리, 의로움, 평화, 믿음, 구원 그리고 신의 말씀으로 무장하고 있다."[19]

이처럼 세속 당국은 그 태생적 한계에 갇힌 불완전한 실체이기 때문에 하늘나라를 대망하는 선지자들은 전쟁과 국가에 대한 충성 맹세를 포함한 모든 정치적 행위를 거부해야 하며 그리스도인이 통치 권력의 자리에 앉는 것은 잘못된 일이며 진정한 교회는 "바벨론과 타락한 이집트"와 같은 세속 국가와 절연해야 한다는 것이다. 그렇다면 죄 많은 세속 당국이 지배하는 냉혹한 현실 가운데 참된 교회가 나아가야 할 방향은 오직 "명예로운 고립"의 길이었다. 이것이 복음주의 재세례파의 정체성을 규정하는 또 하나의 모토가 되었는데 이것은 1570년대 이후 복음주의 재세례파의 중추적인 작동원리로 착근하게 된다.

주지하다시피 16세기는 종교와 정치가 분리될 수 없는 두 영역이었다. 그러나 재세례파는 이 둘의 영역을 루터보다 더 철저하게 분리시킨 것이다. 그래서 그들은 유럽 역사에서 기록에 남을 만큼 교회와 세속 권력 양쪽으로부터 그리고 가톨릭교회와 주류 종교개혁파로부터 총체적인 박해를 당하게 되었다. 재세례파의 세속 권력에 대한 고정된 시각, 즉 국가는 탐욕스럽고 폭력적이며 저열한 속성에 갇혀 있기에 정치권력이란 참된 교회의 존립에 무익하고 심지어 해가 된다는 그들의 확고한 신념은 16세기 당시에는 결코 용납될 수 없는 무정부주의적이고 위험한

19 '조항'은 전체 7항목으로 구성되어 있는바 첫째, 세례에 대하여, 둘째, 파문에 대하여, 셋째, 떡을 뗌(성찬)에 대하여, 다섯째, 신의 공동체 안에 존재하는 목자(목사)들에 대하여, 여섯째, 칼에 대하여(시민정부의 힘), 일곱째, 맹세에 대하여 들이다. *Ibid.*, 172-180.

반(反) 사회적 사상이었다.

또한 재세례파 종교개혁운동이 주류 종교개혁운동에서 분리되어 나간 것은 주류 개혁파들의 '강제윤리'(ethics of coercion)에서 비롯된 것이라는 원인 분석도 존재한다. "종교적 신앙과 실천은 사람들에 의해 강제될 수 없다"는 입장을 고수했던 재세례파들은 차라리 사회로부터 분리 · 이탈되는 쪽을 선택했다는 것이다.[20] 그들은 주류 종교개혁운동의 실용주의적인 타협을 거부하고 타락된 세상으로부터, 그리고 죄악된 세상을 지탱하기 위해 필수적으로 요구되는 온갖 강압들로부터 완전히 분리된 소종파가 되는 쪽의 선택은 필연적이었다.

급진 종교개혁자들의 신학적 다양성에도 불구하고 그 운동 전체를 조망했을 때 기본적으로 몇 가지 공통적 관심사를 중심으로 연합되었다고 추론할 수 있다. 그것은 영토의 통치자가 좌우하는 종교개혁에 대한 실망에서 비롯된 것이며, 루터, 츠빙글리, 칼뱅의 개혁을 통해 사회에 아무런 현저한 도덕적 개선이 이루어지지 않았다고 본 것이다. 재세례파처럼 성인에게만 세례를 행하는 관행에 의해서든, 영성주의자들처럼 종교적 보편주의와 모든 영혼의 신께 직접 나아가는 주장에 의해서든, 이들 모두가 종교에서의 자유의지를 옹호했다는 점, 그리고 교회와 국가의 유착에 대한 저항이 그들의 공통적 특징이라 할 수 있겠다.

이런 분석을 통해 16세기 급진 종교개혁은 주류 종교개혁자들보다 성서적 패턴의 삶을 추구했다는 의미에서 보면 더 고대적이기도 하고, 오늘날의 종교적 가치들을 선도했다는 측면에서 보면 더 현대적이었다 평가할 수 있을 것이다.[21]

20세기의 역사신학의 도움으로 재세례파는 종교개혁운동의 이단아나 서자가 아니라 가장 순수한 성서적 그리스도인이었으며 이들이야

20 James Stayer, *Anabaptism and the Sword* (Oregon: Wipf & Stock Pub., 1976), 330.

21 Steven Ozment, *The Age of Reform, 1250-1550*, 346-347.

말로 종교적인 관용과 평화주의 그리고 교회와 국가의 분리의 진정한 선구자들이었음이 밝혀졌다. 물론 여기서 재세례파란 가장 복음적이었던 스위스 형제단을 포함하여 화란 중심의 메노파를 지칭하는 것은 물론이다. 오랜 세월 동안 뮌처(Thomas Müntzer)나 츠비카우 예언자들처럼 폭력적인 재세례파에서 그것의 기원을 둔 것은 사실 루터나 츠빙글리의 후계자 불링거의 악의적 편견에서 비롯된 것이었다. 츠빙글리파 그레벨과 메노 시몬즈 같은 급진 종교개혁가들은 츠빙글리의 과감하지 못한 개혁운동에 실망해 극심한 박해 속에서도 재세례파 운동을 이끌어갔지만, 그들은 결코 폭력을 용납하지 않았다.[22] 특히 메노는 뮌스터파들의 폭력을 예리하게 비판했는데, 그리스도인들은 예수 그리스도의 길을 따라 결단코 폭력을 사용해선 안 되며, 통치자들 역시 결코 핍박자로 존재해서는 안 되고 오직 예수 그리스도를 따르는 사람으로 존재할 것을 촉구했으며, 나아가 신의 나라는 무력이나 유혈사태 없이 확장되고 방어되어야 한다는 철저한 비폭력 정신을 주장했다.[23] 말하자면 주류 종교개혁가들의 주장과 달리 급진 종교개혁자들 전부가 열광주의자들도 아니었으며 더구나 폭력에 호소하는 자들은 결코 아니었다는 사실이다.

그러나 적어도 다행스런 것은, 오늘에 와서 재세례파의 기원을 농민전쟁에서 찾는 과거의 무지는 거의 찾아보기 힘들게 되었다는 것이다. 복음에 투철했던 재세례파들은 순수한 형태의 원시적 그리스도교를 복원하고자하였고 그런 점에서 비그리스도교적인 세계와 타협을 거부했던 것이고, 나아가 그리스도를 본받고 예수를 따르는 신앙을 견지하

---

22 그런데도 루터는 뮌스터 사건을 재세례파의 책임으로 돌렸다. 당시 사건에 대해 루터가 사용한 표현을 보면, "뮌스터의 재세례파 왕국", "뮌스터 봉기", "뮌스터의 재세례파," "공산주의의 역사에 관하여", "뮌스터 재세례파의 천년왕국" 등이다. Luther, "Vorrede zu Neue zeitung von den wiedertäufern in Münster," in Hans Hillerbrand, "Bibliographie des Täufertum 1520-1630," *Quellen zur Geschichte der Täufer* (Gütersloher: Gütersloher Verlagshaus Gerd Mohn, 1962), 참고.

23 Menno Simons, *The Complete Writings of Menno Simons(1496-1561),* J. C. Wenger(ed.), L. Verduin(trans.) (Scottdale: Herald Press, 1956), 44-45, 106, 193.

고자 했으며, 국가에 예속되지 않고 신실한 그리스도인들의 손으로 자유롭고 평화스런 공동체를 세우고자 하였던 것이다.[24]

급진적이고 철저한 종교개혁운동의 유산은 역사적으로 가혹한 박해 속에서도 살아남았고 오늘날도 비폭력, 평화주의 운동을 통해 존재의 의미를 드러내고 있다. 특히 메노파는 그들의 유산을 잘 보존 · 계승하고 제도화했다. 벤더학파, 요더, 윌리엄스, 왈쩌 등 수많은 학자를 통해 전 세계적으로 큰 영향력을 행사하고 있는 것이다.

---

24 Thomas Finger, *A Contemporary Anabaptist Theology: Biblical Historical, Constructive* (Illinois: IVP Academic, 2004), 35-40.

3. 재세례파의 연구사

현대적 의미의 재세례와 메노파에 관한 역사적이고 신학적인 학문적 관심은 메노파들이 자신들의 배경과 뿌리에 대한 역사적 자각과 주목이 일어나기 시작한 19세기와 20세기 초의 네덜란드와 독일에서 최초로 등장했다. 재세례파의 근원을 파악할 수 있는 문헌이나 재판기록들은 상당히 접근하기 용기했기에 역사가들은 특히 16세기 초의 역사에 주목하게 되었다. 호르시(John Horsch), 벤더(Harold Bender) 및 프리드만(Robert Friedmann)과 같은 미국 학자들이 자신들이 속한 메노파의 과거 역사를 복원하는 학문적 작업을 주도했다. 더욱이 그들은 학문 영역에서 재세례파의 명예를 회복하기 위해 노력을 아끼지 않았다. 표층적인 역사에서는 혁명적인 츠비카우(Zwichau) 예언자들과 뮌처(Thomas Müntzer)가 마치 재세례파 운동의 선구자인 것처럼 각인되어 왔으며, 이는 아마도 1534년 독일의 뮌스터(Münster)시 폭동의 전개에서 그들이 행했던 역할과 결부되어 그러한 낙인이 기정사실화된 것으로 추정되었다. 메노파 역사가들은 이러한 재세례파에 대한 인습적 해석과 고정관념에 저항해, 진정한 재세례파는 실제적으로 평화를 사랑하는 성서주의자였다는 점을 강조했다.

벤더는 1943년 미국 교회사학회(the American Society of Church History)에서 메노파 학문이론에 관한 주류의 견해를 요약적으로 발표했으며, 그 내용은 나중에 『재세례파의 비전』(*The Anabaptist Vision*)이란 제목으로 출판되었다.[25] 이를 통해 주류의 종교개혁자 루터나 츠빙글리가 신약성서의 교회의 참된 모습을 회복하는 데 실제적인 노력을 기울였다 보기 힘든 반면, 재세례파들은 그리스도의 뜻과 원시적인 사도 교회의 본질에 충실한 그리스도교 공동체를 형성하기 위해 실제적으로 비타협적인 노력을 경주했다는 점을 강조했다. 벤더는 재세례파의 출발점을 츠비카우가 아니라 취리히라는 점에 대해 이론의 여지가 없다는 점을 분명히 했으며, 재세례파의 본질은 근본적으로 뮌처가 아니라 츠빙글리를 추종했던 스위스 형제단에서 찾을 수 있다고 주장했다. 재세례파 운동의 두드러진 특징은 제자도와 서로에 대해 책임적인 자발적으로 세례 받은 자들로 구성된 교회론, 그리고 사랑과 무저항주의에 대한 강조에 놓여있다. 벤더는 더 나아가 진정한 재세례파는 폭력적인 급진주의나 열광주의와는 어떤 식으로든 관련이 없으며, 마찬가지로 중세 신비주의 전통과 맥을 같이 하는 바도 없다고 주장했다. 츠빙글리 종교개혁에 연원을 둔 재세례파는 오직 성서적이고 신학적이며 교회론적으로만 추동된 개혁운동의 노선에서 결코 벗어나지 않았다는 점이다.

특히 벤더를 중심으로 학파가 형성되어 창간된 『메노나이트 계간지』(*Mennonite Quarterly Review*)는 재세례파 연구에 가장 혁혁한 공헌을 하게 되었다. 벤더 학파의 일원이었던 윌리엄스(George Williams)의 노작도 간과될 수 없는 비중을 차지했다. 윌리엄스에 따르면 재세례파의 기원이 폭력적 열광주의가 아니라 평화주의적인 스위스 형제단에 있다는 연구가 발표되었다. 윌리엄스는 급진 종교개혁운동을 범주화하면서 재세례의 시행 여부뿐 아니라 폭력성과 평화주의의 문제 그리고 교회의 형태가 지역적 권력에 바탕한(territorial) 교회인가 아니면 지역의 권력으로부터 완전 자유로운 교회인가를 범주화의 주요한 기준으로 삼았다.[26] 재세례

25 Harold S. Bender, "The Anabaptist Vision," *Mennonite Quarterly Review* 18(1944), 67-88.

26 George Williams, *The Radical Reformation*, 23-31.

파의 역사를 기록한 베인튼은 재세례파의 확산을 폭력을 동원해 저지하고 핍박했던 세속 당국을 강하게 비판했다.[27] 베인튼의 제자 리텔(Franklin Littell)은 '회복'(restitution) 개념을 중심으로 재세례파를 "그리스도교적 원시성의 한 형태"로 간주했다.[28] 그는 재세례파의 특징을 다음과 같이 제시하고 있다. 첫째, 성서에 대한 문자적 해석 및 순종. 둘째, 성인세례, 셋째, 통치자와 하급 관리들의 도덕성에 대한 비판, 넷째, 예수 그리스도의 산상수훈을 지향함. 다섯째, 무력 사용의 거부이다. 리텔이 언급한 "그리스도교적 원시성"은 신약성서적인 교회를 재건하려는 이상을 현실에서 실천하겠다는 의미로 이상주의의 추구가 재세례파의 핵심사상이라는 주장이다.[29]

이러한 신학을 바탕으로 윌리엄즈는 재세례파를 세 가지 기본 유형으로 구분했다. 첫째, 카리스마적 예언자들의 지도하에 구약의 신정 정치적 공동체를 단기간이나마 형성했었던 네덜란드 뮌스터에서의 혁명분자들. 둘째, 원(原) 퀘이커파[30]의 방식으로 보든 형태의 유대관계를 회

---

27 Roland Bainton, "The Struggle of Religious Liberty," in *Chruch History* 10(2)(1941), 95-124.

28 Franklin Littell, *The Anabaptist View of the Church A Study in the Origins of Sectarian Protestantism* (New York: Macmillan, 1964), 46-48.

29 Franklin Littell, "Anabaptist and Free Church Studies," in *Mennonite Life* 25(2)(1970), 83-84.

30 영국의 재세례파운동을 추적하는 것은 쉽지 않은 작업이다. 이유는 재세례파의 직접적인 결과라고 동일시할 만한 독자적인 재세례파 교회가 존재하지 않았고, 현재 남아 있는 기록 대부분이 재세례파들을 반대하거나 박해했던 집단이 남겨 놓은 것밖에 없기 때문이다. 그러나 최소한 퀘이커, 회중교회, 침례교회는 재세례파로부터 영향을 받았다는 것은 분명하다. 퀘이커파는 조지 폭스(George Fox, 1624-1691)의 독특한 회심을 통해 시작되었다. 이들의 초기 집단은 그리스도의 "내적인 빛"(inner light)의 경험을 공유한 동지들의 형제단이었다. 안으로는 친교를 굳게 하고 밖으로는 세상의 어두움과 단절된 상태에서 삶을 영위해 갔다. 그들은 스스로 '빛의 자녀들' 또는 '진리의 친구들'이라 불리길 선호했다. 뿐만 아니라 이들은 모든 제도권 교회의 형식을 거부한다. 세례를 거부하고 십일조를 거부하며 중생을 통한 내적 정화를 중요시하여 성찬까지 폐지했으며 오직 그리스도와의 내적 교통만을 중요시했다. 교회사적 측면에서 보면 2세기 몬타누스주의에 속한다고 보여 지며 이들은 종교적 경험을 중요시하고 이에 근거하여 형식이 없는 예배를 드린다. 성직자나 어떤 교리 신조 제정하기를 거부하며 이러한 것에의 속박을 거부한다.

피한 채 종교적 개인주의와 내적 그리스도에 의한 조용한 신비적 조명을 가르쳤던 남부 독일 재세례파 지도자 한스 뎅크(Hans Denk, 1500-1525)와 같은 명상적 재세례파. 셋째, 세상과 분리된 채 평화주의적 공동체를 형성해 신약성서의 사도적 모델을 따르고자 한 다수의 복음적이고 성서적인 재세례파가 그것이다. 윌리엄즈는 복음적 재세례파에 스위스 형제단과 메노파를 배정했다.

벤더의 주장은 엄청난 파급력이 있었고 특히 북미의 재세례파 연구의 르네상스를 촉발시키는 원동력이 된 것은 부인할 수 없는 사실이다. 그러나 벤더의 테제는 이후 수십 년간의 역사적인 연구의 검증 과정을 견뎌내기 쉽지 않았다. 1970년대에 이르러 재세례파 신앙과 무관한 역사가들이 사회사적인 관점에서 과거를 해석하기 시작함에 따라 벤더의 비전은 학술적으로 해명되기 시작했다. 교파적 관심사나 종교적 이상에서부터 자유로운 학자들은 여러 가지의 독립적인 기원을 갖는 패러다임(polygenesis paradigm)으로 알려진 입장을 수용했던 바, 이로 인해 재세례파의 다양한 기원과 이질적인 성격이 강조되었다.[31] 신앙고백의 제약에서 자유로운 학자들은 재세례파, 반성직주의, 그리고 16세기 농민들의 다양한 열망 사이의 연관성을 도출했다.[32] 다른 한편, 종교적 평등

성서를 존중하지만 최후의 기준은 언제나 '내적인 빛'에 있다. 전쟁을 거부하며 평화주의를 견지한다. 공동체 내의 사랑을 강조하며 성령의 인도에 의해여성들을 포함한 모든 사람들이 설교할 수 있다. 그러나 1952년 이후 이들도 조직화되기 시작했고 총회를 모이며 장로를 선출하기도 하며, 지방순회전도인(진리의 선포자)를 파송하기도 한다. Luis Pedraja, in *Westminster Dictionary of Theological Terms* (Westminster: John Knox Press, 1996), 143.

31 Packull Stayer & Klaus Deppermann, "From Monogenesis to Polygenesis: The Historical Discussion of Anabaptist Origins," *Mennonite Quarterly Review* 49(1975), 83-122.

32 예컨대, 괴르츠의 연구는 뮌스터에서와 같은 전투적이고 폭력적인 묵시적 계기가 주류 재세례파로부터의 탈선이라는 학자들의 경향성에서 벗어나 있음을 보여준다. 그는 뮌스터 재세례파의 지도자들이 네덜란드와 북독일 재세례파와 밀접하게 연관되어 있다는 것이며, 뮌스터 시의 사건은 비정상적인 탈선이 아니라 묵시적인 성향을 띤 재세례파 운동이면 그것이 전투적인 공산주의와 반성직주의적 요소와 결합되어 초기 종교개혁운동이 전개되는 어디서든 나타날 수 있는 현상이었다는 것이다. 괴르츠에게서 뮌스터는 재세

뿐만 아니라 사회적, 경제적, 정치적 평등을 위해 투쟁했던 평민의 경험에 주목하기도 했으며,[33] 나아가 연구 범위가 종교개혁과 중세시대와의 관계성에 집중되는 데까지 이르렀다. 벤더가 천착하고자 했던 재세례파와 자신들의 상대자였던 주류 종교개혁과의 연결을 강조하는 대신 역사가들은 재세례파와 다양한 중세 후기의 신비주의와 수도원 전통과의 연속성에 주목했다.[34] 이 모든 경향은 재세례파 역사가나 재세례파의 신앙을 갖지 않은 역사가들이 종교개혁 시대의 종교적인 복잡한 양상은 물론 다양한 사회적, 정치적 양상들도 고려하고 있기에 오늘날 역사적인 학문적 토대를 마련해주고 있다. 한편, 다양한 지역적 재세례파 운동들의 상호연결성, 후기 스위스 재세례파에 대한 남부 독일적 기원의 영향, 2세대 재세례파들 사이에서 등장했던 덜 알려진 인물들의 중요성과 같은 새로운 주제들이 주목받고 있다. 예컨대 최근 몇 년간 학문적 주목을 받아 온 재세례파 인물은 오스트리아 출신의 토목 기술자이자 신학자인 필그람 마펙(Pilgram Marpeck, 1495-1556)이다.[35] 마펙의 재세례파 흔적은 사

례파 사상과 정치적 경험의 밀접한 상응관계의 예를 제공해준다. Hans-Jürgen Goertz, *The Anabaptists*, Trevor Johnson(trans.) (New York: Routledge. 1980), 2장, 3장, 4장 참고.

33 James Stayer, *The German Peasants' War and Anabaptist Community of Goods* (Montreal: McGill-Queen's University Press. 1991) 참고.

34 Werner Packull, *Mysticism and the Early South German-Austrian Anabaptist Movement 1525-1531* (Scottdale: Herald Press, 1977): Arnold Snyder, *The Life and Thought of Michael Sattler* (Scottdale: Herald Press, 1984); A. Snyder, *Following in the Footsteps of Christ: The Anabaptist Tradition* (Maryknoll: Orbis Books, 2004) 참고.

35 Neal Blough, *Christ In Our Midst: Incarnation, Church and Discipleship in the Theology of Pilgram Marpeck* (Kitchener: Pandora Press. 2007); Heinhold Fast and Martin Rothkegel(ed.), *Briefe und Schriften oberdeutscher Täufer 1527-1555* (Gütersloh: Güterloher Verlagshaus, 2007); Walter Klaassen and William Klassen, *Marpeck: A Life of Dissent and Conformity* (Scottdale: Herald Press, 2008). 특히 1531년 12월 9일 스트라스부르 시의회 회의록을 보면, 마르펙의 주장과 부처의 개혁파들 사이의 분명한 차이점이 드러나고 있다(107-157); John Rempel(ed.), *Jörg Maler's Kunstbuch: Writings of the Pilgram Marpeck Circle* (Kitchener: Pandora Press. 2010). 특히 닐 블라우의 연구는 마르펙 연구의 붐을 일으키는 데 기여했다. 토목 기술자였던 마르펙은 신학교육을 특별히 받지 않았으면서도 메노파 최고의 지성이라 할 만한 지도자였다. 스트라스부르에서

라진지 오래라고 여겨진 것이 사실이었다. 하지만 오늘날 학자들은 마펙이 그의 동료들과 함께 활발한 출판활동을 했었으며, 대부분의 다른 초기 재세례파 인물들보다 현대 재세례파의 신학적이고 실천적인 사상의 토대를 마련하고 그것의 발전에 상당히 기여했다는 점을 인정하고 있다.

최근의 재세례파-메노파에 관한 학문적 연구 영역에서 주된 관심사는 16세기 이후의 시기에 관한 것이다. 바젤의 재세례파에 관한 예커(Hanspeter Jecker)의 기념비적인 연구[36]처럼 구체적인 지역적인 전개 양상에 주목하는 경우도 있었고, 혹자는 저지대 국가(역사적으로 네덜란드, 플랑드르, 또는 벨지카라고도 불리며, 북서유럽의 해안 저지대 지역을 의미한다)에서 나타난 신학적 발전을 연구 대상으로 삼는 경우도 있었다.[37] 드리저(Michael Driedger)같은 연구자들은 종교개혁 이후 개신교 내에서 등장했던 수많은 신앙고백의 시대와 계몽주의의 주제를 채택하여 메노파들이 계몽주의 시대에서 단지 수동적인 소수파가 아니라 근대성에 실질적인 기여자임을 제시했다.[38] 일군의 학자들은 근대 유럽의 민족주의 주제에 천착하

마르틴 부처와의 논쟁에서도 자신의 논리를 굽힘없이 제시할 수 있었던 인물이다. 마르펙은 박해받는 신자들 공동체에 초점을 맞추고 있었으며, 교회와 시민 당국에 의한 권력의 사용과 남용에 대해 비판적이었다. 마르펙은 "악의 세력에 대한 부활의 승리와 그에 따른 성령의 보내심"은 "용서와 화해"를 가져올 뿐만 아니라 현재 굶주린 자에게 음식을 주는 제자의 도에 힘을 실어준다고 믿었다. 특히 신자들의 공동체는 역사에서 계속 행동하는 그리스도의 백성들이다. 마르펙은 그리스도의 십자가와 성령의 비폭력적이고 비강압적 성격에 중점을 두어 뮌스터의 재세례파나 슈말칼덴 동맹의 제후들이 사용했던 폭력 사용의 신학적 정당화에 대해 부정했다. 그리스도 공동체는 그리스도의 형상대로 집합적으로 변화 되어 예수처럼 비폭력적 사랑을 실천하도록 세상에 파송된 것이라 주장했다.

36 Hanspeter Jecker, *Ketzer-Rebellen—Heilige: Das Baler Täufertum von 1580-1700* (Liestal: Kantons Basel-Landschaft Verlag, 1998) 참고.

37 Karl Koop, *Anabaptist-Mennonite Confessions of Faith: The Development of a Tradition* (Kitchener: Pandora Press, 2004); *Confessions of Faith in the Anabaptist Tradition 1527-1560* (Kitchener: Pandora Press, 2006) 참고.

38 Michael Driedger, *An Article Missing from the Mennonite Encyclopedia: 'The Enlightenment in the Netherlands,'* in C. Arnold Snyder(ed.), *Commoners and Community*

여 메노파들이 폴란드나 프러시아 지역에서 경험한 다양한 방식들을 드러냈다. 20세기 후반까지 북미 지역 연구자들은 이 지역에서의 발전상황에 대해 거의 무시하다시피 했지만, 오늘날 얀첸(Mark Jantzen)이나 클라센(Peter Klassen) 같은 학자들은 폴란드와 프로이센에 관한 획기적인 연구논문들을 발표함으로써 과거 메노파에 대한 이해를 높이는 데 상당히 기여했다.[39]

새롭게 주목받는 또 다른 연구 분야는 러시아 메노파에 관한 프리젠(John Friesen)과 토우즈(John Toews)에 의해 이루어졌다.[40] 20세기 들어 오랜 기간, 이 분야의 연구는 개인적으로 러시아 혁명이나 스탈린 학정에서 직접 박해를 당한 캐나다 메노파 역사가들 사이에서 큰 관심을 불러일으켰다. 현재도 이 분야에 대한 관심은 특히 라이머(Johannes Reimer)나 바르켄틴(Johann Warkentin)과 같이 역사적으로 희생과 억압으로 점철된 자신의 역사와 연관성을 찾고자 하는 구소련 출신의 독일 이민자들 사이에서 지속되고 있다.[41] 동시에 폴란드, 러시아 및 우크라이나에는 이전에 독일시민이자 개척자였던 사람들에 관한 연구를 시작한 사학자들이 있다. 일부는 메노파들이 단순히 희생자일 뿐 아니라 각자가 처해진 상황 속에서 능동적인 역할을 수행했다는 사실을 제시했다, 렘펠(Gerhard Rempel)은 한 걸음 더 나아가 나치 시대, 특히 1941년부터 43년까지 우크

(Scottdale: Herald Press, 2002), 101-120.

39 Mark Jantzen, *Mennonite German Soldiers: Nation, Religion, and Family in the Prussian East, 1772-1880* (Notre Dame: University of Notre Dame, 2010); Peter Klassen, *Mennonites in Early Modern Poland and Prussia* (Baltimore: The Johns Hopkins University Press, 2009).

40 John Friesen(ed.), *Mennonites in Russia: Essays in Honour of Gerhard Lohrenz* (Winnipeg: CMBC Publications, 1989); John Toews, *Czars, Soviets and Mennonites* (Newton: Faith and Life Press, 1982).

41 Johannes Reimer, *Auf der Suche nach Identität: Russlanddeutsche zwischen Baptisten und Mennoniten nach dem Zweiten Weltkrieg* (Lage: Logos Verlag, 1996); Johann Warkentin, *Russlandddeutsche Berlin—Sonette* (Stuttgart: Landsmannschaft der Deutschen aus Russland e. V., 1996).

라이나 점령 기간 동안 메노파와 유대인들과의 관련성을 다루기 시작하면서 희생의 주제는 더욱 도전을 받게 되었다. 왜냐하면 적어도 메노파 신자 일부가 홀로코스트에서 모종의 역할을 했을 개연성이 대두되었기 때문이다.[42]

과거사에 대한 그러한 설명은 메노파의 역사서술이 단순한 영웅적 단계를 넘어 수정주의, 심지어 의심의 해석학적 여지를 남기는 보다 복잡하고 미묘한 양상으로 전개되고 있다는 사실을 나타내준다. 이러한 경향은 최근 북미 메노파 역사기술에서도 찾을 수 있다. 초기의 연구에서 엡(Frank Epp)이나 파나베커(Samuel Pannabecker), 슐라백(Theron Schlabach) 같은 학자들은 특히 유럽의 문화유산으로 시작된 거대담론에 관심이 집중되었다.[43] 그런 다음, 그들은 이주, 개척 초기, 창의적인 제도의 구축 기간, 특히 경건과 교회 조직의 발전에 대한 설명을 이어갔다. 최근의 연구에서 연구자들은 경제, 젠더, 그리고 도시 및 농촌 생활의 경험과 같은 주제에 점차적으로 더 집중하는 양상을 보이고 있다.[44] 이러한 접근은 이전 세대의 대서사에 대한 도전으로 작용하며, 연구의 다양한 역사적 표현에서 메노파 가정에 대한 보다 차별화되고 다면적인 이해를 이끌어 내고 있다.

또 다른 전개 양상은 유럽과 북미에서 전 지구적 맥락으로 중심의

---

42 Gerhard Rempel, "Mennonites and the Holocaust: from Collaboration to Perpetuation," *Mennonite Quarterly Review* 84(4)(2010), 507-549.

43 Frank Epp, *Mennonites in Canada, 1786-1920: The History of a Separate People* (Toronto: Macmillan of Canada, 1974); *Mennonites in Canada, 1920-1940: A People's Struggle for Survival* (Toronto: Macmillan of Canada, 1982); Samuel Pannabecker, *Open Doors: A History of the General Conference Mennonite Church* (Newton: Faith and Life Press, 1975); Theron Schlabach, *The Mennonite Experience in America*, vol.1-4 (Scottdale: Herald Press, 1985-1996).

44 Marlene Epp, *Mennonite Women in Canada: A History* (Winnipeg: University of Manitoba Press, 2008); Royden Loewen, *Diaspora in the Countryside: Two Mennonite Communities in Mid-twentieth Century Rural Disjuncture* (Toronto: University of Toronto Press, 2006).

이동이다. 1994년 메노파 세계협의회(Mennonite World Conference)는 메노파 북대서양으로부터 아프리카 국가로 인구통계학적 이동이 있었다고 보고했다. 남미 및 아시아와 같은 남반구 국가의 메노파 신자들이 현재 유럽과 북미에 거주하는 메노파 신자들보다 많다고 알려진다.[45] 이에 부응해, 세계 메노나이트 역사 시리즈(Global Mennonite History Series)가 전 세계의 재세례파들의 상호이해를 증진시킬 방편으로 시작되었다.[46] 5권으로 된 이 연속물은 각 대륙 출신의 학자들이 작성하여 세계적 메노파 현실의 다양성과 통일성을 부각시켰다. 이 시리즈가 역사적인 학문성에서 새로운 접근방식은 분명하다. 하지만 이것이 재세례파와 메노파 연구 분야에서 비서구적 참여의 새로운 이정표를 세운 것인지의 여부는 여전히 논의의 여지를 남기고 있다.

재세례파와 메노파 신학연구 분야에서도 복잡한 그림이 등장하고 있다. 20세기 상반기 메노파 신학은 집단 정체성 보존의 관점에서 수행된 자신들만의 리그적 성격이 강했다. 메노파는 자유주의나 근본주의와 같은 외부 세력에 의해 위협받고 있다고 느꼈으며, 경건주의적이고 복음주의적며 부흥운동 성격의 강렬한 충동이 메노파의 대중적 신앙을 집요하게 파고들었다. 이러한 환경에서 미국 메노파는 두 가지 확연하게 구별되는 신학적 흐름이 드러나게 되었다. 한편으로, 웨델(Cornelius Heinrich Wedel)로 대표되는 문화 참여적인 진보적 입장은 통상적인 미국적 삶의 경향에서 벗어나지 않는 범위 내에서 그리스도교적 원리를 실천하고자 했다. 반면에, 카우프만(Daniel Kauffman)으로 대변되는 분리주의 성격이 강한 입장은 근본주의적으로 교리에 대한 재확인을 강조한 노선을 채택했다. 20세기 중반까지 양 진영은 진보적 입장을 견지하는 카우

45 John Lapp, "'A New Future Requires a new Past': The Global Mennonite History Project," *Journal of Mennonite Studies* 23(2005), 165-178.

46 John Lapp and Arnold Snyder, *Global Mennonite History Series*, vol. 5 (Intercourse: Good Books, 2006-2012).

프만(Edmund Kaufman)과 보다 분리주의적이고 근본주의적 노선을 견지하는 웽어(J. C. Wenger)에 의해 더욱 공고해진 양상을 보였다. 메노파들이 점차 신학 분야의 학위를 취득하여 학계에 진출하는 활발해지고 주류의 신학계와 대화에 적극적으로 참여하기 시작하면서 결국엔 1990년대 들어서면서 공고했던 양 진영의 경계는 다양한 새로운 충동들에 의해 흐려지게 되었다. 예를 들어 메노파 신학자들은 정치신학, 해방신학, 페미니즘 신학, 그리고 메노파의 삶과 사상에 미친 모더니티와 포스트모더니티의 영향에 관한 주제에 주목하기 시작했다. 메노파 학자들이 다양한 에큐메니칼 진영의 대담자들과 학문적 교분을 나누고 점차 다원화되는 세계에서 그리스도교 세계의 붕괴에 대한 현실 인식이 수반됨에 따라 모더니티의 주제는 지속적으로 학문적 관심을 끌게 될 전망이다.

메노파신학사상은 교의학 분야에 또한 공헌했다. 물론 여기서 메노 신학자들이 전통적으로 교리적 표현에 크게 비중을 두지 않고 예배와 일상적 삶에서의 신앙에 보다 더 심혈을 기울였기에 메노파 신학 자체의 학문적 발전은 다소 지체된 감이 있었다. 초창기엔 카우프만(Daniel Kauffman)과 웽어가 그리스도교 신앙에 대한 강요를 저술했으나, 그것은 그 분야의 방법론에는 피상적인 관심만 기울이면서 성서적 가르침을 요약한 수준 그 이상은 아니었다.[47] 1960년대에 요더와 고든 카우프만(Gordon Kaufman)은 그리스도교 신앙의 공통적 자리를 논하는 매우 지적으로 엄밀한 공헌을 했다.[48] 하지만 메노파 학자들이 메노파 신학은 어떤 형태가 되어야 하는가라는 문제 제기에 점차 관심하게 되면서, 80년

---

47 Daniel Kauffman, *Doctrines of the Bible: A Brief Discussion of the Teachings of God's Word* (Scottdale: Mennonite Publishing House, 1929); John Wenger, *Introduction to Theology: A Brief Introduction to the Doctrinal Content of Scripture Written in the Anabaptist-Mennonite Tradition* (Scottdale: Herald Press, 1954).

48 John Yoder, *Preface to Theology: Christology and Theological Method* (Grand Rapids: Brazos Press, 1968); Gordon Kaufman, Systematic Theology: A Historicist Perspective (New York: Charles Scribner's Sons, 1968).

대에는 신학에서의 공통의 자리(*loci communes*)에 대한 진지한 관심이 부상하게 되었다. 라이머(A. James Reimer)와 같은 신학자들은 메노파 신학은 에큐메니칼 운동을 지향해야 하며 고전적인 신조 전통과 상응해 삼위일체 교리에 기반해야 한다고 주장하는 반면, 위버(J. Denny Weaver)와 같은 학자는 기독론, 제자도, 그리고 평화주의에 기초한 더욱 독특한 분리주의 신학을 요청했다.[49] 한편, 메노파 신학자들은 신앙을 종합적으로 논하는 데 기여할 목적으로 또는 기독론, 속죄론, 또는 교회론과 같은 구체적인 신학적 주제를 논의할 목적으로 여러 권의 책을 저술했다.[50] 한편, 메노파에 속한 지역 교회는 신앙의 핵심을 나타내는 진술이나 신앙고백을 다듬어 왔다. 전반적으로, 다양한 저술들은 스타일과 접근 방식에 있어서 의미 있는 변화를 반영하고 있으며, 대부분의 학자들은 폭넓은 그리스도교 전통의 신학적 범주들을 서술하면서도 독특한 재세례파적 강점을 드러내는 데도 기여한 것이 사실이다.

현재 메노파 또는 재세례파 신학적 저술 작업은 여러 모로 계속되고 있는데, 점차적으로 학자들은 보다 포괄적인 전통을 지시해 주면서, 아직도 여전히 소종파 서클에서만 주로 사용하고 있는 강력한 문화적 민속적 함의를 가진 메노파 특유의 언어는 피하는 방식으로 '재세례파'(Anabaptist) 또는 '재세례-메노파'(Anabaptist-Mennonite), 또는 '신자들의 교회'(Believers Church) 또는 '복음적 재세례파'(Evangelical Anabaptist)라는 용어를 사용하고 있다. 현재 다양한 재세례파 전통과 관련 있는 성서신학자들은 1986년에서 2013년까지의 성서 주석 작업을 총 26권의 시리즈

---

49 Willard Swartley(ed.), *Explorations of Systematic Theology: From Mennonite Perspectives* (Elkhart: Institute of Mennonite Studies, 1984).

50 그리스도론을 주제로 한 크라우스의 연구[Norman Kraus, *God our Saviour: Theology in a Christological Mode* (Scottdale: Herald Press, 1991)], 속죄론을 주제로 한 드라이버의 연구[John Driver, *Understanding the Atonement for the Mission of the Church* (Scottdale: Herald Press, 1986)], 교회론을 주제로 한 뒤엑 등의 공동 연구[Abe Dueck et al,(ed.), *New Perspectives in Believers Church Ecclesiology* (Winnipeg: CMU Press, 2010)]를 예로 들 수 있다.

(BCBC)를 통해 간행했다.[51] 메노파 관련 대학이나 신학대학원의 교파 지도자 및 학자들은 신학과 교회의 상호보완을 모색하기 위한 방편으로 학술지를 통한 협력을 강화하고 있다.[52] 영국의 경우, 메노파 소속은 아니지만 재세례파에 전적인 관심을 갖는 머레이(Stuart Murray) 같은 학자들은 메노파의 성서해석 방법론에 대한 접근을 통해 교회의 개혁과 갱신에 기여하고 있다.[53] 스나이더(A. Snyder)나 뒤엑(Irma Dueck) 같은 학자들은 현재 재세례파의 영성과 예배에 관심을 보이고 있다.[54] "평화 및 분쟁 연구"(Peace and Confict Studies) 프로그램은 캐나다 메노 대학을 위시한 여러 메노파 대학의 학술지 간행을 통해 활발한 활동을 보이고 있다. 또한 수십 년간 교회 간의 대화 운동에 적극적으로 참여한 메노파 학자들은 에큐메니칼 연구 분야에도 기여했을 뿐만 아니라, 메노파 학자들은 종교 간의 대화에 참여함에 따라 그리스도교 신학의 본질과 그리스도교 전통 밖의 신앙과의 만남의 경험에 대한 수많은 새로운 질문을 다루는 출판물들이 이어서 나오고 있다.[55]

---

51 *Believers Church Bible Commentary* (Scottdale; Herald Press, 1986-2013).

52 *Direction: A Mennonite Brethren Forum* (Fresno: Mennonite Brethren Biblical Seminary, 1972), 대표적으로 *Direction*지(誌)는 캐나다와 미국의 4 개 메노파 형제회 교육 기관 간의 파트너십으로 1972년에 시작되었다. 나중에 2개 학교가 추가적으로 합류했으며, 미국과 캐나다의 메노나이트 형제회 학회도 학술적 지원을 하게 되었다. 편집자 빈스(Delbert Wiens)는 평신도와 교회 지도자들에게 "서로에 대해 경청하고 함께 기도하며 생각하자"는 초청으로 첫 지침을 제시했다. *Direction*은 교회의 이론과 실천, 사회학적인 문제 그리고 제자도의 문제를 연구하지만 순전히 학술지나 교파 저널의 수준에서 머물지 않고 그리스도교적 성찰과 선교적 사명의 상호 의존성을 강조하고 있다.

53 Stuart Murray, *The Naked Anabaptist: The Bare Essentials of a Radical Faith* (Scottdale: Herald Press, 2010).

54 A. Snyder, *Following in the Footsteps of Christ: The Anabaptist Tradition*); Irma Dueck, "Worship Made Strange," in Paul Doerksen and Karl Koop(ed.), *The Church Made Strange for the Nations: Essays in Ecclesiology and Political Theology* (Eugene: Wipf and Stock Publishers, 2011), 112-122.

55 Harry Huebner and Hajj MuhammadLegenhausen(ed.), *Peace and Justice: Essays from the Fourth Shi'a Muslim Mennonite Christian Dialogue* (Winnipeg: CMU Press, 2011); *On Being Human: Essays from the Fifth Shi'a Muslim Mennonite Christian Dialogue* (Winnipeg: CMU Press, 2013).

4. 메노나이트 윤리학자 요더

오늘날의 신학적 대화의 국면에 결정적인 배경 역할을 한 메노파 윤리학자가 바로 요더(John Yoder)이다. 벤더의 영향이 크게 작용했던 그의 초기 작업은 16세기 재세례파 연구에 초점이 모아졌다. 그러나 1960년대부터 요더는 16세기 재세례파 신학을 시대에 걸맞게 현대의 사회윤리적 물음으로 해석하고 논리적으로 확장시키기 시작했다. 수십 년에 걸쳐 출판된 다양한 그의 저술 중에서도 가장 잘 알려진 『예수의 정치학』(*The Politics of Jesus*)을 통해 요더는 재세례파에 국한되지 않는 그리스도교 공동체 전체에 예수의 윤리가 현대 교회의 삶에도 적실성이 있으며 규범적일 수 있다는 점을 도전적으로 환기시켰다. 이 저술은 그리스도교 윤리학계에 상당한 논란을 일으켰는데, 그 이유는 그가 콘스탄티누스 황제 이후 교회의 윤리학이 진정한 의미의 그리스도교 윤리학적 성격을 잃어버린 것을 비판하면서, 참된 그리스도교 윤리학이란 세속 문화에 기초하기보다는 예수 그리스도의 실제적 삶과 가르침에서 출발하여야 함을 주장했기 때문이다. 교회는 신약성서를 통하여 주어진 그리스도의 모델을 무시하거나, 예수의 삶과 가르침을 그대로 따르려고 했던 초대 그리스도교 공동체의 윤리적 모델을 버리고 세상과의 갈등을 제거하고 타협주의의 노선을 선택한 이른바, 트뢸취의 '교회 유형'적 그리스도교 윤리학'을 발전시켜 왔다는 것이다. 요더에게 그리스도교윤리는 예수 그리스도의 가르침에 순종하고 예수께서 직접 보여 주신 그 삶을 모범으로 하여 어떻게 그를 닮아가고 실천할 수 있는가에 대해 연구하는 학문이다. 예수 그리스도의 삶과 가르침은 당시의 제자들과 교회들뿐만 아니라 오늘의 개인들과 교회 공동체의 사회윤리에서도 실제적인 모델과 규범이 된다는 것이 그의 기본 입장이다. 구체적으로 말하면, 예수 그리스도는 그의 행동과 가르침, 십자가와 부활을 통해서 그리스도인의 개인적 삶뿐만 아니라 사회적 행동을 위한 규범적인 유형도 제공한다는 것이다. 그러므로 오늘날의 그리스도인은 사회적 삶에서도, 예수께서 보여 주신 모범을 그대로 따르고 본받아야 하는 것이다. 그런데 과거나 현재나 그리스도교가 윤리적으로 예수 그리스도의 길을 걷지 않고 콘스탄틴적이고 제국주의적인 길을 걸었다는 것이 요더의 비판의 핵심이다.

요더에 의하면 콘스탄틴 그리스도교로의 변질로 인해 가장 큰 손실은 역사적 예수의 삶과 말씀 속에서 제시된 교회가 따라야 할 규범과 행동적 지침을 상실했다는 점이다. 이는 곧 기독론의 약화를 의미한다. 첫째, 그리스도인의 삶과 윤리적 기준으로서 그리스도의 지위가 현저히 약화되었음을 말한다. 둘째, 그리스도의 비정치화를 의미하는데, 그리스도의 삶과 가르침이 개인화되고 내면화된 것을 말한다. 그리스도의 권위는 단지 사적이고 심리적인 측면에서만 인정될 수 있다. 대표적으로 암브로시우스와 아우구스티누스는 초대 교회의 평화주의를 개인적 영역이나 영성으로 내면화시켰고, 외적으로는 폭력이나 전쟁을 신학적으로 정당화했다.

요더는 콘스탄틴적 왜곡된 기독론을 탈피하여 철저한 기독론에 기초한 그리스도 중심의 윤리를 주장한다. 단적으로 말해, 예수 그리스도가 우리의 삶의 중심이 아니라면 그리스도교 윤리는 논의될 가치가 전혀 없는 것이며, 나아가 심지어 예수조차 무의미해질 수 있다는 것이다. 그리스도교윤리가 의미를 갖기 위해서는 철저하게 기독론적 고찰에 뿌리내려야 한다는 것이 그의 주장이다. 그리고 그러한 예수 그리스도 중심의 윤리가 현실 사회에서도 여전히 타당하다고 외친다.

그의 그리스도교 윤리의 핵심은 한마디로 "예수 정치학"으로 표현될 수 있다. 그리고 예수 정치학의 핵심은 예수의 십자가다. 이 십자가가 한편으로 예수가 정치적이었다는 것이고 다른 한편으로 우리의 정치적 실천의 규범이 된다는 것이다. 문제는 예수의 십자가가 단지 속죄의 수단으로 제의적으로 규정된 것이 아니라 반란과 정적주의 양자에 대한 정치적 대안으로 드러난 출발점이라는 것이다. 즉 이 말은 보수적 복음주의와 자유주의 양쪽에 대한 비판을 포함하고 있다. 한편으로는 예수의 죽음을 대속적 죽음으로만 해석하여 그의 죽음을 영혼 구원만을 위한 것인 양 교리화 시켜온 보수적 복음주의를 겨냥해서 예수의 삶이 정치적 행위라는 점을 강조한 것이고, 다른 한편으로는 예수를 문화적으로 도덕적인 차원에서만 생각하는 자유주의를 겨냥해서, 예수의 삶은 정치와 무관한 개인적 교양이나 도덕의 수준에서 머무는 것이 아니라 실제적으로 사회 · 정치적 규범이 된다는 것을 강조한 말이다.

요더에게 십자가는 루터(이신칭의) 처럼 영혼이 자아와 죄를 내면에서 씨름하는 것이 아니라, 그것은 도래할 질서 즉 새로운 질서를 거부하는 세상 속에 당당하게 드러내는 사회적 실재이다.[56] 또한 요더는 자유주의에서처럼 십자가가 윤리적 규범으로서 현실에 적절치 않다는 것에도 반대한다. 요더는 자유주의 전통에 선 윤리학자들이 예수의 윤리가 사회적으로 규범화 될 수 없다고 주장하는 내용을 다음과 같이 정리한다.[57] 첫째, 예수의 윤리는 중간 시대의 윤리(임박한 종말론에 따르면 중간시대는 잠정적이고 일시적이다)이므로 항존하는 사회를 위한 윤리로는 부적절하다는 것이다. 둘째, 예수의 윤리는 프란체스코와 톨스토이와 같은 개인적이고 목가적인 단순한 윤리이므로, 발전된 현대 사회 문명을 설명할 수 없으며 따라서 사회윤리로서는 부적합하다는 것이다. 셋째, 예수의 윤

56 Yoder, *The Politics of Jesus* (Grand Rapids: Eerdmans, 1994), 96.

57 *Ibid.*, 5-8.

리는 소수의 제자들을 위한 것이다. 이후 교회의 세계는 훨씬 커지게 되었는데 이들 소주자의 윤리로서는 규모가 큰 사회를 책임지는 데 적합한 윤리가 되기엔 많은 한계가 뒤따른다는 것이다. 넷째, 예수의 윤리는 비역사적이라는 점이다. 예수의 교훈은 영적이고 실존적이어서 사회문제와 구체적인 정치현실을 취급하지 않았다는 주장인데, 예수의 케리그마는 사회 변혁이 아니라 새로운 자기 이해를 추구한 것이고, 설령 그의 메시지를 정치적으로 이해한다고 해도 그것은 영적인 메시지에 상징적으로 신비적인 치장을 한 것일 뿐이라는 것이다. 따라서 예수의 윤리는 사회문제에 구체적인 지침을 줄 수 없다는 주장이다. 다섯째, 예수는 급진적 유일신론자(radical monotheist)이라는 주장이다. 예수의 신은 이 세상의 유한하고 국부적인 윤리적 견해와 동일시될 수 없고 오히려 상대화시키기에, 신과 인간, 그리고 신의 말씀과 인간 가치 사이는 급진적인 불연속성이 존재할 수밖에 없다는 것이다. 말하자면 신의 뜻을 특정한 하나의 윤리적 주장과 동일시할 수 없기에, 예수의 가르침에는 맥락에 맞는 가장 적절한 사회윤리가 존재할 수 없다는 것이다. 끝으로, 예수는 모든 인간의 죄를 사하러 오셨다는 주장이다. 이신칭의의 가르침은 죄를 구체적인 사회 행동이 아니라 신과의 관계에서 설명하므로 말씀과 윤리의 연결은 존재할 수 없다는 주장이다. 요더가 언급한 자유주의적 주장이 갖는 공통점은 한마디로 "예수는 사회윤리의 물음에 대해 어떠한 직접적인 의미를 주기에는 현실 적합성이 결여되어 있다"[58]는 것이다.

그러나 요더는 신약성서의 전제는 "예수의 사역과 말씀은 청자들과 독자들에게 정치적 선택을 포기하라는 것이 아니라 하나의 특정한 사회정치 윤리적 선택을 제시한다"[59]고 주장한다. 십자가는 우리가 선택할 수 있는 여러 가지 항목 중에 하나가 아니라 오늘날에도 현실 적합

58 *Ibid.*, 5.

59 *Ibid.*, 11.

한 우리의 유일한 규범이며, 현재에도 여전히 적실성을 갖는다는 것이다. 그리고 요더는 그 근거를 계시에 두고 있다. 그리스도교의 계시에 근거하면 신 인식과 자기 인식은 신의 유일한 계시인 예수 그리스도를 말미암지 않고는 불가능하다. 그리스도인의 삶은 오직 그리스도와의 관련 속에 있으며, 그리스도를 증언하는 것이다. 그러므로 예수의 인격과 사역 안에서, 그리고 그의 가르침과 수난에서 그리스도교윤리의 뿌리를 찾을 수 있고, 예수의 부활에서 윤리적 능력을 발견할 수 있다는 것인데, 바로 그것이 요더가 주장하는 "예수의 정치학"이다.[60]

그리스도교가 그리스도를 주라고 고백한다면 단지 교회 안에서만이 아니라 사회 역사적 현장에서도 적용하고 실천되어야 할 고백이자 윤리적 담론이 되어야 한다.[61] 여기서 중요한 것은 예수 그리스도의 주되심을 배타적으로 이해할 필요는 없다. 요더의 진의는 그리스도를 제외하고는 그 어떠한 앎의 원천도 거부되어야 한다는 배타적 의미에서의 그리스도 중심을 말하는 것이 아니라, 예수 그리스도 안에서 신의 자기 계시의 규범에 의해서, 그리고 그것이 항상 중심이 되어 모든 앎을 검토한다는 의미에서 그리스도 중심적이라는 의미이다.[62] 이는 콘스탄틴적 그리스도교윤리가 그리스도를 배제했다는 의미가 아니라, 설령 그것이 그리스도 중심적이었다 해도 주류의 전통적 그리스도교의 그리스도는 다분히 콘스탄틴적 그리스도 예수였다는 지적이다. 이 지점에서 우리가 종교개혁운동을 복기한다면, 관헌주도의 주류 종교개혁운동과 스위스의 재세례파 종교개혁운동의 차이를 언급할 수 있겠다. 주류 관헌적 종교개혁운동과 급진 종교개혁운동의 차이는 단적으로 예수의 말씀을 도

---

60 Yoder, *Nevertheless: Varieties of Religious Pacifism* (Scottdale: Herald Press, 1992), 133-134.

61 *Ibid.*, 134.

62 Craig Carter, *The Politics of the Cross: The Theology and Social Ethics of John Howard Yoder* (Grand Rapids: Brazos Press, 2001), 218.

덕적 지침으로 단순하고 진지하게 수용했는가의 여부에 있다.[63] 마찬가지로 주류 윤리학이 그리스도의 규범성을 사회 정치적 실현의 영역에서 배제했다는 것이 아니라 규범성과 적합성을 약화시키거나 내면화한 점을 비판하는 것이다.

그렇다면 십자가에 나타난 예수의 정치학은 무엇인가? 요더가 말하는 예수의 정치학이란 "폭력의 거부"이다.[64] 예수의 겟세마네 동산의 최후 기도는 최후의 폭력에 대한 유혹의 거절, 즉 메시아적 폭력에 대한 거절이다. 예수는 폭력에 의한 하느님 나라의 실현을 거부하고, 비폭력적인 섬김과 순종으로 하느님 나라의 성취의 길을 선택했다. "그리스도의 십자가는 반역의 세상 한가운데서 신에게 순종한 대가였다. 그것은 올바른 일을 행하기 위한, 증오해야 할 사람을 사랑하기 위한, 용서할 이유가 없는 사람들 가운데서 신의 의로움과 용서를 그 육체 안에서 드러내기 위한 고난이었다. 그리스도의 십자가는 선으로 악을 이기는 신의 방법이었다."[65]

전통적으로 주류 그리스도교는 전쟁의 정당성을 신학적이고 윤리적으로 옹호했기에, 콘스탄틴적 그리스도교라는 요더의 비판을 부정하기 어렵다. 최후의 수단으로서만 폭력과 전쟁을 정당화하겠다는 이론이나 실천은 결국 예수의 정치학을 포기한 콘스탄틴의 정치학이요 제국의 정치학다. 요더에 의하면 이것은 본래적인 것도 아니요 현실적인 것도 아니며, 정확히 말해 콘스탄틴적 그리스도교로 변환된 이후에나 가능했던 윤리적 입장이다. 예수의 윤리는 폭력의 거부이며, 타인의 존엄성을 침해하는 무력에 대한 거부이다. 요더의 초점은 "폭력이라는 수단을 사용하지 않고서도 자신의 정당한 목적을 달성할 수 있느냐의 문제가 아

63 Yoder, *The Priestly Kingdom,* 109.

64 Yoder, *The Politics of Jesus*, 45-49.

65 Yoder, *He Came Preaching Peace* (Scottdale: Herald Press, 1985), 18-19.

니라, 정당한 수단이라 할지라도 그리스도의 십자가의 길에 참여하는 것이 아니라면 우리는 정당한 수단마저도 포기할 수 있어야 한다는 것이다."[66] 예수가 겟세마네에서 십자가 위에서 신의 아들로서 당연히 행사할 수 있는 권한과 능력을 자발적으로 포기했던 것처럼, 때로 폭력사용이 정당화될 수 있는 상황에도 그리스도인은 그 폭력과 전쟁을 사용해서는 안 된다는 것이다. 그리스도의 십자가가 예수 정치학의 핵심이자 그리스도교 윤리의 출발점이다.[67] 십자가는 예수에게만 한정된 것이 아니라 모든 그리스도인들이 마땅히 따르고 모방해야 할 규범이자 모범이다.

요더가 학문적으로 미친 영향력은 상당하다 하겠다. 재세례파 사회윤리와 평화주의를 사실상 대표하는 요더는 재세례파의 어떤 학자보다 재세례파-메노파 사상을 다른 신학적 전통과 대화하게 만들었던 장본인이라 해도 지나치지 않다. 사회윤리 및 기타 학문 분야에서 메노파 또는 재세례파적 관점은 이제 소홀하게 취급하거나 무시할 수 없는 하나의 진지한 대안 사상으로 간주되고 있다. 또한 요더의 저술은 정치신학이나 철학적 신학 영역에서 연구하는 후배 학자들에게 영감을 불어넣었다. 오늘날 신학자들은 급진적 정통주의(Radical Orthodoxy)로 알려진 운동과 관련된 신학자들을 비롯한 다양한 범주의 학자들과 교류하고 있다.[68]

---

66 Yoder, *The Politics of Jesus*, 237.

67 Yoder, *The Royal Priesthood*, 147.

68 Paul Doerksen, *Beyond Suspicion: Post-Christendom Protestant Political Theology in John Howard Yoder and Oliver O'Donovan* (Eugene: Wipf & Stock, 2009); Chris Huebner, *A Precarious Peace: Yoderian Explorations on Theology, Knowledge, and Identity* (Scottdale: Herald Press, 2006); Chris Huebner and Tripp York(ed.), *The Gift of Difference: Radical Orthodoxy, Radical Reformation* (Winnipeg: CMU Press, 2010).

5. 결론

재세례-메노파 연구 분야에선 역사와 신학 영역에서의 공헌도가 높은 것이 사실이지만, 점차 다른 학문 분야에서도 공유되는 지형도가 확장되는 현상을 보이고 있다. 메노파 학자들이 신학과는 상당히 변별적인 타 학문 분야, 즉 인류학, 민속음악, 사회학, 평화와 분쟁 연구, 또는 회고록이나, 소설, 민속, 시, 그리고 문학비평학과 같은 것을 폭넓게 포함하는 의미에서의 '메노파 문학'도 학문적인 기여도가 높다는 평가를 받고 있다.[69] 재세례파와 메노파 연구에서 다방면으로 박식한 학자들은 학문적 논쟁을 다루는 비평 저널이나 온라인 백과사전 그리고 다양한 학술 네트워크를 참고하여 학문적 발전에서 뒤쳐지지 않으려고 애쓰고 있다. 오늘날의 대학의 대부분의 학제에서와 마찬가지로, 재세례파와 메노파에서의 지식의 성장은 다양한 학제간연구적 관심을 갖는 학자들의 면밀한 학문적 탐색과정이 수반된 매우 전문화된 연구로 발전되고 있다. 점차로 커지고 있는 이러한 폭넓은 관심과 접근의 확산으로 인해 혹 재세례파와 메노파 연구 영역의 해체를 가져오지 않을까 하는 의문이 제기되기도 한다. 니스(Fred Kniss) 는 북미 메노파의 경험과 관련된 이전의 역사기술적 및 사회학적 방법론에서 두 가지의 근본적인 가정을 관찰한다. 첫 번째는 16세기 이래로 거의 그대로 보존되어 온 가치, 신

69 Hildi Froese Tiessen, "Homelands, Identity Politics, and the Trace: What Remains for the Mennonite Reader?", *Mennonite Quarterly Review* 87(1)(2013), 11-22.

앙 및 실천의 본질적 핵심인 "메노파적 본질"이 존재한다는 가정이다.[70] 두 번째는 "메노파는 주류 대다수의 그리스도교 교회와 세속 세계에 대항해 이러한 본질적 가치를 보존해왔다"는 가정이다.[71] 니스는 이러한 가정들에 대해 '본질주의'이자 '보존주의자'라 언급하며, 그것들은 종종 "다른 종교적 사회적 집단과 비교했을 때 메노파의 본질을 어떻게 가장 잘 서술할 수 있는지 … 또는 메노파는 어떻게 외부 세계에 맞서 경계선을 유지하는 데 성공할 수 있었는지"의 물음으로 유도하게 된다고 보았다.[72] 니스는 가치, 신앙 또는 실천에 대한 합의나 초역사적인 본질 따위는 존재하지 않는다는 가정들[73]과 메노파와 외부 세계의 경계선은 확고하고 명확하게 정의할 수도 없으며 그런 것이 유지되기도 어려울 뿐 아니라 사실 유동적이고 취약한 것이라는 가정들[74]에 대해 계속적으로 도전한다. 니스는 주로 역사학과 사회학의 관점에서 북미 메노파 이야기에 논의를 제한시키고 있지만, 로스(John Roth)는 재세례-메노파 신앙 전통의 첫 2, 3세기를 특징짓는 데 유사한 언어를 사용한다. 그는 메노파의 역사는 신앙적으로 더 충실했는가 아니면 그렇지 않았는가의 2차원적 방식으로는 제대로 논의될 수 없고, 재세례파 전통 각각이 구체적인 사회 정치, 경제 종교적 맥락에서 생존을 위해 몸부림쳤던 역동감과 긴박감 그리고 창의성이 넘치는 상호작용의 방식으로 논의될 때 제대로 파악될 수 있다고 말한다.[75] 로스는 역사가의 임무는 어떠한 규범적 신념의 기준에 따라 선별하고 분류하는 대신, 신앙에 대한 규범적 정의가

70 Fred Kniss, "Conflict and the Telling of North American Mennonite History," *Journal of Mennonite Studies* 23(2005), 101.

71 *Ibid*.

72 *Ibid*., 101-102.

73 *Ibid*., 105.

74 *Ibid*., 107.

75 John Roth, "Pietism and the Anabaptist Soul," in Stephen L. Longenecker(ed.), *The Dilemma of Anabaptist Piety* (Bridgewater: Forum for Religious Studies, 1997), 25.

지속적으로 형성되고 논쟁되는 방식을 서술함으로써 더 잘 수행될 수 있다고 확신한다.[76]

재세례-메노파 영역이 가까운 미래에 어떻게 전개되어갈지를 예측하기 쉽지 않다. 분명한 것은 대화의 확장을 통한 외연 확장과 더불어 메노파의 정체성이 약화된다면 메노파가 가졌던 윤리적 강점 역시 약화될 가능성이 없지 않다. 이와는 달리 오늘날 포스트모던의 세례를 덜 받은 젊은 세대들의 영향력으로 인해, 온고지신의 자세로 과거의 유용성을 추구하고 계승하려는 학문적이고도 공동체적인 삶의 흐름으로 더욱 두드러질 가능성도 열려있다 하겠다. 재세례-메노파들과의 적극적인 대화를 통해 우리 종교개혁의 소중한 유산, 나아가 참된 그리스도교의 정신을 계승하고 보전하는 것은 우리의 몫이기도 하다.

76 *Ibid.*.

참고문헌

박종균, "카스텔리옹의 평화윤리 사상에 관한 연구," 『기독교사회윤리』 41(2018).

Bainton, Roland. "The Struggle of Religious Liberty." *Chruch History* 10(2)(1941).

Bender, Harold S.. "The Anabaptist Vision." *Mennonite Quarterly Review* 18(1944).

Blough, Neal. *Christ In Our Midst: Incarnation, Church and Discipleship in the Theology of Pilgram Marpeck*. Kitchener: Pandora Press. 2007.

Brensinger, Terry L.. *Believers Church Bible Commentary*. Scottdale; Herald Press, 1986-2013).

Carter, Craig. *The Politics of the Cross: The Theology and Social Ethics of John Howard Yoder*. Grand Rapids: Brazos Press, 2001.

Direction: A Mennonite Brethren Forum. Fresno: Mennonite Brethren Biblical Seminary, 1972.

Doerksen, Paul and Karl Koop(ed). *The Church Made Strange for the Nations: Essays in Ecclesiology and Political Theology*. Eugene: Wipf and Stock Publishers, 2011.

Doerksen, Paul. *Beyond Suspicion: Post-Christendom Protestant Political Theology in John Howard Yoder and Oliver O'Donovan*. Eugene: Wipf & Stock, 2009.

Driedger, Michael. "An Article Missing from the Mennonite Encyclopedia: 'The Enlightenment in the Netherlands.'" in C. Arnold Snyder(ed.). *Commoners and Community*. Scottdale: Herald Press, 2002.

Driver, John. *Understanding the Atonement for the Mission of the Church*. Scottdale: Herald Press, 1986.

Dueck, Abe(ed.). *New Perspectives in Believers Church Ecclesiology*. Winnipeg: CMU Press, 2010.

Epp, Frank. *Mennonites in Canada, 1786-1920: The History of a Separate People*. Toronto: Macmillan of Canada, 1974.

Epp, Frank. *Mennonites in Canada, 1920-1940: A People's Struggle for Survival*. Toronto: Macmillan of Canada, 1982.

Epp, Marlene. *Mennonite Women in Canada: A History*. Winnipeg: University of Manitoba Press, 2008.

Fast, Heinhold. and Martin Rothkegel(ed.). *Briefe und Schriften oberdeutscher Täufer 1527-1555*. Gütersloh: Güterloher Verlagshaus, 2007.

Finger, Thomas. *A Contemporary Anabaptist Theology: Biblical Historical, Constructive*. Illinois: IVP Academic, 2004.

Friesen, John(ed). *Mennonites in Russia: Essays in Honour of Gerhard Lohrenz*. Winnipeg:

CMBC Publications, 1989.

Gritsch, Eric W. *Reformer Without a Church: The Life and Thought of Thomas Muentzer1488(?)-1525*. Philadelphia: Fortress Press, 1962.

Harder, Leland. *The Sources of Swiss Anabaptism: The Grebel Letters and Related Documents*. Pennsylvania: Herald Press, 1985.

Huebner, Chris and Tripp York(ed). *The Gift of Difference: Radical Orthodoxy, Radical Reformation*. Winnipeg: CMU Press, 2010.

Huebner, Chris. *A Precarious Peace: Yoderian Explorations on Theology, Knowledge, and Identity*. Scottdale: Herald Press, 2006.

Huebner, Harry and Hajj Muhammad Legenhausen(ed). *On Being Human: Essays from the Fifth Shi'a Muslim Mennonite Christian Dialogue*. Winnipeg: CMU Press, 2013.

Huebner, Harry and Hajj Muhammad Legenhausen(ed). *Peace and Justice: Essays from the Fourth Shi'a Muslim Mennonite Christian Dialogue.* Winnipeg: CMU Press, 2011.

Jantzen, Mark. *Mennonite German Soldiers: Nation, Religion, and Family in the Prussian East, 1772-1880*. Notre Dame: University of Notre Dame, 2010.

Jecker, Hanspeter. *Ketzer-Rebellen—Heilige: Das Baler Täufertum von 1580-1700*. Liestal: Kantons Basel-Landschaft Verlag, 1998.

Jürgen-Goertz, Hans. *The Anabaptist*, Trevor Johnson(tran.). London: Routledge, 1996.

Kauffman, Daniel. *Doctrines of the Bible: A Brief Discussion of the Teachings of God's Word*. Scottdale: Mennonite Publishing House, 1929.

Kaufman, Gordon. *Systematic Theology: A Historicist Perspective*. New York: Charles Scribner's Sons, 1968.

Klaassen, Walter and William Klassen. *Marpeck: A Life of Dissent and Conformity*. Scottdale: Herald Press, 2008.

Klassen, Peter. *Mennonites in Early Modern Poland and Prussia*. Baltimore: The Johns Hopkins University Press, 2009.

Kniss, Fred. "Conflict and the Telling of North American Mennonite History." *Journal of Mennonite Studies* 23(2005).

Koop, Karl. *Anabaptist-Mennonite Confessions of Faith: The Development of a Tradition*. Kitchener: Pandora Press, 2004.

Koop, Karl. *Confessions of Faith in the Anabaptist Tradition 1527-1560*. Kitchener: Pandora Press, 2006.

Kraus, Norman. *God our Saviour: Theology in a Christological Mode*. Scottdale: Herald Press, 1991.

Lapp, John and Arnold Snyder, *Global Mennonite History Series,* V. Intercourse: Good Books, 2006-2012.

Lapp, John. "'A New Future Requires a new Past': The Global Mennonite History Project," *Journal of Mennonite Studies* 23(2005).

Littell, Franklin. "Anabaptist and Free Church Studies." *Mennonite Life* 25(2)(1970).

Littell, Franklin. *The Anabaptist View of the Church A Study in the Origins of Sectarian Protestantism*. New York: Macmillan, 1964.

Loewen, Royden. *Diaspora in the Countryside: Two Mennonite Communities in Mid-twentieth Century Rural Disjuncture*. Toronto: University of Toronto Press, 2006.

Luther. "Vorrede zu Neue zeitung von den wiedertäufern in Münster." in Hans Hillerbrand, "Bibliographie des Täufertum 1520-1630." *Quellen zur Geschichte der Täufer*. Gütersloher: Gütersloher Verlagshaus Gerd Mohn, 1962.

Murray, Stuart. *The Naked Anabaptist: The Bare Essentials of a Radical Faith*. Scottdale: Herald Press, 2010.

Ozment, Steven. *The Age of Reform, 1250-1550: An Intellectual and Religious History of Late Medieval and Reformation Europe*. New Haven: Yale University Press, 1980.

Packull, Werner. *Mysticism and the Early South German-Austrian Anabaptist Movement 1525-1531*. Scottdale: Herald Press, 1977.

Pannabecker, Samuel. *Open Doors: A History of the General Conference Mennonite Church*. Newton: Faith and Life Press, 1975.

Pedraja, Luis. *Westminster Dictionary of Theological Terms.* Westminster: John Knox Press, 1996.

Reimer, Johannes. *Auf der Suche nach Identität: Russlanddeutsche zwischen Baptisten und Mennoniten nach dem Zweiten Weltkrieg*. Lage: Logos Verlag, 1996.

Rempel, Gerhard. "Mennonites and the Holocaust: from Collaboration to Perpetuation." *Mennonite Quarterly Review* 84(4)(2010).

Rempel, John(ed.). *Jörg Maler's Kunstbuch: Writings of the Pilgram Marpeck Circle*. Kitchener: Pandora Press. 2010.

Roth, John. "Pietism and the Anabaptist Soul." in Stephen L. Longenecker(ed). *The Dilemma of Anabaptist Piety*. Bridgewater: Forum for Religious Studies, 1997.

Sattler, Michael. *The Schleitheim Articles*, in Michael Baylor(ed.). *The Radical Reformation -Cambridge Text in the History of Political Thought*. Cambridge: Cambridge University Press, 2000.

Schlabach, Theron. *The Mennonite Experience in America*, vol.1-4. Scottdale: Herald Press, 1985-1996.

Simons, Menno. *The Complete Writings of Menno Simons(1496-1561)*. J. C. Wenger(ed..

L. Verduin(trans.). Scottdale: Herald Press, 1956.

Skinner, Quentine. *The Foundations of Modern Political Thought(II): The Age of Reformation*. Cambridge: Cambridge University Press, 2008.

Snyder, Arnold. *Following in the Footsteps of Christ: The Anabaptist Tradition*. Maryknoll: Orbis Books, 2004.

Snyder, Arnold. *The Life and Thought of Michael Sattler*. Scottdale: Herald Press, 1984.

Stayer, J. M.. "Christianity in One City: Anabaptist Münster, 1534-1535." in ed. by H. J. Hillerbrand, *Radical tendencies in the Reformation: divergent perspectives*. Kirksville: Sixteenth Century Journal Publishers, 1988.

Stayer, James. *Anabaptism and the Swor*d. Oregon: Wipf & Stock Pub., 1976.

Stayer, James. *The German Peasants' War and Anabaptist Community of Goods*. Montreal: McGill-Queen's University Press. 1991.

Stayer, Packull. & Klaus Deppermann, "From Monogenesis to Polygenesis: The Historical Discussion of Anabaptist Origins," *Mennonite Quarterly Review* 49(1975).

Swartley, Willard(ed). *Explorations of Systematic Theology: From Mennonite Perspectives*. Elkhart: Institute of Mennonite Studies, 1984.

Tiessen, Hildi Froese. "Homelands, Identity Politics, and the Trace: What Remains for the Mennonite Reader?." *Mennonite Quarterly Review* 87(1)(2013).

Toews, John. *Czars, Soviets and Mennonites*. Newton: Faith and Life Press, 1982.

Tröltsch, Ernst. *Protestantism and Progress: A Historical Study of the Relation of Reformation to the Modern World*, W. Montgomery(trans.. New York: G. Putnam's Sons, 1958.

Tröltsch, Ernst. *The Social Teaching of the Christian Churches* II, Olive Wyon(trans.). New York: Macmillan, 1960.

Warkentin, Johann. *Russlandddeutsche Berlin—Sonette*. Stuttgart: Landsmannschaft der Deutschen aus Russland e. V., 1996.

Wenger, John. *Introduction to Theology: A Brief Introduction to the Doctrinal Content of Scripture Written in the Anabaptist-Mennonite Tradition*. Scottdale: Herald Press, 1954.

Williams, George. *The Radical Reformation* (Philadelphia: Westminster Press, 1975.

Yoder, John, "The turning point in the Zwinglian Reformation," *Mennonite Quarterly Review* 32(1985).

Yoder, John. *He Came Preaching Peace*. Scottdale: Herald Press, 1985.

Yoder, John. *Nevertheless: Varieties of Religious Pacifism*. Scottdale: Herald Press, 1992.

Yoder, John. *Preface to Theology: Christology and Theological Method*. Grand Rapids: Brazos Press, 1968.

Yoder, John. *The Politics of Jesus*. Grand Rapids: Eerdmans, 1994.

Yoder, John. *The Priestly Kingdom*. Norte Dame: University of Notre Dame Press, 1984.

Yoder, John. *The Royal Priesthood: Essays Ecclesiological and Ecumenical*. Grand Rapids: Eerdmans Publishing Company, 1994.

에필로그

많은 한계에도 불구하고 필자는 지금까지 16세기와 그 이후 서구 사회에 큰 변동을 일으키게 한 종교개혁운동 사상에서 다소 간과되거나 가려진 부분들을 의도적으로 드러내려고 노력하였다. 이 작업을 통해 21세기 위기에 처한 한국 개신교의 윤리적 성찰에 혜안을 얻으려는 속셈도 작용하였다. 하지만 서구의 종교개혁 사상과 그에 대한 해석들 역시 서구 역사와 문화를 배경으로 한 것이기에 우리의 현실과 이질성을 갖는 것은 어쩔 수 없는 현실이다. 적어도 서구 사회에서 교회는 유구한 세월 동안 사회 위에 군림했고 심지어 국가와 대결 또는 타협이 충분히 가능할 정도의 권력과 위상을 소유하고 있었기에 때문에, 거기서 발생하는 문제에 대한 고민이 서려있었다. 소위 교회의 '콘스탄틴화'의 문제라 할 수 있을 것이다. 거칠게 그것을 현실주의적인 '타협'으로 보든, 순수성과 고유성이 타락한 증거로서의 '타협'으로 이해하든, 이와 얽힌 문제의식과 고민이 종교개혁 사상사 해석에 깔려있는 것으로 보인다.

주류라 할 수 있는 성공한 종교개혁 사상가들에게서는 이미 콘스탄틴화된 그리스도교에 대한 근본적인 문제 제기는 시대적 여건상 불가능했다. 그들의 세계관은 그리스도교가 지배하는 사회(Christentum)에 대해 추호의 의심을 할 수 없었기에 그런 점에서는 여전히 중세적 세계관에 머물고 있었다 하겠다. 종교개혁 진영에서도 비주류라 할 수 있는 재세례파 역시 중세적 세계관에서 크게 벗어나지 못한 것은 마찬가지였다. 하지만 주류의 관헌적 종교개혁자들보다 더욱 근본적으로 성서적 교회 공동체를 이상으로 삼음으로써 콘스탄틴적 그리스도교회의 정당성에 도전했다는 점에서 역설적으로 더 근대적이었다는 묘한 역설이 성립한 셈이다.

아무튼 종교개혁은 결국 세계대전의 서막을 열고 말았다. 위그노 종교전쟁이 종식되나 싶더니 결국 30년 종교전쟁은 17세기 버전의 세계대전이라 말할 수 있을 정도로 유럽을 초토화시킨 대규모 국제전으로 전개되고 말았다. 종교개혁을 통해 유럽은 가톨릭 진영과 프로테스탄트 진영으로 완전히 양분되었다. 신성로마제국의 황제 자리를 독점하고 있었던 오스트리아, 에스파냐, 독일의 가톨릭 제후들, 그리고 이를 지지하는 폴란드와 바티칸이 가톨릭 진영을 구축하고 있었고, 다른 한편으로 합스부르크에 충성하지 않는 영국, 스웨덴, 독일의 프로테스탄트 제후들 같은 프로테스탄트 신앙을 고수하는 진영과 합스부르크 왕가에 불만을 품은 프랑스(1598년 낭트칙령 이후 위그노에 대한 신앙의 자유가 용인된 프랑스)가 프로테스탄트 진영으로 묶이게 되었다.

신성로마제국은 1526년 보헤미아를 정복하면서 제국의 황제가 보헤미아의 왕을 겸직하게 되었다. 그럼에도 보헤미아는 프로테스탄트를 수용하였고 얼마간의 종교의 자유를 누릴 수 있었다. 하지만 1617년 가톨릭 광신자였던 합스부르크의 페르디난트 2세가 보헤미아의 왕이 되면서 비극이 싹트기 시작했다. 그는 곧바로 보헤미아의 프로테스탄트를 박해하였고 보헤미아의 모든 프로테스탄트 교회를 잿더미로 만들어 버렸다. 즉각 보헤미아의 백성들은 저항하기 시작했다. 보헤미아는 페르디난트 대신 프리드리히 5세를 보헤미아 왕으로 추대했다. 예상치 못한 백성들의 강력한 저항에 페르디난트2세는 독일로 피신하게 되었는데, 공교롭게도 신성로마제국의 황제가 죽는 바람에 가톨릭 선제후들에 의해 제국의 황제로 선출되고 말았다. 그가 작센 선제후, 바이에른 선제후, 에스파냐 필리페 3세의 도움을 받게 되자 전세는 바로 역전되었다. 1620년 11월 8일 가톨릭 동맹군은 보헤미아 혁명군을 손쉽게 섬멸시켰다. 이후 황제군은 프라하로 입성해서 보헤미아 백성을 마음껏 약탈하고 학살할 수 있는 자유를 부여하였다. 프로테스탄트 동맹으로부터의 군사적 원조는 끝내 없었고 그 후 보헤미아는 다시 가톨릭으로 강제 개종되고 말았다.[1]

페르디난트는 여세를 몰아 프로테스탄트 제후가 통치하는 지역인 독일 서부와 북부에 눈독을 들이게 되자 영국, 덴마크, 네덜란드 등의 프로테스탄트 국가들은 1625년 헤이그에 모여서 동맹을 결성했다. 그리고 곧 덴마크가 독일로 출병하고 프로테스탄트 동맹이 적극적으로 지원하여 페르디난트의 세력 확장에 맞서게 됨으로써 보헤미아의 봉기로 시작된 전쟁이 국제전의 양상을 띠게 된 것이다. 물론 프로테스탄트 국가들 각자의 이해관계 때문에 완전한 동맹군을 이루지는 못했지만 우여곡절 끝에 덴마크의 크리스티안 4세가 독일 프로테스탄트의 대의를 위해 전쟁에 개입하게 된 것이다.[2] 수적으로 우세에 있었던 덴마크 군에 비해 열세에 놓여 있었던 가톨릭 동맹군에 지략가이자 막대한 자금력이 있었던 발렌슈타인(Albrecht von Wallenstein)이 가세하자 다시 분위는 역전되었다. 발렌슈타인은 프로테스탄트 출신이면서도 가톨릭의 합스부르크가에 절대 충성한 기묘한 인물이었다.[3] 자신의 부를 이용해 재빠르게 용병 4만을 모집하여 1년도 안 되서 독일의 프로테스탄트 제후들을 평정하는 데 성공했다. 전쟁 와중에 발렌슈타인의 잔혹성은 유감없이 발휘되었다. 종교전쟁의 비극이 여기에 놓여 있다 할 것인데, 통상의 정규전의 개념과 거리가 먼 기형적인 전쟁의 형태를 전략으로 취했기 때문이다. 말하면 전쟁 물자를 약탈에 의해 조달하는 방식의 전략을 구사했기에 한 지역을 점령하면 닥치는 대로 약탈과 만행을 저질러서 그 지역을 완전

1 C. V. Wedgwood, *The Thirty Years War*, 남경태 역, 『30년전쟁』 (서울: 후마니타스, 2005). 99-172.

2 *Ibid.*, 260.

3 *Ibid.*, 219-220.

히 초토화시켰기에 그만큼 피해는 극대화되었다.[4] 드디어 발렌슈타인의 가톨릭 군이 1627년 덴마크와의 전쟁에서 대승을 거두고 유틀란트 반도를 점령하게 되었다.[5] 그러나 전쟁 영웅 발렌슈타인은 오히려 그의 성공을 시기하던 황제의 신임을 잃는 사태에 직면하고 스스로 군의 수장의 자리에서 물러나고 말았다.[6]

이 틈새를 노리고 스웨덴이 합스부르크에 도전장을 내밀었다. 프로테스탄트의 영웅 스웨덴의 구스타브 2세(Gustav II Adolf)는 금욕적이었으며 알렉산드로스처럼 전투에서 몸소 선두를 이끌며 솔선수범하는 용맹성을 갖추었으며 더하여 출중한 군사 전략가이기도 했던 군주였다. 군사들에게도 엄격한 규율과 금욕을 강조했으며 생필품이 필요한 극단적 한계 상황이 아니면 민간인의 약탈을 용납하지 않았던 도덕적인 인물이기도 하였다. 또한 그는 세계 최초로 포병부대를 창설한 자이기도 하며 군인들의 복지를 위해 세심한 배려를 아끼지 않은 군 지휘관으로도 유명하다.[7]

1630년 9월 17일, 구스타브는 라이프치히에서 합스부르크의 신성로마제국군과 결전을 벌여 압승을 거두며 라인 강 지역을 장악하게 되었다. 밀리던 합스부르크는 발렌슈타인을 재기용하지 않을 수 없었다. 발렌슈타인의 용병술로 스웨덴으로 승리의 추가 기울었던 전쟁 양상은 다시 원점으로 돌아왔다. 1632년 11월 16일 전쟁사에 남을 만큼 치열했던 뤼첸(Lützen) 평원 전투에서 무리하게 적진 깊숙이 들어갔던 구스타브가 전사하였음에도 스웨덴 군은 격렬하게 맞서서 무승부로 전쟁을 마쳤다. 발렌슈타인 역시 뤼첸에서 심한 부상을 입고 겨우 목숨을 건질 수 있었다. 승패가 갈라지지 않아서이지 엄밀히 말하면 최고의 수장을 잃

4 *Ibid.*, 263-264.

5 *Ibid.*, 284.

6 *Ibid.*, 330-331.

7 *Ibid.*, 338-345.

은 스웨덴 군의 손실이 더 막대했다.[8] 하지만 발렌슈타인을 의심하고 시샘하던 신성로마제국 황제와 가톨릭 제후들이 보낸 자객에 의해 발렌슈타인 역시 억울하게 암살당함으로써 양 진영의 최고의 수장이 사라지게 된다.[9]

덴마크, 스웨덴이 차례로 무너지자 결국 프랑스 역사상 가장 뛰어난 재상(동시에 추기경)이었던 리슐리외(Armand Jean du Plessis)[10]가 고도의 정치력을 발휘해 네덜란드, 헝가리를 등에 업고 1635년 5월 프랑스는 에스파냐에 선전포고를 하게 된다. 이로써 사실상 전 유럽이 전쟁터로 변하게 된 셈이다.[11] 그리고 1643년 5월, 프랑스가 에스파냐에게 결정적인 승리를 거두었다. 연이어 1645년 프랑스와 스웨덴 연합군이 연전연승을 이어갔다. 사태가 불리하게 돌아가자 신성 로마 제국 황제와 가톨릭 제후들은 프로테스탄트 국가에 화의를 제안하게 되었고, 1648년 참전국 모두가 '베스트팔렌 조약'에 서명을 함으로써 기나긴 30년 종교전쟁의 마침표를 찍게 되었다.[12]

종교전쟁은 앞에서 언급했듯이 유럽 역사에서 최초의 대규모 국제전이었고, 이 전쟁에서 신성로마제국의 합스부르크가에 대항했던 진영, 즉 프로테스탄트 진영이 승리를 거두게 됨으로써 신성로마제국의 힘이 약화되었고, 이후 유럽의 판도는 베스트팔렌의 조약에 따라 전승국의 이익이 최대한 반영되었다. 프랑스가 라인 강 유역까지 국경을 넓혀 유럽의 새로운 맹주로 등극하게 되었고, 스웨덴은 발트 해에서의 영

---

8 *Ibid.*, 403-407.

9 *Ibid.*, 446.

10 추기경이자 프랑스의 공작으로 재상을 역임했으며, 실질적으로 프랑스의 절대왕정을 완성하고 프랑스 혁명 이전까지 이어지는 서유럽에서의 프랑스 패권 시대를 확립한 명재상이다. 본명은 아르망 장 뒤 플레시로 리슐리외(Richelieu)는 사실 그가 다스리던 영지의 이름이다.

11 Wedgwood, *The Thirty Years War*, 496-505.

12 *Ibid.*, 10장, 11장 참조.

향력이 확대되었으며, 포르투갈은 에스파냐로부터 독립을, 네덜란드와 스위스는 전 유럽 사회로부터 독립을 인정받게 되었다. 전쟁의 최대 피해자는 에스파냐와 독일이었다. 에스파냐는 침체의 늪에서 헤어나지 못할 정도의 타격을 입었고, 종교전쟁 내내 전쟁터가 되고 말았던 독일은 가옥은 물론 영토 전체가 거의 폐허더미로 변하고 말았다. "인구는 3/4가 감소했고, 가축과 재산 피해는 더 심했으며, 농업이 전쟁 전의 번영기 수준으로 회복되기까지는 일부 지역의 경우 200여 년이 걸렸다. 무수한 상업 중심지가 파괴되었다. 이후 정치 기구에 영향을 미친 온갖 악이 모두 30년 전쟁에서 비롯되었다 … 독일이 해외 식민지 개척에 뒤늦게 나서게 된 것도 그렇다."[13] 전쟁으로 인한 극심한 정치적 분열로 19세기 후반까지 독일 통일을 이루지 못한 것 역시 독일 발전의 걸림돌이 되었던 것은 자명하다.

종교개혁이 종교전쟁을 의도한 것은 아니었겠지만, 양자의 인과적 관련성을 부정할 수는 없다. 당대는 종교는 곧 정치였기 때문에 종교적 갈등은 정치적 갈등을 의미했다. 종교개혁과 종교전쟁으로 인한 대립과 분열은 더 이상 서구를 중세와 같이 하나의 종교로 통일할 수 없게 만들었다. 정치뿐 아니라 경제, 일상생활까지 모두 장악하고 있던 그리스도교라는 절대적인 종교의 구심점이었던 교회가 그 힘을 급격하게 상실해 버리자, 이제 서구 유럽 역사에서는 종교보다 정치, 경제적인 인본주의적인 문제가 국가의 존립과 개인의 삶의 존립을 위해 훨씬 더 중요한 요소가 되었다. 말하자면 종교적 중세가 몰락하고 서구의 본격적인 근대 또는 세속화(secularization)의 시대가 열렸다고 할 수 있다.

하지만 종교전쟁과 서구 근대를 연계하여 그 역사적 의의를 아무리 강변한다 하더라도, 종교전쟁은 침략, 약탈, 왕조적 야망, 종교적 광신이 압축된 불의한 전쟁이었음이 명확하다. 그리스도교가 영혼의 구원을 궁

---

13 *Ibid.*, 623.

극적 목적으로 하는 종교라 할지라도, 근본적으로 종교적 신념의 차이에서 비롯된 궁극성을 위해 그것을 전적으로 폭력적인 수단에 의존한다는 것은 종교적 신념이 얼마나 무익하고도 위험천만한 사태인지를 적나라하게 보여주었다 할 것이다. 약탈과 학살로 점철된 종교전쟁이 드러내준 것은 참된 그리스도교 신앙의 명분과 진수를 둘러싼 논쟁이나 갈등이 아니라 종교라는 이름의 야만성, 신의 이름을 빌린 악마성의 실현에 다름 아니었다. 이점에 대해 종교전쟁에 대한 역사학자 웨지우드의 말은 심금을 울린다.

> (종교) 전쟁은 아무런 문제도 해결하지 못했다. 직접적이든 간접적이든 전쟁의 결과는 부정적이고 처참했다. 도덕이 무너지고, 경제가 붕괴하고, 사회가 타락하고, 대의가 흔들리고, 결과가 훼손된 그 전쟁은 유럽 역사의 무의미한 분쟁을 드러내는 대표적인 사례였다 … 전쟁은 또 다른 전쟁을 부를 뿐이라는 사실을 당시 그들은 깨닫지 못했고, 그 뒤로도 알지 못했다.[14]

하지만 깨어있는 서구의 지성들은 평화와 구원을 이상으로 삼는 종교가 인간 사회를 얼마나 참혹한 상태로 몰고 갈 수 있는지를 몸서리치게 경험하며 그 사태를 직시하고 성찰했다. 이 같은 경험과 반성이 지성인들로 하여금 자연스럽게 종교적 분란과 전쟁을 종식시킬 수 있는 보편적이고 이성적인 종교에 대한 이념을 불러일으키게 된 것이다. 30년 종교전쟁에 참전했던 데카르트(René Descartes) 역시 누구보다도 종교 갈등의 폐해와 심각성을 절감하고 그 해결책에 대해 고심하던 지성이었다. 가톨릭이든 프로테스탄트이든 모두 구원받을 수 있다고 생각했으며, 전 유럽을 전쟁의 소용돌이로 몰고 간 직접적 원인인 종교적 불관용

14 *Ibid.*, 641-642.

(intolérance)과 독단은 교회 전승과 계시에 기초한 불합리하고 비이성적인 신 개념에서 비롯되었기에 그것을 대체할 신 개념을 이성을 통해 합리적으로 해명하고자 했던 것이다.

우리는 이 책 5장에서 카스텔리옹이라는 비교적 낯선 이름의 종교개혁가를 만나보았다. 목숨을 건 투쟁이 이어졌던 살벌한 종교개혁 시기에 프로테스탄 종교개혁이 완벽하게 성공한 지역에서 관용의 정신을 고수함으로써 그가 칼뱅의 추종자들에게 어떤 박해를 받았는지 살펴보았다. 본 서를 마치면서 다른 각도에서 평생을 독실한 가톨릭신자로 일관하였기에 종교개혁운동사에서 그다지 주목받지 못하는 몽테뉴의 관용 정신을 읽는 것으로 이 작업을 마무리하고자 한다. 몽테뉴는 우리가 다루었던 종교개혁을 둘러싼 지각 변동의 한가운데 살았던 인물이다. 르네상스 휴머니즘은 쇠하고 종교개혁운동이 활화산처럼 타오르던 시기였으며, 특히 프랑스에서는 불관용적인 두 종교, 가톨릭과 위그노가 실제 전쟁을 벌이던 시기였다. 몽테뉴의 아버지는 독실한 가톨릭이었고, 몽테뉴의 세 삼촌은 가톨릭 성직자였다. 몽테뉴는 가톨릭 세례를 받았으며, 평생 가톨릭 신앙을 버린 적이 없었다. 반면, 몽테뉴의 어머니는 에스파냐에서 이주해온 마라노(가톨릭으로 개종한 유태인)였으며 다시 프로테스탄티즘으로 개종했다.[15] 몽테뉴의 네 남동생 가운데 한 명과 세 여동생 가운데 한 명은 프로테스탄트로 개종했다. 비록 시대적으로, 국가적으로, 그리고 심지어는 가정적으로도 종교 분열로 몸살을 앓고 있었던 것이다. 그런 가운데 몽테뉴의 종교는 시종일관 가톨릭의 신앙을 견지하였다. 가톨릭과 위그노의 대립(위그노 전쟁) 속에서 몽테뉴는 위그노를 비판하고 가톨릭의 편을 든 것도 사실이다.

인문주의자 몽테뉴는 왜 가톨릭 신앙을 버리지 않았을까? 그가 가

15 堀田善衛, 『ミシェル 城館の人 第一部: 争乱の時代』, 김석희 역, 『(위대한 교양인) 몽테뉴 1: 전란의 시대』 (서울: 한길사, 1999), 40.

톨릭을 고수한 것은 교리의 진리성 때문이 아니었다. 그에게 소중한 것은 인간의 생명과 삶이었다. 그는 인간의 생명과 삶을 경시하는 것에 대해 용납할 수 없었다. 몽테뉴가 르네상스 인문주의의 한 조류였던 금욕적 스토아주의를 거부하고 에피쿠로스주의로 나아간 것은 금욕주의자들이 "삶과 작별하는 것이 자연과 부합되게 사는 것"[16]이라 여겼기 때문이었다. 자신을 증오하고 자신의 삶을 경멸하는 것은 질병에 다름 아니었다. 몽테뉴가 엄격한 금욕주의를 거부한 것은 단순히 철학적인 입장에서만이 아니라 그의 현실 인식이 반영된 결과였다. 종교전쟁 시기에 칼뱅파 위그노들이 순교를 마다하지 않는 것에 대해 어떤 의미로 그것이 위대한 종교적 신념일 수도, 스토아적인 덕성으로 해석할 수도 있겠지만, 몽테뉴가 보기에는 그것은 자연에 위배되는 것이요 비인간적인 행위였다. 이런 의미에서 그가 가톨릭으로 남은 것은 순수한 가톨릭의 교리 때문이라기보다 자연주의적 귀결이라 할 수 있다.[17] 그런데 흥미로운 것은 그의 자연주의는 가톨릭을 지배했던 중세적 잔재 "비참한 인간 존재"와도 극명하게 대조된다는 점이다.[18] 가톨릭이나 프로테스탄트나 인간의 죄성과 비참성을 극단적으로 강조하는 교리적 사상에서는 인간은 죽음을 위해 태어난 존재인 것처럼 이해되지만, 몽테뉴에게 있어서 인간은 삶을 위해 태어난 존재다. 그래서 몽테뉴는 죽음에 대해 걱정하지 말고 자연에 맡겨 라고 주장했던 것이다.[19] 당연히 그는 르네상스 인문주의의 선언서로 평가받던 미란돌라(Giovanni Pico della Mirandola)의 "인

16 Michel Montaigne, *The complete Works of Montaigne. Essays · travel Journal · Letters,* trans. by Donald M. Frame (Stanford: Stanford University Press, 1957). *Essays,* 제2권, 제3장 "Cea 섬의 관습에 대하여".

17 Géralde Nakam, *Montaigne et son temps* (Paris: Gallimard, 1993), 151.

18 Horst Fuhrmann, *Einladung ins Mittelalter,* 안인희 역, 『중세로의 초대』 (서울: 이마고, 2003), 70-71.

19 Montaigne, *Essays,* 제3권, 제12장 "외모에 대하여".

간의 존엄성에 대한 연설"에 귀를 기울였다.[20] 두 인문주의자는 인간은 존엄한 존재라는 점에 공감했다. 그러나 그렇다고 해서 인간이 자유의지에 따라 신적인 존재로 높아질 수 있다는 생각에는 동의하지 않았으며 그것은 오만이라 생각했다.[21]

어떤 종교든 자기의 종교만 진리라고 주장하는 것 역시 인간의 오만에서 비롯된 것이다. 자신들만이 신에 대해 가장 정확하고도 완전하게 알고 있다는 것 자체가 교만이요 독선이었다. 인간의 이성은 자연 현상을 설명할 수 있을 뿐 초자연적인 현상 앞에서는 무력하다. 몽테뉴는 기적이나 마술 같은 초자연적인 현상에 대해서 의문을 품지만 그렇다고 그것을 거부하지도 않았다. 그것은 인간의 능력을 벗어나는 것이었기 때문이다. 독단과 불관용이 싸우던 시대에 몽테뉴는 감히 독단과 독선을 거부했다. 모르는 것은 모르는 상태로 남겨두자는 것이다. 그리고 자기의 지식을 확신하지 못하기 때문에 자기의 지식을 남에게 강요하지 않을 뿐만 아니라 남의 지식을 자기의 지식과 다르다는 이유로 배척하지도 말자는 것이며, 차이에 대해서는 인정하자는 것이다.

어떤 주장이나 신념도, 설사 나 자신의 주장이나 신념과 극단적으로 배치되는 것이라 할지라도 즉각적으로 분노하고 배척하거나 폭력을 휘두르기보다는 일단은 다른 견해에 대해 경청해야 한다. 아무리 일견 경박하고 허황된 생각일지라도 인간 정신의 산물이기에 인내하고 성찰할 여유가 있어야 한다. 인간에 최종적인 판단의 권리가 있다는 생각을 거부하고 우리 생각과 다른 생각에 대해 부드러운 눈으로 바라볼 필요가 있는 것이다.[22] 그렇기에 "인간의 구원이나 유기는 이미 신에 의해

20 Giovanni Pico della Mirandola, 『피코델라 미란돌라: 인간 존엄성에 관한 연설』, 성염 역 (파주: 경세원, 2009) 참고.

21 David Quint, *Montaigne and the quality of Mercy. Ethical and political themes in the Essais* (Princeton: Princeton University Press, 1998), 93-96.

22 Montaigne, *Essays*, 제3권, 제8장 "토론의 기술에 대하여".

예정되어 있다"고 외치는 주장은 독단이며 그러한 주장을 고집하는 사람은 지성인이라 간주하기 어려웠던 것이다. 그렇기에 몽테뉴는 이러한 독단적 아집을 관용의 적이라 비판했다 할 수 있다.

몽테뉴는 인간의 지식이 제한적이고 상대적이며 오류로 가득 차 있음을 철저하게 간파했다. 절대적인 진리에 대한 거부는 다름과 차이를 인정함으로써 종교전쟁 시대의 불관용과 광신으로부터 인간을 해방시킬 수 있도록 해 주는 위대성을 갖는다. 몽테뉴는 광신적인 시대정신에서부터 해방되어 그것의 허구를 고발하고, 두 개의 종교가 관용할 수 있는 사회를 제시했다. 종교의 관용과 자유에 대한 몽테뉴의 열린 생각은 인문주의에서 비롯된 것은 자명해 보인다. 몽테뉴의 반 독단주의는 방종에 대한 예찬이 아니었으며 세상으로부터의 도피와 은둔을 정당화해 주는 사고는 더더욱 아니었다. 그것은 종교전쟁에 목숨을 걸고 참여하는 것 이상의 적극적인 현실참여였다. 그것은 엄격함, 용기, 불굴의 의지, 비타협, 순교 등과 같은 것에 기꺼이 목숨을 걸 수 있는 극단적인 행동주의를 위대한 덕목으로 사수하는 인간들에게 용서와 관용이라는 인기 없는 도덕을 제시하여 종교전쟁의 비극으로부터 진정 인간을 구하고자 했던 나이브한 사상이요 신앙이었다 할 것이다.

원수조차 사랑할 수 있는 신앙은 분명 세상의 평화와 조화에 기여함이 확실하다. 하지만 불행하게도, 다른 한편으로 동일한 종교의 신앙이 타자들을 향한 분노를 조장하고 폭력을 정당화하기도 한다. 누군가가 자신의 신앙과 다른 스타일로 믿는다는 이유만으로 신의 뜻을 참칭한 것이라 간주하고 신의 이름으로 무자비한 폭력도 행사할 수 있는 전투적인 종교를 과연 인류를 위한 종교로 간주해야 할는지 의문이다. 종교가 화평과 조화를 체험하게 한다면 그것은 훌륭한 종교일 것이며 그러한 종교를 통해 신을 체험한다는 것은 의심할 여지가 없을 것이다. 하지만 그 종교가 사람들 사이에서 성전의 이름으로, 지하드의 이름으로, 마녀사냥의 이름으로 폭력과 학살을 유발시키고 조장한다면 그러한 종교를 참된 종교라 말할 수 없을 것이다. 가리키는 달 자체는 관심 없고 가리키는 손의 티끌을 두고 목숨을 건 싸움을 일삼는 종교 역시 종교로서의 가치를 상실한 종교, 거짓 종교임은 두 말할 나위가 없을 것이다.

여전히 근본주의 신앙이 위세를 떨치고 있고, 다름이나 차이를 차별로 정당화시키는 것을 참된 신앙인양 통용되는 한국 개신교, 화해와 관용의 아이콘과는 여전히 거리가 있어 보이는 한국 프로테스탄트 교회는 16세기 역사를 화려하게 수놓은 성공한 종교개혁가들 보다는 오랜 세월 그들의 그늘에 가려져왔던 개혁가들, 동시대에 크게 주목받지 못했거나 배척당했던 인물들이 그 시대를 비록 어수룩해 보이지만 우직하게 견뎌내었던 삶과 사상에서 예상치 못했던 혜안을 찾을 수 있을 것으로 생각한다. 바로 이것이 하나의 21세기 한국 개신교의 종교개혁적 과제가 아닐까.

참고문헌

Fuhrmann, Horst. *Einladung ins Mittelalter*. 안인희 역. 『중세로의 초대』. 서울: 이마고, 2003.

Mirandola, Giovanni Pico della. 『피코델라 미란돌라: 인간 존엄성에 관한 연설』. 성염 역. 파주: 경세원, 2009.

Montaigne, Michel. *The complete Works of Montaigne. Essays · travel Journal · Letters.* trans. by Donald M. Frame. Stanford: Stanford University Press, 1957.

Nakam, Géralde. *Montaigne et son temps*. Paris: Gallimard, 1993.

Quint, David. *Montaigne and the quality of Mercy. Ethical and political themes in the Essais*. Princeton: Princeton University Press, 1998.

Wedgwood, Cicely Veronica. *The Thirty Years War*. 남경태 역. 『30년전쟁』. 서울: 후마니타스, 2005.

堀田善衞. 『ミシェル 城館の人 第一部: 争乱の時代』. 김석희 역. 『(위대한 교양인) 몽테뉴 1: 전란의 시대』. 서울: 한길사, 1999.

박종균
vivabach61@gmail.com

박종균은 부산에서 반공포로의 아들로 태어나 그리스도교 신앙 안에서만 자랐다. 반공주의가 그리스도교 정통신앙인 줄 알았고 그대로 대학생활까지 이어졌다. 부마항쟁도 5.18 민주항쟁도 다른 세계의 이야기였다. 부산대학을 졸업하고 열렬한 신앙심의 발로로 장로회신학대학 신학대학원을 진학하게 되었다. 소위 '선지동산'에서 동아리 〈농어촌선교연구회〉를 만났으며 선배 동료 학우들로부터 비로소 사회, 문화, 역사 이해의 걸음마를 배웠다. 80년대 중후반의 역동적인 한국 현실에 대한 경험은 인문 사회적 해석을 검토하는 바탕이 되어 주었다. 대학원 석사, 박사 과정에서 기독교사회윤리를 공부했고 문화윤리를 주제로 최종 학위를 받았다.

학위 취득 이후 장로회신학대학, 서울장신대, 한남대학교, 대전신대에서 기독교윤리학, 조직신학을 가르쳤다. 그리고 새천년 시대에 들어 존경하는 노무현의 봉하에서 멀지 않은 부산장신대학에서 기독교사회윤리, 사회철학, 정치철학, 문화철학을 공부하며 하느님 나라 운동의 실천 및 세계사랑(amor mundi)의 행위에 관심하고 있다. 최근에는 종교개혁운동에서 주목을 받지 못했을 뿐 아니라 차별과 배제 나아가 박해까지 받았던 아웃사이더 사상가들(에라스뮈스, 토마스 뮌처, 세바스티앙 카스텔리옹, 메노 시몬스)의 사상을 조명하고 그들 사상의 현대적 의의를 연구해왔고, 다른 한편으로 정치철학자 한나 아렌트 관련 연구("아우구스티누스와 아렌트의 악의 개념 비교연구", "세월호 참사와 악의 문제: 아렌트를 중심으로", "악의 문제에 대한 실천적 대응: 본회퍼와 아렌트의 악의 이해를 중심으로", "시민사회의 적, 극우 개신교의 레드-포비아 현상에 대한 비판적 일고", 기독교사회문화연구총서 01『열린사회와 세계사랑』)를 하고 있다. 이번 연구총서 02는 종교개혁사상 연구의 결과라 할 수 있겠다.